普通高等教育"十二五"经济管理类规划教材

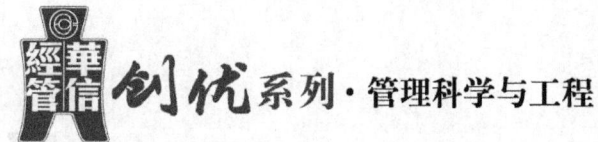经管信创优系列·管理科学与工程

管理统计学（第2版）
——基于SPSS软件应用

MANAGEMENT STATISTICS, 2EDITION
——BASED ON SPSS

王雪华　主　编
张　鹏　张承伟　副主编

电子工业出版社
Publishing House of Electronics Industry
北京·BEIJING

内 容 简 介

本书是大连理工大学精品课程建设成果,是一本适合管理类学生学习的应用统计教材,以其问题导向型写作风格、丰富的案例、结合软件的应用,以及选材的系统性与完整性,而与众不同。全书内容覆盖常用的统计分析方法及 SPSS 软件应用,共 11 章,包括概率论基础、数据的搜集与整理、参数估计、假设检验、方差分析、正交试验、相关分析、线性回归、聚类分析与判别分析、生存分析、主成分分析与因子分析。本书配有习题解答和电子课件,供任课教师免费使用。

本书可作为普通高等院校信息管理与信息系统、人力资源管理、国际经济与贸易、金融学等专业管理统计学教材,也是学习统计分析方法及其 SPSS 软件应用的本科生、研究生的自学用书,还可供经济、管理统计工作者参考。

未经许可,不得以任何方式复制或抄袭本书之部分或全部内容。
版权所有,侵权必究。

图书在版编目(CIP)数据

管理统计学:基于 SPSS 软件应用/王雪华主编. —2 版. —北京:电子工业出版社,2014.1
(华信经管创优系列)
ISBN 978-7-121-21831-6

I. ①管… Ⅱ. ①王… Ⅲ. ①经济统计学-高等学校-教材 Ⅳ. ①F222

中国版本图书馆 CIP 数据核字(2013)第 265477 号

策划编辑:秦淑灵
责任编辑:秦淑灵
印　　刷:河北虎彩印刷有限公司
装　　订:河北虎彩印刷有限公司
出版发行:电子工业出版社
　　　　　北京市海淀区万寿路 173 信箱　邮编　100036
开　　本:787×1092　1/16　印张:20　字数:551 千字
版　　次:2011 年 1 月第 1 版
　　　　　2014 年 1 月第 2 版
印　　次:2025 年 7 月第 15 次印刷
定　　价:43.00 元

凡所购买电子工业出版社的图书,如有缺损问题,请向购买书店调换。若书店售缺,请与本社发行部联系,联系及邮购电话:(010)88254888。

质量投诉请发邮件至 zlts@phei.com.cn,盗版侵权举报请发邮件至 dbqq@phei.com.cn。
服务热线:(010)88258888。

前　　言

统计学课程是国家教育部确定的高等院校财经类专业 11 门核心课程之一，是一门收集、整理和分析统计数据的方法科学，其目的是探索数据内在的数量规律性，以达到对客观事物的科学认识。管理统计学是经济管理类学科的核心课程，是管理科学和社会科学领域中应用最广泛的数量研究方法。随着管理现代化和科学化进程的不断加快，管理统计学正在发挥着更大的作用并得到更广泛的关注。

SPSS 软件是目前社会科学领域使用的功能强大的统计软件之一，它简化了统计计算和研究工作，降低了运用统计研究方法的数学门槛，大大提高了工作效率，为统计方法在管理科学和社会科学领域的普及应用提供了便利条件。

本书结合编者多年讲授管理统计学课程的教学经验编写而成。全书共 11 章，详细介绍了描述性统计学与推断性统计学两大分支。描述性统计学重点培养统计人员进行统计资料收集、整理等综合能力；推断性统计学重点培养统计研究人员进行统计抽样，运用样本信息对总体进行参数估计、假设检验、方差分析及统计回归等能力。另外，每章均配有精心安排的案例和习题。教学资源中有习题解答和电子课件，供任课教师免费使用。任课老师可登录华信教育资源网 http://www.hxedu.com.cn 免费注册下载。

本书内容丰富，实用性强，侧重采用案例和引入现代统计分析工具 SPSS 等进行管理统计基本知识的介绍，强调统计原理和技术在管理科学中的应用及 SPSS 软件计算原理的透彻理解和正确应用，努力构建一个贯通统计学原理、SPSS 软件使用技巧且应用于统计学与管理科学领域的应用型统计学知识体系。

通过对本书的学习，读者既能根据实际工作需要设计统计调查问卷、将实际问题转化成统计问题，又能利用 SPSS 的强大功能整理和分析数据，并通过科学的数据解释，将统计结果应用于管理实践当中。

本书具有如下特点：

（1）内容全面。教材内容体系、前后内容的衔接、知识点的安排由浅入深，循序渐进。全书围绕管理实际中可能遇到的统计问题，详细介绍管理统计学的研究思路和技术方法，使读者掌握具有重要应用价值的常用统计学原理、方法和工具。

（2）通俗易懂。本书在编写过程中力求做到概念叙述准确、严谨，语言简练通俗。为了面向实际需要，强调应用，书中略去了复杂的数学推导过程，通过丰富完整的统计实例引出章节的内容，从数据的获取、统计学原理、方法与研究实际问题和 SPSS 软件的使用及案例的分析等方面，以问题导向型的写作风格引导读者进行学习。

（3）实践性强。书中案例丰富，覆盖面广，既包括统计学理论的内容，又有增加兴趣和提供管理实践分析能力的案例。在介绍实例的同时也全面系统地介绍了如何选择 SPSS 的选项，以及这些选项的功能与应用，最后对实例统计分析的结果进行解释，得到正确的结论。

本书适合作为高等院校工商管理类专业"统计学"课程教材和工程技术人员学习 SPSS 的参考书。另外，本书还可作为自学用书。

本书适合于学时较少，并与多媒体教学和案例讨论方法相匹配的教学方式。对于本书的学时数，建议课堂教学 32~48 学时，上机时间 12~16 学时。为了解决学时少、内容多的矛盾，建议在教学中注重培养学生分析和解决实际问题的能力，采用任务驱动、案例教学相结合的教学模式，以提高学生学习的兴趣和主动性。

本书第 1,2 章由张承伟编写，第 3,4,5,6,9 章由张鹏编写，第 7,8,10,11 章由王雪华编写。全书由张承伟、王雪华统稿。

在本书的编写过程中，研究生刘淼、刘莹、葛月、刘畅、肖君德等在素材的收集、整理、录入及案例编写、习题解答、SPSS 软件操作等方面做了大量工作，编者在此表示诚挚的谢意！

由于编者水平和能力所限，书中难免有疏漏和不当之处，敬请读者和专家指正。反馈建议请发至作者 E-mail：zcw@dlut.edu.cn。

编　者
于大连理工大学

目　录

第1章　概率论基础 (1)
1.1　事件与概率 (1)
　　1.1.1　随机试验与随机事件 (1)
　　1.1.2　事件的关系及运算 (3)
　　1.1.3　事件的概率 (5)
1.2　概率的基本性质 (7)
1.3　条件概率与事件独立性 (10)
　　1.3.1　条件概率与乘法公式 (10)
　　1.3.2　事件独立性 (12)
　　1.3.3　全概率公式 (13)
　　1.3.4　贝叶斯公式 (14)
1.4　随机变量及其分布 (15)
　　1.4.1　随机变量及其分布函数 (15)
　　1.4.2　随机变量的数字特征 (18)
　　1.4.3　常用的离散型分布 (20)
　　1.4.4　常用的连续型分布 (23)
1.5　案例 (27)
　　案例1.1　概率论在可靠性检验中的应用 (27)
　　案例1.2　概率论在民事纠纷中的应用 (28)
习题1 (28)

第2章　数据的搜集与整理 (31)
2.1　统计数据的搜集 (32)
　　2.1.1　统计数据的来源 (32)
　　2.1.2　统计调查与统计调查体系 (32)
　　2.1.3　抽样调查 (36)
2.2　调查设计 (39)
　　2.2.1　统计调查方案的设计 (39)
　　2.2.2　调查问卷的设计 (41)
2.3　统计数据的整理 (44)
　　2.3.1　统计分组 (45)
　　2.3.2　频数分布 (46)
　　2.3.3　统计表和统计图 (49)
　　2.3.4　统计数据的分布特征 (53)
2.4　SPSS基础及其在统计数据整理中的应用 (58)
　　2.4.1　SPSS软件的基本操作环境 (59)

2.4.2　SPSS 数据文件 ··· (61)
　　2.4.3　SPSS 数据的统计整理 ·· (65)
2.5　案例 ·· (71)
　　案例 2.1　大连市"公交自行车计划"的统计调查研究 ························ (71)
　　案例 2.2　迎宾商场 X 品牌手机销售数据的统计整理 ·························· (71)
　　案例 2.3　2009 年中国上市公司 50 强营业收入数据的统计整理 ··········· (72)
习题 2 ·· (73)

第 3 章　参数估计 ·· (75)
3.1　参数估计的基本原理 ·· (75)
3.2　点估计 ··· (77)
　　3.2.1　点估计的概念 ··· (77)
　　3.2.2　点估计的优良性标准 ··· (77)
　　3.2.3　点估计的方法 ··· (78)
　　3.2.4　点估计的 SPSS 应用 ··· (82)
3.3　区间估计 ·· (84)
　　3.3.1　总体方差 σ^2 已知时，总体均值 μ 的估计 ······················ (85)
　　3.3.2　总体方差 σ^2 未知时，总体均值 μ 的估计 ······················ (85)
　　3.3.3　总体方差的区间估计 ··· (86)
　　3.3.4　总体比率的区间估计 ··· (87)
　　3.3.5　区间估计的 SPSS 应用 ·· (87)
3.4　案例 ··· (88)
　　案例 3.1　学校教学改革成效评价 ·· (88)
　　案例 3.2　我国人口男女比例调查 ·· (89)
　　案例 3.3　我国不同省市高考成绩平均水平调查 ·································· (89)
习题 3 ·· (90)

第 4 章　假设检验 ·· (91)
4.1　假设检验的基本原理 ·· (91)
4.2　参数假设检验 ··· (96)
　　4.2.1　一个正态总体下的参数假设检验 ··· (96)
　　4.2.2　一个正态总体下的参数假设检验的 SPSS 应用 ·························· (99)
　　4.2.3　两个正态总体下的参数假设检验 ··· (100)
　　4.2.4　两个正态总体下的参数假设检验的 SPSS 应用 ························ (102)
4.3　非参数假设检验 ·· (105)
　　4.3.1　符号检验法 ·· (105)
　　4.3.2　秩和检验法 ·· (107)
　　4.3.3　非参数假设检验中的 SPSS 应用 ··· (110)
4.4　案例 ·· (114)
　　案例 4.1　谷类食品生产商的投资问题 ··· (114)
　　案例 4.2　数控机床的选购问题 ·· (114)
习题 4 ··· (115)

第5章 方差分析 ……………………………………………………………………(117)

5.1 方差分析基本原理 …………………………………………………………(118)
5.1.1 基本概念 ……………………………………………………………(118)
5.1.2 方差分析中的基本假定 ……………………………………………(120)

5.2 单因素方差分析 ……………………………………………………………(120)
5.2.1 多个总体均值是否相同的检验 ……………………………………(120)
5.2.2 多个总体均值的多重比较检验 ……………………………………(124)

5.3 单因素方差分析的 SPSS 应用 ……………………………………………(125)

5.4 双因素方差分析 ……………………………………………………………(129)
5.4.1 无交互作用的双因素方差分析 ……………………………………(130)
5.4.2 无交互作用的双因素方差分析的 SPSS 应用 ……………………(131)
5.4.3 有交互作用的双因素方差分析 ……………………………………(134)
5.4.4 有交互作用的双因素方差分析的 SPSS 应用 ……………………(136)

5.5 案例 …………………………………………………………………………(137)
案例 5.1 运动员团体成绩预测问题 ……………………………………(137)
案例 5.2 手机电池通话时间测试 ………………………………………(137)
案例 5.3 月份与 CPI 的关系 ……………………………………………(138)

习题 5 ………………………………………………………………………………(139)

第6章 正交试验 ………………………………………………………………(140)

6.1 正交试验设计的基本概念 …………………………………………………(141)

6.2 正交表 ………………………………………………………………………(142)
6.2.1 各列水平数均相同的正交表 ………………………………………(143)
6.2.2 混合水平正交表 ……………………………………………………(144)
6.2.3 选择正交表的基本原则 ……………………………………………(144)

6.3 正交试验的基本步骤 ………………………………………………………(144)

6.4 极差分析法 …………………………………………………………………(145)
6.4.1 单指标正交试验 ……………………………………………………(146)
6.4.2 多指标正交试验 ……………………………………………………(148)
6.4.3 水平数不等的正交试验 ……………………………………………(150)

6.5 案例 …………………………………………………………………………(151)
案例 6.1 提高双氰胺生产速率工艺选择 ………………………………(151)
案例 6.2 促销产品包装方案设计 ………………………………………(152)
案例 6.3 提高尼尤 66 盐产品质量的工艺选择 …………………………(153)

习题 6 ………………………………………………………………………………(154)

第7章 相关分析 ………………………………………………………………(155)

7.1 相关分析概述 ………………………………………………………………(156)
7.1.1 什么是相关分析 ……………………………………………………(157)
7.1.2 相关关系分类 ………………………………………………………(158)
7.1.3 相关关系举例 ………………………………………………………(158)

7.2 简单相关分析 ………………………………………………………………(159)

	7.2.1 相关系数的抽样分布	(159)
	7.2.2 Pearson 简单相关系数	(160)
	7.2.3 Spearman 等级相关系数	(162)
	7.2.4 Kendall 相关系数	(163)
	7.2.5 简单相关分析的 SPSS 操作	(163)
7.3	偏相关分析	(168)
	7.3.1 偏相关分析步骤	(168)
	7.3.2 偏相关分析的 SPSS 操作	(169)
7.4	距离相关分析	(171)
	7.4.1 距离相关分析步骤	(171)
	7.4.2 距离相关分析的 SPSS 操作	(171)
7.5	案例	(173)
	案例 7.1 预测河水流量	(173)
	案例 7.2 确定员工培训人数	(174)
	案例 7.3 香烟消耗量与肺癌的相关性研究	(174)
习题 7		(175)

第 8 章 线性回归 (176)

8.1	回归分析概述	(177)
	8.1.1 回归分析的基本概念	(177)
	8.1.2 回归分析的步骤	(177)
8.2	一元线性回归	(178)
	8.2.1 一元线性回归模型	(180)
	8.2.2 参数 β_0 和 β_1 的最小二乘估计	(181)
	8.2.3 回归方程的检验	(183)
	8.2.4 残差分析	(188)
	8.2.5 相关系数、判定系数和估计标准误差三者的关系	(190)
	8.2.6 一元线性回归的 SPSS 操作	(190)
8.3	多元线性回归	(196)
	8.3.1 多元线性回归模型	(197)
	8.3.2 参数的最小二乘估计	(197)
	8.3.3 拟合优度	(197)
	8.3.4 显著性检验	(198)
	8.3.5 多重共线性	(200)
	8.3.6 变量的筛选策略	(200)
	8.3.7 哑变量的概念和应用	(201)
	8.3.8 多元线性回归的 SPSS 操作	(201)
8.4	二维 Logistic 回归	(205)
	8.4.1 模型简介	(206)
	8.4.2 Logistic 回归模型的假设检验	(207)
	8.4.3 二维 Logistic 回归的 SPSS 操作	(208)
8.5	案例	(214)

            案例8.1　不良贷款控制方案的确定 ……………………………………………………… (214)
            案例8.2　消费者品牌偏好分析 ……………………………………………………………… (215)
            案例8.3　前列腺癌治疗方案选择 …………………………………………………………… (215)
            案例8.4　动脉硬化病因的判断问题 ………………………………………………………… (216)
        习题8 ……………………………………………………………………………………………………… (217)

第9章　聚类分析与判别分析 ……………………………………………………………………………… (219)

　　9.1　聚类分析 ………………………………………………………………………………………… (220)
            9.1.1　基本原理和方法 ………………………………………………………………………… (220)
            9.1.2　系统聚类法 ……………………………………………………………………………… (224)
            9.1.3　系统聚类的 SPSS 应用 ………………………………………………………………… (225)
            9.1.4　K 均值聚类法 …………………………………………………………………………… (232)
            9.1.5　K 均值聚类法的 SPSS 应用 …………………………………………………………… (233)
　　9.2　判别分析 ………………………………………………………………………………………… (237)
            9.2.1　基本原理 …………………………………………………………………………………… (238)
            9.2.2　常用判别法 ………………………………………………………………………………… (238)
            9.2.3　判别效果的检验 …………………………………………………………………………… (245)
            9.2.4　判别分析的 SPSS 应用 …………………………………………………………………… (246)
　　9.3　案例 ……………………………………………………………………………………………… (257)
            案例9.1　中国西部 10 省市经济情况统计 ………………………………………………… (257)
            案例9.2　湖南省 14 地区居民生活水平调查 ……………………………………………… (258)
            案例9.3　远东企业新产品的顾客满意度预测 …………………………………………… (259)
            案例9.4　我国各省市经济发展水平研究 ………………………………………………… (259)
        习题9 …………………………………………………………………………………………………… (261)

第10章　生存分析 ………………………………………………………………………………………… (262)

　　10.1　生存分析的基本概念 ………………………………………………………………………… (263)
            10.1.1　基本术语 ………………………………………………………………………………… (263)
            10.1.2　基本函数 ………………………………………………………………………………… (263)
            10.1.3　常见的参数模型 ………………………………………………………………………… (264)
            10.1.4　生存分析的方法分类 …………………………………………………………………… (265)
　　10.2　寿命表分析 …………………………………………………………………………………… (265)
            10.2.1　寿命表分析简介 ………………………………………………………………………… (265)
            10.2.2　寿命表分析的 SPSS 操作 ……………………………………………………………… (266)
　　10.3　Kaplan-Meier 分析 …………………………………………………………………………… (269)
            10.3.1　Kaplan-Meier 分析简介 ………………………………………………………………… (269)
            10.3.2　Kaplan-Meier 分析的 SPSS 操作 ……………………………………………………… (269)
　　10.4　Cox 回归分析 ………………………………………………………………………………… (276)
            10.4.1　Cox 回归分析简介 ……………………………………………………………………… (276)
            10.4.2　Cox 回归分析的 SPSS 操作 …………………………………………………………… (277)
　　10.5　案例 …………………………………………………………………………………………… (283)
            案例10.1　某医科大学胃癌治疗研究 ……………………………………………………… (283)

案例 10.2　英国失业情况分析 ·· (284)
　　案例 10.3　某移动通信公司客户流失分析 ·· (285)
　习题 10 ··· (285)

第 11 章　主成分分析与因子分析 ·· (288)
11.1　因子分析 ·· (288)
11.1.1　因子分析的理论与方法 ·· (289)
11.1.2　SPSS 软件应用 ··· (291)
11.2　主成分分析 ··· (300)
11.2.1　主成分分析的理论与方法 ··· (300)
11.2.2　SPSS 软件应用 ··· (302)
11.3　案例 ·· (304)
　　案例 11.1　我国沿海 10 个省市的经济状况分析 ··· (304)
　　案例 11.2　我国各地区农村居民家庭消费性支出分析 ································· (305)
　　案例 11.3　某超市内影响咖啡销量的因素分析 ·· (306)
　习题 11 ··· (307)

参考文献 ··· (309)

第1章 概率论基础

【引例】 现实中的统计。

X 商店位于 Y 市西郊，是一家以经营生鲜食品、日杂用品为主的中型百货商店。在 X 商店正式营业的第一年末，商店经理决定购入一批挂历进行销售，但购入挂历的数量成为困扰经理的一个难题——一方面如果购入的挂历数量不够，那么待挂历售尽便会出现缺货损失，从而只能眼睁睁地看着大笔生意被竞争对手抢走；另一方面如果购入的挂历数量过多，多余的存货积压必然会造成流动资金的短缺及存货费用的增加，因此只能做削价处理，这必将给商店带来经济上的损失。

为了使收益值的期望最大，经理请教了在高校任教的王老师来为商店确定一个合适的挂历进货量。已知商店每出售一件挂历可获得纯利润 7 元；但如果在春节以前不能售尽，则需要做削价处理，每件将亏损 3 元。

王老师调查了 Y 市与鼎文商店各种情况类似的十家商店，统计了每家商店在最近四年春节前挂历的销售情况。根据调查结果，得到了表 1–1 中的数据。

表 1–1 十家商店在最近四年的挂历销售量分布表

销售量	100	200	300	400	500	600	合计
次数	2	5	13	11	6	3	40

根据表 1–1 中的数据，王老师通过计算得到了另外两个表——挂历销售量的概率分布表和收益与收益期望分布状况表，并得出结论：当挂历的进货量为 400 件时，商店的期望收益最大，为 2075 元。按照经理的"收益值的期望最大"的要求，王老师向经理建议商店的进货量为 400 件。

上述引例中所涉及的概率、概率分布、期望等概念均属于概率论的范畴。概率论是研究随机现象规律性的数学分支，在科学研究和社会生产实践中有着十分广泛的应用，是统计研究的基础。本章将介绍一些概率论的基础理论，包括事件与概率、概率的基本性质、条件概率与事件独立性，以及随机变量及其分布。

1.1 事件与概率

事件与概率是概率论研究中的两个最基本的概念。围绕着这两个概念，本节将介绍三部分内容，包括随机试验与随机事件、事件的关系及运算、事件的概率等内容。

1.1.1 随机试验与随机事件

1. 随机试验与样本空间

在自然界和人类社会生产实践中，存在着两类现象。一类现象在一定条件下必然发生（或必然不发生）。例如，在标准大气压下，水的沸点是 100℃；又如向上抛掷一枚石子，由于受地心引力的作用，石子在上升到一定高度之后必然下落。由于这类现象具有确定的结果，故称为确定性现象。

然而，并不是所有的现象都具有确定性的结果。例如，抛掷一枚硬币，当硬币落地后，可能是正面朝上，也可能是反面朝上，而在硬币落地前不能预知究竟哪一面朝上。同样地，自动机床加工制造同一零件，加工出来的零件可能是合格品也可能是不合格品；同一门炮向同一目标发射多发同种炮弹，弹落点也不一样，等等。以上列举的现象均具有不确定性，即在基本条件不变的情况下，一系列试验或观察会得到不同的结果，并且在每次试验或观察之前不能预知会出现哪种结果，这类现象称为随机现象。概率论研究的对象就是随机现象。

【例1-1】 生活中随机现象的例子。

① 抛掷一颗骰子，出现的点数；

② 一天内进入某超市的顾客数；

③ 某一生产线生产出的灯泡的寿命；

④ 某批产品的不合格率。

为了探索和研究随机现象的规律性，通过随机试验（简称试验）来对随机现象进行调查、观察或实验。具体来说，随机试验应满足如下条件：

- 试验可以在相同的条件下重复进行；
- 试验有多种可能的结果，并且事先可以明确所有可能出现的结果；
- 试验完成之前不能预知会出现哪一个结果。

一个随机试验的所有可能结果的集合称为样本空间，通常用 Ω 表示。样本空间的元素，即试验的每一个可能结果，称为这个试验的样本点，用 ω 表示。

【例1-2】 试列出例1-1中随机现象的样本空间。

解：① 掷一颗骰子的样本空间为 $\Omega_1 = \{\omega_1, \omega_2, \cdots, \omega_6\}$，其中 ω_i 表示出现的 i 点，$i = 1, 2, \cdots, 6$。也即掷一颗骰子的样本空间为 $\Omega_1 = \{1, 2, \cdots, 6\}$。

② 一天内进入某超市顾客数的样本空间为 $\Omega_2 = \{0, 1, 2, \cdots\}$，其中"0"表示一天内无人光顾该超市。

③ 某生产线生产出的灯泡的寿命的样本空间为 $\Omega_3 = \{t \mid t \geq 0\}$。

④ 产品的不合格率一定是介于0与1之间的一个实数，因此其样本空间为 $\Omega_4 = \{y \mid 0 \leq y \leq 1\}$。

在例1-2中，Ω_1 中的样本点的个数为有限个，是比较简单的样本空间；而 Ω_2、Ω_3 和 Ω_4 中的样本点的个数为无限个，但 Ω_2 中的样本点可以按照某种次序排列出来，即 Ω_2 中有可列个样本点。在概率研究中，将包含有限个或可列个样本点的样本空间称为离散样本空间，如例1-2中的 Ω_1 和 Ω_2；而将包含无限个或不可列个样本点的样本空间称为连续样本空间，如例1-2中的 Ω_3 和 Ω_4。

2. 随机事件

样本空间 Ω 的某个子集称为随机事件，简称事件，通常用大写字母 A, B, C, ⋯ 表示。

随机事件表示试验可能出现的结果，这个结果可以是仅由一个样本点组成的基本事件，也可以是由多个样本点组成的复合事件。

对于某一事件 A，当且仅当它所包含的某一样本点出现时，称事件 A 发生。

例如，在掷骰子试验中，投掷一颗均匀的骰子，其样本空间为 $\Omega = \{1, 2, \cdots, 6\}$。现在从不同的角度考察该实验的结果：记事件 A 为"出现2点"，事件 B 为"出现偶数点"，事件 C 为"出现的点数小于7"，事件 D 为"出现的点数大于6"。

其中，A 为基本事件，当且仅当掷出2点时，事件 A 发生，即 $A = \{2\}$；事件 B 发生当且仅当下列样本点之一发生：掷出2点、掷出4点和掷出6点，它由三个基本事件复合而成，即 $B = \{2, 4, 6\}$。

对于事件 C，在一次试验中，由于每次抛掷骰子出现的点数必然小于 7，因此事件 C 必然发生，即 $C = \{1, 2, \cdots, 6\}$。通常，把样本空间 Ω 本身称为必然事件，事件 C 就是一个必然事件。

同样地，对于事件 D，由于每次抛掷骰子出现的点数不可能大于 6，因此事件 D 不可能发生，即 $D = \{\}$。通常，把空集 $\varnothing$ 称为不可能事件，事件 D 即不可能事件。

严格来讲，必然事件和不可能事件反映了确定性现象，本质上不是随机事件，然而为了研究方便，还是把必然事件和不可能事件作为随机事件的两个极端情形来处理。

1.1.2 事件的关系及运算

在一个随机试验中，样本空间可以定义的随机事件显然不止一个，同时，事件与事件之间必然存在这样那样的联系。为了能够更好地理解及运用随机试验的结果，下面将借助文氏图分析事件的关系及运算。

1. 事件之间的关系

事件间的包含关系：若事件 A 发生必然导致事件 B 发生，则称 A 包含于 B，或 B 包含 A，记为 $A \subset B$ 或 $B \supset A$，如图 1-1 所示。

例如，在掷骰子试验中，若记事件 A 为 "出现 2 点"，事件 B 为 "出现偶数点"，则 $A \subset B$。显然，对于任一事件 A，必有 $\varnothing \subset A \subset \Omega$。

事件间的相等关系：若事件 A 发生必然导致事件 B 发生，同时事件 B 发生必然导致事件 A 发生，则称事件 A 与 B 相等，记为 $A = B$。相等的两事件在实质上是对同一事件的不同语言描述。

事件间的互不相容关系：若事件 A 与事件 B 不可能同时发生，则称事件 A 与 B 互不相容，如图 1-2 所示。

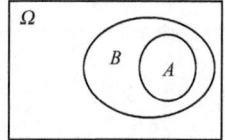
图 1-1　$A \subset B$

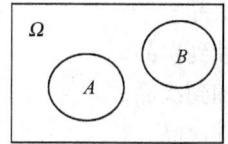
图 1-2　A 与 B 互不相容

同样以掷骰子试验为例，在试验中，"出现的点数小于 2" 与 "出现的点数大于 4" 两个事件不可能同时发生，因而它们是互不相容事件。

2. 事件的运算

对于样本空间中的事件，可以通过以下四种事件的基本运算，得到新的事件。现定义两个事件 A 和 B，事件的运算有如下四种。

事件的并：由属于事件 A 或 B 的所有样本点构成的集合称为事件 A 与 B 的并，记为 $A \cup B$。特别地，对于互不相容的事件 A 和 B，称它们的并为和，记为 $A + B$。

事件 $A \cup B$ 表示事件 A 和 B 至少发生一个。例如，在掷骰子试验中，若记事件 A 为 "出现的点数大于 1 小于 3"，事件 B 为 "出现的点数大于 2 小于 4"，则事件 $A \cup B$ 表示 "出现的点数大于 1 小于 4"。

事件的交：由同时属于事件 A 和 B 的所有样本点构成的集合称为事件 A 与 B 的交，记为 $A \cap B$ 或 AB。

事件 $A \cap B$ 表示事件 A 和 B 同时发生。例如，在掷骰子试验中，若记事件 A 为"出现的点数大于 1 小于 4"，事件 B 为"出现的点数大于 2 小于 5"，则事件 $A \cap B$ 表示"出现的点数大于 2 小于 4"，即出现 3 点。

事件的差：由属于事件 A，但不属于事件 B 的所有样本点构成的集合称为事件 A 与 B 的差，记为 $A-B$。

事件 $A-B$ 表示事件 A 发生而事件 B 不发生。例如，在掷骰子试验中，若记事件 A 为"出现的点数大于 1 小于 4"，事件 B 为"出现的点数大于 1 小于 3"，则事件 $A-B$ 表示"出现的点数大于等于 3 小于 4"，即出现 3 点。

事件的逆：由样本空间中不属于事件 A 的所有样本点构成的集合称为事件 A 的逆，记为 $\overline{A}$。事件 $\overline{A}$ 是事件 A 的对立事件，表示事件 A 不发生。例如，在掷骰子试验中，若记事件 A 为"出现的点数小于 3"，则事件 $\overline{A}$ 表示"出现的点数大于等于 3"。

以上四种事件运算的文氏图如图 1-3 所示。

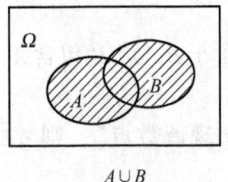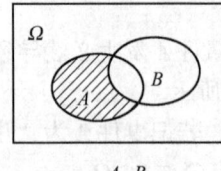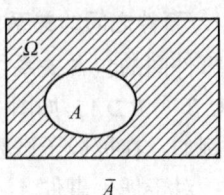

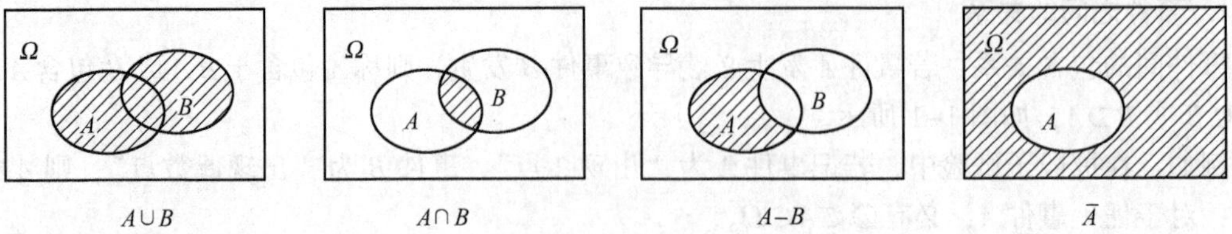

图 1-3　四种事件运算的文氏图

【例 1-3】　假设一批产品中有 3 件次品，且产品的外形没有任何差别。现随机地从这批产品中依次抽取 3 件，若以 A 记"第一次抽到次品"，以 B 记"第二次抽到次品"，以 C 记"第三次抽到次品"，试用 A、B 和 C 的关系表示下列各事件。

① 三次都抽到次品。
② 只有第一次抽到次品。
③ 三次都没有抽到次品。
④ 至少抽到一件次品。
⑤ 最多抽到一件次品。
⑥ 最多抽到两件次品。

解：
① ABC
② $A\overline{B}\overline{C}$
③ $\overline{A}\overline{B}\overline{C}$
④ $A \cup B \cup C$
⑤ 最多抽到一件次品，即 A，B，C 中只有一个发生或 A，B，C 全不发生，即
$$\overline{A}\overline{B}\overline{C} \cup A\overline{B}\overline{C} \cup \overline{A}B\overline{C} \cup \overline{A}\overline{B}C$$
⑥ 最多抽到两件次品，即是 A，B，C 全发生的对立事件，即
$$\overline{ABC}$$

(3) 事件运算的性质

事件的运算与集合的运算一样，必须满足如下运算法则。

① 交换律：$A \cup B = B \cup A$，$AB = BA$。

② 结合律：$(A\cup B)\cup C=A\cup(B\cup C)$，$(AB)C=A(BC)$。
③ 分配律：$(A\cup B)\cap C=AC\cup BC$，$(A\cap B)\cup C=(A\cup C)\cap(B\cup C)$。
④ 对偶律（德摩根公式）：$\overline{A\cup B}=\overline{A}\cap\overline{B}$，$\overline{A\cap B}=\overline{A}\cup\overline{B}$。

特别地，德摩根公式可以推广到对于 n 个事件或可列个事件求对偶的问题。

1.1.3 事件的概率

对于一次随机试验，在试验结束之前并不能确定某个事件是否会发生，这是由随机试验的基本性质所决定的。例如，在一次摸球试验中，假定袋子中有包括 9 只白球和 1 只黑球在内的 10 只小球，在实验结束之前，并不能确定会摸出黑球还是白球。显然摸出白球的可能性比摸出黑球的可能性大得多。

随机事件发生的可能性大小不仅可以比较，而且是可以量化的。对于一个随机事件 A，若可以用一个数 $P(A)$ 来表示其发生的可能性大小，这个数 $P(A)$ 就称为随机事件 A 的概率。

概率度量随机事件发生的可能性的大小，它由随机事件自身所决定，反映了随机现象的内在规律。那么，概率究竟应该如何量化呢？

1. 概率的统计定义

对于随机事件 A，如果它在 N 次试验中发生了 n 次，则称

$$F_N(A)=n/N \tag{1-1}$$

为随机事件 A 在 N 次试验中出现的频率。

显而易见，频率具有如下性质。
① 非负性：对于随机事件 A，必有 $F_N(A)\geqslant 0$。
② 规范性：对于必然事件 Ω，在 N 次试验中出现的次数应为 N，即 $F_N(\Omega)=1$。
③ 可加性：若 A 和 B 为互不相容事件，则 $F_N(A\cup B)=F_N(A)+F_N(B)$。

以上三条性质为频率的基本性质，根据这些性质，还可以得出许多其他的性质，例如，"任何随机事件在 N 次试验中出现的频率都不大于 1"，"不可能事件在 N 次试验中出现的频率为 0"，"对于有限个两两互不相容的事件的频率也具有可加性"等。

另外，对于多次重复试验，随机事件 A 的频率还具有另外一项重要的性质——频率稳定性。人们经过长期的生产实践发现：在相同条件下进行的多次重复试验，随着试验重复次数 N 的增加，随机事件 A 的频率 $F_N(A)$ 会在某一固定的常数 a 附近摆动，频率的这个性质称为频率稳定性，这个固定的常数 a 就是概率。

下面，以抛硬币试验为例来说明频率的稳定性。

在抛一枚硬币时，既可能出现正面，也可能出现反面，预先做出判断是不可能的，但是假如硬币均匀，直观上出现正面与出现反面的机会应该相等，即在大量试验中出现正面的频率应该接近于 50%，为了验证这一点，历史上曾有不少人做过这个试验，结果如表 1-2 所示。

表 1-2　历史上抛硬币试验的若干结果

试 验 者	抛硬币次数	出现正面次数	出现正面频率
德摩根	2048	1061	0.5181
蒲丰	4040	2048	0.5069
费勒	10000	4979	0.4979
皮尔逊	12000	6019	0.5016
皮尔逊	24000	12012	0.5005

从表 1-2 可以看出，出现正面的频率在 0.5 附近摆动，根据频率稳定性可知，出现正面的概率为 0.5。

由于概率与频率的密切关系，在实际应用中，常常需要根据历史数据，统计某一事件发生的频率，以估计其概率。例如，在北京奥运会前夕，中国气象局分析了北京市观象台 1951—2007 年历时 57 年的气象资料，得到北京地区在 2008 年 8 月 8 日奥运会开幕式当天降水的概率为 47%。

2. 概率的古典定义

在讨论概率的统计定义时曾提到过，抛一枚均匀的硬币，直观上出现正面与出现反面的概率是相等的，并且历史上大量的试验数据也验证了这一观点。类似于抛硬币的试验，在人类的生产实践中，存在着许多这类随机现象，诸如掷骰子、产品抽样检查等，对于这些随机现象进行深入分析之后，可以发现，它们之间存在以下两个基本的共同点：

① 试验具有有限个可能出现的结果；
② 试验的每个基本事件出现的可能性都是相等的。

具有以上两个基本特点的概率模型称为古典概型。古典概型在概率论的发展初期即被注意，它的内容简单，应用却很广泛，许多最初的概率论结果也是由它得出的。

在古典概型中，假定样本空间 $\Omega = \{\omega_1, \omega_2, \cdots, \omega_n\}$，则对于每个基本事件 ω_i 有

$$P(\omega_1) = P(\omega_2) = \cdots = P(\omega_n) = \frac{1}{n}$$

进一步讲，对于古典概型，如果一个试验有 n 个基本事件，其中随机事件 A 包含的基本事件个数为 m，那么随机事件 A 的概率为

$$P(A) = \frac{\text{事件 } A \text{ 所包含的样本点的个数}}{\text{样本点总数}} = \frac{m}{n} \tag{1-2}$$

式中，由于事件 A 包含样本点的出现必然导致 A 的出现，因此又称这些样本点为 A 的"有利场合"。

在古典概型中，通过以上公式求解随机事件 A 的概率，首先要明确事件 A 中所包含的样本点数和样本空间中的样本点总数，计算时需要熟练地运用排列和组合的相关知识，具有一定的技巧性。

【例 1-4】 口袋中有 5 个白球、3 个黑球，从中任取两个，求取到的两个球颜色不同的概率。

解：从 8 个球中任取两个，共有 C_8^2 种不同的取法，将每一种取法作为该试验的一个样本点，可以得到取球试验的样本空间。由于是随机取球，任意两个小球被同时取出的概率是相等的，因此这个问题是古典概型。

记"取到的两个球颜色不同"为事件 A，则事件 A 包含的样本点数为 $C_5^1 C_3^1$，因此取到两个不同颜色的球的概率为

$$P(A) = \frac{C_5^1 C_3^1}{C_8^2} = \frac{15}{28}$$

摸球模型在实际问题中有很重要的应用。例如，如果把例 1-4 中的"白球"、"黑球"替换为"正品"、"次品"，就可以用来求解产品质量抽样检查问题。另外，还可以向口袋中加入其他颜色的球，使摸球模型更具有代表性，这时就可以描述具有更多等级的产品抽样问题，如将产品分为一等品、二等品、三等品和等外品的产品抽样检查问题。

3. 概率的几何定义

通过古典概型成功地解决了一类问题，这类问题有且只有 n 个基本事件，并且每个基本事

件的概率都为 $1/n$，如抛硬币、掷骰子及摸球等随机试验，以及由它们演化而来的一系列实际问题。然而，在实际问题中经常会遇到结果无限而又有某种等可能性的情况，这时就需要借助几何概型来求解。

一般地，设在空间上有一区域 Ω，随机地向 Ω 内投掷一点 M，则 M 落在区域 Ω 内的任意位置的可能性都是相等的。现规定区域 g 是包含在区域 Ω 内的任一区域，且区域 Ω 和区域 g 都是可以测度的，那么点 M 落在区域 Ω 的任何部分区域 g 内的概率只与 g 的测度（长度、面积、体积等）成正比，并且与 g 的位置和形状无关。具有这种性质的概率模型称为几何概型。

若以 A_g 记"向区域 Ω 中任意投掷一个点 M，点 M 落在 Ω 内的部分区域 g"这一事件，那么随机事件 A_g 的概率为

$$P(A_g) = \frac{g\text{的测度}}{\Omega\text{的测度}} \tag{1-3}$$

求解几何概型问题的关键是将样本空间 Ω 和所求事件 A_g 用几何图形描述清楚，然后计算出相关图形的测度。

【例 1-5】 甲、乙两人约定在 6 时到 7 时之间在某处会面，并约定先到者应等候另一人 20 分钟，过时即可离去，求两人能会面的概率。

解：如题意，甲乙两人均会在 6 时过后的第 $0 \sim 60$ 分钟内到达，并且在任意时刻到达的可能性都相等，因此这是一个几何概型问题。

以甲到达的时刻为 x 轴，以乙到达的时刻为 y 轴，建立平面直角坐标系，如图 1-4 所示。因此，(x, y) 的所有可能结果为图中所示边长为 60 的正方形，由此得到样本空间 Ω 的测度为 $S_\Omega = 60^2$。

如果两人能够会面，需要满足条件：

$$|x - y| \leq 20$$

即图 1-4 中的阴影部分，其面积为 $S_g = 60^2 - 40^2$，故两人能会面的概率为

$$P(A_g) = \frac{60^2 - 40^2}{60^2} = \frac{5}{9}$$

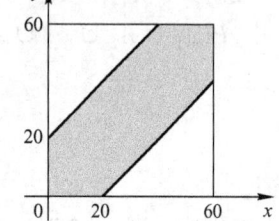

图 1-4 会面问题坐标图

在研究概率问题时，除了运用以上三种方法来确定随机事件的概率，对于一些不能重复的或不能大量重复的现象，人们通常根据个人的经验对随机事件发生的可能性进行估计，这样得出的概率称为主观概率。

主观概率在现实生活中的应用很多，例如，有些地方的气象预报有"降水概率"，根据播音员的预报，"今天夜间多云有阵雨，降水概率为 60%"，这是气象专家根据专业知识和最近的气象情况给出的主观概率。又如，一个外科医生根据自己多年来的临床经验和某患者的病情，认为"该患者手术成功的可能性为 90%"等。

1.2 概率的基本性质

在 1.1 节中，从三个不同的角度给出了概率的定义，它们各适合一类随机现象，有着各自确定概率的方法。那么，通过这些方法确定的概率是不是具有某些共性呢？下面来介绍概率的基本性质。

性质 1（非负性） 对于任意事件 A，有

$$P(A) \geq 0 \tag{1-4}$$

性质 2（规范性） 必然事件 Ω 的概率为 1，即

$$P(\Omega) = 1 \tag{1-5}$$

性质 3（可列可加性） 对于可列个两两互不相容事件 A_1, A_2, $\cdots$, 有

$$P(A_1 \cup A_2 \cup \cdots) = P(A_1) + P(A_2) + \cdots \tag{1-6}$$

性质 1, 2, 3 是苏联数学家柯尔莫哥洛夫提出的概率的公理化定义中所规定的概率必须满足的三条公理，由这三条公理可以推导出概率的其他性质。

性质 4 不可能事件 $\varnothing$ 的概率为 0, 即

$$P(\varnothing) = 0 \tag{1-7}$$

证明：由于可列个不可能事件之和仍为不可能事件，所以

$$\Omega = \Omega \cup \varnothing \cup \varnothing \cup \cdots \cup \varnothing \cup \cdots$$

所以

$$P(\Omega) = P(\Omega) \cup P(\varnothing) \cup P(\varnothing) \cup \cdots \cup P(\varnothing) \cup \cdots$$

由性质 1 和性质 2 可得

$$P(\varnothing) = 0$$

得证。

性质 5（有限可加性） 对于任意 n 个事件 A_1, A_2, $\cdots$, A_n, 若 $A_i A_j = \varnothing$ ($i, j = 1, 2, \cdots, n$; $i \neq j$), 则

$$P(A_1 \cup A_2 \cup \cdots \cup A_n) = P(A_1) + P(A_2) + \cdots + P(A_n) \tag{1-8}$$

证明：令 $A_{n+1} = A_{n+2} = \cdots = \varnothing$, 因此有 $A_i A_j = \varnothing (i, j = 1, 2, \cdots, i \neq j)$, 由性质 3 得

$$\begin{aligned} P(A_1 \cup A_2 \cup \cdots \cup A_n) &= P(A_1 \cup A_2 \cup \cdots \cup A_n \cup A_{n+1} \cup A_{n+2} \cdots) \\ &= P(\bigcup_{k=1}^{\infty} A_k) = \sum_{k=1}^{\infty} P(A_k) = \sum_{k=1}^{n} P(A_k) + 0 \\ &= P(A_1) + P(A_2) + \cdots + P(A_n) \end{aligned}$$

得证。

特别地，当 $n = 2$ 时，对于任意两个互不相容事件 A 和 B, 有 $P(A \cup B) = P(A) + P(B)$。

【例 1-6】 某工厂一个班组有男工 7 人、女工 4 人，现要选出 3 个代表，求 3 个代表中至少有一个女工的概率。

解：这是一个古典概型问题，样本空间包含的全部样本点数为 C_{11}^3。将"3 个代表中至少有一个女工"记为事件 A, 则事件 A 是三个两两互不相容事件"3 个代表中有 i 个是女工"($i = 1$, 2, 3) 的和。记"3 个代表中有 i 个是女工"($i = 1, 2, 3$) 为 A_i, 则 $A = A_1 + A_2 + A_3$, 又

$$P(A_1) = \frac{C_4^1 C_7^2}{C_{11}^3} = \frac{28}{55}, \quad P(A_2) = \frac{C_4^2 C_7^1}{C_{11}^3} = \frac{14}{55}, \quad P(A_3) = \frac{C_4^3}{C_{11}^3} = \frac{4}{165}$$

故所求概率为

$$P(A) = P(A_1) + P(A_2) + P(A_3) = \frac{28}{55} + \frac{14}{55} + \frac{4}{165} = \frac{26}{33}$$

性质 6 对于任意事件 A, 有

$$P(\overline{A}) = 1 - P(A) \tag{1-9}$$

证明：因为 $A \cap \overline{A} = \varnothing$, 根据性质 5, 有

$$P(A \cup \overline{A}) = P(A) + P(\overline{A})$$

又 $A \cup \overline{A} = \Omega$, 故 $P(A \cup \overline{A}) = 1$, 即 $P(A) + P(\overline{A}) = 1$, 移项得 $P(\overline{A}) = 1 - P(A)$, 得证。

根据性质 6 可知，通过事件 A 的概率，可以很容易地得到它的逆事件的概率。同样地，事件 A

的概率可以借助于 $\bar{A}$ 的概率来求解。在实际问题中，合理运用这一性质将有效地简化一些问题的求解步骤。

例如，例 1-6 中的问题也可以这样来求解：将"3 个代表中至少有一个女工"记为事件 A，则 $\bar{A}$ = "3 个代表全部为男工"，而 $P(\bar{A}) = \dfrac{C_7^3}{C_{11}^3} = \dfrac{7}{33}$，根据性质 6 可求得

$$P(A) = 1 - P(\bar{A}) = 1 - \dfrac{7}{33} = \dfrac{26}{33}$$

性质 7 对于任意事件 A 和 B，若 $A \supset B$，则

$$P(A-B) = P(A) - P(B) \tag{1-10}$$

证明： 由于 $A \supset B$，故有

$$A = B \cup (A - B)$$

又 $B \cap (A-B) = \varnothing$，根据性质 5，有 $P(A) = P(B \cup (A-B)) = P(B) + P(A-B)$
移项可得

$$P(A-B) = P(A) - P(B)$$

得证。

特别地，当 $A \supset B$ 时，根据性质 1 有 $P(A-B) \geq 0$，因此必有 $P(A) \geq P(B)$。

性质 8（减法公式） 对于任意事件 A 和 B，有

$$P(A-B) = P(A) - P(AB) \tag{1-11}$$

证明： 由于 $A - B = A - AB$，且 $AB \subset A$，根据性质 7 有

$$P(A-B) = P(A-AB) = P(A) - P(AB)$$

得证。

性质 9（加法公式） 对于任意事件 A 和 B，有

$$P(A \cup B) = P(A) + P(B) - P(AB) \tag{1-12}$$

证明： 因 $A \cup B = A \cup (B - AB)$，又 $A \cap (B - AB) = \varnothing$，根据性质 5，有

$$P(A \cup B) = P(A) + P(B - AB)$$

又 $B \supset AB$，根据性质 5，$P(B-AB) = P(B) - P(AB)$，代入上式可得 $P(A \cup B) = P(A) + P(B) - P(AB)$，得证。

特别地，当 A 与 B 为互不相容事件时，$AB = \varnothing$，$P(A \cup B) = P(A) + P(B)$，同性质 5。

【例 1-7】 已知某学校向学生发行两种电子刊物 A 和 B，且该校学生中订阅刊物 A 的占 65%，订阅刊物 B 的占 50%，同时订阅刊物 A 和 B 的占 30%，试求：从该学校学生中随机地抽取一名，该学生订阅电子刊物的概率。

解： 若以 A 记"学生订阅刊物 A"，以 B 记"学生订阅刊物 B"，则学生订阅电子刊物为事件 $A \cup B$。根据概率的加法公式，有

$$P(A \cup B) = P(A) + P(B) - P(AB) = 0.65 + 0.5 - 0.3 = 0.85$$

概率的加法公式可以推广到具有多个事件的场合。

性质 10（一般加法公式） 对任意 n 个事件 $A_1, A_2, \cdots, A_n$，有

$$P(\bigcup_{i=1}^{n} A_i) = \sum_{i=1}^{n} P(A_i) - \sum_{1 \leq i < j \leq n} P(A_i A_j) + \sum_{1 \leq i < j < k \leq n} P(A_i A_j A_k) + \cdots + (-1)^{n-1} P(A_1 A_2 \cdots A_n) \tag{1-13}$$

特别地，

$$P(A_1 \cup A_2 \cup A_3) = P(A_1) + P(A_2) + P(A_3) - P(A_1 A_2) - P(A_2 A_3) - P(A_1 A_3) + P(A_1 A_2 A_3)$$

【例 1-8】 某人写好 n 封信，又写好 n 个信封，然后在黑暗中把每封信放入一个信封中，试求至少有一封信与信封匹配的概率。

解： 若以 A_i 记第 i 封信与信封匹配，则所求事件为 $A_1 \cup A_2 \cup \cdots \cup A_n$，因此，根据一般加法公式，首先有

$$P(A_i) = \frac{(n-1)!}{n!} = \frac{1}{n}$$

$$P(A_i A_j) = \frac{(n-2)!}{n!} = \frac{1}{n(n-1)}$$

$$P(A_i A_j A_k) = \frac{(n-3)!}{n!} = \frac{1}{n(n-1)(n-2)}$$

$$\cdots$$

$$P(A_1 A_2 \cdots A_n) = \frac{1}{n!}$$

因此

$$P(A_1 \cup A_2 \cup \cdots \cup A_n) = C_n^1 \frac{1}{n} - C_n^2 \frac{1}{n(n-1)} + C_n^3 \frac{1}{n(n-1)(n-2)} - \cdots + (-1)^{n-1} \frac{1}{n!}$$

$$= 1 - \frac{1}{2!} + \frac{1}{3!} - \cdots + (-1)^{n-1} \frac{1}{n!}$$

1.3 条件概率与事件独立性

前面两节介绍了概率论中两个最基本的概念——事件和概率，并讨论了概率的基本性质与运算法则。本节将更深入地介绍概率论中有关条件概率与事件独立性的知识，并利用这些知识来解决一些较为复杂的实际问题。

1.3.1 条件概率与乘法公式

1. 条件概率

前面从不同的角度讨论了概率的几种一般情形及概率的基本性质，这些讨论都基于一些固定的条件限制。然而，在处理实际问题时，经常需要在已知部分试验结果的基础上来求解概率，这就需要引入条件概率的概念。

假设一次考试的题型包括双选题，要求考生从 a，b，c，d 四个选项中依次选出两个正确答案，并且只有在两个答案全部选对的条件下才能够得分。在完成某道双选题时，如果考生没有掌握该题考查的内容，随机地选择两个答案，那么可能的选择有 {(a,b),(a,c),(a,d),(b,c),(b,d),(c,d)}，并且每种选择的可能性都是相同的。若以 A 记事件 "两个选项全部正确"，则考生得分（即事件 A 发生）的概率为 1/6。

但是，如果在四个选项中考生能够确定其中一个选项的正确性，即考生选择的答案中"至少第一个选项正确"，例如，考生可以确定 a 选项是正确的，那么事件 A 的概率便应是 1/3。

由于引入了条件"至少第一个选项正确"，事件 A 的概率发生了变化，若记"至少第一个选项正确"为 B，这时事件 A 的概率实际上是"在事件 B 发生的条件下，事件 A 的概率"，这就是我们所说的条件概率，记为 $P(A|B)$。

在上面的例子中，初始条件下样本点总数为 $n=6$，在规定了事件 B（仍假设考生选择了正确

选项 a) 发生的前提后,样本空间也随之改变为 $\Omega_B = \{(a,b),(a,c),(a,d)\}$,样本点总数为 $m_B = 3$,而有利场合(至少第一个选项正确,且两个选项全部正确)数为 $m_{AB} = 1$,即

$$P(A|B) = \frac{1}{3} = \frac{m_{AB}}{m_B} = \frac{m_{AB}/n}{m_B/n} = \frac{P(AB)}{P(B)}$$

这个式子对于条件概率来说具有一般性,下面给出条件概率的定义。

对于任意两个事件 A,B,若 $P(B) > 0$,则称

$$P(A|B) = \frac{P(AB)}{P(B)} \tag{1-14}$$

为在事件 B 发生的条件下事件 A 发生的条件概率,简称条件概率。

【例 1-9】 某公司共有 1200 名员工,其中男性 960 人,女性 240 人。在过去的三年里,有 324 名员工得到提升,其具体情况如表 1-3 所示。试根据条件概率的公式计算:

① 若一个员工为男性,其得到提升的概率;
② 若一个员工为女性,其得到提升的概率。

表 1-3 某公司员工提升情况表

	男性	女性	合计
升职人数	288	36	324
未升职人数	672	204	876
合计	960	240	1200

解:根据题意,分别以 M 记事件"某员工为男性",以 W 记事件"某员工为女性",以 A 记事件"某员工得到提升"。

根据表中数据,可以得到以下结果

$$P(M) = 960/1200 = 0.80$$
$$P(W) = 240/1200 = 0.20$$
$$P(A) = 324/1200 = 0.27$$
$$P(AM) = 288/1200 = 0.24$$
$$P(AW) = 36/1200 = 0.03$$

① 根据条件概率的公式,若一个员工为男性,则其得到提升的概率为

$$P(A|M) = \frac{P(AM)}{P(M)} = \frac{0.24}{0.80} = 0.3$$

② 若一个员工为女性,则其得到提升的概率为

$$P(A|W) = \frac{P(AW)}{P(W)} = \frac{0.03}{0.20} = 0.15$$

2. 条件概率的性质

根据概率的性质,可以得到条件概率的一些类似的性质(以下均假定 $P(B) > 0$)。

首先,条件概率也具有非负性、规范性、可列可加性三个基本性质,即

① 对于任意事件 A 和 B,有 $P(A|B) \geq 0$。
② 在事件 B 发生的条件下,必然事件 Ω 发生的概率为 1,即 $P(\Omega|B) = 1$。
③ 对于可列个两两互不相容事件 $A_1, A_2, \cdots$,以及任意事件 B,有

$$P\left(\bigcup_{i=1}^{\infty} A_i \mid B\right) = \sum_{i=1}^{\infty} P(A_i|B)$$

基于以上三个基本性质,可以推出条件概率的如下常用性质。

④ 对于任意事件 B，有 $P(\varnothing | B) = 0$。

⑤ 对于任意 n 个两两互不相容事件 A_1, A_2, ⋯, A_n，有

$$P[(A_1 \cup A_2 \cup \cdots \cup A_n) | B] = P(A_1 | B) + P(A_2 | B) + \cdots + P(A_n | B)$$

⑥ 对于任意事件 A 和 B，有 $P(A | B) = 1 - P(\bar{A} | B)$。

⑦ 对于任意事件 A_1，A_2 和 B，有 $P[(A_1 \cup A_2) | B] = P(A_1 | B) + P(A_2 | B) - P(A_1 A_2 | B)$。
特别地，当 $B = \Omega$ 时，条件概率转化为无条件的一般概率。

3. 乘法公式

通过对条件概率公式移项，可以得到

$$P(AB) = P(B)P(A | B) \tag{1-15}$$

这个等式称为概率的乘法公式。

若 $P(A) > 0$，也可以定义 $P(B | A)$，这时可以得到 $P(AB) = P(A)P(B | A)$。

一般来说，可以把乘法公式推广到 n 个任意事件之交的场合，即当 $P(A_1 A_2 \cdots A_{n-1}) > 0$ 时，有

$$P(A_1 A_2 \cdots A_n) = P(A_1)P(A_2 | A_1)P(A_3 | A_1 A_2) \cdots P(A_n | A_1 A_2 \cdots A_{n-1})$$

【例 1-10】 某商店出售一种零件，已知每箱装这种零件 100 件，且其中有 4 件是次品，商店采用"假一赔十"的营销方式，即顾客买一箱零件，如果随机地取 1 件发现是次品，商店立刻把 10 件合格品放入箱中，且次品不再放回。某顾客在一个箱子中先后取了 3 件进行测试，求这 3 件都不是合格品的概率。

解：根据题意，以 A_i 记"顾客在第 i 次测试时取到不合格品"（$i = 1, 2, 3$），则有

$$P(A_1) = \frac{4}{100}, \quad P(A_2 | A_1) = \frac{3}{99 + 10} = \frac{3}{109}, \quad P(A_3 | A_1 A_2) = \frac{2}{108 + 10} = \frac{2}{118}$$

根据乘法公式可知，顾客取出的 3 件都不是合格品的概率为

$$P(A_1 A_2 A_3) = P(A_1)P(A_2 | A_1)P(A_3 | A_1 A_2) = \frac{4}{100} \times \frac{3}{109} \times \frac{2}{118} = 0.00002$$

1.3.2 事件独立性

在 1.3.1 节的引例中，由于引入了条件 B "至少第一个选项正确后"，考生得分的概率从 1/6 变为了 1/3，在这里，引入的条件对事件 A "两个选项全部正确"的概率进行了"修正"。那么，是否存在这样一种情况，使事件 B 的发生与否对事件 A 的概率并没有影响呢？

假设袋中有 a 个白球，b 个黑球，并且这些球除颜色外没有任何差别。现从袋中有放回地先后取两个球，若以 A 记"第一次取到黑球"，以 B 记"第二次取到黑球"，由于取球是有放回的，因此无论第一次取到什么颜色的球，第二次取到黑球的概率都会是 $\dfrac{b}{a+b}$，即 $P(B) = P(B | A) = P(B | \bar{A}) = \dfrac{b}{a+b}$。在这种场合下，事件 A 的发生并不影响事件 B 的发生，它们之间具有某种"独立性"。

对于任意事件 A 和 B，如果有

$$P(AB) = P(A)P(B) \tag{1-16}$$

则称事件 A 与 B 相互独立，简称 A 与 B 独立。

对于例 1-10 中的问题，根据已有结果 $P(AM) = 0.24$，而 $P(M) \times P(A) = 0.80 \times 0.27 =$

0.216，从二者的不相等性可以看出，员工的性别和员工是否升职是不独立的，即该公司在员工升职问题上存在性别歧视。

相互独立事件有如下两个性质：

性质1 若事件 A 与 B 相互独立，则 $P(B|A) = P(B)$。

性质2 若事件 A 与 B 相互独立，则 $\bar{A}$ 与 B、A 与 $\bar{B}$、$\bar{A}$ 与 $\bar{B}$ 均独立。

【例1-11】 甲、乙二人独立地向同一目标射击，其命中率分别为0.6和0.7，试求目标被射中的概率。

解： 根据题意，以 A 记"甲射中目标"，以 B 记"乙射中目标"，以 C 记"目标被射中"，因此有 $C = A \cup B$。由于事件 A 和 B 是相互独立的，故目标被射中的概率为

$$P(C) = P(A \cup B)$$
$$= P(A) + P(B) - P(AB)$$
$$= P(A) + P(B) - P(A)P(B)$$
$$= 0.6 + 0.7 - 0.6 \times 0.7$$
$$= 0.88$$

也可以先考虑 C 的对立事件，显然有

$$P(C) = 1 - P(\bar{C}) = 1 - P(\overline{A \cup B}) = 1 - P(\bar{A}\bar{B}) = 1 - P(\bar{A})P(\bar{B})$$
$$= 1 - (1 - 0.6) \times (1 - 0.3) = 0.88$$

通过例1-11的求解，可以看到，在求解两个相互独立事件至少发生其一的概率问题时，可以通过求解它的逆事件，即两个相互独立事件都不发生的概率，由于相互独立事件的逆事件也一定是相互独立的，这样便简化了计算。

事件独立性的概念还可以推广到多个事件相互独立的场合，即 n 个事件相互独立，当且仅当它们中的任何 m（$2 \leq m \leq n$）个事件也相互独立。

1.3.3 全概率公式

设事件 A_1, A_2, $\cdots$, A_n 是样本空间 Ω 的一组事件，若这组事件满足

① $A_iA_j = \emptyset$ （$i \neq j$; $i, j = 1, 2, \cdots, n$）;

② $A_1 \cup A_2 \cup \cdots \cup A_n = \Omega$;

则称 A_1, A_2, $\cdots$, A_n 是样本空间 Ω 的一个完备事件组。

假定 B 是样本空间 Ω 中的任意事件，显然有

$$(A_1 \cup A_2 \cup \cdots \cup A_n) \cap B = \Omega \cap B = B$$

根据事件运算的分配率，可以得到

$$B = \bigcup_{i=1}^{n} A_i B$$

显然，A_iB（$i = 1, 2, \cdots, n$）也是一个两两互不相容的事件组，因此，根据概率的有限可加性有

$$P(B) = P(\bigcup_{i=1}^{n} A_i B) = \sum_{i=1}^{n} P(A_i B)$$

结合式（1-15），当 $P(A_i) > 0$ 时，有

$$P(B) = \sum_{i=1}^{n} P(A_i) P(B|A_i) \tag{1-17}$$

该等式称为全概率公式。

若将 A_1, A_2, $\cdots$, A_n 理解为引起事件 B 发生的若干原因，那么全概率公式的意义在于，综合引起事件 B 发生的各个原因，求解事件 B 发生的概率。

在处理一些较为复杂的概率问题时，常常需要运用全概率公式，首先找到一个合适的完备事件组，将复杂事件分解为若干个互不相容的简单事件之和，然后分别计算这些简单事件的概率，再通过概率的可加性得到最终结果，即"化整为零，各个击破，积零为整"。

【例1-12】 某车间有甲、乙、丙三条生产线共同加工一批零件，各生产线的产量分别占总产量的40%、35%和25%，且在这三条生产线上加工该零件的次品率分别为2%、4%和5%，求从这批零件中任意取出一个零件是次品的概率。

解：根据题意，以 A_1 记"取出的零件来自甲生产线"，以 A_2 记"取出的零件来自乙生产线"，以 A_3 记"取出的零件来自丙生产线"，以 B 记"取出次品"，显然 A_1, A_2, A_3 构成这一随机取样试验样本空间 Ω 的完备事件组。

由已知条件可知

$$P(A_1) = 40\% = 0.40, \quad P(A_2) = 35\% = 0.35, \quad P(A_3) = 25\% = 0.25$$
$$P(B|A_1) = 2\% = 0.02, \quad P(B|A_2) = 4\% = 0.04, \quad P(B|A_3) = 5\% = 0.05$$

根据全概率公式，取出次品的概率为

$$P(B) = P(A_1)P(B|A_1) + P(A_2)P(B|A_2) + P(A_3)P(B|A_3)$$
$$= 0.40 \times 0.02 + 0.35 \times 0.04 + 0.25 \times 0.05 = 0.0345$$

1.3.4 贝叶斯公式

在全概率公式的基础上，结合乘法公式，可以得到概率论中另一个非常重要的公式。

设 $A_1, A_2, \cdots, A_n$ 是样本空间 Ω 的一个完备事件组，且 $P(A_i) > 0 (i = 1, 2, \cdots, n)$，根据全概率公式，对于样本空间 Ω 中的任意事件 B 有

$$P(B) = \sum_{i=1}^{n} P(A_i)P(B|A_i)$$

而当 $P(B) > 0$ 时，由条件概率的定义，有

$$P(A_i|B) = \frac{P(A_iB)}{P(B)}$$

根据乘法公式

$$P(A_iB) = P(A_i)P(B|A_i)$$

将以上三个式子结合，可以得到

$$P(A_i|B) = \frac{P(A_i)P(B|A_i)}{\sum_{j=1}^{n} P(A_j)P(B|A_j)} \tag{1-18}$$

这个等式称为贝叶斯公式。

贝叶斯公式反映了在复杂事件 B 已经发生的条件下，简单事件 A_i 发生的可能性大小，也即事件 B 的发生是由原因 A_i 引起的概率，因此 $P(A_i|B)$ 通常称为后验概率。相应地，$P(A_i)$ 表示的是引起事件 B 发生的各种原因发生的可能性大小，一般是根据经验事实得来的，并且在试验前已经知道，因此通常称为先验概率。

【例1-13】 在例1-12中，如果取出的零件是次品，分别求这个零件是由甲、乙、丙生产线加工的概率。

解：分别以 A_1, A_2, A_3 记取出的零件来自甲、乙、丙生产线，以 B 记"取出次品"，则根据例1-12的计算结果，有

$$P(B) = \sum_{i=1}^{3} P(A_i)P(B|A_i) = 0.0345$$

根据贝叶斯公式，可以得到

$$P(A_1|B) = \frac{P(A_1)P(B|A_1)}{\sum_{j=1}^{3}P(A_j)P(B|A_j)} = \frac{P(A_1)P(B|A_1)}{P(B)} = \frac{0.25 \times 0.05}{0.0345} = 0.3623$$

$$P(A_2|B) = \frac{P(A_2)P(B|A_2)}{\sum_{j=1}^{3}P(A_j)P(B|A_j)} = \frac{P(A_2)P(B|A_2)}{P(B)} = \frac{0.35 \times 0.04}{0.0345} = 0.406$$

$$P(A_3|B) = \frac{P(A_3)P(B|A_3)}{\sum_{j=1}^{3}P(A_j)P(B|A_j)} = \frac{P(A_3)P(B|A_3)}{P(B)} = \frac{0.4 \times 0.02}{0.0345} = 0.232$$

1.4 随机变量及其分布

概率论是研究随机现象数量规律的数学分支，为了能够更深入地研究这种规律，就需要对随机现象进行定量的数学处理，把随机现象的结果数量化，并掌握这些数量化的结果的取值规律，由此需要引入随机变量与分布函数的概念。

1.4.1 随机变量及其分布函数

1. 随机变量与分布函数

对于许多随机现象来说，其结果本身就是以数量的形式出现的，例如，掷一颗骰子可能出现的点数，一天内进入某超市的顾客数，某生产线生产的灯泡的寿命，产品抽样检查中的不合格率等。还有一些随机现象，其结果本身并不是数量的形式，如抛硬币试验，可能出现的结果为"正面朝上"或"反面朝上"，直观上它们与数值并没有直接的对应关系，但是如果将"正面朝上"指定为1，"反面朝上"指定为0，就可以实现结果的数量化了。简单地说，这种随机现象数量化的表现就是随机变量。

定义 设随机试验的样本空间为 Ω，若对于每个属于 Ω 的样本点 ω，总有一个实数 $X(\omega)$ 与其对应，则称实值函数 $X = X(\omega)$ 为随机变量，常用大写字母 X、Y、Z 等表示。

随机变量主要可以分为两种类型。对于一个随机变量 X，如果它的所有可能取值都能逐个列举出来，则称 X 为离散型随机变量；如果它的取值不能逐个列举，而是充满数轴上的某一区间，则称 X 为连续型随机变量。

若要全面地了解随机变量，仅仅知道它能取哪些值是不够的，更重要的是要知道它取这些值的规律，也就是说，需要掌握其概率分布。分布函数是用来刻画随机变量的概率分布的有效工具。

定义 设 X 是一个随机变量，对任意实数 x，称函数

$$F(x) = P(X \leq x) \tag{1-19}$$

为随机变量 X 的分布函数，记为 $X \sim F(x)$，读作 X 服从 $F(x)$。

通过分布函数，可以计算与随机变量 X 有关事件的概率。

以掷骰子试验为例，掷一颗骰子可能出现的点数 X 为一个随机变量，其可能的取值为 1, 2, …, 6。则事件 A "出现的点数小于等于 3" 可以表示为 $A = \{X \leq 3\}$，通过分布函数求得 A 的概率为 $P(X \leq 3) = 1/2$。

2. 离散型随机变量及其分布

对于离散型随机变量，由于其所有可能取值可以一一列举出来，因此，对其概率分布定义如下。

定义 设 X 是一个离散型随机变量,并且它的所有可能取值为 x_1, x_2, $\cdots$, x_n, $\cdots$,则称 X 取 x_i 的概率

$$p_i = P(X = x_i), \quad i = 1, 2, \cdots, n, \cdots \tag{1-20}$$

为离散型随机变量 X 的概率分布,记为 $X \sim \{p_i\}$。

表 1-4 离散型随机变量的分布列

X	x_1	x_2	$\cdots$	x_n	$\cdots$
P	$p(x_1)$	$p(x_2)$	$\cdots$	$p(x_n)$	$\cdots$

离散型随机变量的概率分布也可以用表格形式来表示,称为分布列,如表 1-4 所示。

【例 1-14】 掷两颗骰子,若以 X 记出现的点数之和,试求 X 的分布列。

解:掷两颗骰子,可能出现的点数的组合为

(1,1),(1,2),(1,3),(1,4),(1,5),(1,6)
(2,1),(2,2),(2,3),(2,4),(2,5),(2,6)
(3,1),(3,2),(3,3),(3,4),(3,5),(3,6)
(4,1),(4,2),(4,3),(4,4),(4,5),(4,6)
(5,1),(5,2),(5,3),(5,4),(5,5),(5,6)
(6,1),(6,2),(6,3),(6,4),(6,5),(6,6)

计算可得 X 的分布列如表 1-5 所示。

表 1-5 两颗骰子点数之和的分布列

X	2	3	4	5	6	7	8	9	10	11	12
P	1/36	1/18	1/12	1/9	5/36	1/6	5/36	1/9	1/12	1/18	1/36

对于离散型随机变量的分布列,根据概率的非负性公理,首先一定有 $p_i \geq 0$。同时,由于 x_1, x_2, $\cdots$, x_n, $\cdots$ 构成样本空间的一个完备事件组,因此必有

$$\sum_{i=1}^{\infty} p_i = 1$$

如果已知离散型随机变量 X 的分布列,可以很容易地得到 X 的分布函数:

$$F(x) = P(X \leq x) = \sum_{x_i \leq x} p(x_i) \tag{1-21}$$

并且,对于任意实数 a, $b (a < b)$,有

$$P(a < x \leq b) = \sum_{a < x_i \leq b} p(x_i)$$

【例 1-15】 设随机变量 X 的分布列如表 1-6 所示。试求 X 的分布函数。

解:根据分布列,得到 X 的分布函数如下:

$$F(x) = \begin{cases} 0, & x < 1 \\ 0.2, & 1 \leq x < 2 \\ 0.2 + 0.3 = 0.5, & 2 \leq x < 3 \\ 0.2 + 0.3 + 0.5 = 1, & x \geq 3 \end{cases}$$

表 1-6 随机变量 X 的分布列

X	1	2	3
P	0.2	0.3	0.5

$F(x)$ 的图形呈一条阶梯状的曲线,且取值 1, 2, 3 处为跳跃点,其跳跃度分别为 0.2, 0.3, 0.5。如图 1-5 所示。

由于在求解离散型随机变量 X 的有关事件的概率时,用分布列比分布函数更方便,因此通常用分布列来描述其分布。

3. 连续性随机变量及其分布

与离散型随机变量不同，连续型随机变量的可能取值有无穷不可列个实数，这些实数覆盖数轴上的某一区间甚至整个数轴，因此不能像对离散型随机变量那样，通过分布列来描述其概率分布。在连续型随机变量的概率分布情况时，引入一个新的概念——概率密度函数。

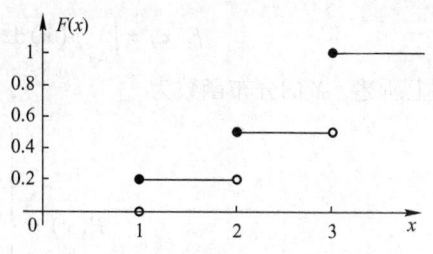

图1-5 离散型随机变量的分布函数

定义 设随机变量 X 的分布函数是 $F(x)$，如果存在实数轴上的一个非负可积函数 $p(x)$，使得对任意实数 x，有

$$F(x) = P(X \leq x) = \int_{-\infty}^{x} p(t) \, dt \tag{1-22}$$

则称 X 为连续型随机变量，称 $p(x)$ 为 X 的概率密度函数，简称密度函数。

与离散型随机变量类似，对于连续型随机变量，其密度函数具有如下两个基本性质。

① 非负性：$p(x) \geq 0$。

② 正则性：$\int_{-\infty}^{+\infty} p(x) \, dx = 1$。

这两条基本性质作为判别某个函数是否为密度函数的充要条件，如果连续型随机变量 X 的密度函数存在，则对于任意实数 a, b ($a < b$)，有

$$P(a < x \leq b) = \int_a^b p(x) \, dx$$

结合积分的几何意义，则 X 落在区间 $(a, b]$ 上的概率等于曲线 $y = p(x)$ 在区间 $(a, b]$ 上与 x 轴构成的曲边梯形的面积，如图1-6所示。

不难得出，离散型随机变量 X 仅取一点时 $y = p(x)$ 与 x 轴所积面积为0，即此时的概率恒为0，因此在计算 X 落在某一区间上的概率时可以不用计较区间的开闭。

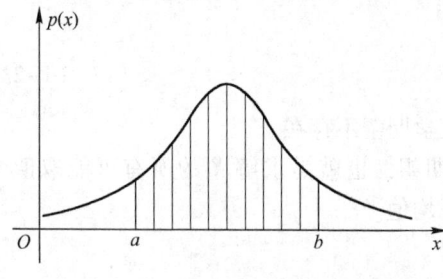

图1-6 连续型随机变量落在区间 $(a,b]$ 上的概率

【例1-16】 设连续型随机变量 X 的密度函数为

$$p(x) = \begin{cases} 1+x, & -1 \leq x < 0 \\ 1-x, & 0 \leq x < 1 \\ 0, & 其他 \end{cases}$$

试求 X 的分布函数 $F(x)$。

解：由分布函数的定义可得

$$F(x) = P(X \leq x) = \int_{-\infty}^{x} p(t) \, dt$$

当 $x < -1$ 时，$p(x) = 0$，所以

$$F(x) = \int_{-\infty}^{x} p(x) \, dx = 0$$

当 $-1 \leq x < 0$ 时，

$$F(x) = \int_{-1}^{x} (1+x) \, dx = \frac{x^2}{2} + x + \frac{1}{2}$$

当 $0 \leq x < 1$ 时，

$$F(x) = \int_{-\infty}^{x} p(x) \, dx = \int_{-1}^{0} (1+x) \, dx + \int_{0}^{x} (1-x) \, dx = -\frac{x^2}{2} + x + \frac{1}{2}$$

当 $x \geq 1$ 时，

$$F(x) = \int_{-\infty}^{x} p(x)\,dx = \int_{-1}^{0}(1+x)\,dx + \int_{0}^{1}(1-x)\,dx = 1$$

综上所述，X 的分布函数为

$$F(x) = \begin{cases} 0, & x < -1 \\ \dfrac{x^2}{2} + x + \dfrac{1}{2}, & -1 \leqslant x < 0 \\ -\dfrac{x^2}{2} + x + 1, & 0 \leqslant x < 1 \\ 1, & x \geqslant 1 \end{cases}$$

1.4.2 随机变量的数字特征

随机变量的概率分布能够完整地描述随机变量的统计特征，并且据此可以求得与随机变量有关事件的概率。然而，在一些场合中，并不需要了解随机变量的全面情况，而只须从某个侧面考察随机变量的特征。例如，假设某地区成年男子的身高为随机变量 X，在统计该地区男子的身高情况时，只须注意男子的平均高度，以及个体的身高与平均身高的偏离程度。这种用数字表示的随机变量的特征称为随机变量的数字特征。

本节将主要介绍随机变量的常用数字特征：数学期望、方差和标准差。

1. 数学期望

数学期望表示随机变量所有可能取值的平均水平，记为 $E(X)$ 或 μ。下面，对于离散型随机变量和连续型随机变量，分别给出数学期望的定义和性质。

(1) 离散型随机变量的数学期望

定义 设离散型随机变量 X 的所有可能取值为 $x_1, x_2, \cdots, x_n, \cdots$，且 $X \sim \{p_i\}$，如果

$$\sum_{i=1}^{+\infty} x_i p_i$$

绝对收敛，则称

$$E(X) = \sum_{i=1}^{+\infty} x_i p_i \tag{1-23}$$

为随机变量 X 的数学期望，简称期望；否则，称 X 的数学期望不存在。

从定义可以看出，求解离散型随机变量 X 的数学期望，也就是求解 X 的所有可能取值为 $x_1, x_2, \cdots, x_n, \cdots$ 关于权 $p_1, p_2, \cdots, p_n, \cdots$ 的加权平均值。

【例 1-17】 试求例 1-14 中随机变量 X 的数学期望。

解：根据表 1-5 中的计算结果，计算得到 X 的数学期望为

$$E(X) = 2 \times \frac{1}{36} + 3 \times \frac{1}{18} + 4 \times \frac{1}{12} + 5 \times \frac{1}{9} + 6 \times \frac{5}{36} + 7 \times \frac{1}{6} + 8 \times \frac{5}{36}$$
$$+ 9 \times \frac{1}{9} + 10 \times \frac{1}{12} + 11 \times \frac{1}{18} + 12 \times \frac{1}{16} = 7$$

(2) 连续型随机变量的数学期望

定义 设连续型随机变量 X 的概率密度函数为 $p(x)$，如果

$$\int_{-\infty}^{+\infty} x p(x)\,dx$$

绝对收敛，则称

$$E(X) = \int_{-\infty}^{+\infty} x p(x)\,dx \tag{1-24}$$

为随机变量 X 的数学期望，简称期望。同样地，如果级数的收敛条件不成立，则称 X 的数学期望不存在。

【例 1-18】 试求例 1-16 中随机变量 X 的数学期望。

解： 已知 X 的密度函数为

$$p(x) = \begin{cases} 1+x, & -1 \leqslant x < 0 \\ 1-x, & 0 \leqslant x < 1 \\ 0, & \text{其他} \end{cases}$$

因此 X 的数学期望为

$$E(X) = \int_{-\infty}^{+\infty} xp(x)\mathrm{d}x = \int_{-1}^{0} x(1+x)\mathrm{d}x + \int_{0}^{1} x(1-x)\mathrm{d}x = 0$$

(3) 数学期望的性质

假定以下所涉及随机变量的数学期望均存在，根据数学期望的定义可以得出下列性质。

性质 1 对于任意常数 c，有

$$E(c) = c \tag{1-25}$$

性质 2 对于任意随机变量 X 和常数 a，b，有

$$E(aX) = aE(X) \tag{1-26}$$

$$E(X+b) = E(X) + b \tag{1-27}$$

性质 3 对于任意随机变量 X 和 Y，有

$$E(X \pm Y) = E(X) \pm E(Y) \tag{1-28}$$

性质 4 对于任意随机变量 X 和 Y，若 X 与 Y 相互独立，有

$$E(XY) = E(X)E(Y) \tag{1-29}$$

2. 方差与标准差

随机变量 X 的数学期望在一定程度上反映了随机变量的集中趋势，它反映了 X 的取值总在 $E(X)$ 周围波动，但是却不能反映出这种波动的大小，即 X 的取值与 $E(X)$ 的偏离程度。例如，在统计某地区成年男子的身高情况时，不仅要注意男子的平均高度，还要观察个体的身高与平均身高的偏离程度。为了度量这种偏离程度，下面引入方差和标准差的概念。

定义 设 X 是一个随机变量，若 $E[X-E(X)]^2$ 存在，则称

$$D(X) = E[X-E(X)]^2 \tag{1-30}$$

为随机变量 X 的方差，称 $\sigma(X) = \sqrt{D(X)}$ 为随机变量 X 的标准差。

根据定义可知，方差实际上就是随机变量 X 的取值相对于均值 $E(X)$ 的偏差平方的数学期望，这是由于偏差 $X-E(X)$ 的值有正有负，直接相加则会出现正负抵消的现象，因此利用偏差的平方来计算随机变量 X 的方差，然后对得到的方差开平方，就得到了与数学期望的量纲相同的标准差。

以上是方差的一般定义，结合数学期望的计算公式，针对不同类型的随机变量，有如下结论。

① 对于离散型随机变量 X，如果 X 的所有可能取值为 x_1，x_2，$\cdots$，x_n，$\cdots$，且 $X \sim \{p_i\}$，则有

$$D(X) = \sum_{i=1}^{+\infty} [x_i - E(X)]^2 p_i \tag{1-31}$$

在例 1-17 中，

$$D(X) = (2-7)^2 \times \frac{1}{36} + (3-7)^2 \times \frac{1}{18} + (4-7)^2 \times \frac{1}{12} + (5-7)^2 \times \frac{1}{9} +$$

$$(6-7)^2 \times \frac{5}{36} + (7-7)^2 \times \frac{1}{6} + (8-7)^2 \times \frac{5}{36} + (9-7)^2 \times \frac{1}{9} + (10-7)^2 \times$$

$$\frac{1}{12} + (11-7)^2 \times \frac{1}{18} + (12-7)^2 \times \frac{1}{36}$$

$$= 5.83$$

$$\sigma(X) = \sqrt{D(X)} = \sqrt{5.83} = 2.42$$

② 对于连续型随机变量 X,如果 X 的概率密度函数为 $p(x)$,则有

$$D(X) = \int_{-\infty}^{+\infty} [x - E(x)]^2 p(x) \mathrm{d}x \tag{1-32}$$

在例 1-18 中,

$$D(X) = \int_{-\infty}^{+\infty} [x - E(x)]^2 p(x) \mathrm{d}x = \int_{-1}^{0} (x-0)^2 (1+x) \mathrm{d}x + \int_{0}^{1} (x-0)^2 (1-x) \mathrm{d}x = 0$$

$$\sigma(X) = \sqrt{D(X)} = 0$$

③ 方差的性质。若以下随机变量的数学期望和方差均存在,根据方差的定义容易得出下列性质。

性质 1 对于任意常数 c,有

$$D(c) = 0 \tag{1-33}$$

性质 2 对于任意随机变量 X 和常数 a,b,有

$$D(aX) = a^2 D(X) \tag{1-34}$$

$$D(X+b) = D(X) \tag{1-35}$$

性质 3 对于任意随机变量 X 和 Y,若 X 与 Y 相互独立,有

$$D(X+Y) = D(X) + D(Y) \tag{1-36}$$

性质 4 对于任意随机变量 X,有

$$D(X) = E(X^2) + [E(X)]^2 \tag{1-37}$$

1.4.3 常用的离散型分布

在实际问题中,常常会遇到许多不同类型的离散型随机变量,下面就来介绍四种常见的离散型分布。

1. 0-1 分布

若离散型随机变量 X 的概率分布为

$$P(X=1) = p, P(X=0) = 1-p, \quad (0 < p < 1) \tag{1-38}$$

则称随机变量 X 服从参数为 p 的 0-1 分布,记为 $X \sim B(1,p)$。0-1 分布也称为两点分布或伯努利分布。

例如,从一批产品中任取一个做测试,以 $X=1$ 记产品是好品,以 $X=0$ 记产品是废品,若这批产品的合格率为 90%,则 X 服从参数为 0.9 的 0-1 分布,记为 $X \sim B(1,0.9)$,其分布列如表 1-7 所示。

表 1-7 0-1 分布的分布列

X	0	1
P	0.1	0.9

0-1 分布的数学期望、方差和标准差分别为

$$E(X) = 1 \times p + 0 \times (1-p) = p$$

$$D(X) = (1-p)^2 \times p + (0-p)^2 \times (1-p) = p(1-p)$$
$$\sigma(X) = \sqrt{D(X)} = \sqrt{p(1-p)}$$

2. 二项分布

在处理实际问题时，常常会遇到只有两种可能结果的试验。例如，在产品抽样调查中，随机抽取的某个产品可能是合格品，也可能是废品；在调查新出台的政策是否符合民意时，对参与调查的某个公民来说可能是支持这项政策，也可能是反对这项政策等。在这些问题中，每次试验都只有两种可能出现的结果：事件 A 发生或事件 $\bar{A}$ 发生，并且在每次试验中事件 A 出现的概率都相同，记为 $p(0<p<1)$，如果将这种只有两种结果的试验在相同条件下重复独立地进行 n 次，那么这些试验便构成了一个新的试验，称为 n 重伯努利试验。

若以 X 记 n 重伯努利试验事件 A 出现的次数，X 的可能取值为 1，2，$\cdots$，n，则 X 的概率分布为

$$P(X=k) = C_n^k p^k (1-p)^{n-k}, \quad k=0, 1, 2, \cdots, n \tag{1-39}$$

在 n 重伯努利试验中，称事件 A 出现的次数 X 服从以 n，p 为参数的二项分布，记为 $X \sim B(n,p)$。

二项分布是一种常用的离散分布，特别是当 $n=1$ 时，k 只能取 0 和 1，且 $P(X=1)=p$，$P(X=0)=1-p$，也就是前面所说的 0-1 分布。

二项分布的数学期望、方差和标准差分别为

$$E(X) = np$$
$$D(X) = np(1-p)$$
$$\sigma(X) = \sqrt{np(1-p)}$$

【例 1-19】 在 10 件产品中混入了 2 件次品，现有放回地先后取出 3 件产品，用随机变量 X 表示次品数，试求 X 的分布列、$E(X)$ 和 $D(X)$。

解：由于抽样是有放回的，因此每次取出次品的概率都相同，这是一个 n 重伯努利试验。随机变量 X 的可能取值为 0，1，2，3，且

$$P(X=0) = C_3^0 \left(\frac{2}{10}\right)^0 \left(1-\frac{2}{10}\right)^3 = \frac{64}{125}$$

$$P(X=1) = C_3^1 \left(\frac{2}{10}\right)^1 \left(1-\frac{2}{10}\right)^2 = \frac{48}{125}$$

$$P(X=2) = C_3^2 \left(\frac{2}{10}\right)^2 \left(1-\frac{2}{10}\right)^1 = \frac{12}{125}$$

$$P(X=3) = C_3^3 \left(\frac{2}{10}\right)^3 \left(1-\frac{2}{10}\right)^0 = \frac{1}{125}$$

故 X 的分布列如表 1-8 所示。且有

$$E(X) = 3 \times \frac{2}{10} = \frac{3}{5}$$

$$D(X) = 3 \times \frac{2}{10} \times \left(1-\frac{2}{10}\right) = \frac{12}{25}$$

表 1-8 产品质量抽样检查中次品数的分布列

X	0	1	2	3
P	64/125	48/125	12/125	1/125

3. 泊松分布

（1）泊松分布的概率分布

若随机变量 X 的概率分布为

$$P(X=k) = \frac{\lambda^k}{k!}e^{-\lambda}, \quad \lambda > 0, k = 0, 1, 2, \cdots \tag{1-40}$$

则称随机变量 X 服从参数为 λ 的泊松分布，记为 $X \sim P(\lambda)$。

泊松分布是由法国数学家泊松于 1937 年引入的，其应用十分广泛。在现实问题中，许多随机现象都服从泊松分布，如在单位时间内电话交换台接到的用户呼叫数，$1m^2$ 内玻璃上的气泡数，单位时间内公共汽车站来到的乘客数等。

泊松分布的数学期望、方差和标准差分别为

$$E(X) = \lambda$$
$$D(X) = \lambda$$
$$\sigma(X) = \sqrt{\lambda}$$

【例 1-20】 假定某航空公司预订票处十分钟内接到订票电话的次数服从参数为 7 的泊松分布，试求订票处在十分钟内恰好接到 6 次电话的概率。

解：以随机变量 X 表示订票处在 10 分钟内接到订票话的次数，则 $X \sim P(7)$，故

$$P(X=6) = \frac{7^6}{6!}e^{-7}$$

对这个式子直接计算会比较麻烦，可以利用泊松分布表来求解，当 $k=6$，$\lambda=7$ 时

$$P(X=6) = \frac{7^6}{6!}e^{-7} = 0.149$$

(2) 二项分布的泊松近似

泊松分布常常被看成二项分布的近似：在 n 重伯努利试验中，当试验次数 n 很大，而事件 A "成功"发生的概率 p 很小时，二项分布可以用 $\lambda = np$ 的泊松分布来近似。

【例 1-21】 已知某种疾病的发病率为 0.001，某地区共有 5000 居民，现有一医疗团队为该地区居民义务会诊，试求该地区患有这种疾病的人数不超过 5 人的概率。

解：以随机变量 X 记该地区患有这种疾病的人数，则 $X \sim B(5000, 0.001)$，所以有

$$P(X \leq 5) = \sum_{k=0}^{5} C_{5000}^{k} 0.001^k 0.999^{5000-k}$$

通过二项分布来求解这个问题计算量是很大的，由于 n 很大，而 p 很小，这时可以利用泊松分布来求解

$$\lambda = np = 5000 \times 0.001 = 5$$

$$P(X \leq 5) = \sum_{k=0}^{5} \frac{5^k}{k!}e^{-5} = 0.616$$

4. 超几何分布

在产品检验问题中，常常会遇到采取不放回抽样的情况，例如，对电灯泡寿命的检验和棉纱强度的检验，由此需要引入超几何分布的概念。

设一批产品共有 N 件，其中有 M 件不合格品，现从这 N 件产品中不放回地先后抽取 n 件，则其中含有的不合格品的个数 X 服从超几何分布，记为 $X \sim H(n, N, M)$。超几何分布的概率分布列为

$$P(X=k) = \frac{C_M^k C_{N-M}^{n-k}}{C_N^n}, \quad k = 0, 1, 2, \cdots, m \tag{1-41}$$

式中，$m = \min\{M, n\}$，且 $M \leq N$，$n \leq N$，n，N，M 均为正整数。

超几何分布的数学期望、方差和标准差分别为

$$E(X) = n\frac{M}{N}$$

$$D(X) = \frac{nM(N-M)(N-n)}{N^2(N-1)}$$

$$\sigma(X) = \sqrt{\frac{nM(N-M)(N-n)}{N^2(N-1)}}$$

特别地，在实际问题中，当抽样的个数远远小于产品的总数时，每次抽样之后总体中的不合格率 $p = M/N$ 改变甚微，这时，不放回抽样可以近似地看成有放回抽样，因此可以计算二项分布作为近似值。

1.4.4 常用的连续型分布

1. 均匀分布

若随机变量 X 的密度函数为

$$p(x) = \begin{cases} \dfrac{1}{b-a}, & a < x < b \\ 0, & 其他 \end{cases} \tag{1-42}$$

则称 X 服从区间 (a, b) 上的均匀分布，记为 $X \sim U(a, b)$。

相应地，X 的分布函数为

$$F(x) = \begin{cases} 0, & x < a \\ \dfrac{x-a}{b-a}, & a \leqslant x < b \\ 1, & x \geqslant b \end{cases} \tag{1-43}$$

区间 (a, b) 上的均匀分布如图 1-7 所示。

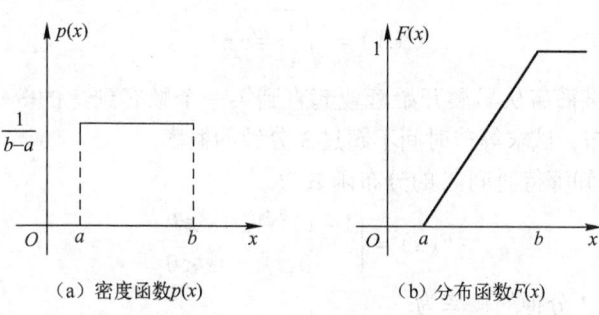

（a）密度函数 $p(x)$　　　　（b）分布函数 $F(x)$

图 1-7　区间 (a, b) 上的均匀分布

若随机变量 X 服从区间 (a, b) 上的均匀分布，则 X 在 (a, b) 中取值落在某一区域内的概率与这个区域的测度成正比。

均匀分布的数学期望、方差和标准差分别为

$$E(X) = \frac{a+b}{2}$$

$$D(X) = \frac{(b-a)^2}{12}$$

$$\sigma(X) = \sqrt{\frac{(b-a)^2}{12}}$$

【例1-22】 设随机变量 X 服从 $(0,10)$ 上的均匀分布，试求 $P(3<x<7)$ 与 $P(5<x\leq12)$。

解：由 X 服从 $(0,10)$ 上的均匀分布可知

$$p(x) = \begin{cases} 0.1, & 0<x<10 \\ 0, & 其他 \end{cases}$$

因此

$$P(3<x<7) = \int_3^7 0.1\mathrm{d}x = 0.4$$

$$P(5<x\leq12) = \int_5^{12} p(x)\mathrm{d}x = \int_5^{10} 0.1\mathrm{d}x = 0.5$$

2. 指数分布

若随机变量 X 的密度函数为

$$p(x) = \begin{cases} \lambda e^{-\lambda x}, & x\geq 0 \\ 0, & x<0 \end{cases} \tag{1-44}$$

则称 X 服从参数为 λ 的指数分布，记为 $X \sim \mathrm{Exp}(\lambda)$，其中 $\lambda > 0$。

相应地，X 的分布函数为

$$F(x) = \begin{cases} 1 - e^{-\lambda x}, & x\geq 0 \\ 0, & x<0 \end{cases} \tag{1-45}$$

指数分布常常用于表示各种"寿命"分布，如无线电元件的生命周期、动物的寿命、电话的通话时间、随机服务系统中的服务时间等，都可假定服从指数分布。

指数分布的数学期望、方差和标准差分别为

$$E(X) = \frac{1}{\lambda}$$

$$D(X) = \frac{1}{\lambda^2}$$

$$\sigma(X) = \sqrt{\frac{1}{\lambda^2}} = \frac{1}{\lambda}$$

【例1-23】 假设某商店从早晨开始营业起直到第一个顾客到达的等待时间（分钟）服从参数 $\lambda = 0.4$ 的指数分布，试求等待时间不超过3分钟的概率。

解：根据题意，可知等待时间 X 的分布函数为

$$F(x) = \begin{cases} 1 - e^{-0.4x}, & x\geq 0 \\ 0, & x<0 \end{cases}$$

因此，等待时间不超过3分钟的概率为

$$P(X\leq 3) = F(3) = 1 - e^{-0.4\times 3} = 1 - e^{-1.2} = 0.699$$

3. 正态分布

正态分布是连续型随机变量的一个最重要的分布，它对于统计研究具有十分重要的意义。在自然界和社会经济问题中，许多随机现象都可以用正态分布来描述或近似描述，如测量的误差、炮弹落地点的分布、人的身高和体重、农作物的收获量、年降雨量等都近似服从正态分布。

（1）正态分布的密度函数和分布函数

若随机变量 X 的密度函数为

$$p(x) = \frac{1}{\sigma\sqrt{2\pi}} e^{-\frac{1}{2\sigma^2}(x-\mu)^2}, \quad -\infty < x < +\infty \tag{1-46}$$

则称 X 服从正态分布，记为 $X \sim N(\mu, \sigma^2)$，其中参数 $-\infty < \mu < +\infty, \sigma > 0$。

$y=p(x)$ 的图形关于 $x=\mu$ 对称，且在 $(-\infty,\mu)$ 单调递增，在 $(\mu,+\infty)$ 内单调递减，在 $x=\mu$ 时达到最大值，如图 1-8 所示。

相应地，X 的分布函数为

$$F(x) = \frac{1}{\sigma\sqrt{2\pi}}\int_{-\infty}^{x} e^{-\frac{1}{2\sigma^2}(t-\mu)^2} dt \quad (1-47)$$

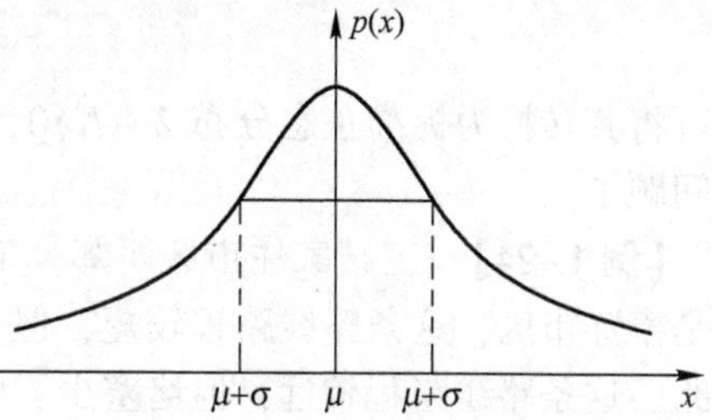

正态分布的密度函数具有如下性质：

- 如果保持 σ 不变，改变 μ 的值，则曲线沿 x 轴平移，而曲线的形状不改变。也就是说正态密度函数在平面直角坐标系的位置是由参数 μ 确定的。

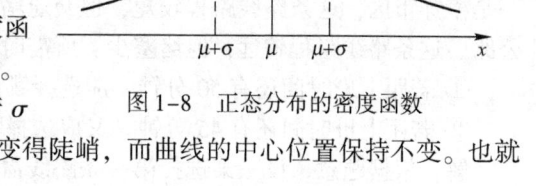

图 1-8 正态分布的密度函数

- 如果保持 μ 不变，改变 σ 的值，则曲线随着 σ 值的增加而变得平缓，或随着 σ 值的减小而变得陡峭，而曲线的中心位置保持不变。也就是说正态密度函数的尺度由参数 σ 所确定。

正态密度函数图形与参数的关系如图 1-9 所示。

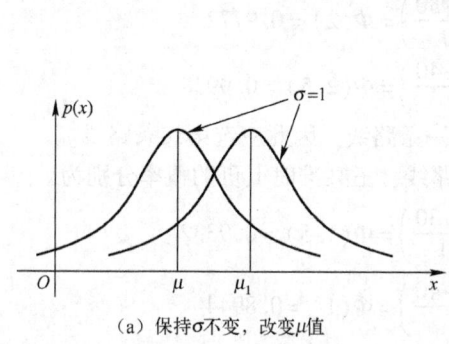
（a）保持 σ 不变，改变 μ 值

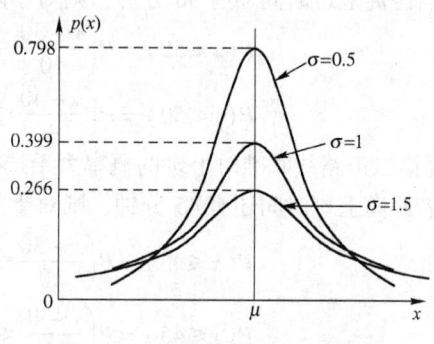
（b）保持 μ 不变，改变 σ 值

图 1-9 正态密度函数图形与参数的关系

正态分布的数学期望、方差和标准差分别为

$$E(X) = \mu$$
$$D(X) = \sigma^2$$
$$\sigma(X) = \sigma$$

故正态分布 $X \sim N(\mu,\sigma^2)$ 通常读为随机变量 X 服从均值为 μ，方差为 σ^2 的正态分布。

（2）标准正态分布

当参数 $\mu=0$，$\sigma=1$ 时，正态分布 $N(0,1)$ 称为标准正态分布。对于标准正态分布，通常用 $\varphi(x)$ 表示密度函数，用 $\Phi(x)$ 表示分布函数，故

$$\varphi(x) = \frac{1}{\sqrt{2\pi}} e^{-\frac{x^2}{2}} \quad (1-48)$$

$$\Phi(x) = \frac{1}{\sqrt{2\pi}}\int_{-\infty}^{x} e^{-\frac{t^2}{2}} dt \quad (1-49)$$

对于服从标准正态分布的随机变量，可以通过"正态分布表"查得 $\Phi(x)$，然后通过一定的换算得到所要求解的概率，主要的换算法则有

- $\Phi(-x) = 1 - \Phi(x)$
- $P(X > x) = 1 - \Phi(x)$
- $P(a < X < b) = \Phi(b) - \Phi(a)$
- $P(|X| < c) = 2\Phi(c) - 1$

实际上，恰好服从标准正态分布的随机变量很少，但可以通过一定的线性变换将一般正态分布转化为标准正态分布。对于一般正态分布，进行变换

$$Z = \frac{X - \mu}{\sigma} \tag{1-50}$$

便可将其转换为标准正态分布 $Z \sim N(0,1)$，这时，就可以借助于正态分布表来求解一般正态分布问题了。

【例 1-24】 王某家住市区西郊，工作单位位于东郊。王某的上班的路线可以有两种选择：一是横穿市区，这条路线路程较短，但交通堵塞严重，所需时间 $X \sim N(30,100)$；二是选择环城公路，这条路线路程较远，但堵塞少，所需时间 $Y \sim N(40,16)$。

① 若距上班时间还有 50 分钟，应选择哪条路线？
② 若距上班时间还有 45 分钟，又应选择哪条路线？

解： 根据题意，设王某选择第一条路线需要花费的时间为 x，选择第二条路线需要花费的时间为 y。

① 若距离上班时间还有 50 分钟，则对于两条路线，王某准时上班的概率分别为

$$P(x \leq 50) = P\left(\frac{x-30}{10} \leq \frac{50-30}{10}\right) = \Phi(2) = 0.9772$$

$$P(y \leq 50) = P\left(\frac{y-40}{4} \leq \frac{50-40}{4}\right) = \Phi(2.5) = 0.9938$$

此时选择第二条路线时准时上班的概率大于选择第一条路线，因此应选第二条路线。

② 若距离上班时间还有 45 分钟，则对于两条路线，王某准时上班的概率分别为

$$P(x \leq 45) = P\left(\frac{x-30}{10} \leq \frac{45-30}{10}\right) = \Phi(1.5) = 0.9332$$

$$P(y \leq 45) = P\left(\frac{y-40}{4} \leq \frac{45-40}{4}\right) = \Phi(1) = 0.8944$$

此时选择第一条路线时准时上班的概率大于选择第二条路线，因此应选第一条路线。

(3) 3σ 原则

如果随机变量 $X \sim N(0,1)$，则

$$P(|X - \mu| \leq \sigma) = 0.6826$$
$$P(|X - \mu| \leq 2\sigma) = 0.9545$$
$$P(|X - \mu| \leq 3\sigma) = 0.9973$$

显然，尽管正态变量 X 的取值范围是 $(-\infty, +\infty)$，但是它的取值有 99.73% 落在区域 $(\mu - 3\sigma, \mu + 3\sigma)$ 内，因此常把在此范围之外的随机变量取值忽略不计，这一性质在统计学上称为 3σ 原则。3σ 原则在实际问题中有许多应用，例如，在工业生产上，一些产品质量指数就是根据 3σ 原则制定的。

4. χ^2 分布，t 分布，F 分布

下面来介绍三种特殊的连续型分布，它们是由若干正态随机变量构成的特殊函数，在参数估计、假设检验等方面具有重要应用。

① 设随机变量 $X_1, X_2, \cdots, X_n$ 相互独立且都服从 $N(0,1)$，则随机变量 $Y = \sum_{k=1}^{n} X_k^2$ 服从自由度为 n 的 χ^2 分布，记为 $Y \sim \chi^2(n)$。

② 设随机变量 $X \sim N(0,1)$，$Y \sim \chi^2(n)$，且它们相互独立，则随机变量 $Z = \dfrac{X}{\sqrt{Y/n}}$ 服从自由度为 n 的 t 分布，记为 $Z \sim t(n)$。

③ 设随机变量 X 和 Y 相互独立，且 $X \sim \chi^2(m)$，$Y \sim \chi^2(n)$，则随机变量 $Z = \dfrac{X/m}{Y/n}$ 服从第一自由度为 m，第二自由度为 n 的 F 分布，记为 $Z \sim F(m,n)$。

1.5 案 例

案例 1.1 概率论在可靠性检验中的应用

随着社会生产力的迅速发展，科学技术日新月异，在科学研究和生产实践中出现了许多大型产品和复杂的系统工程，如美国曼哈顿计划研制的原子弹、海军研制的"北极星导弹潜艇"、火箭发射、人造卫星、阿波罗宇宙飞船等。对于这些大型产品和系统工程来说，对其可靠性提出的要求是空前的。以宇航工业产品为例，宇航工业产品的可靠性要求达到 99.9999%，即这项极为复杂的系统工程在 100 万次动作中，只允许有一次失灵。它们所用的电子元件、器件、机械零件等，持续安全运转工作时间要在 1 亿小时，甚至 10 亿小时。那么，可靠性应当如何定义呢？

对于一个元件，将它能够正常工作的概率称为它的可靠性。若由若干个元件组成一个系统，则这个系统正常工作的概率称为该系统的可靠性。如何从组成元件的可靠性寻求系统的可靠性，或者如何从系统可靠性的要求反过来求出元件的可靠性，在实际问题中具有十分现实的意义。

元件的连接有两种基本的方式：串联和并联。

1. 串联

把几个元件首尾相连组成一条通路，这样的系统称为串联系统。在串联系统中，只有当所有元件都能够正常工作时，系统才能够正常工作。

2. 并联

把几个元件首首相连、尾尾相连组成一条通路，这样的系统称为并联系统。在并联系统中，只要有一个以上的元件能够正常工作，系统就能正常工作。

已知有 $2n$ 个完全相同的元件，每个元件的可靠性都是 p。现将这 $2n$ 个元件以 4 种方式连接成为一个系统，如图 1-10 所示。

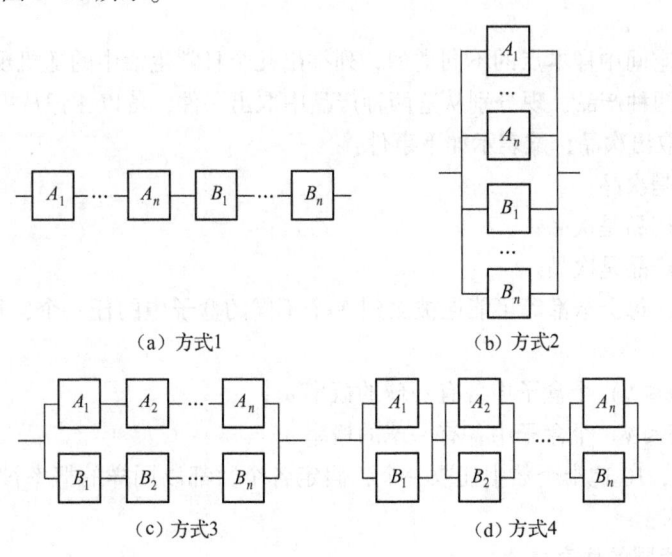

图 1-10 $2n$ 个元件的 4 种连接方式

思考题：
① 试求每个系统的可靠性；
② 比较各个系统的可靠性，得出可靠性大小的顺序。

案例1.2　概率论在民事纠纷中的应用

在民事纠纷案件中，受害人将案件提交法院诉讼，除了要考虑胜诉的可能性外，还应考虑到诉讼费用的负担。理性的当事人往往通过私下协商赔偿费用而趋于和解，免于起诉。

在一次交通事故案件中，司机（致害人）开车撞伤了受害人，使受害人遭受了10万元的经济损失。假若将案件提交诉讼，则诉讼费用共需要0.4万元，并按所负责任的比例由双方承担。从事故发生的情形分析，法院对事故判决可能有三种情况：

（1）致害人应承担100%的责任，要向受害人赔偿10万元的损失费用，并支付全部0.4万元的诉讼费；

（2）致害人应承担70%的责任，要向受害人赔偿7万元的损失费用，并支付0.4万元诉讼费的70%，诉讼费另外的30%由受害人支付；

（3）致害人应承担50%的责任，要向受害人赔偿5万元的损失费用，0.4万元的诉讼费由双方各负担一半。

受害人估计情况（1）、（2）、（3）发生的概率分别为0.2、0.6和0.2。

（资料来源：陈卫东. 离散型随机变量的数学期望在法律、医学和经济问题中的应用［J］. 广东广播大学学报，2005，14（14）：103～104.）

思考题：
(1) 如果受害人将案件提交诉讼，列出其获得收益的分布列。
(2) 如果致害人希望私下和解而免于起诉，他应至少给受害人多少数额的赔偿费，才会使受害人从经济收益上考虑而趋于和解？

习　题　1

1. 试针对样本空间中样本点的不同类型，列举出几个日常生活中的随机现象。

2. 设有甲、乙两种产品，现分别从这两种产品中取出一件，若以 A 记从甲产品中取出次品，以 B 记从乙产品中取出次品，试表示如下事件：
① 两件产品都是次品；
② 至少有一件产品是次品；
③ 恰好有一件产品是次品。

3. 设有 n 个球，每个球都等可能地被放到 N 个不同的盒子中的任一个，每个盒子所放球数不限。试求：
① 指定的 n（$n \leqslant N$）个盒子中各有一球的概率 p_1；
② 恰好有 n（$n \leqslant N$）个盒子中各有一球的概率 p_2。

4. 从1，2，…，10这十个数中任取一个，假定各个数都以同样的概率被取中，取后还原，先后取7个数，试求：
① 7个数全不相同的概率；
② 7个数中不含9和2的概率；

③ 8 恰好出现三次的概率；
④ 5 至少出现两次的概率；
⑤ 取到的最大数为 6 的概率。

5. 某码头只能容纳一只船，现预知某日将独立来两只船，且在 24 小时内各时刻来到的可能性都相等，如果它们需要停靠的时间分别为 3 小时和 4 小时，试求有一只船要在江中等候的概率。

6. 口袋中装有 10 个球，其中有 3 个黑球，7 个白球，先后两次从袋中各取一球（不放回）。
① 已知第一次取出的是黑球，求第二次取出的仍是黑球的概率；
② 已知第二次取出的是黑球，求第一次取出的也是黑球的概率。

7. 设某光学仪器厂制造的透镜，第一次落下时被打破的概率为 1/2，若第一次落下未打破，第二次落下打破的概率为 7/10，若前两次落下未打破，第三次落下打破的概率为 9/10。试求透镜落下三次而未打破的概率。

8. 三人独立地去破译一份密码，已知他们能破译该密码的概率分别为 1/5，1/3，1/4，试求该密码被破译的概率。

9. 两台车床加工同样的零件，第一台出现不合格品的概率是 0.03，第二台出现不合格品的概率是 0.06，加工出来的零件放在一起，并且已知第一台加工的零件比第二台加工的零件多一倍。
① 求任取一个零件是合格品的概率；
② 如果取出的零件是不合格品，求它是由第二台车床加工的概率。

10. 一批产品共有 100 件，其中 10 件是不合格品。根据验收规则，从中任取 5 件产品进行质量检验，假如 5 件产品中无不合格品，则这批产品被接收，否则就要重新对这批产品逐个检验。
① 试求 5 件产品中不合格品数 X 的分布列；
② 需要对这批产品进行逐个检验的概率是多少？

11. 一种电子管的使用寿命 X（单位：小时）的概率密度函数为

$$p(x) = \begin{cases} \dfrac{1000}{x^2}, & x \geq 1000 \\ 0, & x < 1000 \end{cases}$$

设某种仪器中装有 5 个这种工作相互独立的电子管，试求：
① 使用最初 1500 小时没有一个电子管损坏的概率；
② 这段时间内至少有两个电子管损坏的概率。

12. 设随机变量 X 的概率分布为
求 $E(X)$ 和 $D(X)$。

X	0	1	2	3
概率	1/8	1/4	3/8	1/4

13. 设随机变量 X 的概率密度函数为

$$p(x) = \begin{cases} ax + \dfrac{1}{2}, & 0 \leq x \leq 1 \\ 0, & 其他 \end{cases}$$

已知 $E(X) = \dfrac{7}{12}$，试确定 a 的值，并求分布函数 $F(x)$。

14. 设事件 A 在每次独立试验中发生的概率为 p，当 A 发生不少于 3 次时，指示灯发出信号。若
① 进行了 5 次独立试验，试求指示灯发出信号的概率；

② 进行了 7 次独立试验，试求指示灯发出信号的概率。

15. 一批产品的不合格率为 0.03，现从中任取 40 只进行检查，若发现两只或两只以上不合格品就拒收这批产品。分别用以下方法求拒收的概率：

① 用二项分布做精确计算；

② 用泊松分布做近似计算。

16. 某公共汽车站每隔 10 分钟有一辆车通过，一个乘客随机到达此车站候车，候车时间 X 服从 $[0,10]$ 上的均匀分布。试求，这个人至少等候 6 分钟的概率。

17. 设顾客在某银行的窗口等待服务的时间（单位：分钟）X 服从指数分布，其概率密度函数为

$$p(x) = \begin{cases} \dfrac{1}{5}e^{-x/5}, & x > 0 \\ 0, & \text{其他} \end{cases}$$

某顾客在窗口等待服务，若超过 10 分钟，他就离开。试求该顾客等到服务的概率。

18. 公共汽车车门的高度是按男子与车门顶碰头概率在 0.01 以下来设计的，设男子身高 $X \sim N(170, 6^2)$，问车门高度应如何确定？

19. 设某幢建筑物使用寿命（单位：年）X 服从正态分布 $N(50,100)$，已知这幢建筑物已经使用了 30 年，试求它还可以再使用 30 年的概率。

20. 试根据引例中的数据，计算得出年历销售量的概率分布表和收益与收益期望分布状况表，并给出计算过程。

第 2 章 数据的搜集与整理

【引例】 现实中的统计。

根据中国互联网中心《2009年中国青少年上网行为调查报告》，我国未成年网民具有如下规模和特征：互联网在未成年人中普及率较高，上网已经成为我国未成年人的重要生活内容之一。2009年，中国未成年网民占青少年网民总数的40.6%，规模达7917万人。

未成年网民在家庭上网比例最高，为81.1%；学校上网比例也达到42%，高于青少年整体36.3%的水平。但是仍然有37.6%的未成年网民在网吧上网，如图2-1所示。

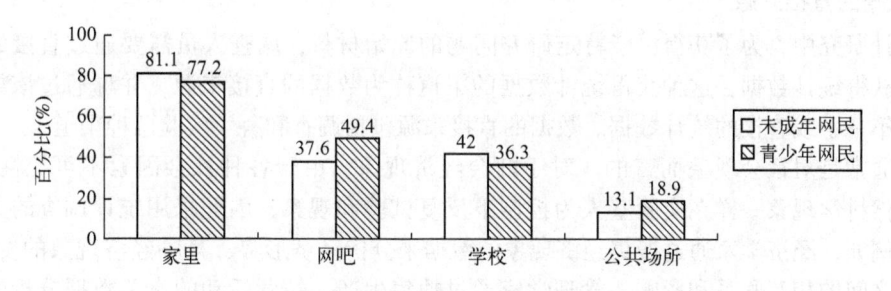

图 2-1　未成年网民和青少年网民上网地点对比

未成年网民使用台式机上网比例最高，为75%。有63%的未成年网民使用手机上网，这一比例低于整体青少年网民手机上网比例。随着低龄人群人均手机持有量的增加，手机上网的普及，未来未成年网民使用手机上网的比例还会进一步提高，如图2-2所示。

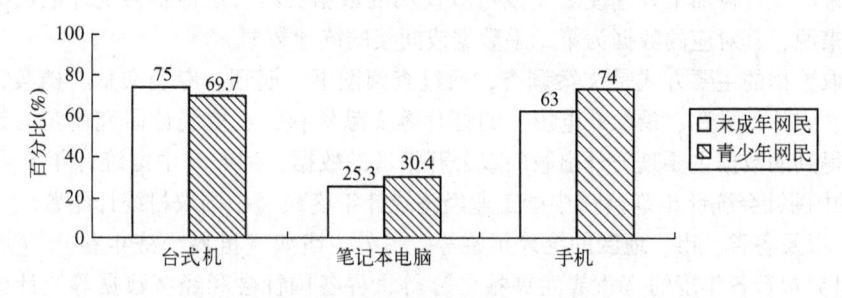

图 2-2　未成年网民和青少年网民上网设备对比

从引例中的内容出发，在对许多实际问题的研究中，常常需要通过社会调查或科学实验，搜集一些客观现象的现实数据，用于描述和分析自然、社会、经济、政治、文化现象的变化情况。这也是统计学研究的基本内容。

统计学是一门关于大量数据资料如何进行收集、整理和分析的学科，其目的是发现数据内在的数量规律。相应地，统计研究主要由数据搜集、数据整理和数据分析几个阶段构成，其中，准确、及时、有效地进行统计数据的搜集是统计活动的起点，用科学的方法对搜集到的数据进行整理是数据处理和分析研究的基础和前提。

本章将介绍统计数据的搜集与整理的基础知识。

2.1 统计数据的搜集

统计数据的搜集是根据统计研究的目的，采用科学的方法，有计划、有组织地搜集统计资料的过程。统计资料的好坏将直接影响到整个统计工作成果的优劣，甚至影响到人们对客观事物的正确判断和认识，因此，统计数据的搜集必须做到准确、及时和全面。

2.1.1 统计数据的来源

统计数据是指统计工作过程中所取得的各项数字资料及与之相关的其他实际资料的总称，因此，从统计数据本身的角度看，统计数据最初都来源于直接的调查或实验。然而站在使用者的角度，统计数据的获取主要有两种渠道：数据的直接来源和数据的间接来源。

1. 数据的直接来源

在统计研究中，为了获得关于特定研究问题的原始材料，调查人员需要通过直接的调查或科学实验获得统计数据，这种获得统计数据的渠道称为数据的直接来源，并称通过该渠道获得的数据为第一手或直接的统计数据。数据的直接来源包括调查和科学实验两种渠道。

调查通常是对社会现象而言的。对于社会经济现象，由于各种社会因素不可控性的存在，不能像自然科学现象一样在实验室人为控制下反复试验和观察，因此采用统计调查的方式来搜集资料。例如，经济学家通过搜集经济现象的数据来分析经济形势、某种经济现象的发展趋势、经济现象之间的相互联系和影响，管理学家通过搜集生产、经营活动的有关数据分析生产过程的协调和效率等。

2. 数据的间接来源

对于某些研究问题，如果与研究内容相关的数据资料已经存在，所要做的只是将这些数据资料搜集起来，经过再加工处理使之变成可以使用的数据资料，这种获得统计数据的渠道称为数据的间接来源，其对应的数据为第二手数据或间接的统计数据。

间接获取数据的主要方式是文案调查，通过查阅图书、期刊、专利文献、档案文献、内部资料、照片、图片、录音、录像、电影、幻灯片等文献资料，获取统计研究所需的数据。通过文案调查法得到的数据主要是公开出版的或公开报道的数据，例如《中国统计年鉴》、《中国统计摘要》、《中国社会统计年鉴》、《中国工业经济统计年鉴》、《中国农村统计年鉴》、《中国市场统计年鉴》，以及各省、市、地区的统计年鉴等。另外，诸如《世界经济年鉴》、《国外经济统计资料》、世界银行各年度的《世界发展报告》等世界各国社会和经济数据等统计出版物也比较方便查阅。

除了公开出版或公开报道的统计数据外，还可以通过其他渠道使用一些尚未公开的统计数据，如系统内部资料，与业务经营活动有关的各种单据、记录，经营活动中的各种统计报表，各种财务、会计核算和分析资料等。

2.1.2 统计调查与统计调查体系

统计调查是根据统计研究的目的、要求和任务，采用科学的调查方法，有计划、有组织地收集统计资料的工作过程。统计调查是统计工作的基础环节，担负着统计数据的搜集任务，所有的统计处理、统计运算、统计分析、统计预测和统计决策等统计工作，都是建立在各种资料搜集工作的基础之上的，因此做好统计调查工作在整个统计工作过程中至关重要。

1. 统计调查的方法

在统计调查时应该根据调查目的与被调查对象的特点，选用合适的调查方法获得统计数据。常用的统计调查的方法包括观察法、报告法、询问法和实验法四种方法。

（1）观察法

观察法就是由调查人员到现场对调查对象直接计数和计量以获得统计资料的方法。例如，乐购超市的资讯员经常以售货员的身份在商场从事销售工作，观察顾客的购买行为。

通过观察法获取数据时，调查人员不需要与调查对象有正面接触，而是利用感觉器官或设置一定的仪器，观察和记录人们的行为和举动。通过观察法搜集的数据受调查人员主观意识影响较少，相对比较客观准确，但却需要花费大量的人力、物力、财力和时间，具有一定的局限性。

（2）报告法

报告法是以各种原始记录或核算资料为基础，由调查单位按规定填写调查表，并按统一规定的时间上报调查资料的一种方法。例如，我国现行的统计报表制度就是采用报告法来搜集统计数据的。

由于具有统一的要求和上报程序，在原始数据健全、经济核算工作基础好的单位，用报告法可以获得比较准确的资料。

（3）询问法

询问法又称直接调查法，是指调查人员通过询问的方式，从调查对象的回答中获得统计资料的一种方法。根据询问方式的不同，询问法又分为访问调查法、电话调查法、被调查者自填法等。

访问调查法，又称采访法，是由调查人员直接询问被调查者，或者由调查人员召集相关人员开座谈会，并将搜集到的资料记录下来。通过这种方式获得的统计资料真实性较强，但所需费用（交通费等）较高，同时受调查人员主观意识影响较大。

电话调查法是调查人员通过电话同调查对象进行语言交流，从而获得统计资料的方法。电话调查具有速度快、费用低等特点，对于电话已经普及的地区，采用电话调查比较经济实用，但要注意问题的数量不宜过多。

被调查者自填法是指调查人员将调查表交给被调查者，由被调查者自己填写，然后将调查表寄回或由调查人员收回。通过这种方式获得的统计资料受调查人员主观意识影响较小，但由于调查人员不在场，容易造成理解上的误差，因此在设计调查表时要有一定的技巧。

（4）实验法

实验法起源于自然科学的实验法，是指在控制条件下操控某种变量来考察它对其他变量影响的研究方法。例如，为了确定在职技术培训对工人劳动效率是否有影响，华伦灯泡厂将第一车间的工人随机地分成了两组，对一组人员进行培训，另一组人员不进行培训，一段时间后观察两组人员的劳动效率。实验法获得的统计资料较为客观准确，但是在实施过程中对非研究因素的控制往往较难以实现。

另外，随着科学技术的不断进步，统计调查已经不再局限于上述几种方法，而是逐步将计算机、网络、光电技术和卫星遥感等高新技术引入到统计调查领域，并且予以灵活的运用，以更好地解决实际问题。

2. 统计调查的种类

从不同的角度，统计调查可以有不同的分类方式。

（1）按搜集资料的组织方式不同，分为统计报表制度和专门调查。

统计报表制度是由政府主管部门根据统计法规，以统计表格形式和行政手段自上而下布置，而后由企、事业单位自下而上层层汇总、逐级上报，提供基本统计数据的一种调查方式。

专门调查是指为了研究某些特定的社会经济现象而专门组织的调查。例如，普查、抽样调查、重点调查和典型调查等。

（2）按调查对象所包括的范围不同，分为全面调查和非全面调查。

全面调查是对构成调查对象总体的全部单位无一例外地进行调查，如人口普查、工业普查等。全面调查能够掌握调查对象较为全面的、完整的统计资料，但工作量很大，需要花费较多的人力、物力、财力，组织工作比较困难。

非全面调查是对构成调查对象的部分单位进行调查。例如，重点调查、典型调查和抽样调查等。非全面调查工作量较小，需要花费的代价也较小，同时可以调查较多的内容，但搜集到的资料存在统计误差。

（3）按调查登记时间是否连续，分为经常性调查和一次性调查。

经常性调查是随着调查对象的变化，经常、连续不断地进行调查登记，以了解事物在一定时期内发展变化的全过程。例如，工业企业对产品的质量及原材料的消耗量调查。

一次性调查是指间隔一段时间，对调查对象进行不连续调查登记，以了解事物在一定时点上的状态，如我国的人口普查。

3. 统计调查体系

为了适应社会主义市场经济的要求，国家统计局在 1994 年召开的全国统计工作会议上提出了建立一个以必要的周期性普查为基础，以经常性的抽样检查为主体，同时辅之以重点调查、科学推算和全面报表等多种方法综合运用的统计调查方法体系。下面，针对我国的统计调查方法体系，介绍一下五种常用的统计调查组织形式。

（1）统计报表制度

统计报表制度是一种以全面调查为主的调查方式，是由政府主管部门根据统计法规，以统计表格形式和行政手段自上而下布置，而后由企、事业单位自下而上层层汇总、逐级上报，提供基本统计数据的一种调查方式。它的任务是经常、定期地搜集反映国民经济和社会发展基本情况的资料，为各级政府和有关部门制定国民经济和社会发展计划，以及检查计划执行情况服务。

根据不同的划分标准，统计报表有如下类别：

① 根据报表内容和实施范围不同，可分为国家统计报表、业务部门统计报表和地方统计报表。国家统计报表又称国民经济基本情况统计报表，由国家统计部门统一编制，反映全国性的经济和社会基本情况，包括农业、工业、交通、基础建设、商业、对外贸易、劳动工资、物资、财政、金融等方面最基本的统计资料；业务部门统计报表是为了适应各部门业务管理的需要而制定的专业技术报表，用以搜集有关部门的业务技术资料，作为国民经济基本统计报表的补充；地方统计报表是针对地区特点而补充制定的地区性统计报表，是为本地区的计划和管理服务的。

② 根据报送周期长短不同，可分为日报、旬报、季报和年报。各种报表报送周期的长短和指标项目的详简有一定的关系：报表报送的周期越短，报送的指标项目越简越粗；反之，指标项目越繁越细。除年报外，其他的报表都称为定期报表。日报、旬报由于时效性强，也称为进度报表。

③ 根据报送单位不同，可分为基层统计报表和综合统计报表。基层统计报表是由基层企、

事业单位填报的报表；综合统计报表是由主管部门根据基层报表逐级汇总填报的报表。

④ 根据调查范围不同，可分为全面统计报表和非全面统计报表。全面统计报表是要求调查对象的每一个单位都要填报的报表；非全面统计报表是要求调查对象的一部分单位填报的报表。我国的统计报表大多属于全面报表。

⑤ 根据报送方式的不同，可分为邮寄报表和电信报表。采用什么方式报送取决于内容的紧迫性或要求的实效性。日报和旬报时效性强，故通常采用电信方式上报；月报、季报和年报，一般采用邮寄方式上报。

(2) 普查

普查是为了某一特定目的而专门组织的一次性全面调查，常用来说明现象在一定时点上的全面情况。普查大多是在全国范围内进行的，主要用来全面、系统地掌握重要的国情国力和资源状况，为政府部门科学地制定方针政策和发展战略提供依据。例如，全国人口普查就是要摸清我国人口的实际状况，为制定国民经济政策和社会发展战略服务。

普查的组织形式一般有两种：

① 建立专门的普查机构，配备普查人员，对调查单位进行直接的登记，如人口普查等。

② 利用调查单位的原始记录和核算资料，发放调查表，由登记单位填报，如物资库存普查等。

以上两种形式相比，第一种方式获得的统计资料更加全面、准确，但同时工作量大，需要动员较多的人力、物力，组织工作比较繁重。在任务紧迫，或者调查内容较单一、涉及范围较小时，国家统计机构往往通过第二种方式进行"快速普查"，由登记单位将填报的表格越过中间一些环节直接报送到最高一级机构集中汇总。

为了保证普查工作的顺利、有效进行，进行普查时需要坚持下述原则：

① 明确规定统一的标准时点，调查资料必须反映调查对象在这一时点上的状况，以避免因时点不统一而发生登记重复和遗漏的问题。例如，我国第五次人口普查的标准时点是2000年11月1日零时。

② 各调查单位或调查点尽可能同时进行登记，并在尽量短的期限内完成，以便在方法上、步调上保持一致，保证统计资料的准确性和及时性。例如，我国人口普查的调查期限一般是10天。

③ 调查项目应统一规定，且项目一旦确定不得任意改变或删减，以免影响汇总综合，降低资料质量。同时，为了便于对历次调查资料进行对比分析，每次调查时，同一种普查的项目应力求一致。

④ 普查尽可能按照一定周期进行，以便进行历史资料动态对比，研究调查对象的发展变化规律。改革开放以来，我国对有关国情的重大统计信息采取每隔五年或十年进行一次的周期性普查。

(3) 抽样调查

抽样调查是一种非全面调查，从总体中抽取一部分单位作为样本进行调查，并根据样本的数量特征去推断总体的数量特征。如果抽取调查样本时遵循随机原则，则称为概率抽样，否则称为非概率抽样。下面主要介绍概率抽样，如无特殊说明，下文提到的抽样调查都是指概率抽样调查。

抽样调查主要有如下三个显著特点：

首先，按照随机原则从总体中抽取样本单位。所谓随机原则，是指总体中每个单位都有可能被抽中，任意单位是否被抽中纯属偶然，排除了主观因素对选样的影响。随机原则是抽样调查的基本原则，只有严格遵循这个原则，才能使样本的结构与总体的结构最大程度地相似。

其次，根据所调查样本的实际情况对调查总体的数量特征做出估计。由于样本的结构与总体的结构存在着一定程度上的相似性，这为抽样调查用部分信息来推断总体数量的特征提供了科学依据。

最后，用样本数据推算总体的特征，不可避免地存在误差，但这个误差可以计算并加以控制。抽样误差可以根据有关资料事先加以计算，并且通过一定的途径来控制其范围，以保证抽样结果达到预期的可靠程度。

抽样调查具有工作量小、经济性强、实效性高等优点，通常用于一些不可能或没有必要进行全面调查的情况，如导弹射程、电视机寿命、电视台收视率等。另外，抽样调查还经常用于对全面调查资料的检验补充和修正。

(4) 重点调查

重点调查是指在全体调查对象中选择一部分重点单位进行调查，以取得统计数据的一种非全面调查方法。尽管重点单位在全体调查对象中所占比重不大，但调查的标识量却占了标识总量的很大一部分，因而对这部分重点单位进行调查，可以从数量上说明整个总体在该标志总量方面的基本情况。例如，要了解全国钢铁行业生产的基本情况，只需要对鞍钢、武钢、首钢、宝钢、包钢等几个钢铁企业进行调查就可以了，因为这几个大型联合钢铁企业的钢铁产量占全国钢铁产量的比重很大，也就是所说的重点调查单位。

重点调查的关键问题是确定重点单位，重点单位的选择主要着眼于它在所研究对象的标志总量中所占的比重，因而不带有主观因素。重点单位可以是重点地区（产区、市场、出口基地等），也可以是重点企业、主要产品或商品，在具体问题中应视情况而定。

由于选择的单位较少，重点调查中允许调查较多的项目和指标，了解较详细的情况，并且由于调查只在少数重点单位中进行，因此能够有效地减少人力、物力和财力，并能及时地掌握总体的基本状况及其发展变化的基本趋势。

当调查任务只要求掌握总体的基本情况，且总体中存在重点单位时，采用重点调查是比较适宜的。同抽样调查不同的是，重点调查取得的数据只能反映总体的基本发展趋势，不能用以推断总体。

(5) 典型调查

典型调查是根据调查目的和要求，在对调查对象进行初步分析的基础上，有意识地选取少数具有代表性的典型单位进行深入细致的调查研究，借以认识事物发展变化规律及本质的一种非全面调查。

显然，典型调查单位的确定与其他非全面调查相比较，更多地取决于调查者主观的判断与决策，因此，在采用典型调查的方式时要求研究者有较丰富的经验，在划分类别、选择典型上有较大的把握。

典型调查一般更侧重于定性分析，主要依靠调查者深入调查单位，与调查对象直接接触，取得第一手资料。通过典型调查能够在更深的层次上了解事物的本质和发展变化规律，及时反映各种新情况、新问题。与重点调查一样，典型调查获得的资料可以用来补充和验证全面统计的数字，但不具备由部分单位推算总体数量特征的作用。

2.1.3 抽样调查

在很多统计问题中，或者由于人力、物力、财力或时间的限制，或者取得全部数据是不可能的，或者虽然能够取得全面数据但数据收集本身带有破坏性，在现有条件下，只能对研究对象总体的一部分单位进行调查，并依据这些部分单位的数据对研究对象总体的数量特征或数量规律进行推断。在选取"部分单位"时,可以选择研究对象总体中的重点单位或典型单位,但更多的是通过概率抽样的方法来抽取样本。

1. 抽样调查的基本概念

(1) 总体与样本

总体又称全及总体,是指所要认识的对象的全体,由具有共同性质的许多单位组成。一般用大写字母 N 表示总体单位数。抽样调查首先要弄清总体的范围、单位的含义,构成明确的抽样框(指包含全部抽样单位的名单框架,即总体单位的名单),作为抽样的母体。例如,要研究辽宁省城镇居民家庭收入水平,则全省的所有家庭构成总体,每个家庭都是一个单位。

样本又称子样,是指从总体中随机抽取出来的部分单位所构成的集合。在统计研究中,以样本代表总体,并用样本的数量特征对总体的数量特征进行估计和推断。样本的单位数称为样本容量,一般用小写字母 n 表示。在抽样调查中,总体是唯一确定的,而样本则不是唯一的,从一个总体中可以抽取出很多个样本来,并且每次可能抽到哪个样本也不是确定的。

样本容量 n 与总体单位数 N 的比值 n/N 称为抽样比。

(2) 总体指标和样本指标

总体指标也称全及指标,是根据总体各单位的标志值和标志特征计算的、反映总体数量特征的综合指标。一般用大写字母表示总体指标。由于总体是唯一确定的,因此根据总体计算的总体指标也是唯一确定的。

若总体单位数为 N,变量为 X,变量值分别为 $X_1, X_2, \cdots, X_N$,则总体平均数和总体方差分别为

$$\overline{X} = \frac{X_1 + X_2 + \cdots + X_N}{N} = \frac{\sum_{i=1}^{N} X_i}{N}$$

$$\sigma^2 = \frac{\sum_{i=1}^{N} (X_i - \overline{X})^2}{N}$$

若总体 N 个单位中,有 N_1 个单位具有某种属性,则总体成数 P 表示总体中具有某种属性的单位数所占的比重,且

$$P = \frac{N_1}{N}$$

样本指标是根据样本各单位的标志值或标志特征计算的、反映样本总体特征的综合指标。一般用小写字母表示样本指标。样本指标是随机变量,只有从总体中抽取样本后才能计算得到。与总体指标相对应,常用的样本指标有三种。

若样本 n 个单位中,各单位变量值分别为 $x_1, x_2, \cdots, x_n$,则样本平均数和样本方差分别为

$$\overline{x} = \frac{x_1 + x_2 + \cdots + x_n}{n} = \frac{\sum_{i=1}^{n} x_i}{n}$$

$$s_n^2 = \frac{\sum_{i=1}^{n} (x_i - \overline{x})^2}{n}$$

若样本 n 个单位中有 n_1 个单位具有某种属性,则样本成数 p 为

$$p = \frac{n_1}{n}$$

2. 抽样调查的方法

根据样本是否能够反复抽取，抽样调查可以分为重复抽样和不重复抽样两种方法。

重复抽样也称放回式抽样，是指从总体中抽取样本时，每次抽取的样本单位，在记录其有关标志表现后都要放回总体中去参加下一次抽取，直到抽满 n 个样本单位为止。重复抽样时总体单位数在抽选过程中始终未减少，因此，每个单位中选或者不中选的机会在每次抽样中都是完全相同的，而且各单位都有被重复抽中的可能。

不重复抽样也称不放回式抽样，是指从总体中抽取样本时，每次抽取的样本单位，在记录其有关标志表现后不再放回总体，这样在下次抽样时就不会再次抽到前面已经抽中过的样本单位。在进行不重复抽样时，总体每经过一次抽样，下次抽样的总体单位数就减少一个，因此每个单位的中选机会在各次是不同的。

3. 抽样调查的组织形式

抽样调查有如下五种组织形式。

（1）简单随机抽样

简单随机抽样也称纯随机抽样，它是按照随机原则从总体中逐个地抽取样本单位，因此每个单位的入样概率是相等的。简单随机抽样最符合抽样调查的随机性原则，是抽样调查中最基本的组织形式。

通过简单随机抽样的方法抽取样本单位时，可以先给总体的每个单位编上序号，并制成签条，掺和均匀后从中随机抽选，直到抽满预定的单位，也可以使用随机数字表。在使用随机数字表时，首先应根据编号的位数确定使用随机数字表的列数，然后从任意一列、任意一行的数字开始，向任意一个方向查过去，并摘录属于编号范围内的数字，直到抽够预定的样本单位数。

简单随机抽样需要对样本一一编号，或将被抽单位列成目录，当总体规模很大、范围很广时工作量也变得十分巨大，因此这种组织形式主要适用于总体单位数较少、范围较狭窄的情况。例如，全国职工家庭收支抽样调查，要将全国职工家庭进行编号实际上是很难办到的。

（2）类型抽样

类型抽样也称分层抽样，是将总体中的各单位按照某种特征或某种规则划分成若干个不同的类型组，然后从各类型组中独立、随机地抽取样本，再将各类型组的样本结合起来，对总体的目标量进行估计。

类型抽样可以保证样本中包含有各种特征的抽样单位，使样本的结构更近似于总体的结构，从而可以有效地提高总体指标估计值的精确度。同时，除了估计总体的参数值，还可以分别估计各个层内的情况，这些优点使类型抽样在实践中得到了广泛的应用。

例如，某服装厂的职工有 500 人，其中不到 35 岁有 125 人，35 岁至 49 岁的有 280 人，50 岁以上的有 95 人。为了了解这个单位职工与身体状况有关的某项指标，要从中抽取一个容量为 100 的样本，由于职工年龄与这项指标有关，决定采用分层抽样方法进行抽取。因为样本容量与总体的个数的比为 1:5，所以在各年龄段抽取的个数依次为 125/5，280/5，95/5，即 25，56，19。

（3）等距抽样

等距抽样又称系统抽样，是将总体中各单位按照某一标志顺序排列，在规定的范围内随机确定起点，然后按照一定的间隔抽取其他样本单位的抽样组织形式。

在等距抽样中，先将总体从 $1 \sim N$ 相继编号，并计算抽样距离 $K = N/n$。式中 N 为总体单位总数，n 为样本容量。然后在 $1 \sim K$ 中随机抽取一个数字 k_1 作为样本的第一个单位，接着取 $k_1 + K$，$k_1 + 2K$，…，直至抽满 n 个单位为止。

等距抽样能够使样本单位均匀分布在总体中，使样本结构与总体结构相似，因此抽样的精确性比简单抽样好，同时操作方便，在很多方面都有应用。

例如，为了解宏业印刷公司5000名员工的家庭收入水平，现要从中抽取一个容量为100的样本。我们按姓名笔划对总体进行排列，把总体划分为 $K=5000/100=50$ 个相等的间隔，在第1至第50人中随机抽取一名，如抽到第10名，则后面间隔依次抽取第60，110，160，210，…名直到第4960名为止，共抽取100名职工组成一个抽样总体。

（4）整群抽样

整群抽样是将总体各单位划分为若干群，然后以群为单位从中随机抽取一些群，对抽中群的所有单位都进行调查的抽样组织形式。例如，育华中学为了调查中学生患近视眼的情况，从3个年级共36个班级中抽取一个班级的学生，对其视力状况进行统计研究。

由于整群抽样抽取的单位较为集中，因此调查实施起来较为方便，能够有效地缩减调查经费和时间。但是整群抽样中抽样单位的集中，却影响了样本单位在总体中的均匀分布，因此抽样误差较大。一般来说，为了减少抽样误差，整群抽样应尽可能多抽一些群，并且这些群应均匀分布于样本总体中。

（5）多阶段抽样

多阶段抽样也称多级抽样或阶段抽样，是将对总体单位的整个抽样过程分为两个或更多个阶段进行，先从总体中抽选若干个大的样本群，称为第一阶段单位，然后从被抽中的若干个大的单位群中，抽选较小的样本单位，以此类推。

在大规模的社会调查中，面对的总体单元数往往很庞大，并且总体范围很广，这时如果只用某一种抽样方式或通过一次抽样来选出样本，不仅工作量大，而且在精度上很难把握。在这种情况下，往往采用多阶段抽样的方式来组织抽样调查。

例如，为了调查某品牌的手机在我国的产品售后服务满意度，可以首先从全国各个省份中抽取几个省，然后从抽中的省中抽取若干个城市，从抽中的城市中，再抽取若干个县、区，这种抽样方式就是多阶段抽样。

多阶段抽样保持了整群抽样的优点，保证了样本相对集中，从而节约了调查费用。同时，可以根据各阶单元的分布情况，采取不同的抽样方法，以提高抽样的估计效率。另外，对于没有抽到的单位不需要再进行编号或制定抽样框，节约了大量的人力物力。我国许多全国性的大规模抽样，都采用的是多阶段抽样的组织形式。

需要指出的是，由于多阶段抽样的每个阶段都会产生抽样误差，因此，即便是大规模的抽样，抽取样本的阶段也应当尽可能地减少。

2.2 调查设计

统计调查需要投入大量的人力、物力和财力，是一项庞大的系统工程。为了保证统计调查资料的准确、及时、全面，在组织调查之前，必须制定科学、严密的工作计划和实施措施，以保证调查工作顺利、有序进行。本节将介绍统计调查方案的设计和调查问卷的设计两方面内容。

2.2.1 统计调查方案的设计

统计调查是一项复杂、细致的工作，为了保证统计调查资料的准确、及时、全面，统计调查必须按照统一的内容、方法、步调展开，并在规定期限内完成，因此，在统计调查正式开始之前应做好各项准备，预先制定一个周密的调查方案，明确为什么调查、向谁调查、调查什么等问题。统计调查方案的设计主要包括以下五项基本内容。

1. 明确调查目的

明确调查目的，就是要明确统计调查要研究和解决什么问题，这是统计调查中最基本的问题。只有明确了调查目的，才能有的放矢地开展统计调查工作，保证统计调查工作的效率和质量，及时、准确地获得统计资料。例如，2000年第五次全国人口普查的目的是"为了科学地制定国民经济和社会发展战略与规划，制定人口政策，统筹安排人民的物质和文化生活，实现人口与资源、环境的协调发展"。

2. 明确调查对象、调查单位

调查对象是指需要调查的总体范围，也称调查总体。明确调查对象，就是要明确规定调查总体的界限，避免在调查工作中产生遗漏或重复。调查对象是由许多性质相同的调查单位组成的，因此调查单位也称总体单位，是具体调查项目和内容的承担者。

调查对象和调查单位的确定解决了向谁调查的问题。例如，为了研究大连市百货商场的经营情况及存在的问题，需要对该市的百货商场进行统计调查，大连市所有的百货商场都是调查对象，每个百货商场就是一个调查单位。

确定调查单位的同时，还应确定报告单位，即负责报告调查资料的单位。根据调查目的和具体情况的不同，调查单位和报告单位有时一致，有时不一致。例如，在对全市百货商场进行的调查中，每个百货商场既是调查单位也是报告单位；而在人口普查中，调查单位是每一个人，报告单位却是每一户。

3. 确定调查项目

调查项目是所要调查登记的具体内容，即调查单位所要承担的基本标识。调查项目的确定解决了调查什么的问题，例如，1990年全国人口普查根据调查项目拟定了姓名、性别、年龄、民族、文化程度、职业、行业、婚姻状况、迁来本地的原因等21个调查项目。

在拟订调查项目时，应根据调查目的，只列入必需的项目和能够得到确定答案的项目，力求调查项目少而精，并且，凡列入的调查项目，含义要具体明确，必要时可加注释。同时，调查项目之间尽量能够互相联系，以便相互核对；本次调查项目与过去调查项目尽量相互衔接，以便进行动态对比。

将各个调查项目按照一定的顺序排列在一张表格上，就形成了调查表。调查表一般有单一表和一览表两种形式。单一表是供调查单位单独登记的表格，每个调查单位填写一份；一览表是可以同时登记若干个调查单位的表格。使用单一表还是一览表应视具体情况而定，当调查项目较多而调查单位又分散时，宜用单一表；若调查项目较少，调查单位又较集中时，则可使用一览表。

4. 确定调查时间和调查期限

调查时间是指调查资料所属的时点或时期。在统计调查中，如果调查的是现象在某一时点上的状态，调查时间就是规定的统一标准时点，例如，我国第五次人口普查的标准时间为2000年11月1日零时。如果调查的是现象在一段时期内的发展变化情况，就要明确规定调查资料所反映的起止日期，所登记的资料是指该起止日期内的累计数字，例如，调查2005年第一季度的工业总产值，则调查时间是从1月1日起至3月31日止的3个月。

调查期限是指调查工作的时限，包括搜集资料和报送资料的整个工作所需的时间。例如，我国第五次全国人口普查规定2000年11月1日零时为普查登记的标准时点，要求2000年11月10日以前完成普查登记，则调查期限为10天。为了保证统计资料的时效性，调查期限应尽可能缩短。

5. 确定调查的组织实施计划

为了保证统计调查的顺利进行，必须对调查的组织实施问题做出妥善安排。具体包括确定调查工作的领导队伍、调查人员队伍的组织、调查资料的管理方法、调查前的准备工作，如培训调查人员、经费筹措、组织试点等。

2.2.2 调查问卷的设计

调查问卷是根据调查目的，将所要调查的内容、问题和可能的答案按照一定的形式排列而形成搜集调查数据的书面形式，是一种特殊的调查表。

调查问卷具有客观、统一反馈迅速等优点，已经成为一种国际通用的常用调查方式。特别是在市场调查中，问卷调查被越来越多的企业和市场研究与咨询机构所采用，而如何设计一份高质量的调查问卷，成为影响统计调查成败的关键问题。

1. 调查问卷的结构和内容

一份完整的调查问卷通常由标题、前言、主体、结束语和实验记录等部分构成。

（1）标题

标题也就是问卷的主题。标题应能够概括性地描述问卷的研究主题，并且应醒目、准确，使被调查者大致明确调查的内容和性质。例如，"中国城市居民出行方式选择倾向调查"这个标题，将调查对象和调查中心内容和盘托出，使人一目了然。

（2）前言

前言主要包括引言和注释，一般置于问卷主体的前面，用来向被调查者说明本次调查的目的、意义和主要内容、调查者的身份及填写说明等。另外，在前言中还可以向被调查者说明选样原则、调查结果的使用、保密承诺等内容，其目的在于引起被调查者对问卷的兴趣和责任感，并给予支持和合作。

例如，《中国城市居民出行方式选择倾向调查》的前言内容如图2-3所示。

尊敬的先生、女士：

　　您好！很荣幸能邀请您参与我们的研究工作。我们研究的目的是通过了解中国城市居民出行方式选择倾向，为向政府提出相关建议提供依据，最终帮助消费者更好地享受生活，推动社会更加合理地发展。为做好研究，我们邀请您填答本问卷的内容。您的回答无所谓对错，您只需要根据自己和家庭的实际情况在每个问题所列出的几个答案中选择合适的答案打"√"或在"＿＿"中填写。您所提供的所有信息都会被严格保密，只会将汇总结果或统计表格用于本次调查效果分析，在任何情况下都不会提及您个人的任何信息，请您放心填写回答。衷心感谢您的参与！

图2-3　调查问卷前言示例

（3）主体

问卷的主体部分包括问题与答案，是调查问卷的核心内容，研究者通过调查问卷想要了解的数据资料大部分都在这里以问题和回答项目的形式提出，因此，问题和答案的设计质量对于整个问卷调查工作有着重要的影响。

（4）结束语和实验记录

结束语是为了表示对调查对象真诚合作的谢意，在问卷末端的简短明了的感谢语。如果在前面的说明中已经包含了表示感谢的话语，结束语可以省略。

实验记录置于问卷的最后，用于记录调查的完成情况和需要复查、校订的问题，并由调查员和审核员签写姓名和日期，以明确调查人员责任，保证调查数据真实性。

2. 问题与答案的设计

（1）问题的主要形式

调查问卷中的问题主要有两种形式：开放式问题和封闭式问题。

开放式问题又称无结构的问答题，只须提出问题，而不必在问卷上拟订答案。对于这类问题的回答，被调查者可以用自己的语言自由地表达自己的意见和理由，而不必拘泥于选择问卷上拟定的答案。例如：

您平均每月在服装上的花费为多少？_____

封闭式问题又称有结构的回答题，是对问题预先设计备选答案，由被调查者根据自己的判断或实际情况进行选择的问题。例如：

您喜欢什么形状的车把（山地自行车）？

□平把　□燕形把　□羊角把　□牛角把　□其他

通常来说，开放式问题便于被调查者自由地发表意见，有利于获得研究者始料未及的结果，但调查结果受调查者主观意识影响较大，同时对调查数据的整理与分析存在较大的困难。封闭式问题便于回答，调查后的数据处理也较为方便，但是容易产生"顺序偏差"，即被调查者选择答案可能与该答案的排列位置有关。

（2）问题的措辞与顺序

对同一问题，如果采用的措辞方式不同，有可能使被调查者对问题产生不同的理解和反应，做出不同的回答，因此，在表述问题时，必须选择正确的措辞方式，以免影响答案的客观性和准确性。一般来说，在表述问题时应遵守以下几个原则：

① 措辞应简单。在设计问题时，要始终考虑被调查者的语言能力，应尽量使用符合人们交谈习惯的通俗易懂的语言，并尽量避免使用被调查者所不熟悉的专业术语。

② 避免诱导性问题。诱导性问题带有一定的倾向性，会影响被调查者的正常思考、误导被调查者的回答，进而影响调查结果的准确性。

③ 避免使用双重否定语和语义双关的句子。这类问题有可能对被调查者正确地理解和回答问题造成障碍，因此应避免使用。例如，"您赞不赞成政府不允许便利店售酒的规定？"

④ 对敏感性问题的设计应讲究技巧。调查问卷中常因碰到敏感性问题而使调查难于顺利完成，因此，敏感性问题的设计应该特别注意问题的提出方式，尽量降低调查的敏感性，减少被调查者的疑虑，从而能够得到较真实的结果。

除了要注意问题的措辞，问卷中问题应遵循科学的方式进行排序。问卷中问题的顺序一般按照如下规则排列：

① 按照由易到难的顺序，最前面的是容易回答的问题，然后是较难回答的问题，最后是敏感性问题。

② 封闭式问题放在前面，开放式问题放在后面。这是为了避免被调查者由于在一开始就需要花时间来考虑答案和语言的组织而引起厌烦情绪。

③ 注意问题的逻辑顺序。这就要求问题的顺序既要符合被调查者的思维习惯，又要考虑到问题的时间顺序、类别顺序等。

（3）答案的设计

调查问卷答案的主要形式有以下几种。

① 自由回答式。对应开放式问题，自由回答式的答案是由被调查者自由填写的。例如：

您最喜欢的住房户型是_____。

② 二项选择式。被调查者只须在两个对立的答案（如"是"与"否"，"赞成"与"反对"等）中任选其一，例如：

您是否同意取消五一黄金周？

□是　□否

这种答案形式适用于非此即彼的选择问题，或询问比较简单的事实性问题。

③ 多项选择式。被调查者需要从若干个备选答案中选择符合自己情况的一项或几项。对被调查者来说，一个问题究竟是单选还是多选，在问卷中应该有提示。

对于多项选择式的答案，在设计时注意所列答案必须包括所有可能对问题的回答，并且不同答案之间不能互相重叠，答案的表述应当简明易懂等。另外，备选答案不宜过多，一般应控制在10项以内。

④ 顺位式。即列出对某一问题不同层次的答案，由被调查者排出先后次序，以表示自己的态度和倾向。例如：

您认为企业应把生产经营重点放在哪些方面？请按影响程度选择3个并按由大到小排列。

A 加强企业管理　B 加强技术改造，降低成本　C 促进市场销售　D 培养、吸纳人才　E 调整产业结构　F 分流富余人员　G 提高产品、服务质量　H 其他

排列后的顺序：□□□

同多项选择式一样，顺位式答案的设计也必须遵循穷尽性和互斥性的原则。

⑤ 量表应答式。以量表的方式使调查对象对问题做出反应。量表有许多类型，最常用的是5点量表、7点量表和百分量表。例如：

您有机会参加计算机系统的开发工作吗？

□从来没有　□难得参加　□有时参加　□常常参加　□一直参加

您在多大程度上对您目前的工作满意？

□0%　□10%　□20%　□30%　□40%　□50%　□60%　□70%　□80%　□90%　□100%

在设计调查问卷时，应该以被调查者为出发点，根据调查目的、内容和调查要求等具体方面来选择适宜的问题与答案的形式，并尽量保证调查问卷的合理性，切忌问卷设计得太长、内容太多、需要的填答量太大，忌讳问卷中要求被调查者进行难度较大的回忆和计算，以便于获得真实、有效的信息资料，从而为统计资料的整理与分析服务。

3. 调查问卷的信度与效度

在问卷调查过程中，通过问卷得到的调查结果与真实情况之间不可避免地会存在着误差，这些误差有可能是调查过程中的测量误差，也有相当一部分是由于问卷的结构质量不合理造成的系统误差。为了提高调查问卷的结构质量，减少误差，在调查问卷初步设计成型后，往往需要在小范围内进行试验性调查，并在这一过程中对调查问卷进行信度和效度的检验。

信度是指问卷的可靠性，即用一份调查问卷对同一组调查对象进行重复调查时，所得结果的一致性程度。一份高质量的问卷，其重复调查的结果一定是稳定可靠的。

效度是指问卷的有效性和正确性，也即问卷能够正确测量研究者所要测量的特质的程度。效度越高表示测量结果越能显示出所要测量对象的真正特征。

对于调查问卷信度和效度的检验，可以运用 SPSS 软件中的 Reliability Analysis 功能模块来求解相关的系数。

4. 调查问卷实例

中国建设银行网上银行客户满意度调查问卷

尊敬的客户：

您好！感谢您一直以来对我行网上银行的支持和厚爱！为了完善我们的工作，力求给您提供更优质高效的服务，请在百忙之中抽出宝贵的时间填写以下意见反馈表。我们热切期待着您宝贵的意见和建议。

我们将部分赠送精美礼品，请如实填写您的资料，以便在您获奖后及时与您联系：
您的姓名：_____ 联系电话：_____ 电子信箱：_____

1. 从何种渠道得知我行网上银行的？
   A. 报纸　　　　B. 新闻媒体　　C. 柜台宣传折页　　D. 朋友介绍　　E. 其他渠道
2. 使用我行网上银行多长时间？
   A. 目前还没有　　B. 1年以内　　C. 1～2年　　　　D. 2年以上
3. 您对我行网上银行的满意程度？
   A. 满意　　　　B. 还可以　　　C. 不满意
4. 您对我行网上银行的运行速度的评价：
   A. 较快　　　　B. 正常　　　　C. 偏慢
5. 您觉得有必要使用网上银行吗？
   A. 有　　　　　B. 没有　　　　C. 无所谓
6. 您是我行网上银行的哪类客户？
   A. 普通客户　　B. 签约客户　　C. 打算成为普通客户　　D. 打算成为签约客户
7. 如果您不是我行网上银行的签约客户，造成您现在还未成为签约客户的可能原因是：
   A. 目前已签约　　B. 不放心在网上交易　　　　C. 现有功能满足不了需要
   D. 手续烦琐　　　E. 普通客户的功能就够了　　F. 其他____
8. 我行网上银行开通的哪些功能吸引您成为网上银行客户？
   A. 查询　　　　B. 转账　　　　C. 银行转账　　　　D. 网上速汇通
   E. 个人外汇买卖　F. 网上挂失，网上支付
9. 我行网上银行目前开通的功能中，您最满意的是什么？
   A. 查询　　　　B. 转账　　　　C. 银行转账　　　　D. 网上速汇通
   E. 个人外汇买卖　F. 网上挂失，网上支付
10. 除了目前我行网上银行已开通的功能外，您还希望享受哪些网上服务？
    A. 代理缴费　　B. 网上炒股　　C. 活期定期账户互转　　D. 网上债券基金交易
11. 您经常浏览我行网站的哪个栏目？
    A. 建行快递　　B. 留言板　　　C. 外汇工作室　　D. 开心集点　　E. 其他____
12. 您认为理想的银行网站应该侧重于：
    A. 产品介绍　　B. 投资分析　　C. 信息公布　　　D. 客户服务　　E. 无所谓
13. 请留下您对网上银行或我行网站的宝贵意见：

$\hspace{12cm}$ 谢谢！

2.3　统计数据的整理

通过统计调查所搜集到的资料，只是一些零碎的、分散的、不系统的初级资料，这些资料只能反映调查单位的个体特征，为了得到总体的综合数量特征，揭示事物发展变化的规律，必须对这些初级资料进行进一步的加工整理。

统计数据整理就是根据统计研究的目的和任务的要求，对统计调查所得到的各项原始资料进行科学的分类和汇总，为统计分析提供准确、系统、条理清晰、能在一定程度上说明总体特

征的综合资料的工作过程。统计资料的整理包括统计资料的审核、统计分组、汇总计算、制作统计表和统计图,以及描述统计数据的分布特征等。

为了保证统计资料的质量,在统计整理前必须认真审核。数据的审核主要从数据的完整性和准确性两方面入手。完整性审核主要检查要调查的单位有无遗漏,应调查的项目是否填写齐全,避免不报或漏报现象的发生。准确性审核主要检查所填报的资料是否真实可靠,调查表中各项数据在计算方法、计算结果上有无差错,各指标间的数字是否衔接等。

统计资料通过审核后,可进一步做分组整理。统计分组是数据整理中的一项重要工作,分组的好坏直接关系到统计研究能否得出正确的统计结论。下面将从统计分组开始介绍统计数据整理的相关知识。

2.3.1 统计分组

统计分组是根据统计研究的目的和需要,将统计总体按照某一标志划分为若干类型组。在统计分组过程中应保证各组内统计资料的差异尽可能小,各组间则应有明显的差异,以便进一步运用各种统计方法,研究现象的数量特征,进而正确地认识事物的本质及其规律性。

1. 统计分组的作用

统计分组是最基本的统计方法之一,它的作用主要体现在如下三个方面。

(1) 划分现象的类型

社会经济现象存在复杂多样的类型,并且不同的类型具有不同的特点和发展规律,因此在研究社会经济现象时,就需要通过统计分组来将这些不同类型的现象区分开来,分别研究。例如,按照生产要素的组合特征,可以将工业企业分为资本密集型、技术密集型和劳动密集型。

(2) 研究总体的结构

在划分总体类型的基础上,还可以通过统计分组计算出各类型现象占总体的比重,以进一步说明总体的结构特征和基本性质。例如,瑞典人口学家桑德巴斯在研究人口问题时将人口按年龄标志分为三组,根据各年龄段人口在总人口中所占比重的不同,把人口划分为增长型、静止型和缩减型三类,如表2-1所示。

(3) 研究总体现象之间的依存关系

社会经济现象之间往往存在着广泛的相互联系、相互制约的关系,在统计分组的基础上,计算相关指标,可以观察这些现象之间是否存在或存在何种联系。例如,企业销售额与产品

表2-1 人口构成类型 (%)

类型	0~14岁	15~49岁	50岁及以上
增长型	40.0	50.0	10.0
静止型	26.5	50.5	23.0
缩减型	20.0	50.0	30.0

广告费、复合肥施肥量与小麦亩产量、家庭月收入与支出等现象之间的依存关系,都可以通过统计分组的方法来研究。

2. 统计分组标志的选择

统计分组的关键在于分组标志的选择。分组标志选择正确与否,将直接关系到能否正确地反应总体的性质特征,进而影响统计研究结论的正确性,因此必须按照具体情况选择合适的分组。在选择分组标志时,必须遵循如下原则:

① 选择符合统计研究目的和要求的分组标志。统计总体可以根据多种不同的分组标志来分组,但分组标志的选择必须以统计研究的目的和要求为原则。

② 选择最能反映现象本质特征的分组标志。在统计总体可供选择的分组标志中,不同的分

组标志反映不同的总体特征，只有选择那些能够反映统计总体本质特征的标志，才能反映出问题的实质。

③ 要考虑社会经济现象所处的具体历史条件和社会经济发展条件。对于同一社会经济现象，采用某种分组标志进行分组，过去适用但现在不一定适用，别处适用但此处不一定适用，因此，应当视具体情况的不同动态地选择分组标志。

3. 统计分组的种类

统计分组可以有如下两种分类方法。

(1) 根据分组标志的多少，可以分为简单分组和复合分组

简单分组就是将统计总体按照一个分组标志进行分组，它只反映统计总体某一方面的类型和结构特征。许多简单分组从不同角度说明一个统计总体，就构成了平行分组体系。例如，对某社区居民，可以有如下的平行分组体系。

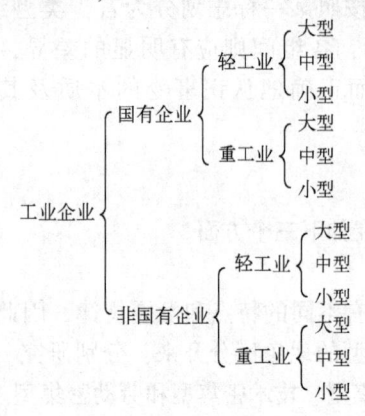

按性别分组：男、女。

按婚姻情况分组：已婚、未婚。

按年龄分组：18 岁以下、18～40 岁、40～65 岁、65 岁以上。

复合分组对同一统计总体运用两个或两个以上分组标志进行层叠方式的分组。复合分组形成复合分组体系。例如，对我国工业企业进行复合分组，形成的复合分组体系如图 2-4 所示。

(2) 根据分组标志的性质，可以分为品质分组和数量分组

图 2-4　我国工业企业的复合分组体系

品质分组就是按反映事物属性或质的特征等品质标志进行的分组。例如，人口按性别、民族、文化程度等标志分组，企业按登记注册类型、行业等标志分组。

有些品质分组比较简单，分组标志一经确定，组名和组数也随之确定，例如，将人口按婚姻状况分组，只能分为未婚、已婚两组。然而有些品质分组却较为复杂，不仅类别繁多，而且界限不易划分清楚，这种分组在统计上又称为分类。例如，人口按文化程度分类，工业产品按经济用途分类等。在统计实践中，对于一些重要的品质标志分组，国家统计部门及有关部门制定了分类标准和分类目录，具体规定了各类的名称及代码、分类顺序、计量单位等，作为统计整理的统一依据，如《国民经济行业分类目录》、《工业部门分类目录》、《产品分类目录》等。

数量分组就是按反映事物数量特征的数量标志进行的分组。例如，企业按职工人数、生产能力、固定资产总值等标志分组，职工按年龄、工龄、工资等标志分组。按数量标志分组时，应选择能够反映事物质的差别的数量界限。

2.3.2 频数分布

在统计分组的基础上，将总体所有单位按组归类整理，并按一定的顺序排列，形成说明单位总数在各组分配情况的分布，称为频数分布或分布数列。频数分布是统计分组的一种重要形式，它可以反映总体的结构分布状况和分布特征，这对于统计分析是十分重要的。

频数分布由两部分组成，一部分是按照分组标志分组形成的组别，另一部分是与各组相对应的总体单位数，称为频数或次数。各组频数与总次数的比率称为频率。

1. 频数分布数列的分类

按照分组标志的不同,分布数列可分为两种:品质分布数列和变量分布数列。

品质分布数列是按品质标志分组的分布数列,简称品质数列。对于品质数列来讲,如果分组标志选择得好,分组标准定得恰当,则事物质的差异表现得就比较明确。品质数列一般较稳定,通常能够准确地反映总体的分布特征。例如,表2-2为某商店一天内矿泉水销售量按品牌分组的分布数列。

表2-2 不同品牌矿泉水销售量的分布数列

矿泉水品牌	销售量/瓶	比率(频率)/%(精确到百分位)	矿泉水品牌	销售量/瓶	比率(频率)/%(精确到百分位)
农夫山泉	8	13	冰露	15	23
乐百氏	4	6	统一	9	14
康师傅	13	21	雀巢	6	10
哇哈哈	8	13	合计	63	100

变量分布数列是按可变数量标志分组的分布数列,简称变量数列。下面将重点讨论变量数列的编制。

2. 变量数列的编制

变量数列又可分为单项式变量数列和组距式变量数列。

(1) 单项式变量数列

在数量标志分组中,如果总体变量是离散型变量,且变量值变动幅度较小,变量值的项数又较少,则可以依次将每一个变量作为一组,这种分组称为单项式分组,形成的分布数列称为单项式变量数列。例如,表2-3为某大学二年级在校人数按年龄分组的单项式分布数列。

由于每个变量值就是一个组,因此单项式变量数列的编制十分简单,只须统计出每个变量值出现的次数及各变量值出现次数占总次数的比重,即频数和频率,最后列表即可。

表2-3 某大学二年级在校人数按年龄分组的单项式分布数列

年龄/岁	人数(频数)/人	比率(频率)/%
18	603	15.075
19	1761	44.025
20	1286	32.150
21	350	8.750
总计	4000	100.00

(2) 组距式变量数列

若将总体变量依次划分为几个区间,各个变量值按其大小确定所归并的区间,则这种分组方式称为组距式分组,形成的分布数列称为组距式变量数列,简称组距数列。组距数列适用于变量值个数较多、变动范围较大的资料。

组距数列的编制大致可以分为三步:首先确定组数和组距,然后确定组限,最后计算频数、频率等统计指标。下面介绍关于组距数列的一些基本概念和相应的处理办法。

① 组数和组距。

在组距数列中,用变量值变动的范围来代表距离。编制组距数列时,通常先将数据按大小顺序排列,找出其中的最大数值和最小数值,并用最大数值减去最小数值。总体变量的最大数值与最小数值之差称为全距,每个组上限和下限之间的距离称为组距。在等距分组的前提下,组数等于全距除以组距。可见,组数与组距之间有着密切的联系:组距大则组数少,组距小则组数多,两者的关系成反比。

在具体确定组数和组距时,应力求将总体分布的规律和特点反映出来,使分组能够体现组内资料的同质性和组间资料的差异性,这是统计分组的基本原则。下面引入一种确定组数和组

距的经验公式，这一公式是由美国学者斯特杰斯（H. A. Sturges）创建的，称为斯特杰斯经验公式，即

$$n = 1 + 3.3 \lg N \tag{2-1}$$

$$d = \frac{R}{n} = \frac{x_{\max} - x_{\min}}{1 + 3.3 \lg N} \tag{2-2}$$

式中，n 为组数，N 为总体单位数，d 为组距，R 为全距，$x_{\max}$ 和 $x_{\min}$ 分别为最大变量值和最小变量值。

根据斯特杰斯经验公式，可以得出确定组数的参考标准，如表 2-4 所示。

表 2-4 分组数据参考标准

N	15~24	25~44	45~89	90~179	180~359
n	5	6	7	8	9

在实际分组中可以参考上述公式和表格的内容，但不能完全依赖这种分组标准。

② 等距分组和异距分组。

根据组距是否相等，组距数列可以分为等距分组和异距分组。顾名思义，若各组组距相等，则为等距分组，反之为异距分组。两种分组方式相比较而言，等距分组比较简单，各组频数可以直接用于比较，且便于计算，便于绘制统计图表。具体采用哪种分组方式，需要根据总体的分布规律和特点来确定。一般来说，如果总体中变量分布比较均衡，应采用等距分组；如果总体中变量值分布很不均衡，且变动范围大，则采用异距分组。

若采用异距分组，通常对变量分布较密集的区间设置较小的组距，对变量分布较稀疏的区间设置较大的组距。由于异距分组的分布不仅受分配次数的影响，还受各组组距大小的影响，因此，有必要消除不等组距的影响，对每组数据计算其频数密度。频数密度的计算公式为

$$频数密度 = \frac{频数}{组距} \tag{2-3}$$

例如，某地区有 83 个乡，对每乡农户年均收入采用不等距分组，结果如表 2-5 所示。

表 2-5 某地区 83 乡农户年均收入表

年平均收入/元	组距	频数	频数密度/%
4000 以下	1000	17	1.7
4000~5000	1000	35	3.5
5000~6000	1000	14	1.4
6000~10000	4000	12	0.3
10000 以上	4000	5	0.1
合计	—	83	—

③ 组限和组中值。

组限是指各组两端的数值。划分组限时，必须满足最小组的下限不能大于最小的变量值，最大组的上限不能小于最大的变量值，即每个单位都各有归属，并且组限应尽可能是引起事物质变的数量界限。在划分离散变量的组限时，相邻组限可以间断；对于连续变量，划分组限时，相邻组的组限必须重叠，统计次数时应遵循"上组限不包括在内"的原则。

在统计分析中，由于组距数列掩盖了组内各变量的实际取值，常用各组的组中值作为该组所有变量的代表值。组中值是各组变量值范围的中点值，其计算方法应根据相邻组的组限是否重合来规定。

当相邻组组限重合时，有

$$组中值 = \frac{上限 + 下限}{2} \tag{2-4}$$

或

$$\text{组中值} = \text{上限} - \frac{\text{组距}}{2} = \text{下限} + \frac{\text{组距}}{2} \qquad (2-5)$$

当相邻组组限不重合时，有

$$\text{组中值} = \frac{\text{本组下限} + \text{下组下限}}{2} \qquad (2-6)$$

或

$$\text{组中值} = \text{本组下限} + \frac{\text{组距}}{2} = \text{下组下限} - \frac{\text{组距}}{2} \qquad (2-7)$$

从上面几个式子可以看出，各组变量值分布越均匀，组中值代表各组变量值的代表性就越高，因此，分组时应尽量使组内各变量值分布均匀，以减少计算误差。

在编制组距式变量数列时，有时会在首末两组使用"××以上"或"××以下"这样的组限表示方法，称为开口组。例如，表2-1中就是这种情况。在计算开口组的组中值时，显然不能直接使用上面的式子，通常以相邻组的组距作为本组的组距，并进一步通过上面的式子来计算开口组的组中值。

④ 累计频数和累计频率。

前面已经说过，分布数列由组别和频数组成，并且将频数与总次数相除可以得到表示该组变量值所占比重的频率。但频数和频率只能反映各组变量值出现的次数和所占的比重，而在实践中，往往需要表示出某个变量值以上或以下的总次数和总比重有多少，这时就需要计算累计频数和累计频率了。

累计频数或累计频率可以由变量值小的向变量值大的累计，即向上累计；也可以由变量值大的向变量值小的累计，即向下累计。例如，对表2-3计算累计频数和累计频率，可得到表2-6。

表2-6 某大学二年级在校人数年龄统计表

年龄/岁	人数（频数）/人	比率（频率）/%	向上累计		向下累计	
			人数/个	频率/%	人数/个	频率/%
18	603	15.075	603	15.075	4000	100.000
19	1761	44.025	2364	59.100	3397	84.925
20	1286	32.150	3650	91.250	1636	40.900
21	350	8.750	4000	100.000	350	8.750
总计	4000	100.00	—	—	—	—

2.3.3 统计表和统计图

1. 统计表

将统计调查搜集到的资料，经过分组、汇总、整理后，按一定的顺序和格式排列在表格内，就形成了统计表。统计表是表现、汇总和积累统计资料的基本手段，能够简明扼要地反映社会经济现象的数量特征及发展变化规律，因此在统计工作和社会经济问题的研究中得到了广泛应用。

(1) 统计表的结构

从形式上看，统计表由总标题、分标题和数字资料三部分组成。总标题是统计表的名称，用于简明扼要地说明总体标志性的内容，置于表的正上方。分标题又叫标目，包括横行标题和纵栏标题，分别置于表的左端和上端，用来说明横行与纵栏的内容。数字资料是说明总体数量特征的各项指标数值，是统计表的核心。

从内容上看，统计表包括主词和宾词两部分。主词是统计表所要说明的对象及其组成部分，通常列在表的左端；宾词用来说明主词的各个统计指标及指标数值，通常列在表的右端。

表 2-7 说明了统计表的构成。

表2-7　我国2007年人口资料　←总标题

性别	总人口	
	绝对数/万人	比重/%
男性	68048	51.50
女性	64081	48.50
合计	132129	100.00

横行标题｛性别行｝　主词栏　　宾词栏　　纵栏标题　数字资料

(2) 统计表的种类

根据统计表是否分组和分组的程度，可以将统计表分为简单表、分组表和复合表。

简单表是指主词未经过任何分组的统计表。简单表的主词是对总体单位名称或时间名称的排列，通常经过初步整理的原始资料采用这种形式，如表 2-8 所示。

分组表是指主词只按一个标志进行分组的统计表。利用分组表可以分析不同类型现象的特征，说明现象的内部结构，分析现象之间的依存关系等，如表 2-9 所示。

表 2-8　我国人口出生率、死亡率及自然增长率

年份	出生率/%	死亡率/%	自然增长率/%
2000	14.03	6.45	7.58
2001	13.38	6.43	6.95
2002	12.86	6.41	6.45
2003	12.41	6.40	6.01
2004	12.29	6.42	5.87
2005	12.40	6.51	5.89
2006	12.09	6.81	5.28
2007	12.10	6.93	5.17

表 2-9　我国 2007 年国内生产总值

按三次产业分	国内生产总值/亿元	比重/%
第一产业	28095.0	11.26
第二产业	121381.3	48.64
第三产业	100053.5	40.10
合计	249529.8	100.00

复合表是指主词按两个或两个以上标志进行分组，且标志重叠排列的统计表。由于复合表能够使用更多标志，因此能够更深入地反映社会经济现象的数量特征和规律，如表 2-10 所示。

表 2-10　我国 2007 年就业基本状况

项目	人数/万人
就业人员合计	76990
第一产业	31444
第二产业	20629
第三产业	24917
在岗职工人数	11427
国有单位	6148
城镇集体单位	684
其他单位	4595

(3) 统计表的编制规则

在编制统计表时，应注意如下编制规则。

- 统计表的标题应简明扼要。总标题应能概括表的基本内容，并标明资料所属的地区和时间；分标题要反映出横行、纵栏的含义。
- 统计表的内容应少而精，使主题突出，一目了然。内容确实较多时，可分设多个统计表。
- 表内分组和指标的排列顺序，要符合内容的逻辑关系。一般按照先局部后整体的原则排列；若无必要列出所有项目，就要先列总体，后列其中一部分重要项目。

- 表中数字应排列整齐，同栏数据要有相同的计量单位和同等的精确度。遇相同数字必须照写，不能用"同上""同左"等字样；无须填写数字的地方用"—"表示；当缺乏资料时，用省略号表示。
- 表中必须注明数字资料的计量单位。如表中数字使用相同的计量单位，可写在表的右上方；如计量单位不统一，可建立计量单位栏，纵栏的计量单位可与纵栏标题写在一起。
- 表的左右两端一般不封口，表的上下两端通常画粗线或双线。纵栏之间要用细线分开，横行之间一般可不必画线。
- 必要时表下可加"注释"，说明表的资料来源、制表人或制表单位、制表日期及其他需要说明的问题。

2. 统计图

在统计表的基础上，还可以用几何图形或具体形象图形把统计表中的数字资料直观、形象地展示出来。统计图是展示统计资料的一种重要形式，具有通俗、简单、形象等特点，便于记忆和比较，常用的统计图主要有饼图、条形图、直方图、折线图、曲线图等。

(1) 饼图

饼图（Pie Chart）是用圆形及圆内扇形的面积来表示数值大小的图形。饼图主要以圆内扇形面积的大小来表示总体中各组成部分占总体的比重，对于研究结构性问题十分有用。在饼图中，用来表示每个组成部分的扇形面积的大小取决于圆心角，因此在绘制饼图时，各扇形的中心角度是按各部分百分比占360°的相应比例确定的。例如，根据表2-2中的数据，该商店一天内不同品牌矿泉水销售量情况的饼图如图2-5所示。

(2) 条形图

条形图（Bar Chart）又称柱形图，是在坐标平面上用宽度相同的条形的高度或长短来表示数据多少的图形，常用来说明品质数列的分布特征。在条形图中，条形及条形之间的宽度相等，条形的高度或长度表示各类别指标值的大小。例如，根据表2-2中的数据，该商店一天内矿泉水销售量分布的条形图如图2-6所示。

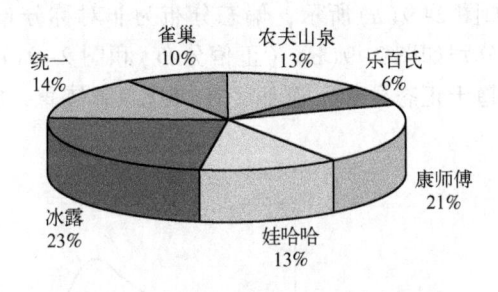

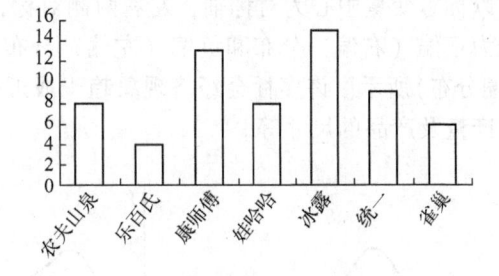

图2-5 不同品牌矿泉水销售量情况饼图

图2-6 不同品牌矿泉水销售量分布条形图

当分类变量在不同时间或不同空间上有多个取值时，为对比分类变量的取值在不同时间或不同空间上的差异或变化趋势，可以绘制对比条形图。例如，本章开篇引例中的图2-1和图2-2就是对比条形图。

(3) 直方图

直方图（Histogram）又称柱形图，是在坐标平面上以组距为底边，以长方形面积代表各组的次数绘制的一系列条形图，用以直观地说明离散型变量数列的分布特征。当各组的组距相等时，各长方形的高度与频数就成正比例关系，高度就可反映次数。与条形图不同，直方图的各矩形通常是连续排列的。例如，某班级男生身高分布情况如表2-11所示。

表 2-11 某班级男生身高分布情况

身高/cm	人数（频数）/个	比重（频率）/%
155～165	8	20
165～175	17	42.5
175～185	12	30
185～195	3	7.5
合计	40	100.00

根据表 2-11，可以绘出该班级男生身高分布情况直方图，如图 2-7 所示。

对于不等距分组，由于各组组距不相等，不能直接以频数作为纵坐标，而是以频数密度为纵轴绘制直方图，以准确反映频数分布的特征。

（4）折线图

在直方图的基础上，将每个长方形的顶边中点用折线连接起来，或者直接以组中值作为横坐标、以频数作为纵坐标，得到各坐标点，并依次用线段连接这些坐标点，就形成了频数分布折线图。例如，对表 2-11 中的数据资料，可以做出折线图，如图 2-8 所示。

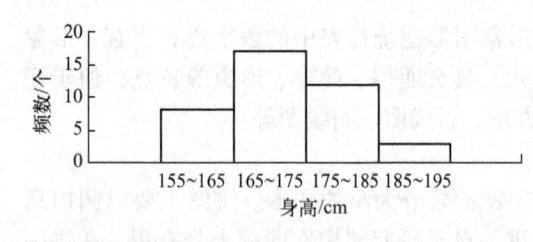

图 2-7 某班级男生身高分布情况直方图

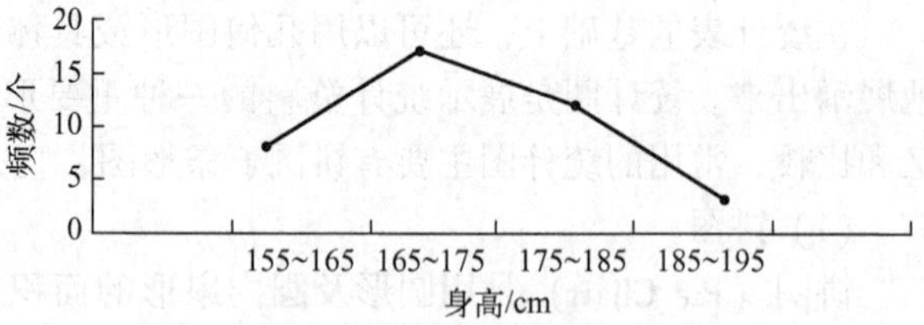

图 2-8 某班级男生身高分布折线图

（5）曲线图

当变量数列的变量值非常多时，将各组的组距无限缩小，组数无限增大，折线图便趋于一条平滑的曲线，形成曲线图，也称频数分布曲线。

① 常见的频数分布曲线

在统计实践中，常见的频数分布曲线主要有钟形曲线、U 形曲线和 J 形曲线。

钟形曲线的特点是靠近中间的变量值分布的次数较多，靠近两边的变量值分布的次数较少，整个曲线的形状如同一个倒挂的钟。钟形曲线可以分为正态分布和偏态分布两种。正态分布以标志变量中心为对称轴，左右两侧对称，如图 2-9（a）所示；偏态分布为非对称分布，可分为正偏（右偏）分布和负偏（左偏）分布，分别如图 2-9(b)（正偏分布）和图 2-9（c）（负偏分布）所示。许多社会经济现象趋于或近似趋于正态分布，例如，人的身高、体重，农作物产量及产品的尺寸等。

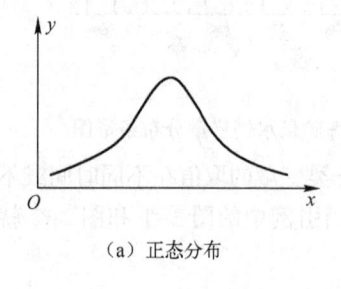

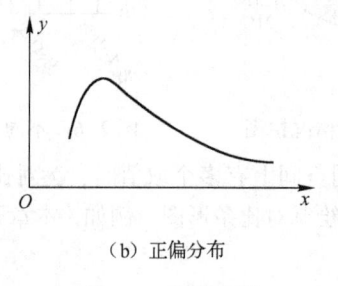

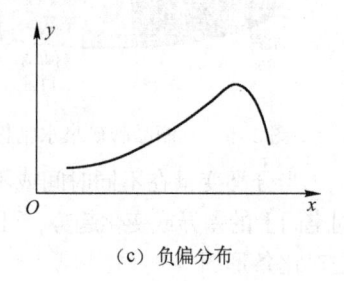

（a）正态分布　　（b）正偏分布　　（c）负偏分布

图 2-9 钟形曲线

U 形曲线的形状与钟形曲线的形状相反，靠近中间的变量值分布的次数较少，靠近两边的变量值分布的次数较多。人和动物的死亡率按年龄的分布近似服从 U 形曲线分布，故 U 形曲线又称为生命曲线，如图 2-10 所示。

J形曲线根据次数随变量的变化情况，可以分为正J形曲线［如图2-11（a）所示］和负J形曲线［如图2-11（b）所示］。次数随变量的增大而增多的为正J形曲线，次数随变量的增大而减少的为负J形曲线。应用较为广泛的是西方经济学中表示供给量和需求量随价格变动的供给曲线（正J形曲线）和需求曲线（负J形曲线）。

② 累计频数分布与洛仑兹曲线

除了表示频数分布之外，曲线图还可以表示累计频数分布。著名的洛仑兹曲线就是一个累计频数分布曲线。

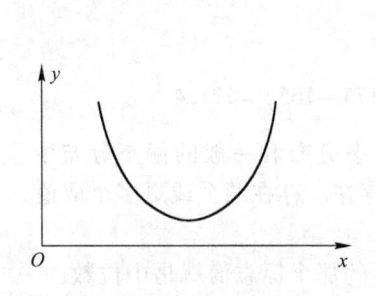

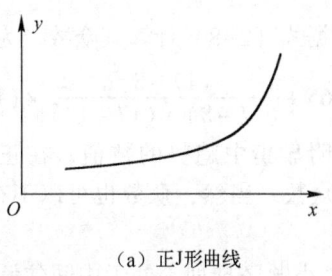

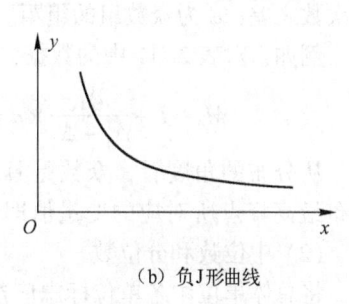

图2-10　U形曲线

图2-11　J形曲线

洛仑兹曲线是20世纪初由美国经济学家、统计学家洛仑兹提出的，用以描述一个国家或地区收入和财富分配平均程度的曲线，如图2-12所示。

在图2-12中，横轴表示累计的人口百分比，纵轴表示累计的收入或财富百分比，弧线OL为洛仑兹曲线。洛仑兹曲线的弯曲程度反映了收入分配的不平均程度。显然，如果一个国家或地区的收入完全按照人口平均分配，则此时同一累计百分比的人口就一定占有相同累计百分比的财富，这时，洛仑兹曲线为直线OL。洛仑兹曲线的弯曲程度越大，收入分配越不平均，特别是当所有的财富都集中在一人手中，而其余人口一无所有时，收入分配达到完全不平均，这时洛仑兹曲线为折线OHL。

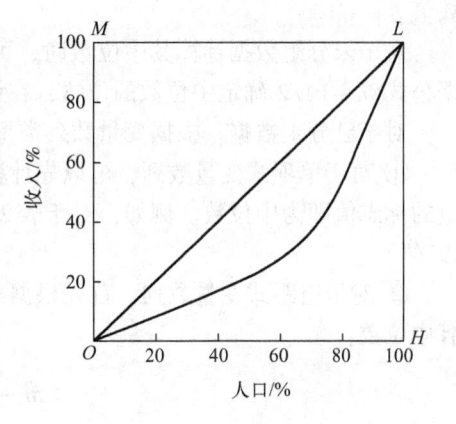

图2-12　洛仑兹曲线

2.3.4　统计数据的分布特征

本节介绍如何整理统计数据，得到对数据本身特征的概括性认识。对于统计数据本身的特征，主要研究统计数据的分布特征，包括分布的集中趋势、离散程度、偏度和峰度等方面。

1. 分布集中趋势的测度

由于总体单位中各单位的标志值在客观上存在着差异性，为了反映各单位的一般数量水平，需要将这种数量差异一般化，得到能够反映数量总体分布的集中趋势的综合指标，即平均指标。从不同的角度考虑，平均指标可以有如下几种类别。

（1）众数

众数是总体单位中出现次数最多的标志值，一般用M_0表示。众数作为数值一般水平的代表，在社会经济现象的研究中有其独到的一面。例如，为了掌握农贸市场某种商品的价格水平，只须了解该商品在市场上最普遍的成交价格即可。根据变量数列类型的不同，确定众数可以采用不同的方法。

① 对于单项式变量数列，可以通过观察法，将出现次数最多的标志值确定为众数。例如，对于表 2-3 中的数据，某大学二年级在校人数年龄的众数为 19 岁。

② 对于组距式变量数列，首先确定次数最多的组为众数组，然后根据下面的近似公式来计算众数：

$$M_0 \approx L + \frac{\Delta_1}{\Delta_1 + \Delta_2} \times d \tag{2-8}$$

式中，M_0 为众数；L 为众数组的下限；Δ_1 为众数组与前一组的次数之差；Δ_2 为众数组与后一组的次数之差；d 为众数组的组距。

例如，对表 2-11 中的数据，根据式 (2-8) 计算其众数，为

$$M_0 \approx L + \frac{\Delta_1}{\Delta_1 + \Delta_2} \times d = 165 + \frac{(17-8)}{(17-8)+(17-12)} \times (175-165) = 171.4$$

从分布的角度看，众数是具有明显集中趋势的数值，在正态分布和一般的偏态分布中，分布最高峰点所对应的变量值即为众数。当然，众数也可以不存在、存在两个或更多个取值。

(2) 中位数和分位数

将总体单位中各单位标志值按大小顺序排列，处于中间位置的那个标志值就是中位数，一般用 M_e 表示。中位数是从数列的位置上确定的，因此个别极端标志值的变化不会影响中位数的数值。

对于未分组数据计算其中位数时，可以根据中位数的定义，首先对数据进行排序，然后根据公式 $(n+1)/2$ 确定中位数的位置，在该位置上的标志值就是中位数。

对于已分组数据，根据变量数列类型的不同，有如下确定中位数的方式。

① 对于单项式变量数列，可以先计算出各组的累计频数，然后确定中间位置所在的组，该组的标志值即为中位数。例如，对于表 2-3 中的数据，某大学二年级在校人数年龄的中位数为 19 岁。

② 对于组距式变量数列，首先根据累计频数确定中位数组，然后根据下面的近似公式来计算中位数：

$$M_e \approx L + \frac{N/2 - S_{m-1}}{f_m} \times d \tag{2-9}$$

式中，$N/2$ 为中位数所在位置；L 为中位数所在组的下组限；S_{m-1} 为中位数所在组以下各组的累计频数；f_m 为中位数所在组的频数；d 为中位数所在组的组距。

例如，对表 2-11 中的数据，根据式 (2-9) 计算其中位数，为

$$M_e \approx L + \frac{N/2 - S_{m-1}}{f_m} \times d = 165 + \frac{40/2 - 8}{17} \times 10 = 172.1$$

必须说明的是，上述计算公式是以各组数据在组内均匀分布这一假定为条件的，是中位数的近似计算公式。

类似于中位数，还可以引入分位数来将总体单位划分为更多个数量相等的部分，比较常用的分位数有四分位数、十分位数和百分位数。以四分位数为例，四分位数就是将一组数据排序后处于 25% 和 75% 位置上的值（由于中间位置上的四分位数就是中位数，所以通常不列入四分位数）。分位数的确定方式同中位数，在这里就不再详述了。

(3) 平均数

平均数也称均值，是数据分布集中趋势的主要测度值，主要有如下两种形式。

① 算术平均数。它是一种最常用的平均指标，分为简单平均数与加权平均数两种计算形式。

对于未分组数据，对总体各单位的标志值求和并除以总体单位数，就得到了简单平均数。算术平均数的计算公式为

$$\bar{x} = \frac{x_1 + x_2 + \cdots + x_n}{n} = \frac{\sum_{i=1}^{n} x_i}{n} \quad (2\text{-}10)$$

式中，$\bar{x}$ 表示简单平均数；$x_i(i=1,2,\cdots,n)$ 表示第 i 个单位的标志值；n 表示总体单位总数。

对于已分组的数据的平均数，需要考虑到各组的权值，计算其加权平均数。加权平均数的计算公式为

$$\bar{x} \approx \frac{x_1 f_1 + x_2 f_2 + \cdots + x_k f_k}{f_1 + f_2 + \cdots + f_k} = \frac{\sum_{i=1}^{k} x_i f_i}{\sum_{i=1}^{k} f_i} \quad (2\text{-}11)$$

式中，$x_i(i=1,2,\cdots,k)$ 表示各组的组中值；$f_i(i=1,2,\cdots,k)$ 表示各组的频数。

【例 2-1】 根据表 2-11 中的数据，计算该班级男生身高的平均数。

解：求解过程如表 2-12 所示。

表 2-12 某班级男生身高平均数计算表

身高/cm	组中值 x_i	人数（频数）f_i	$x_i f_i$
155～165	160	8	1280
165～175	170	17	2890
175～185	180	12	2160
185～195	190	3	570
合计		40	6900

$$\bar{x} \approx \frac{\sum_{i=1}^{k} x_i f_i}{\sum_{i=1}^{k} f_i} = \frac{6900}{40} = 172.5$$

在通过式（2-11）求加权平均值的时候，假定各组数据在组中均匀分布，以各组的组中值来代表各组的实际数据。因此，如果实际数据与假定相吻合，计算的结果就会比较准确，否则会产生较大的误差。

② 几何平均数。在某些实际问题中，总体各单位的变量值具有整体的衔接性，或连乘积具有实际意义。例如，国内生产总值的平均发展速度。对于这些问题，常常需要求解 n 个变量值乘积的 n 次方根，来代表变量值的平均水平，即几何平均数。几何平均数的计算公式为

$$G = \sqrt[n]{x_1 x_2 \cdots x_n} = \sqrt[n]{\prod_{i=1}^{n} x_i} \quad (2\text{-}12)$$

式中，G 表示几何平均数；$x_i(i=1,2,\cdots,n)$ 表示各期发展速度或各个比率。

【例 2-2】 某生产厂家加工一种产品需要经过五道工序，各道工序的合格率分别为 95%，98%，90%，92%，93%，试求各工序的平均合格率。

解：由于加工这种产品的合格率为各道工序合格率的连乘积，故应采用几何平均数来计算各工序的平均合格率。

$$G = \sqrt[5]{0.95 \times 0.98 \times 0.90 \times 0.92 \times 0.93} = \sqrt[5]{0.7169} = 93.56\%$$

2. 分布离散程度的测度

平均指标反映了总体各单位的一般数量水平，从各单位标志值的数量分布中概括出总体的共性，但是不能反映总体中各单位标志值的差异性，而这种差异性又是认识社会经济现象总体所不可或缺的。在研究总体单位标志值的平均水平时，有必要测定各标志值之间的差异性。反映各标志值之间差异程度的指标称为标志变异指标。从不同的角度考虑，标志变异指标有如下几类。

（1）极差与四分位差

极差也称全距，是总体各单位标志值中最大值与最小值之差，一般用 R 表示。它表示总体各单位标志值的变动范围，是数据离散程度最简单的测度值。极差的计算公式如下：

$$R = \max(x_i) - \min(x_i) \tag{2-13}$$

式中，R 表示极差；$\max(x_i)$ 和 $\min(x_i)$ 分别表示标志值中的最大值与最小值。

用极差来说明总体各单位标志值的离散程度时，极差越大，说明总体各单位标志值的变动范围越大，其离散程度也就越大，反之则越小。但由于极差只取决于总体各单位标志值的最大和最小两个数值，因此受极端值的影响较大，不能全面反映各单位标志值的变异情况。

四分位差是对极差的一种改进，是指总体单位的两个四分位数之差，其计算公式为

$$Q_D \approx Q_3 - Q_1 \tag{2-14}$$

式中，Q_D 表示四分位差；Q_3 和 Q_1 分别表示 75% 位置上的四分位数和 25% 位置上的四分位数。

相对于极差来说，四分位差反映了总体单位标志值中间 50% 数据的离散程度，基本不受极端值的影响，但是同样不能全面反映各单位标志值的变异情况。

（2）平均差

平均差是总体各单位标志值与其算术平均数的离差的绝对值的算术平均数，一般用 AD 表示。之所以取绝对值，是为了避免在计算平均差时，一些标志值的离差出现正负相互抵消的状况而影响计算结果的准确性。

对于未分组数据，平均差的计算公式为

$$\text{AD} = \frac{\sum_{i=1}^{n} |x_i - \bar{x}|}{n} \tag{2-15}$$

式中，$\bar{x}$ 为简单平均数；$x_i(i=1,2,\cdots,n)$ 为第 i 个单位的标志值；n 为总体单位总数。

对于已分组数据，平均差的计算公式为

$$\text{AD} \approx \frac{\sum_{i=1}^{k} |x_i - \bar{x}| f_i}{\sum_{i=1}^{k} f_i} \tag{2-16}$$

式中，$x_i(i=1,2,\cdots,k)$ 表示各组的组中值；$f_i(i=1,2,\cdots,k)$ 表示各组的频数。

平均差反映了总体各单位全部标志值的变异情况，但由于它采取的是计算离差绝对值的计算形式，在数学处理上很不方便，因此在实际中一般不采用这种形式。

（3）方差与标准差

方差是总体中各单位标志值与算术平均数的离差的平方的算术平均数，一般用 s 表示。

对方差开平方就得到了标准差，也称均方差，一般用 σ 表示。

对于未分组数据，方差和标准差的计算公式为

$$s \approx \frac{\sum_{i=1}^{n}(x_i - \bar{x})^2}{n} \tag{2-17}$$

$$\sigma \approx \sqrt{\frac{\sum_{i=1}^{n}(x_i - \bar{x})^2}{n}} \tag{2-18}$$

式中，$\bar{x}$ 表示简单平均数；$x_i(i=1,2,\cdots,n)$ 表示第 i 个单位的标志值；n 表示总体单位总数。

对于已分组数据，方差和标准差的计算公式为

$$s \approx \frac{\sum_{i=1}^{k}(x_i - \bar{x})^2 f_i}{\sum_{i=1}^{k} f_i} \tag{2-19}$$

$$\sigma \approx \sqrt{\frac{\sum_{i=1}^{k}(x_i - \bar{x})^2 f_i}{\sum_{i=1}^{k} f_i}} \tag{2-20}$$

式中，$x_i(i=1,2,\cdots,k)$ 表示各组的组中值；$f_i(i=1,2,\cdots,k)$ 表示各组的频数。

【例 2-3】 试求例 2-1 中该班级男生身高的分布情况的方差与标准差。

解： 已知该班男生身高的算术平均数为 172.5cm，根据方差和标准差的计算公式，有

$$s \approx \frac{(160-172.5)^2 + (170-172.5)^2 + (180-172.5)^2 + (190-172.5)^2}{40} = 13.125$$

$$\sigma = \sqrt{13.125} = 3.623$$

方差和标准差是测度分布离散程度的最重要的指标。方差和标准差能够全面地反映各单位标志值的变异情况，并且相对于平均差来说，方差的计算采用了离差平方的形式，这不仅可以消除离差的正负差别，在数学处理上也具有明显的优越性，因此在实际问题中应用较为广泛。

(4) 变异系数

前面所介绍的几种指标都是反映标志变异程度的有计量单位的绝对数指标，由于受标志值自身水平和计量单位的影响，对于不同总体进行对比时，不能将这些指标直接用于比较，因而存在一定的局限性。

变异系数用来对不同总体的差异程度进行相对比较。所谓变异系数，就是表示总体离散程度的指标值相对于平均数的比值，也称为离散系数，一般用 V 表示。常用的变异系数是极差系数和标准差系数，其计算公式如下

$$V_R = \frac{R}{\bar{x}} \times 100\%, \quad V_\sigma = \frac{\sigma}{\bar{x}} \times 100\% \tag{2-21}$$

变异系数是测度数据离散程度的相对指标，主要用于比较均值不相等或计量单位不统一的若干组数据的离散程度。离散系数越大，说明数据的离散程度越大，集中趋势值的代表性就越小，反之亦然。

【例 2-4】 已知在某次考试中，甲、乙两个班级学生成绩的均值和标准差分别为 $\overline{x_\text{甲}} = 75.6$ 分，$\sigma_\text{甲} = 8.64$ 分；$\overline{x_\text{乙}} = 72.7$ 分，$\sigma_\text{乙} = 8.33$ 分，试比较哪个班级的成绩差异大。

解： 由于两个班级学生成绩的平均值不同，因此不能通过直接比较标准差来确定成绩差异性的大小，需要计算标准差系数。求解过程如下：

$$V_\text{甲} = \frac{\sigma_\text{甲}}{\overline{x_\text{甲}}} \times 100\% = \frac{8.64}{75.6} \times 100\% = 11.43\%$$

$$V_Z = \frac{\sigma_Z}{\bar{x}_Z} \times 100\% = \frac{8.33}{72.7} \times 100\% = 11.46\%$$

根据计算结果可知，乙班学生的成绩差异比甲班学生的大。

3. 分布偏度与峰度的测度

对于统计总体的分布特征，除了需要了解总体各单位标志值的集中趋势和离散程度外，还需要知道数据分布的形状是否对称、偏斜的程度及分布的扁平程度等特征，即数据分布的偏度和峰度。

(1) 偏度

偏度即数据分布相对于正态分布的偏斜方向及程度。偏度系数用来测度数据分布的偏度，一般用 SK 表示。计算偏度系数的方法很多，这里仅介绍一种对于已分组数据比较常用的计算方法。

$$SK \approx \frac{\sum_{i=1}^{k}(x_i - \bar{x})^3 f_i}{ns^3} \quad (2-22)$$

式中，$x_i(i=1,2,\cdots,k)$ 表示各组的组中值；$f_i(i=1,2,\cdots,k)$ 表示各组的频数。

从式 (2-22) 可以看出，当分布对称时，离差三次方后正负离差可以相互抵消，即 $\sum(x_i - \bar{x})^3 = 0$，因此 SK = 0；当分布不对称时，正负离差不能抵消，就得到了正或负的偏度系数 SK。当 SK 为正值时，表示正偏离差值较大，可以判断为正偏或右偏；反之，则为负偏或左偏。在计算 SK 时，将离差三次方的平均数除以 s^3 是将偏度系数转化为相对数。SK 的数值越大，表示偏斜的程度越大。

(2) 峰度

峰度是指频数分布曲线顶端的尖峭或扁平程度。峰度通常是与标准正态分布相比较而言的，峰度系数用来测度频数分布曲线的峰度，一般用 K 表示。下面针对已分组数据，介绍一种常用的计算方法。

$$K \approx \frac{\sum_{i=1}^{k}(x_i - \bar{x})^4 f_i}{ns^4} - 3 \quad (2-23)$$

式中，$x_i(i=1,2,\cdots,k)$ 表示各组的组中值；$f_i(i=1,2,\cdots,k)$ 表示各组的频数。

式 (2-23) 中将离差的四次方除以 s^4 是为了将峰度系数转化成相对数。若一频数分布曲线的峰度系数 $K=0$，则该频数分布曲线为标准正态分布；若 K 的值明显不同于 0，则当 $K>0$ 时为尖峰分布，当 $K<0$ 时为平峰分布。

2.4 SPSS 基础及其在统计数据整理中的应用

在统计研究中，所面临的数据常常是非常复杂并且规模庞大的。在这种情况下，如果利用传统的手工方式来处理数据，不仅工作量很大，而且不可避免地会存在误差，工作的效率和质量都难以保证。为了减轻整理和计算大量数据的负担，提高工作效率和工作质量，常常需要借助统计软件来处理数据。

目前，常用的统计软件有 SPSS INC 公司的 SPSS 统计软件、SAS 统计分析软件和 Microsoft 公司的 Excel 软件等。其中，SPSS（Statistical Package for the Social Sciences，社会科学统计软件包）以其强大的分析功能、友好的操作界面、便捷的操作流程，获得了广大统计分析用户的青睐，成为社会科学研究人员首选的统计软件。SPSS 软件从开发至今不断地完善、升级，本书将运用 SPSS 16.0 版本来介绍它在统计研究中的使用方法。如无特殊说明，本书中的 SPSS 均指 SPSS 16.0 版本。

2.4.1 SPSS 软件的基本操作环境

在正式使用 SPSS 软件之前，首先需要熟悉 SPSS 软件的基本操作环境。

1. SPSS 软件的启动

在已经安装有 SPSS 软件的计算机上执行以下操作，启动 SPSS 软件：

① 选择开始→程序→SPSS Inc→SPSS 16.0，或者双击桌面快捷方式，运行 SPSS 16.0 for Windows。

② 启动 SPSS 软件后，弹出如图 2-13 所示的启动对话框。启动对话框中各选项的含义如表 2-13 所示。

用户可以根据自己的需要在以上几个选项中做出选择，然后单击 OK 按钮继续工作。

2. SPSS 软件的基本窗口

了解 SPSS 软件的基本窗口是 SPSS 操作的基础。SPSS 软件包括数据编辑窗口、结果输出窗口和编程窗口三个基本窗口。

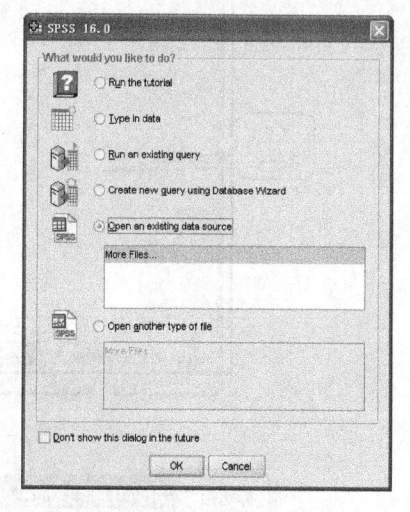

图 2-13　SPSS 启动对话框

表 2-13　启动对话框中各选项的含义

选项	含义
Run the tutorial	运行 SPSS 教程
Type in data	在数据编辑窗口直接输入数据
Run an existing query	使用已经定义的 SQL 数据源
Creat new query using Databse Wizard	使用数据库向导创立一个新的 SQL 数据
Open an existing data sourse	使用已有的内部数据
Open another type of file	使用已有的外部数据
Don't show this dialog in the future	以后启动 SPSS 时不再显示该对话框

（1）SPSS 数据编辑窗口

在启动 SPSS 软件后，首先进入的就是数据编辑窗口。

数据编辑窗口是 SPSS 以电子表格形式创建、编辑、浏览数据文件的主程序窗口，SPSS 中的所有统计分析功能都是针对数据编辑窗口中的数据而言的。这些数据通常以 SPSS 数据文件的形式保存，其文件扩展名为".sav"。

数据编辑窗口由标题栏、菜单栏、工具栏、数据编辑区和系统状态显示区组成，数据编辑区又分为 Data View（数据视图）和 Variable View（变量视图）两个视图，它们可以通过区域左下角相应的标签进行切换，如图 2-14 所示。

（2）结果输出窗口

在对数据编辑窗口中的数据执行相应的操作时，系统会自动打开结果输出窗口，显示 SPSS 统计分析结果、图表、各种警告和错误信息。

结果输出窗口由标题栏、菜单栏、工具栏、分析结果显示区和系统状态显示区组成，分析结果显示区又包括左侧的结果目录区和右侧的输出结果区两部分，如图 2-15 所示。

在 SPSS 16.0 中，结果输出文件不再保存为".spo"格式，而是".spv"格式。

图 2-14　SPSS 软件的数据编辑窗口

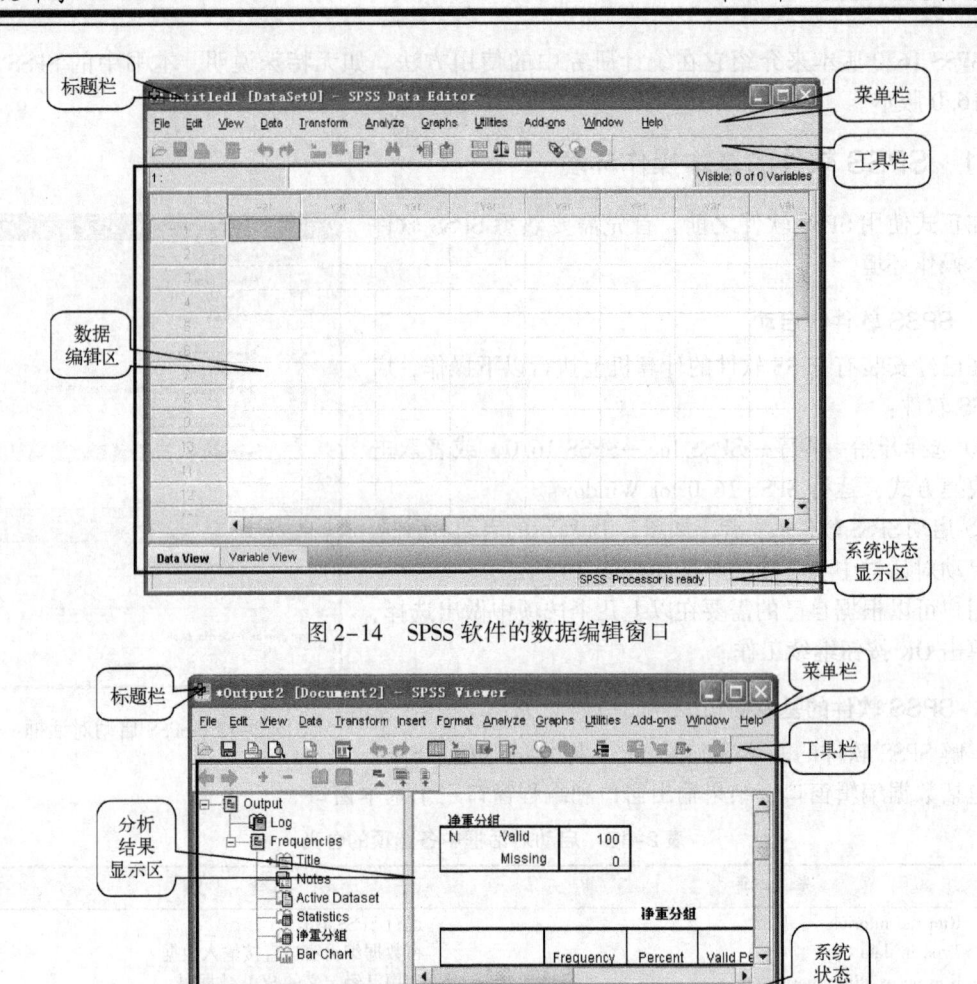

图 2-15　SPSS 软件的结果输出窗口

(3) 编程窗口

SPSS 软件的大多数功能可以利用菜单命令来完成，但是也有少数功能只能通过编写程序来实现。SPSS 软件向用户提供编程窗口，用户可以在此窗口中编写、调试和运行 SPSS 程序，如图 2-16 所示。

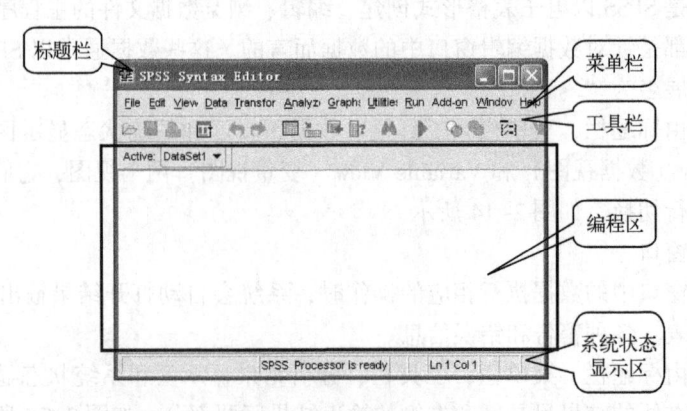

图 2-16　SPSS 软件的编程窗口

用户可以通过依次单击菜单中的 File→New→Syntax 打开编程窗口；也可以在各命令过程的对话框中单击 Paste 按钮打开编程窗口并自动生成程序，用户可以进一步编辑这些程序，以便使用特殊的 SPSS 功能。

3. SPSS 软件的退出

在菜单栏中依次单击 File→Exit，或者单击标题栏右侧的关闭按钮退出 SPSS 软件。

2.4.2 SPSS 数据文件

SPSS 数据文件是一种有结构的数据文件，它不仅记录了所包含数据的取值，还记录了数据类型、取值说明、数据缺失情况等必要说明。因此，建立 SPSS 数据文件时不仅需要录入和编辑 SPSS 的数据，还需要定义和修改 SPSS 数据的结构。

1. SPSS 数据文件的建立

第一步：启动 SPSS 软件时，在启动对话框中选择"Type in data"选项，打开一个空数据编辑窗口。若在数据编辑窗口中已有数据，而又需要建立新的数据文件，可以在菜单栏依次单击 File→New→Data，打开新的数据编辑窗口。

第二步：选择窗口左下角的 Variable View 标签或双击 Data View 视图中列的题头 Var，打开变量视图，如图 2-17 所示，定义数据文件的每个变量及其相关属性，即数据结构。

下面分别说明变量各属性的定义。

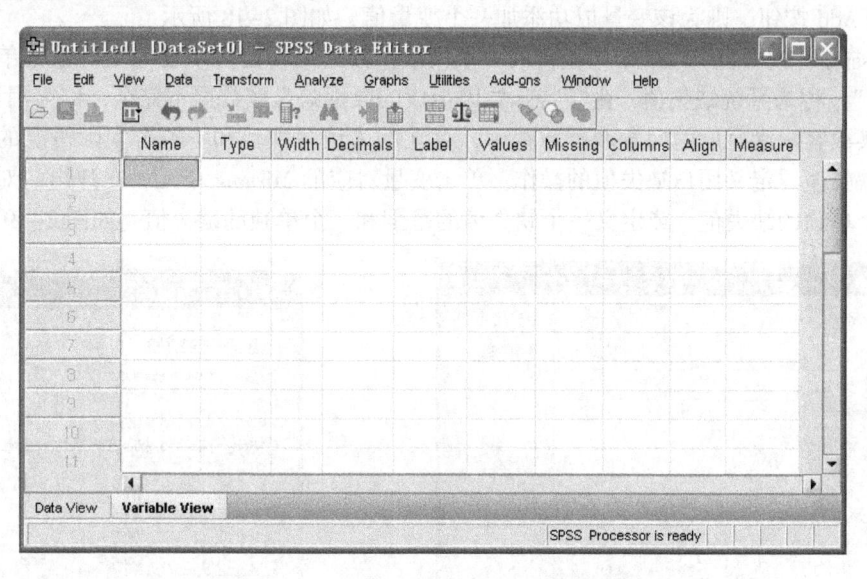

图 2-17　SPSS 数据编辑窗口——变量视图

① Name（变量名）。在 SPSS 数据编辑窗口中，变量名将显示在数据视图列标题的位置上。变量名的定义规则一般有：在同一数据文件中变量名必须具有唯一性；变量名必须以字母或汉字开头，后面可以跟除"?"、"*"、"!"、"'"及空格之外的任何字符，不能以下划线、圆点结尾；变量名的长度在 1~64 字符之间；ALL、AND、OR 等系统保留字不能作为变量名；英文字母作为变量名时，系统不区分大小写，等等。

② Type（类型）、Width（变量宽度）、Decimals（小数位宽）。SPSS 中有 8 种基本数据类型，每种类型都有其默认的变量宽度和小数位宽，如表 2-14 所示，在定义这三个属性时应根据实际情况选择相应的属性值。

表2-14　SPSS中的8种基本数据类型

数据类型	中文名称	说　　明
Numeric	标准数值型变量	默认总长度为8位，小数位为2位
Comma	逗点数值型变量	默认总长度为8位，小数位为2位，其值在显示时整数部分从右至左每3位用一个逗号做分隔符
Dot	圆点数值型变量	默认总长度为8位，小数位为2位，其值在显示时整数部分从右至左每3位用一个圆点做分隔符
Scientific notation	科学计数法型数值变量	默认总长度为8位，小数位为2位，变量值可以有指数部分，指数部分用E或D表示，且可带正负号
Date	日期型变量	按指定的日期、时间格式显示日期或时间
Dollar	美元符号型数值变量	表示货币数据，在数据前附加美元符号$
Custom currency	自定义数值型变量	用户可以自定义变量类型，但此项一般不用
String	字符型变量	默认总长度为8位

③ Label（变量名标签）。它是对变量名含义的进一步解释说明，总长度可达256个字符（即128个汉字）。

④ Values（变量值标签）。它是变量值取值含义的解释说明，标签内容可以有120个字符。例如，对于变量"性别"，常用"1"代表"男性"，用"2"代表"女性"。具体操作：单击变量对应的Values单元，在弹出的对话框中，在Value文本框内输入1，在Label文本框内输入"男性"，单击Add按钮，则为该变量成功添加一个变量值，如图2-18所示。

⑤ Missing（缺失值）。SPSS中包含两种缺失值：数据编辑窗口中任何空的数据单元的系统默认值"."，称为系统缺失值；由于特殊原因造成的数据缺失或数据不完全，称为用户缺失值，例如，在某次客户满意度的问卷调查数据中，存在的未填写项目和不符合实际情况的失真数据都是用户缺失值。定义用户缺失值的操作：单击变量对应的Missing单元，在弹出的对话框中可以定义3个单独的缺失值，或定义一个缺失值的范围和一个单独的缺失值，如图2-19所示。

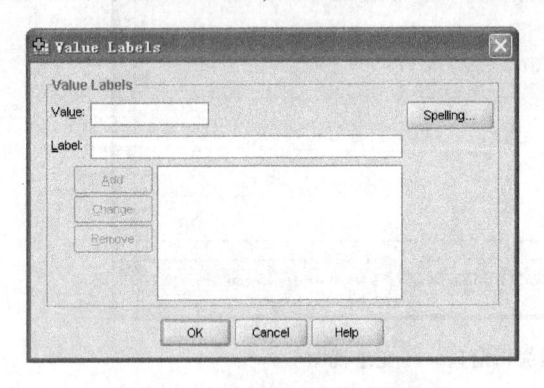

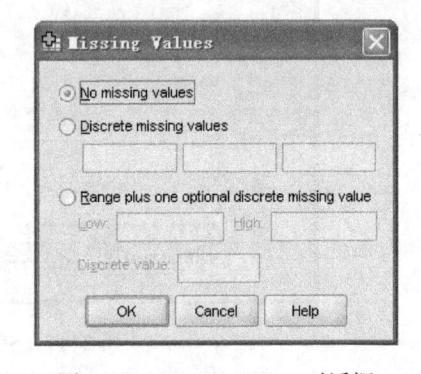

图2-18　Value Labels对话框　　　　图2-19　Missing Values对话框

⑥ Columns（列显示宽度）。数据编辑窗口的数据值或者数据值标签显示输出时占用的列宽度。

⑦ Align（对齐方式）。选择变量值在数据单元中的对齐方式。

⑧ Measure（计量尺度）。统计数据是对客观现象的计量，按照其精确程度可分为Scale（定距型数据）、Ordinal（定序型数据）和Nominal（定类型数据）。

【例2-5】　华艺厨具公司有32名员工参加了企业文化培训，公司在培训结束之前进行了培训考核。现要根据考核成绩表建立SPSS数据文件，已定义好的变量及其属性如图2-20所示。

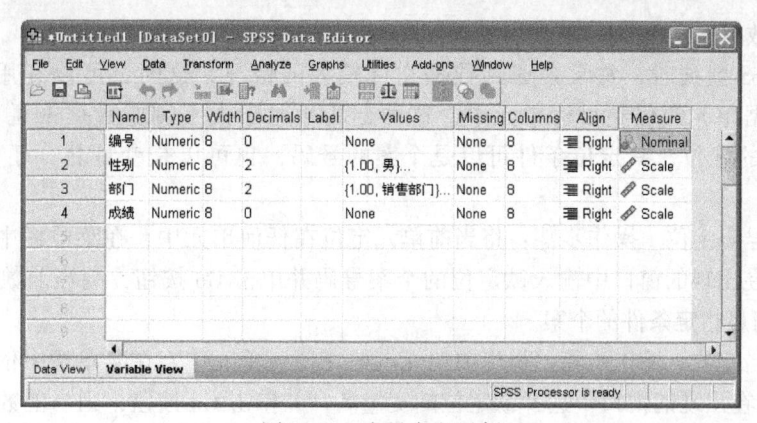

图 2-20 变量定义示例

第三步：选择 Data View 标签，将数据编辑窗口切换到数据视图，将数据录入电子表格中。

【例 2-6】 在例 2-5 中已定义的数据结构基础上，将数据录入到数据编辑窗口，如图 2-21 所示。

图 2-21 数据录入

在数据视图中，每一行代表一个观察个体（Case），或称个案，它由该观察对象的所有属性（变量）构成；每一列代表一个变量（Variable），是所有观察对象的某个属性的集合。

第四步：在菜单中依次单击 File→Save→Save as，在弹出的对话框中选择存放数据文件的目标路径，填写数据文件的文件名，并根据实际需要选择数据文件的格式。

例如，将通过例 2-5 和例 2-6 建立的数据文件保存为 train_record.sav。

需要注意的是，在建立 SPSS 数据文件时，既可以先定义变量后输入数据，也可以先输入数据后定义变量属性，因而上述步骤并不是固定不变的。如果直接输入数据值而不定义变量属性，则变量名系统自动定义，相关属性显示为系统默认属性。

2. SPSS 数据文件的编辑

在向 SPSS 中录入数据时，由于各种因素的影响和干扰，有时会出现错误。因此，对于已建立的数据文件，有时需要对其中的数据进行编辑。SPSS 数据的编辑包括定位、增加、删除、修改、移动等操作，在数据编辑窗口中的 Data View 中进行。

(1) SPSS 数据的定位

在编辑 SPSS 数据时，常常会遇到数据文件较大的情况。这时，可以利用 SPSS 的定位功能将当前数据单元定位到目标单元中，这种方法相对于人工浏览数据来说更为方便、快捷。SPSS 数据的定位，其定位条件可以是个案的号码，也可以是变量名，还可以是某个变量值。

① 按个案号码定位。操作步骤：将当前单元定位在任何单元中，在菜单栏中依次单击 Edit→Go to Case，在出现的窗口中输入欲定位的个案号码并单击 Go 按钮，则当前数据单元定位到其原来所在列满足指定条件的个案。

② 按变量名定位。操作步骤：将当前单元定位在任何单元中，在菜单栏中依次单击 Edit→Go to Variable，在出现的窗口中选择欲定位的变量名，并单击 Go 按钮，则当前数据单元定位到满足指定条件的变量列。

③ 按变量值定位。操作步骤：将当前数据单元定位在某变量列的任何一个个案上，在菜单栏中依次单击 Edit→Find，在出现的窗口中输入定位变量值并确认，则当前数据单元定位到其原来所在位置下方满足指定条件的第一个个案。

(2) 插入和删除一个个案

插入一个个案，就是在数据编辑窗口的某个个案前插入一个新的个案，即在 SPSS 电子表格中某个数据行的前面插入一空行。操作步骤：将当前数据单元定位到某个案上，在菜单栏中依次单击 Edit→Insert Cases，于是当前数据单元在该个案的前面插入一空行，该空行中数值型变量的变量值自动为系统缺失值。

删除一个个案，就是删除数据编辑窗口中的某个个案，即删除 SPSS 电子表格中的某行数据。操作步骤：在欲删除个案的个案号码上单击鼠标左键，于是待删除的个案数据全部反向显示，单击鼠标右键，从弹出的快捷菜单中选择 Clear 选项，则该个案被整条删除。

(3) 插入和删除一个变量

插入一个变量，就是在数据编辑窗口的某个变量前插入一个新变量，即在 SPSS 电子表格中某数据列的前面插入一新列。操作步骤：将当前数据单元定位到某变量上，在菜单栏中依次单击 Edit→Insert Variable，于是当前数据单元在该变量的前面插入一空列，该空列的变量名及属性自动为系统默认值。

变量的删除与个案的删除操作类似，只是单击的位置在数据编辑窗口中欲删除变量的变量名上。

(4) 数据的复制、移动和删除

在对数据编辑窗口中的数据进行编辑时，有时需要对数据视图中整块的数据进行整体操作，包括将整块数据复制到指定位置、将整块数据移动到指定位置，以及删除整块数据等。对于整块数据的这些操作有如下步骤。

第一步：选定数据块。将鼠标移到源数据块左上角的数据单元，按住鼠标左键并拖动鼠标至源数据块右下角的数据单元，使源数据块中的数据单元全部反向显示。

第二步：数据块的复制、剪切和删除。右键单击选定的数据块，在弹出的快捷菜单中：若要将源数据复制到指定位置，则选择 Copy 选项复制数据；若要将源数据移到指定位置，则选择 Cut 选项剪切数据；若要删除源数据，则选择 Clear 选项清除该数据块中的数据。

第三步：数据块的粘贴。当需要复制或移动数据时，在第二步的基础上，在目标位置左上角的数据单元上单击鼠标右键，并在弹出的快捷菜单中选择 Paste 选项粘贴数据块，源数据块中的数据就被整块地复制或移动到指定位置了。

2.4.3 SPSS 数据的统计整理

在 SPSS 数据文件建好以后，接下来要根据研究的需要对数据文件中的数据做初步整理，以保证统计数据能够更好地服务于统计分析。本节首先介绍 SPSS 数据的预处理方法，然后介绍 SPSS 数据的图表展示与描述分布特征的方法。

1. SPSS 数据的预处理

下面介绍三种比较常用的数据的预处理方法：数据的选取、数据的排序和数据的分类汇总。

（1）数据的选取

数据选取是根据分析的需要，从数据总体中按照一定的规则选取部分数据进行分析计算。在 SPSS 数据编辑窗口，从菜单栏依次单击 Data→Select Cases，打开 Select Cases 对话框，如图 2-22 所示。

SPSS 向用户提供如下四种选择数据的方法，其操作步骤如下：

① 按条件选取。选中 If condition is satisfied 选项，单击选项下面的 If 按钮，打开选择条件对话框，设置选择条件。

② 随机选取。选中 Random sample of cases 选项，单击选项下面的 Sample 按钮，打开选择抽样对话框，设置随机抽样占总体的百分比。

③ 按数据范围选取。选中 Based on time or case range 选项，单击下面的 Range 按钮，打开选择范围对话框，设置选取数据的开始、结束位置。

④ 通过过滤变量选取。选中 Use filter variable 选项，选择左侧列表中将作为过滤变量的变量名，移入该选项下面的文本框中。过滤变量是数值型变量，值为零或缺失数据的观察个案将被过滤。

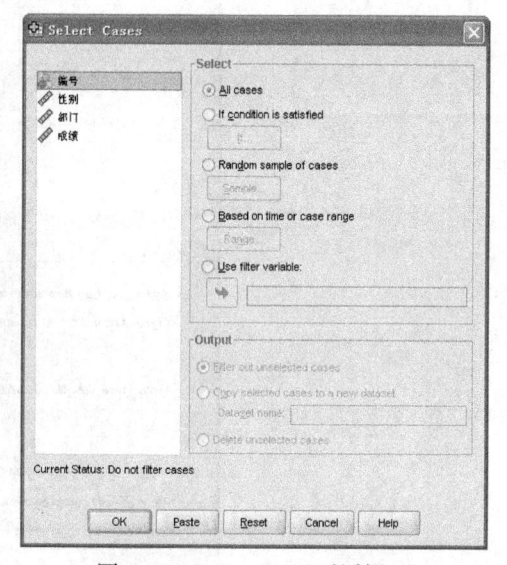

图 2-22　Select Cases 对话框

（2）数据的排序

数据排序是将数据编辑窗口中的数据按照一个或多个变量重新排列顺序。通过对数据排序，研究人员可在浏览数据时发现一些明显的特征或趋势，同时也有助于研究人员发现异常数据，并且为数据的纠错、重新归类或分组等提供方便。

数据排序的操作步骤如下：

第一步：在数据编辑界面，从菜单栏中依次单击 Data→Sort Cases，打开如图 2-23 所示的对话框。

第二步：选择左侧列表中的排序变量并移到 Sort by 列表框中，选择 Sort Order 选项组中的 Ascending 或 Descending 选项，确定排序为升序还是降序。

第三步：单击 OK 按钮，得到数据排序结果。

（3）数据的分类汇总

数据的分类汇总是将数据编辑窗口中的数据按照指定变量的数值进行分类汇总计算。例如，为了解不同部门职员的培训效果，需要对数据先按照部门进行

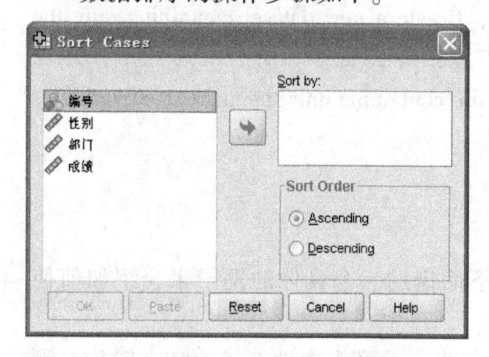

图 2-23　Sort Cases 对话框

分类，然后求出各部门职员的平均成绩。在该例中，"部门"为分类变量，"成绩"为汇总变量。

数据分类汇总的操作步骤如下。

第一步：在数据编辑界面，从菜单栏中依次选择 Data→Aggregate 命令，打开如图 2-24 所示的对话框。

第二步：在左侧列表中选择分类变量，移到 Break Variable(s) 列表框中，选择汇总变量，移到 Summaries of Variable(s) 列表框中。

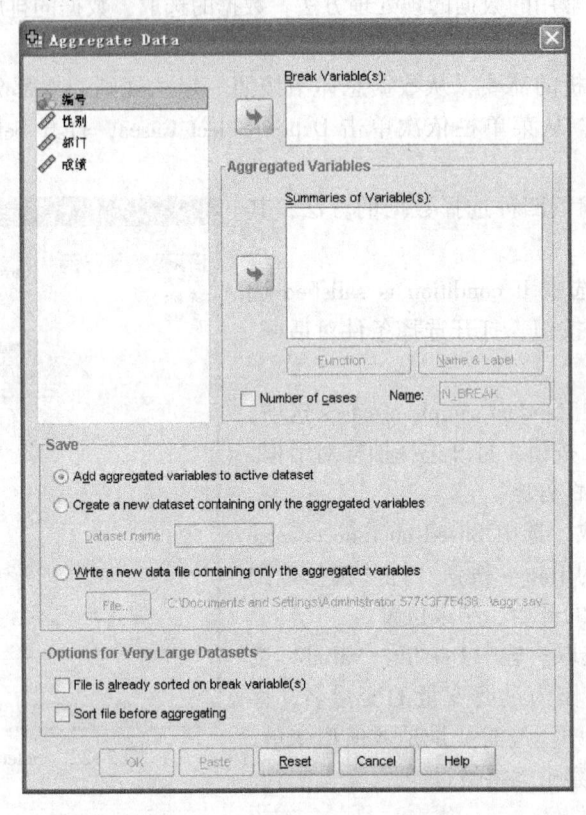

图 2-24 Aggregate Data 对话框

第三步：单击 Summaries of Variable(s) 框下方的 Function 按钮，指定对汇总变量计算哪些统计量，SPSS 默认计算均值。单击 Name & Label 按钮，设定汇总统计变量的变量名。

第四步：指定将分类汇总结果保存到何处。有三种选择，Add aggregated variables to active dataset 选项表示把分类汇总的结果增加到原数据文件中；Create a new dataset containing only the aggregated variables 选项表示创建一个新的数据集，其中包括分类变量和所有汇总变量，并在 Dataset name 文本框中命名这个数据集；Write a new data file containing only the aggregated variables 选项表示创建新的数据文件，保存汇总结果。

第五步：单击 OK 按钮，得到数据的分类汇总结果。

2. SPSS 数据的整理

在 2.3 节中已经介绍了统计数据整理的相关知识。下面借助一个具体的例子来介绍如何使用 SPSS 软件进行统计数据的整理。

【例 2-7】 东方食品厂为加强质量管理，在某天生产的一批罐头中抽查了 100 个罐头，测得内装食品的净重数据如下（单位：g）。

```
342  341  348  346  343  342  346  341  344  348
346  346  341  344  342  344  345  340  344  344
343  344  342  342  343  345  339  350  337  345
349  336  348  344  345  332  342  341  350  343
347  340  344  353  341  340  353  346  345  346
341  339  342  352  342  350  348  344  350  335
340  338  345  345  349  336  342  338  343  343
341  347  341  347  344  339  347  358  343  347
346  344  345  350  341  338  343  339  343  346
342  339  343  350  341  346  341  345  344  342
```

将该组数据录入 SPSS 数据编辑窗口中，建立数据文件 weight.sav，并对 weight.sav 中的数据按照"净重"属性进行降序排序，如图 2-25 所示。

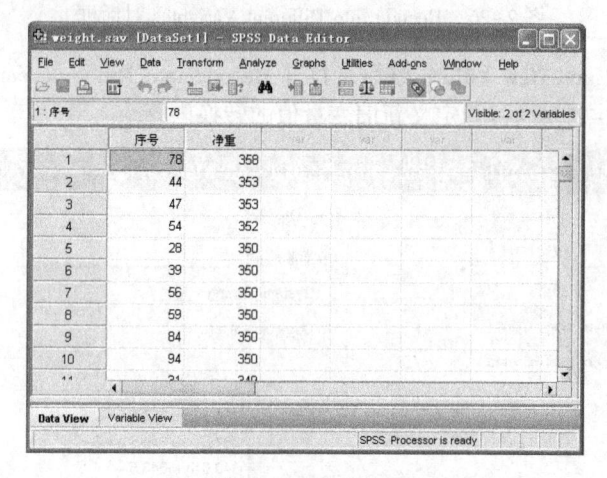

图 2-25 罐头质量抽样检测数据文件

(1) SPSS 数据的图表展示

由于罐头质量是一个连续量，并且根据排序后的数据文件可知该组数据的最大值为 358，最小值为 332。取极端值 $a = 331.5$，$b = 358.5$，并将 $[331.5, 358.5]$ 等分为区间长度为 3 的 9 个分组，分别为

$$[331.5, 334.5] \quad [334.5, 337.5] \quad [337.5, 340.5]$$
$$[340.5, 343.5] \quad [343.5, 346.5] \quad [346.5, 349.5]$$
$$[349.5, 352.5] \quad [352.5, 355.5] \quad [355.5, 358.5]$$

① 利用数据重编码，对统计数据进行统计分组。为了能得到人为的分组，首先应对"净重"进行重编码，得到新变量"净重分组"，即 weight.sav 中数据根据"净重"的统计分组。

第一步：打开数据文件 weight.sav。从菜单栏选择 Transform→Recode into Different Variables 命令，得到一个与重编码前不同的变量。打开其对话框，如图 2-26 所示。

第二步：在 Recode into Different Variables 对话框内，从变量列表中选择"净重"，将其移入 Input Variable→Output Variable 列表框内，然后将光标移到输出变量 Output Variable 栏的 Name 文本框内，输入新变量名"净重分组"四个字，在 Name 文本框下的 Label 文本框内对其进行详细说明（也可不做说明），单击 Change 按钮。

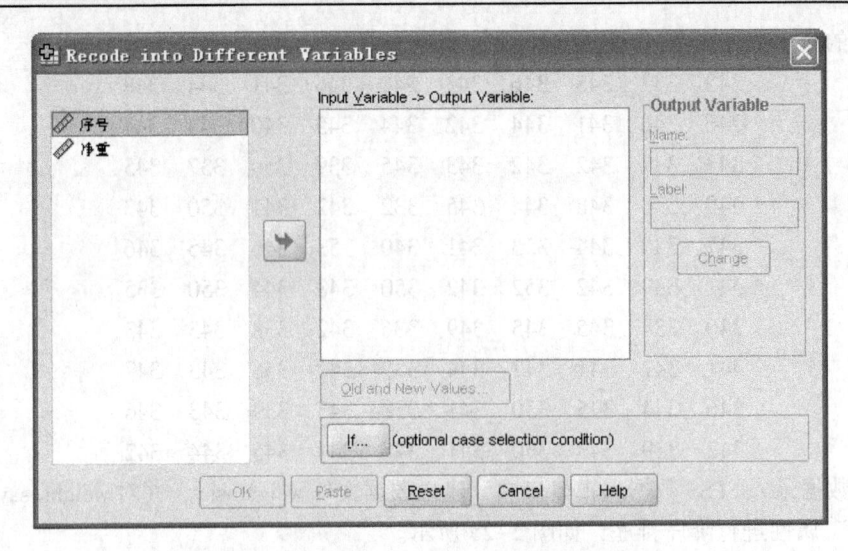

图 2-26 Recode into Different Variables 对话框

第三步：单击 Old and New Values 按钮，打开 Recode into Different Variables：Old and New Values 对话框（如图 2-27 所示），定义新旧变量值的转换内容。

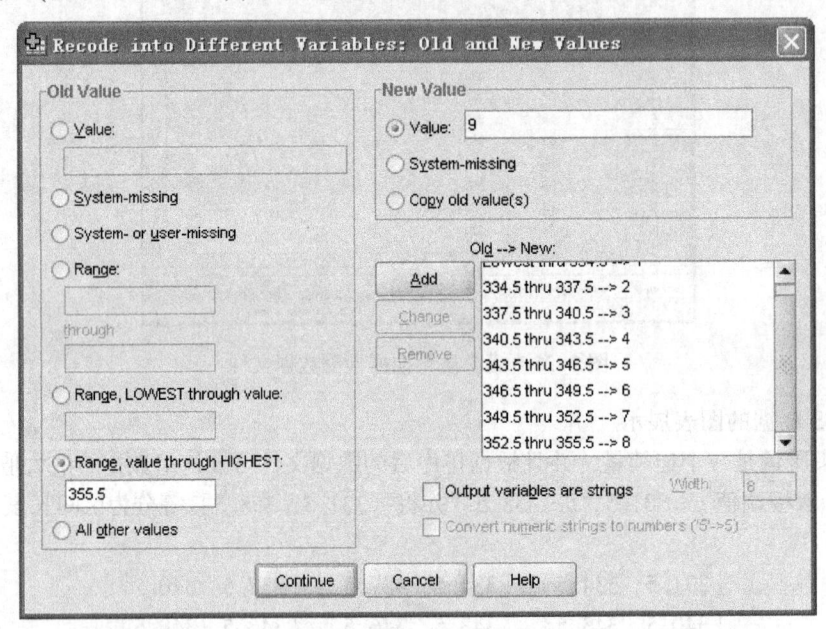

图 2-27 Recode into Different Variables：Old and New Values 对话框

在 Recode into Different Variables：Old and New Values 对话框内，左侧是原来的"旧值"Old Value 栏，右侧是定义"新值"的 New Value 栏。

首先，在 Old Value 栏中选择 Range，LOWEST through value 选项，并在选项下面的文本框中填入 334.5，在 New Value 栏选择 Value 并输入 1，单击 Add 按钮，这样就定义了第一组。

然后，在 Old Value 栏中选择 Range 选项，在上面的文本框中输入 334.5，在下边的文本框中输入 337.5，然后在 New Value 栏选择 Value 并输入 2，再单击 Add 按钮，这样便定义了第 2 组。依次类推，按数字序号依次定义以后各组，直至定义完第 8 组。

最后，在 Old Value 栏中选择 Range，value through HIGHEST 选项，并在选项下面的文本框

中填入355.5，然后在 New Value 栏选择 Value 并输入9，单击 Add 按钮，这样就定义了最后一组，如图2-27所示。

在定义完所有组之后，单击下方的 Continue 按钮，回到 Recode into Different Variables 对话框。

第四步：在 Recode into Different Variables 对话框中，单击 OK 按钮，完成重编码，结果如图2-28所示。

图2-28　重编码后的数据文件

② 对"净重"重编码后的新变量"净重分组"做频数分析。

第一步：从菜单上依次选择 Analyze→Descriptive Statistics→Frequencies 命令，打开 Frequencies 对话框，如图2-29所示。

第二步：在 Frequencies 对话框中，将新变量"净重分组"变量移入 Variable(s) 列表框内。单击右侧的 Charts 按钮，打开 Frequencies：Charts 对话框，如图2-30所示。

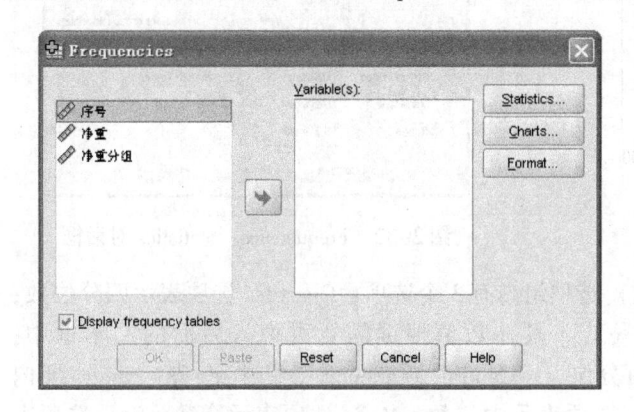

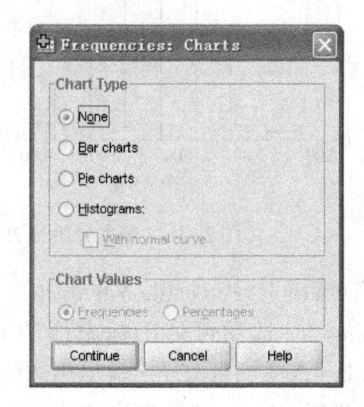

图2-29　Frequencies 对话框　　　　图2-30　Frequencies：Charts 对话框

第三步：在 Frequencies：Charts 对话框中，共有4个单选按钮：None 表示不作图，Bar charts 表示条形图，Pie charts 表示饼图，Histograms 表示直方图。系统默认为 None 即不作图，本例中选择 Histograms 项，即直方图。然后单击 Continue 按钮，回到上一级 Frequencies 主对话框。

第四步：在 Frequencies 对话框中单击 OK 按钮，得到输出结果，如表2-15和图2-31所示。

3. 描述统计数据的分布特征

运用 SPSS 软件对该组数据的分布特征进行描述，操作步骤如下。

第一步：打开数据文件 weight.sav。从菜单上依次选择 Analysis→Descriptive Statictics→Frequencies 命令，打开 Frequencies 对话框。

第二步：在 Frequencies 对话框中，将"净重"变量移入 Variable(s) 列表框内，单击右侧的 Statistics 按钮，打开 Frequencies：Statistics 对话框，如图 2-32 所示。

表 2-15　净重分组的频数分布表

		Frequency	Percent	Valid Percent	Cumulative Percent
Valid	1	1	1.0	1.0	1.0
	2	4	4.0	4.0	5.0
	3	12	12.0	12.0	17.0
	4	32	32.0	32.0	49.0
	5	30	30.0	30.0	79.0
	6	11	11.0	11.0	90.0
	7	7	7.0	7.0	97.0
	8	2	2.0	2.0	99.0
	9	1	1.0	1.0	100.0
	Total	100	100.0	100.0	

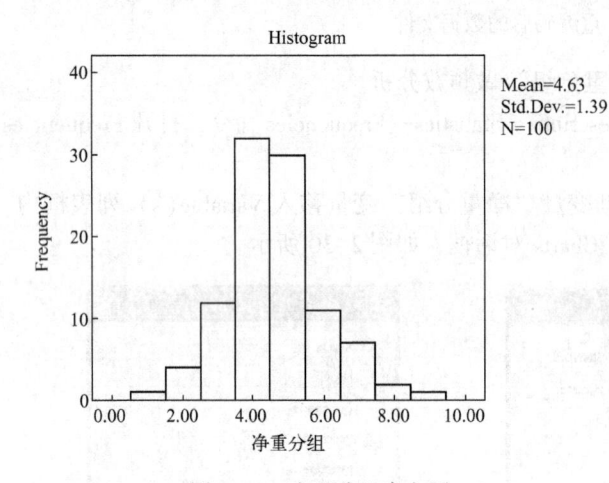

图 2-31　净重分组直方图

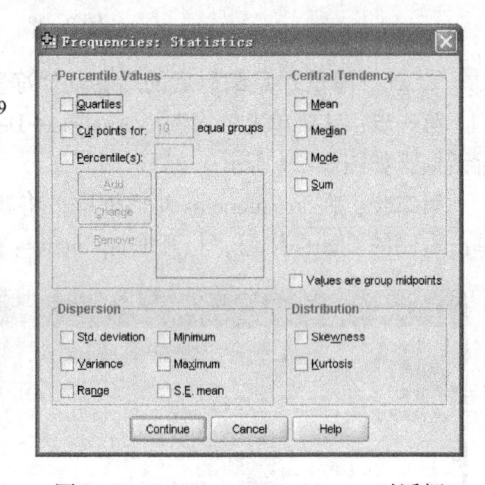

图 2-32　Frequencies：Statistics 对话框

该对话框中 Percentile Values（百分比）选项组内有 3 个选项：Quartiles 选项表示四分位数；Cut points for 选项可列出标志值的 n 分位点，具体数值根据需要可填入后面的文本框中；Percentiles 选项可自由规定输出标志值的百分位点。Central Tendency（集中趋势）选项组内有 4 个选项：Mean 选项表示均值；Median 选项表示中位数；Mode 选项表示众数；Sum 选项表示总和。Dispersion（离散程度）选项组内有 6 个选项：Std. deviation 选项表示标准差；Variance 选项表示方差；Range 选项表示极差；Minimum 选项表示最小值；Maximum 选项表示最大值；S. E. mean 选项表示标准误。Distribution（分布）选项组内有两个选项：Skewness 选项表示偏度；Kurtosis 选项表示峰度。

第三步：在图 2-32 所示对话框中依次选中 Quartiles, Mean, Median, Mode, Std. deviation, Variance, Range, Minimum, Maximum, Skewness, Kurtosis 选项，单击 Continue 按钮，回到上一级 Frequencies 对话框。

第四步：在 Frequencies 对话框中，单击 OK 按钮，输出结果如表 2-16 所示。

表 2-16　净重数据统计结果

N	Valid	100
	Missing	0
Mean		343.76
Median		344.00
Mode		344
Std. Deviation		4.130
Variance		17.053
Skewness		.322
Std. Error of Skewness		.241
Kurtosis		1.143
Std. Error of Kurtosis		.478
Range		26
Minimum		332
Maximum		358
Percentiles	25	341.00
	50	344.00
	75	346.00

2.5　案　例

案例 2.1　大连市"公交自行车计划"的统计调查研究

"公交自行车"起源于法国里昂。为了解决城市交通拥堵困境，里昂市政府于 2005 年启动公共自行车租赁系统。政府在市区各地方设置了 200 个公共自行车租赁点，每个点都有 10 多辆自行车，租赁者通过刷卡的形式取走自行车，24 小时以内在任何一个租赁点均可还车，自行车被偷或 24 小时内不还车，则需要接受罚款。在里昂，每一个年满 14 周岁，且持有法国银行卡或里昂交通卡的市民都可以通过租赁公交自行车出行。在公交租赁系统实行之后，更多的人选择骑车出行，按照当地人的说法：自行车能减少使用汽车，缓解交通压力，保护环境，而且每天上下班骑几十分钟自行车，也是不错的锻炼方式。

目前，我国的杭州市已经成功地引入了这套系统。杭州公共自行车自推出以来，受到广大游客和市民的追捧。借鉴里昂和杭州的成功经验，大连市政府正考虑引进自行车免费租赁系统，推广公交自行车计划。在计划正式推广前，首要的任务就是针对该计划做一个市场调查，为决策服务。

思考题：

（1）试结合案例背景，为该项调查的统计调查方案确定调查目的、调查对象、调查单位等内容。

（2）确定调查项目，并设计一份调查问卷。

案例 2.2　迎宾商场 X 品牌手机销售数据的统计整理

迎宾商场是某市一家规模较大、商品种类较齐全的大型百货商店，主要经营服装、纺织品、家庭用品、食品和娱乐品等消费品。手机卖场作为该商场的一个重要组成部分，如何提高销售业绩是一直以来困扰着卖场经理的难题。为了提高销售业绩，卖场经理组织了一次市场调研，并了解到 X 品牌的手机性价比较高，在市民中具有不错的口碑，因此，经理决定为该品牌手机增设柜台,并以赠送礼品的形式开展促销活动。促销的第一周,X 品牌手机的 50 名销售人员的销售金额如下(单位:千元)。

    6.0 5.9 3.5 2.9 8.7 7.9 7.1 5.0 5.2 3.9
    3.7 6.1 5.8 4.1 5.8 6.4 3.8 4.9 5.7 5.5
    6.9 4.0 4.8 5.1 4.3 6.4 6.8 5.9 6.9 5.4
    2.4 4.9 7.2 4.2 6.2 5.8 3.8 6.2 5.7 6.8
    3.4 5.0 5.2 5.3 4.2 3.6 3.8 5.8 4.9 3.7

试结合本章所学内容,完成下面的思考题。

  思考题:
  (1)整理数据制作一个频数分布表(分为 7 组)。
  (2)根据频率分布表绘制次数分布直方图和折线图。
  (3)根据频率分布图说明销售人员销售金额分布属于哪一种类型?

案例 2.3 2009 年中国上市公司 50 强营业收入数据的统计整理

  财华社集团是一家于中国香港联合交易所有限公司创业板上市的公司,专门为企业客户及投资者开发、制作及提供财经资讯服务及技术解决方案。凭着领先的资讯科技,集团能够为客户提供最可靠、多功能及最具成本效益的财经资讯服务,并提供跨市场的中文新闻、数据、报告及分析工具等。表 2-17 为财华社与世界著名杂志《财富》(中文版)合作编制的"2009 年中国上市公司 100 强排行榜"的一部分,试结合本章所学内容,完成下面的思考题。

表 2-17 2009 年中国上市公司 50 强营业收入表 (单位:百万元)

公 司 名 称	收 入	公 司 名 称	收 入
中国石油化工股份有限公司	1452101	交通银行股份有限公司	76660
中国石油天然气股份有限公司	1071146	武汉钢铁股份有限公司	73339
中国移动有限公司	412343	马鞍山钢铁股份有限公司	71260
中国人寿保险股份有限公司	341074	东风汽车集团股份有限公司	70569
中国工商银行股份有限公司	309758	华能国际电力股份有限公司	67825
中国建设银行股份有限公司	267507	富士康国际控股有限公司	63364
中国中铁股份有限公司	234619	冠捷科技有限公司	63200
中国银行股份有限公司	228288	中国石化上海石油化工股份有限公司	60311
中国铁建股份有限公司	226141	上海电气集团股份有限公司	58909
宝山钢铁股份有限公司	200638	唐山钢铁股份有限公司	57697
中国电信股份有限公司	186801	华润创业有限公司	56995
中国交通建设股份有限公司	178889	中国南方航空股份有限公司	56427
中国联合网络通信(香港)股份有限公司	171236	湖南华菱钢铁股份有限公司	56318
中国平安保险(集团)股份有限公司	139803	招商银行股份有限公司	55308
中国海洋石油有限公司	125977	江西铜业股份有限公司	53972
中国远洋控股股份有限公司	114968	中国国际航空股份有限公司	52970
五矿发展股份有限公司	113204	中国中煤能源股份有限公司	51465
中国神华能源股份有限公司	107133	苏宁电器连锁集团股份有限公司	49897
上海汽车集团股份有限公司	105406	中国国际海运集装箱(集团)股份有限公司	47327
中国人民财产保险股份有限公司	101878	国美电器控股有限公司	45889
联想集团有限公司	101864	中化化肥控股有限公司	45393
中国太平洋保险(集团)股份有限公司	97835	广东美的电器股份有限公司	45313
山西太钢不锈钢股份有限公司	83063	中兴通讯股份有限公司	44293
鞍钢股份有限公司	79616	内蒙古包钢钢联股份有限公司	44124
中国铝业股份有限公司	76726	济南钢铁股份有限公司	43183

思考题：

(1) 通过适当方式的进行统计分组，并结合 SPSS 软件，得到"2009 年中国上市公司 50 强营业收入"的分布数列，绘制统计表和统计直方图。

(2) 结合 SPSS 软件，分析该组数据的集中趋势和离散程度等分布特征。

(3) 根据以上计算过程及计算结果，形成一个案例分析报告。

习 题 2

1. 有人说抽样调查"以样本资料推断总体特征"缺乏科学依据，您认为呢？
2. 简述众数、中位数和平均数的特点及应用场合。
3. 简述极差、四分位差和标准差的特点和应用场合。
4. 某行业管理局所属 40 家企业 2002 年的产品销售收入数据如下（单位：万元）。

   152　124　129　116　100　103　92　95　127　104
   105　119　114　115　87　103　118　142　135　125
   117　108　105　110　107　137　120　136　117　108
   97　88　123　115　119　138　112　146　113　126

   如果按规定：销售收入在 125 万元以上为先进企业，115 万～125 万元为良好企业，105 万～115 万元为一般企业，105 万元以下为落后企业。按先进企业、良好企业、一般企业、落后企业进行分组，编制频数分布表，并计算累计频数和累计频率。

5. 抽样调查某地区 50 户居民的月消费品支出额数据资料如下（单位：元）。

   967　895　921　978　821　924　651　850　926　946
   938　800　864　919　863　981　916　818　900　893
   890　954　1006　926　900　999　886　1120　905　866
   816　978　1000　918　1040　854　1100　900　928　1027
   946　999　950　864　1050　927　949　852　928　886

   ① 根据上述资料编制频数分布表，并作出直方图；
   ② 编制向上和向下累计频数表。

6. 一家汽车零售店的 10 名销售人员 5 月份销售的汽车数量如下（单位：台）。

   14　10　12　15　4　10　12　7　2　10

   ① 计算汽车销售的众数、中位数、四分位数和平均数；
   ② 计算销售量的极差和标准差。

7. 一种产品需要人工组装，现有三种可供选择的组装方法。为检验哪种方法更好，随机抽取 15 名工人，让他们分别用三种方法组装。表 2-18 是 15 名工人分别用三种方法在相同的时间内组装的产品数量（单位：个）。

表 2-18　15 名工人分别用三种方法在相同的时间内组装的产品数量（单位：个）

	方 法 A	方 法 B	方 法 C
工人 1	164	129	125
工人 2	167	130	126
工人 3	168	129	126
工人 4	165	130	127
工人 5	170	131	126

(续表)

	方法 A	方法 B	方法 C
工人 6	165	130	128
工人 7	164	129	127
工人 8	168	127	126
工人 9	164	128	127
工人 10	162	128	127
工人 11	163	127	125
工人 12	166	128	126
工人 13	167	128	116
工人 14	166	125	126
工人 15	165	132	125

① 你准备采用什么方法来评价组装方法的优劣？

② 如果让你选择一种方法，你会做出怎样的选择？试说明理由。

第3章 参数估计

【引例】现实中的统计。

某市场推广咨询公司项目部张经理元旦假期后第一天上班，刚走进办公室还来不及与同事们互道新年问候，办公桌上的传真机就响了，这是一份来自国外一家投资公司的委托书，委托书上的文字十分简单："2006年5月，美国 Lion 公司的品牌香槟酒将进入中国市场，现须了解北京市场的有关情况，委托业务费用为20万美元。"随后传来的还有 Lion 酒的产品介绍。张经理一看十分兴奋：本公司不仅在国外已有一定的知名度，而且这个项目的收入十分可观。在与同事们鼓掌庆祝后，张经理陷入了思考，委托书上的要求看似简单，但也是一个十分棘手的项目，如果稍有疏忽，不仅将影响到公司的声誉和发展前景，还有可能丢了自己的饭碗。想到这里，张经理马上召集部门的业务骨干，共商对策。经过一个多小时的紧张讨论，一个颇为周全的企划方案跃然纸上：这是一个十分典型的市场调查和抽样推断案例，了解市场有关情况，意味着掌握洋酒的市场价格、需求量、消费群体、产品市场定位、促销手段、同类产品的市场占有率、销售情况、广告宣传及消费者的心态、未来洋酒需求能力的推断、潜在用户挖掘的可能性等。做好这个项目，关键是切入点的确定。应该说，张经理做市场调查是轻车熟路，然而洋酒的市场调查，其调查对象与其他调查不一样。对于北京销售的除从法国进口的某些葡萄酒及香槟酒以外，诸如轩尼诗、人头马、拿破仑、路易十六等品牌，由于其昂贵的价格，市场消费群体并不大，销量也十分有限。为此，张经理与同事们反复论证，最后决定，首先拟订一个周密的市场调查方案，然后分头做市场调查及数据处理，最后通过对消费者购买的偏好、销售主体分布的不均匀性，加上收入水平和季节变动等因素影响的分析，给出了市场需求与销售额估计。最终完成了这一项目，得到国外用户的好评。

统计推断（Statistical Inference）就是根据样本的实际数据，对总体的数量特征做出具有一定可靠度的估计和判断。统计推断的基本内容有参数估计和假设检验两方面。概括地说，研究一个随机变量，推断它具有什么样的数量特征，按什么样的模式来变动，这属于估计理论的内容；而推测这些随机变量的数量特征和变动模式是否符合事先所做的假设，这属于检验理论的内容。参数估计和假设检验的共同点是，它们都对总体不清楚或不太了解，都是利用部分观察值所提供的信息，对总体的数量特征做出估计和判断，但两者所要解决问题的着重点的方法有所不同。本章先研究总体参数估计的问题。

3.1 参数估计的基本原理

估计是以样本统计量（即样本数字特征）作为未知总体参数（即总体数字特征）的估计量，并通过对样本单位的实际观察取得样本数据，计算样本统计量的取值并将其作为被估计参数的估计值。

不论社会经济活动还是科学试验，人们做出某种决策之前总是要对许多情况进行估计。例如，商品推销人员要估计消费者对新式时装的喜好程度，连锁超市经理要估计附近居民的购买能力，民意调查机构要估计竞选者的得票率，医药生产部门要推广某种药品的新配方，必须估计新药疗效的提高程度等。这些估计通常是在信息不完全、结果不确定的情况下做出的。参数估计提供了一套在满足一定精度要求下根据部分信息来估计总体参数的真值，并做出同这个估计相适应的误差说明的科学方法。

总之，每当需要根据抽样结果估计总体时，首先要提出统计估计问题。实际上提出来的统计估计问题不胜枚举，但是归根结底，就是根据样本特征（频率、频率分布和样本数字特征）来估计总体特征（概率、概率分布及其数字特征）。

人类常想解决某些问题，例如，生态学家认为南极海域的蓝鲸面临绝种边缘，而想知道现在的蓝鲸存在的数量有多少。在这个问题中，蓝鲸存量就是感兴趣的"参数"，（如果感兴趣的是雄蓝鲸在此海域中所占的比率，那么"参数"就是雄蓝鲸的比例）。要得到总体参数（蓝鲸存量）的值，也许想到的方法有很多，可能方法之一是将南极海域的水抽光后，数一数有多少条蓝鲸，但这是不可能的事。较可行的方法是通过统计的方法获得资料再做估计，但数据的获得有时会因使用的收集方法（抽样调查）不正确，又或者实验方法不好，出现估计偏差。有时虽然抽样方法没有偏差，但因样本太小或运气不好，抽到的数据不具代表性，这种由于抽样数据算出的估计值与母体参数值之间的误差，称为抽样误差。所以，统计估计值可列成下面的关系式：

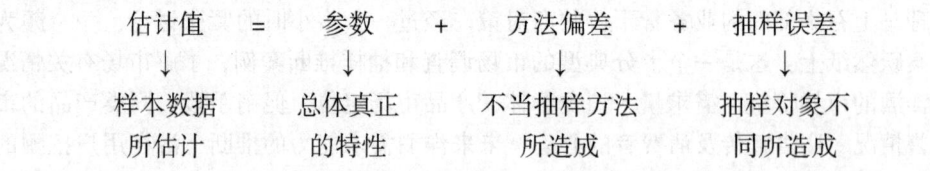

$$\text{估计值} = \text{参数} + \text{方法偏差} + \text{抽样误差}$$

$$\downarrow \qquad\qquad \downarrow \qquad\qquad \downarrow \qquad\qquad \downarrow$$

样本数据　　总体真正　　不当抽样方法　　抽样对象不
所估计　　　的特性　　　所造成　　　　　同所造成

参数估计是以样本统计量（即样本数字特征）作为未知总体参数（即总体数字特征）的估计量，并通过对样本单位的实际观察取得样本数据，计算样本统计量的取值作为被估计参数的估计值。

科学的抽样估计方法要具备如下三个基本条件。

(1) 要有合适的统计量作为估计量

统计量是样本随机变量，但不是所有的统计量都能够充当良好的估计量。例如，从一个样本可以计算均值、中位数、众数等，现在要用来估计总体均值，究竟以哪个样本统计量作为估计量更合适，如果采用样本均值作为估计量，这就需要回答样本均值和总体均值存在什么样的内在联系，以样本均值作为良好估计量的标准是什么等问题。只有解决了这些问题，才能通过样本的实际观察确定估计值，而估计值是参数估计的基础。

(2) 要有合理的允许误差范围

允许误差范围又称抽样极限误差，指样本统计量与被估计总体参数离差的绝对值可允许变动的上限或下限。离差的绝对值越小，表明抽样估计的准确度越高，反之，表明准确度越低。由于统计量本身也是随机变量，所以要使所做的估计完全没有误差是难以实现的，但估计误差也不能太大，如果超过了一定限度，参数估计本身也就会失去价值。当然也不见得误差越小就是越好的估计，因为减小误差势必增加费用、时间、人力、物力、财力，这样甚至会失去组织抽样调查的意义。所以在做估计的时候应该根据所研究对象的变异程度和分析任务的要求确定一个合理的允许误差范围，凡估计值与被估计值之间的离差不超过允许范围，这种估计都算是有效的。例如，估计某汽车生产线的生产能力为日产 600 辆，允许误差范围 6 辆，这意味着如果实际的日生产量在 594 ~ 606 量之间都应该认为估计是有效的。把允许误差的区间 594 ~ 606 称为估计区间，允许误差与估计值之比称为误差率，（1 - 误差率）称为估计精度，本例误差率为 $6/600 = 1\%$，估计精度为 $1 - 1\% = 99\%$。

(3) 要有一个可接受的置信度

估计置信度又称估计推断的概率保证程度，这是估计的可靠性问题。由于抽样是随机抽样，统计量是随机变量,估计值所确定的估计区间也是随机的,在实际抽样中并不能保证被估计的参数真值都落在允许误差的范围内,这就产生了要冒多大风险相信所做的估计的问题。如果一种估计可信度很低,这就意味着所冒的风险很大,这种估计也就没有什么价值。例如,愿意冒10%的风险,这表示如果进行多次重复估计,则平均每100次估计有10次错误,90次正确,则90%就称为置信度或概率保证程度。

在抽样估计中要求达到100%的置信度是难以做到的,但置信度小了,估计结论的可靠性太低,又会影响估计本身的价值,所以在做估计的时候,也应该根据所研究问题的性质和工作的需要确定一个可接受的估计置信度。当然,估计置信度的要求和准确度的要求应该结合起来考虑,估计的准确度很高而置信度很低,或准确度很低而置信度很高,都是不合适的。

为了便于叙述,把总体的分布参数及其函数(其中包括总体数字特征)统称为总体参数。如果总体的一个或若干参数未知,就产生了未知参数的估计问题。有两种类型的估计,一种是点估计,另一种是区间估计。

3.2 点 估 计

3.2.1 点估计的概念

点估计是直接以样本统计量作为相应总体参数的估计量。当总体随机变量 X 的分布函数形式为已知,但它的一个或多个参数未知时,可以通过该总体的样本值对其参数做出估计。这种利用总体随机变量 X 的样本值 $x_1, x_2, \cdots, x_n$ 对 X 的已知分布函数形式中未知参数的值做出合理估计的方法,称为参数的点估计方法。例如,$\bar{X} = \hat{\mu}$,表示以样本均值 $\bar{X}$ 作为总体均值 μ 的估计量,并根据实际抽样调查资料计算样本平均值,作为总体均值参数的估计值。例如,根据某地区样本资料计算粮食亩产600千克,就以这个数字作为全地区粮食亩产水平的估计值。点估计的优点在于,它能够提供总体参数的具体估计值,可以作为行动决策的数量依据。例如,推销部门对某产品估计出全部推销额数值,并分出每月销售额,便可传递给生产部门作为制订生产计划的依据,而生产部门又可将各月产量计划传递给采购部门作为制订原材料采购计划的依据等。点估计也有不足之处,任何点估计不是对就是错,并不能提供误差情况如何、误差程度有多大等信息。

3.2.2 点估计的优良性标准

估计总体参数,未必只能用一个统计量,也可以用其他统计量。例如,估计总体均值,可以用样本均值,也可以用样本中位数、众数等。应当以哪一种统计量作为总体参数估计量才是最优的,这就有了评价统计量的优良估计标准问题。所谓优良估计总是从总体上来说的,优良估计量应该符合以下三个标准。

(1) 无偏性

以样本统计量作为总体参数的估计量,要求样本统计量的期望值(均值)等于被估计的总体参数。设未知参数为 θ,其估计量记为 $\hat{\theta} = g(x_1, x_2, \cdots, x_n)$,若估计量 $\hat{\theta}$ 的数学期望等于未知参数 θ,$E(\hat{\theta}) = \theta$,就称 $\hat{\theta}$ 为 θ 的无偏估计。就是说,虽然每一次抽样,所决定的统计量取值和总体参数的真值可能有误差,误差可正可负,可大可小,但在多次反复的估计中,所有样本统计量取值的均值应该等于总体参数本身,即样本统计量的估计平均起来是没有偏误的。能够证明,样本均值作为总体均值的估计量是符合无偏性要求的,即

$$E(\bar{X}) = \mu \tag{3-1}$$

(2) 有效性

无偏性只考虑估计值的平均结果是否等于被估参数的真值,而不考虑每个估计值与被估参数真值之间的偏差。在解决实际问题时,往往被估参数的无偏估计不止一个,需要进一步判断哪个估计值更有效。以样本统计量估计总体参数,要求作为优良估计量的方差应该比其他估计量的方差小。一般来说,如果$\hat{\theta}_1$和$\hat{\theta}_2$都是θ的无偏估计量(对于给定的样本容量而言),而$\hat{\theta}_1$的方差$\sigma_1^2(\hat{\theta}_1)$小于$\hat{\theta}_2$的方差$\sigma_2^2(\hat{\theta}_2)$,可以认为$\hat{\theta}_1$相对来说是更有效的估计量。若不存在比无偏估计$\hat{\theta}_1$更有效的无偏估计量时,则称$\hat{\theta}_1$为$\theta$的最小方差无偏估计。

例如,用样本均值或用总体任一变量来估计总体均值,虽然两者估计量都是无偏的,而且在每次估计中,两种估计值与总体均值都可能有离差,但样本均值更集中在总体均值的周围,平均说来样本均值的偏差更小,相对而言,样本均值是更为有效的估计量。可以证明,在总体期望$E(\overline{X}) = \mu$的一切线性无偏估计中,样本均值$\overline{x} = \frac{1}{n}\sum_{i=1}^{n}x_i$是其最小方差的无偏估计量。

(3) 一致性

以样本统计量估计总体参数,要求当样本的容量充分大时,样本统计量也充分靠近总体参数。一般来说,如果样本容量n增大时,估计量$\hat{\theta}$更趋近于参数θ,就称$\hat{\theta}$为θ的一致估计量。就是说随着样本容量n的无限增加,样本统计量和被估计的总体参数之差的绝对值小于任意小数,它的可能性也趋近于必然性,或者说这一事实几乎是肯定的。可以证明,以样本均值估计总体均值,也符合一致性的要求,即存在下面的关系式

$$\lim_{n \to \infty} P(|\overline{x} - \mu| < \varepsilon) = 1 \quad (\varepsilon \text{为任意小数}) \tag{3-2}$$

不是所有估计量都符合以上标准。可以说,符合以上标准的估计量要比不符合或不完全符合以上标准的估计量更优良。例如,在正态分布下,总体均值和中位数是相重合的,样本均值是总体中位数的无偏估计量和一致估计量,而且样本均值比样本中位数作为总体中位数的估计量更有效,因为样本均值的方差比样本中位数的方差更小。在正态分布下,样本中位数是总体均值的无偏估计量和一致估计量。但对比样本均值却不是更有效的估计量,因为它的方差比样本均值的方差大,当然样本中位数也不是总体中位数的有效估计量。

3.2.3 点估计的方法

参数的点估计有许多方法,如矩法、极大似然法、贝叶斯法等,以下介绍矩法和极大似然法两种比较重要的方法。

1. 矩法

矩法是1894年由卡尔·皮尔逊提出来的点估计方法。矩在统计学中是指以数学期望为基础而定义的数字特征,如数学期望、方差等。矩可分为原点矩和中心矩两种。矩法是指用样本的数字特征作为总体数字特征的估计方法。

设X为随机变量,对任意正整数k,称$E(X^k)$为随机变量X的k阶原点矩,记为$m_k = E(X^k)$;$C_k = E[X - E(X)]^k$称为以$E(X)$为中心的k阶中心矩。

当$k=1$时,$m_1 = E(X) = \mu$,即一阶原点矩是随机变量X的数学期望。

当$k=2$时,$C_2 = E[X - E(X)]^2 = \sigma^2$。

设待估计的参数为θ_1,θ_2,…,θ_k。

设总体的r阶矩存在,记为$E(X^r) = \mu_r(\theta_1, \theta_2, \cdots, \theta_k)$。

样本 $X_1, X_2, \cdots, X_n$ 的 r 阶矩为

$$B_r = \frac{1}{n}\sum_{i=1}^{n} X_i^r$$

令

$$\mu_r(\theta_r, \theta_2, \cdots, \theta_k) = \frac{1}{n}\sum_{i=1}^{n} X_i^r \quad (r = 1, 2, \cdots, k)$$

则组成了含未知参数 $\theta_1, \theta_2, \cdots, \theta_k$ 的方程组。

建立方程组，得 k 个统计量：

$$\left.\begin{array}{c}\hat{\theta}_1(X_1, X_2, \cdots, X_n) \\ \cdots \\ \hat{\theta}_k(X_1, X_2, \cdots, X_n)\end{array}\right\} \text{未知参数 } \theta_1, \theta_2, \cdots, \theta_k \text{ 的矩估计量}$$

代入一组样本值，得 k 个数：

$$\left.\begin{array}{c}\hat{\theta}_1 = \hat{\theta}_1(X_1, X_2, \cdots, X_n) \\ \cdots \\ \hat{\theta}_k = \hat{\theta}_k(X_1, X_2, \cdots, X_n)\end{array}\right\} \text{未知参数 } \theta_1, \theta_2, \cdots, \theta_k \text{ 的矩估计值}$$

【例 3-1】 设总体 $X \sim N(\mu, \sigma^2)$，$X_1, X_2, \cdots, X_n$ 为总体的样本，求 μ，σ^2 的矩法估计量。

解：

$$\hat{\mu}_{矩} = \overline{X}$$

$$\hat{\sigma}^2_{矩} = \frac{1}{n-1}\sum_{i=1}^{n}(X_i - \overline{X})^2 = S_{n-1}^2$$

【例 3-2】 设从某灯泡厂某天生产的灯泡中随机抽取 10 只灯泡，测得其寿命（单位：小时）为 1050，1100，1080，1120，1200，1250，1040，1130，1300，1200。试用矩法估计该厂当天生产的灯泡的平均寿命及寿命分布的方差。

解：

$$E(\hat{X}) = \overline{x} = \frac{1}{10}\sum_{i=1}^{10} x_i = 1147(\text{h})$$

$$D(\hat{X}) = \sigma^2 = 7578.889$$

2. 极大似然法

极大似然估计方法是求估计的另一种方法，1821 年首先由德国数学家 C. F. Gauss 提出，但是这个方法通常被归功于英国的统计学家 R. A. Fisher，他在 1922 年的论文《理论统计学的数学基础》中再次提出了这个思想，并且首先探讨了这种方法的一些性质。极大似然估计这一名称也是 Fisher 给的，这是一种目前仍然得到广泛应用的方法。它是建立在极大似然原理基础上的一个统计方法，极大似然原理的直观想法是：一个随机试验如有若干可能的结果 A，B，C，$\cdots$。若在一次试验中，结果 A 出现，则一般认为试验条件对 A 出现有利，也即 A 出现的概率很大。

求极大似然函数估计值的一般步骤：写出似然函数→对似然函数取对数并整理→求导数→解似然方程。

极大似然估计，只是概率论在统计学中的一种应用，它是参数估计方法之一。说的是，已知某个随机样本满足某种概率分布，但是其中具体的参数不清楚，参数估计就是通过若干次试验，观察其结果，利用结果推出参数的大概值。极大似然估计是建立在这样的思想上：已知某个参数能使这个样本出现的概率最大，当然不会再去选择其他小概率的样本，所以干脆就把这个参数作为估计的真实值。

【例 3-3】 设总体 X 服从 $0-1$ 分布，且 $P(X=1)=p$，试用极大似然法求 p 的估计值。

解： 总体 X 的概率分布为

$$P(X=x) = p^x(1-p)^{1-x} \quad (x=0,1)$$

设 $x_1, x_2, \cdots, x_n$ 为总体样本 $X_1, X_2, \cdots, X_n$ 的样本值，则

$$P(X_1=x_1, X_2=x_2, \cdots, X_n=x_n) = p^{\sum_{i=1}^{n} x_i}(1-p)^{n-\sum_{i=1}^{n} x_i}$$
$$= L(p) \quad (x_i=0,1; \ i=1,2,\cdots,n)$$

对于不同的 p，$L(p)$ 不同，如图 3-1 所示。

经过一次试验，$(X_1=x_1, X_2=x_2, \cdots, X_n=x_n)$ 发生了，则 p 的取值应使这个事件发生的概率最大。在容许范围内选择 p，使 $L(p)$ 最大。注意到，$\ln L(p)$ 是 L 的单调增函数，故若某个 p 使 $\ln L(p)$ 最大，则这个 p 必使 $L(p)$ 最大。

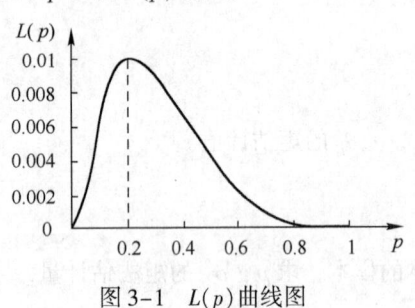

$$\frac{d\ln L}{dp} = \frac{\sum_{i=1}^{n} x_i}{p} - \frac{n-\sum_{i=1}^{n} x_i}{1-p} = 0 \Rightarrow \hat{p} = \frac{1}{n}\sum_{i=1}^{n} x_i = \bar{x}$$

$$\left(\frac{d^2\ln L}{dp^2} = -\frac{\sum_{i=1}^{n} x_i}{p^2} - \frac{n-\sum_{i=1}^{n} x_i}{(1-p)^2} < 0\right)$$

所以 $\hat{p} = \bar{x}$ 为所求 p 的估计值。

图 3-1 $L(p)$ 曲线图

一般来说，设 X 为离散型随机变量，其分布律为 $P(X=x)=f(x,\theta)$，则样本 $X_1, X_2, \cdots, X_n$ 的概率分布

$$P(X_1=x_1, X_2=x_2, \cdots, X_n=x_n) = f(x_1,\theta)f(x_2,\theta)\cdots f(x_n,\theta)$$

记为

$$L(x_1, x_2, \cdots, x_n, \theta) = L(\theta) x_i \quad (\theta \in \Theta)$$

称 $L(\theta)$ 为样本的似然函数。

(1) 极大似然的思想

选择适当的 $\theta = \hat{\theta}$，使 $L(\theta)$ 取最大值，即

$$L(x_1, x_2, \cdots, x_n, \hat{\theta}) = \max_{\theta \in \Theta}\{f(x_1,\theta)f(x_2,\theta)\cdots f(x_n,\theta)\}$$

称这样得到的 $\hat{\theta} = g(x_1, x_2, \cdots, x_n)$ 为参数 θ 的极大似然估计值，称统计量 $\hat{\theta} = g(X_1, X_2, \cdots, X_n)$ 为参数 θ 的极大似然估计量。

若 X 连续，取 $f(x_i, \theta)$ 为 X_i 的密度函数，似然函数为 $L(\theta) = \prod_{i=1}^{n} f(x_i, \theta)$，未知参数可以不止一个，如 $\theta_1, \theta_2, \cdots, \theta_k$，设 X 的密度（或分布）为 $f(x, \theta_1, \theta_2, \cdots, \theta_k)$，则定义似然函数为

$$L(x_1, x_2\cdots, x_n; \theta_1, \theta_2, \cdots, \theta_k) = L(\theta_1, \theta_2, \cdots, \theta_k)$$
$$= \prod_{i=1}^{n} f(x_i, \theta_1, \theta_2, \cdots, \theta_k) \quad (-\infty < x_i < +\infty; \ i=1,2,\cdots,n)$$

若 $L(x_1, x_2\cdots, x_n; \theta_1, \theta_2, \cdots, \theta_k)$ 关于 $\theta_1, \theta_2, \cdots, \theta_k$ 可微，则称

$$\frac{\partial}{\partial \theta_r} L(x_1, x_2, \cdots, x_n; \theta_1, \theta_2, \cdots, \theta_k) = 0 \quad (r=1,2,\cdots,k)$$

为似然方程组。若对于某组给定的样本值 $x_1, x_2, \cdots, x_n$，参数 $\hat{\theta}_1, \hat{\theta}_2, \cdots, \hat{\theta}_k$ 使似然函数取得最大值，即

$$L(x_1,x_2,\cdots,x_n;\hat{\theta}_1,\hat{\theta}_2,\cdots,\hat{\theta}_k) = \max_{(\theta_1,\theta_2,\cdots,\theta_k)\in\Theta}\{L(x_1,x_2,\cdots,x_n;\theta_1,\theta_2,\cdots,\theta_k)\}$$

则称 $\hat{\theta}_1$, $\hat{\theta}_2\cdots$, $\hat{\theta}_k$ 为 θ_1, θ_2, $\cdots$, θ_k 的极大似然估计值,则 $\hat{\theta}_r = g_r(x_1,x_2,\cdots,x_n)(r=1,2,\cdots,k)$ 为统计量。

$\hat{\theta}_r = g_r(X_1,X_2,\cdots,X_n)$ $(r=1,2,\cdots,k)$ 为 θ_1, θ_2, $\cdots$, θ_k 的极大似然估计量。

【例 3-4】 设总体 X 服从 $N(\mu,\sigma^2)$,x_1, x_2, $\cdots$, x_n 是 X 的样本值,求 μ, σ^2 的极大似然估计。

解:
$$L(x_1,x_2,\cdots,x_n;\mu,\sigma^2) = \prod_{i=1}^{n}\frac{1}{\sqrt{2\pi}\sigma}e^{-\frac{(x_i-\mu)^2}{2\sigma^2}} = \frac{1}{(2\pi)^{\frac{n}{2}}(\sigma^2)^{\frac{n}{2}}}e^{-\sum_{i=1}^{n}\frac{(x_i-\mu)^2}{2\sigma^2}}$$

$$\ln L = -\sum_{i=1}^{n}\frac{(x_i-\mu)^2}{2\sigma^2} - \frac{n}{2}\ln(2\pi) - \frac{n}{2}\ln(\sigma^2)$$

似然方程为

$$\begin{cases}\dfrac{\partial}{\partial\mu}\ln L = \dfrac{1}{\sigma^2}\sum_{i=1}^{n}(x_i-\mu) = 0 \\ \dfrac{\partial}{\partial(\sigma^2)}\ln L = \dfrac{1}{2(\sigma^2)^2}\sum_{i=1}^{n}(x_i-\mu)^2 - \dfrac{n}{2(\sigma^2)} = 0\end{cases}$$

推导出

$$\begin{cases}\hat{\mu} = \dfrac{1}{n}\sum_{i=1}^{n}x_i = \bar{x} \\ \hat{\sigma^2} = \dfrac{1}{n}\sum_{i=1}^{n}(x_i-\bar{x})^2\end{cases}$$

μ, S^2 的极大似然估计量分别为 $\dfrac{1}{n}\sum_{i=1}^{n}X_i = \bar{X}$,$\dfrac{1}{n}\sum_{i=1}^{n}(X_i-\bar{X})^2$。

(2) 极大似然估计方法

① 写出似然函数 L。

② 求出 $\hat{\theta}_1,\hat{\theta}_2,\cdots,\hat{\theta}_k$,使

$$L(x_1,x_2,\cdots,x_n;\hat{\theta}_1,\hat{\theta}_2,\cdots,\hat{\theta}_k) = \max_{(\theta_1,\theta_2,\cdots,\theta_k)\in\Theta}\{L(x_1,x_2,\cdots,x_n;\theta_1,\theta_2,\cdots,\theta_k)\}$$

若 L 是 θ_1, θ_2, $\cdots$, θ_k 的可微函数,则解似然方程组

$$\frac{\partial}{\partial\theta_r}L(x_1,x_2,\cdots,x_n;\theta_1,\theta_2,\cdots,\theta_k) = 0 \quad (r=1,2,\cdots,k)$$

可得未知参数的极大似然估计值 $\hat{\theta}_1$, $\hat{\theta}_2$, $\cdots$, $\hat{\theta}_k$,然后再求得极大似然估计量。

若 L 不是 θ_1, θ_2, $\cdots$, θ_k 的可微函数,需用其他方法求极大似然估计值。

【例 3-5】 设 $X \sim U(a,b)$,x_1, x_2, $\cdots$, x_n 是 X 的一个样本值,求 a, b 的极大似然估计值与极大似然估计量。

解: X 的密度函数为 $f(x;a,b) = \begin{cases}\dfrac{1}{b-a}, & a<x<b \\ 0, & \text{其他}\end{cases}$,其似然函数为

$$L(x_1,x_2,\cdots,x_n;a,b) = \begin{cases}\dfrac{1}{(b-a)^n}, & a<x_i<b;\ i=1,2,\cdots,n \\ 0, & \text{其他}\end{cases}$$

似然函数只有当 $a < x_i < b$ ($i = 1, 2, \cdots, n$) 时才能获得最大值,且 a 越大, b 越小, L 越大。令

$$X_{\min} = \min\{x_1, x_2, \cdots, x_n\}$$
$$X_{\max} = \max\{x_1, x_2, \cdots, x_n\}$$

取 $\hat{a} = x_{\min}$, $\hat{b} = x_{\max}$,则对满足 $a \leq x_{\min} \leq x_{\max} \leq b$ 的一切 $a < b$,都有 $\dfrac{1}{(b-a)^n} \leq \dfrac{1}{(x_{\max} - x_{\min})^n}$,故 $\hat{a} = x_{\min}$, $\hat{b} = x_{\max}$ 是 a, b 的极大似然估计值。

$$X_{\min} = \min\{X_1, X_2, \cdots, X_n\}$$
$$X_{\max} = \max\{X_1, X_2, \cdots, X_n\}$$
分别是 a, b 的极大似然估计量。

例如,设 $X \sim U\left(a - \dfrac{1}{2}, a + \dfrac{1}{2}\right)$, $x_1, x_2, \cdots, x_n$ 是 X 的一个样本,求 a 的极大似然估计值。

由上例可知,当 $\hat{a} - \dfrac{1}{2} \leq x_{\min} \leq x_{\max} \leq \hat{a} + \dfrac{1}{2}$, 即 $x_{\max} - \dfrac{1}{2} \leq \hat{a} \leq x_{\min} + \dfrac{1}{2}$ 时, L 取最大值 1。显然, a 的极大似然估计值可能不存在,也可能不唯一。

不仅如此,任何一个统计量 $g(X_1, X_2, \cdots, X_n)$,若满足 $x_{\max} - \dfrac{1}{2} \leq g(x_1, x_2, \cdots, x_n) \leq x_{\min} + \dfrac{1}{2}$,都可以作为 a 的估计量。

3.2.4 点估计的 SPSS 应用

可以使用 SPSS 软件对样本数据的均值和方差进行计算,从而推断总体均值 μ 的估计值、总体方差 σ^2 的估计值及总体标准差 σ 的估计值。

如例 2–7 有关罐头质量的例题,采用该数据去推断该批次罐头总体质量情况。

1. 使用频次分析模块

在数据管理窗口中,单击 Analyze 菜单,选择 Descriptive Statistics 中的 Frequencies 命令(如图 3–2 所示),弹出 Frequencies 对话框,如图 3–3 所示。

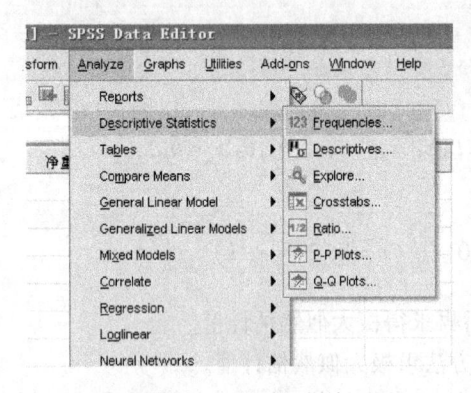

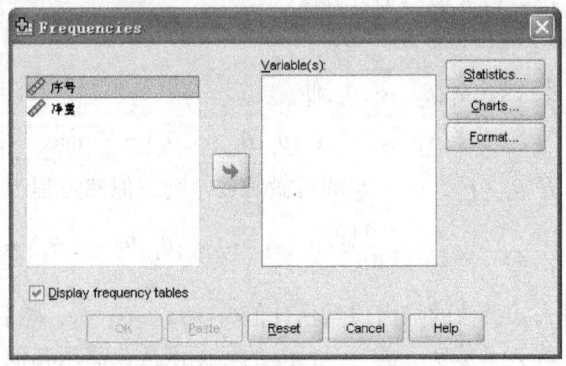

图 3–2 Analyze 菜单　　　　图 3–3 Frequencies 对话框

选中左侧的净重,单击"右侧箭头"按钮,将其送入右侧变量列表框,单击 Statistics 按钮,弹出如图 3–4 所示的对话框。

Quartiles:计算四分点(四分位的值)。

Cut Points for 10 equal groups:是否需要将数据按照由小到大的顺序分成个数相等的 10 个组,其中"10"是可修改的(改成 4 则输出的是四分位点和中位数)。

Percentile(s):设置输出所指定的百分点(0~100)。

Mean：均值。
Median：中位数。
Mode：众数。
Sum：样本数据值总和。
Std. deviation：标准差。
Variance：方差。

Range：最大值与最小值之差。
Minimum：最小值。
Maximum：最大值。
S. E. mean：均值标准差。
Skewness：数据分布的斜度。
Kurtosis：数据分布的峰度。

本例选择 Mean、Std. deviation、Variance。单击 Continue 按钮回到主对话框，再单击 OK 按钮得到如表 3-1 所示结果。

由表 3-1 可知，从 100 个样本中推断总体的净重均值为 343.76 g，方差为 17.053。

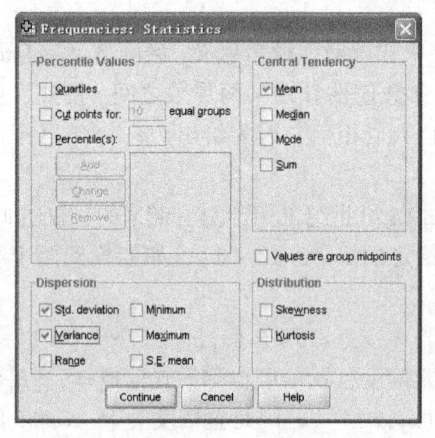

图 3-4 Frequencies：Statistics 对话框

表 3-1 净重均值、方差估计值（g）(Statistics)

净重		
N	Valid	100
	Missing	0
Mean		343.76
Std. Deviation		4.130
Variance		17.053

2. 使用描述统计模块

在数据管理窗口中，单击 Analyze 菜单，选择 Descriptive Statistics 中的 Descriptives 命令（如图 3-5 所示），弹出 Descriptives 对话框，如图 3-6 所示。

选中左侧的净重，单击"右侧箭头"按钮，将其送入右侧变量列表框，单击 Options 按钮，弹出如图 3-7 所示的对话框。

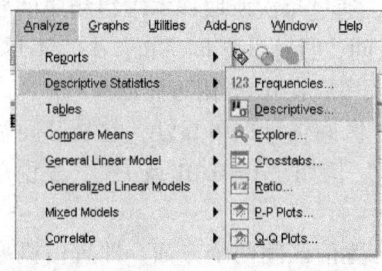

图 3-5 菜单 Descriptives 选择

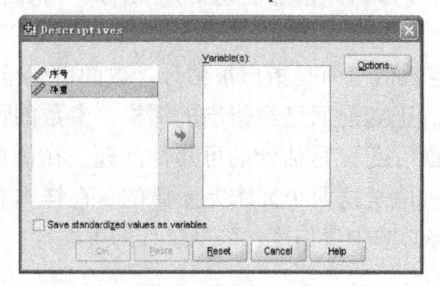

图 3-6 Descriptives 对话框

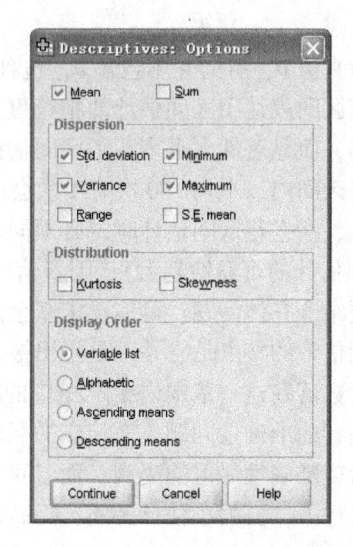

图 3-7 Descriptives：Options 对话框

选中 Mean、Std. deviation、Variance。单击 Continue 按钮回到主对话框，再单击 OK 按钮得到如表 3-2 所示的结果，该结果和表 3-1 数据是相同的。

表 3-2　净重均值、方差估计值（g）（Descriptive Statistics）

	N	Mean	Std. Deviation	Variance
净重	100	343.76	4.130	17.053
Valid N (listwise)	100			

3.3　区间估计

如前所述，点估计是用一个点（即一个数）去估计未知参数。顾名思义，区间估计（Interval Estimator）就是用一个区间去估计未知参数，即把未知参数值估计在某两界限之间。例如，估计明年 GDP 增长在 7% ~ 8% 之间，比说增长 8% 更容易让人们相信，因为给出 7% ~ 8% 已把可能出现的误差考虑到了。

现今最流行的一种区间估计理论是统计学家 J. Neyman 在 20 世纪 30 年代建立起来的，叙述如下。

设 $x_1, x_2, \cdots, x_n$ 是来自密度 $f(X,\theta)$ 的样本，对给定的 α（$0<\alpha<1$），如能找到两个统计量 $\theta_1(x_1,x_2,\cdots,x_n)$ 及 $\theta_2(x_1,x_2,\cdots,x_n)$，使

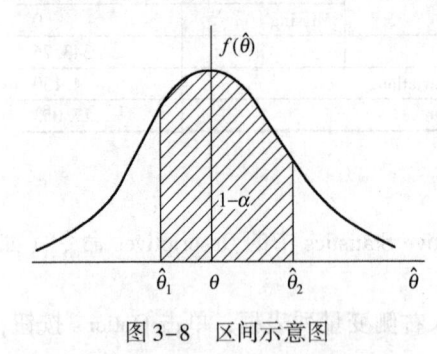

$$P\{\theta_1(x_1,x_2,\cdots,x_n) \leq \theta \leq \theta_2(x_1,x_2,\cdots,x_n)\} = 1-\alpha$$

则称 $1-\alpha$ 是置信度，置信度也称为置信概率，$[\theta_1(x_1,x_2,\cdots,x_n),\theta_2(x_1,x_2,\cdots,x_n)]$ 是置信度为 $1-\alpha$ 的 θ 的置信区间，α 称为显著性水平（Significance Level），如图 3-8 所示。

图 3-8　区间示意图

这里需要指出的是，区间 $[\theta_1(x_1,x_2,\cdots,x_n),\theta_2(x_1,x_2,\cdots,x_n)]$ 是随机区间，不同的样本观测值会得到不同的区间。对于置信区间和置信度，可以用频率来说明。如果 $[\theta_1(x_1,x_2,\cdots,x_n),\theta_2(x_1,x_2,\cdots,x_n)]$ 是置信度为 0.95 的置信区间，只要反复从 $f(x,\theta)$ 中取样 k 次，通过每次所取样本求得相应的置信区间 $[\theta_1(x_1,x_2,\cdots,x_n),\theta_2(x_1,x_2,\cdots,x_n)]$，从而得到 k 个区间，且这些区间 $[\theta_1,\theta_2]$ 不尽相同。有的包含真值 θ，有的并不包含 θ，包含 θ 的区间出现的频率应在 0.95 附近波动。

置信区间表达了区间估计的精确度，置信概率表达了区间估计的可靠性，它是区间估计的可靠概率，而显著性水平表达了区间估计的不可靠的概率。例如，$\alpha = 0.01$ 或 1%，是说总体指标在置信区间内，平均 100 次有 1 次会产生错误。

当然，在进行区间估计时，必须同时考虑置信概率与置信区间两个方面，即置信概率定得越大（即估计的可靠性越大），则置信区间相应也越大（即估计精确性越小）。所以，可靠性与精确性要结合具体问题、具体要求来全面考虑。

区间估计的特点是它并不是指出被估计参数的确定数值，而是指出被估计参数的可能范围，同时对参数落在这一范围内给定相应的概率保证程度。正如前面已经指出的那样，参数的可能范围是估计的准确性问题，而相应的概率保证程度（置信度）是估计的可靠性问题。在做估计时常常希望准确性尽可能提高，而且可靠性也不能小，但是这两个要求是矛盾的。在样本容量不变的条件下，要缩小估计区间，提高估计准确性，势必减少置信度，降低统计的可靠性。

3.3.1 总体方差 σ^2 已知时，总体均值 μ 的估计

当 $X \sim N(\mu, \sigma^2)$ 时，可以证明取自该总体的简单随机样本 x_1, x_2, $\cdots$, x_n 的样本均值 $\bar{x}$ 服从数学期望为 μ、方差为 σ^2/n 的正态分布，即 $\bar{x} \sim N(\mu, \sigma^2/n)$，所以当 σ^2 已知时，建立置信区间所用的统计量是服从正态分布的统计量，即

$$U = \frac{\bar{x} - \mu}{\sigma/\sqrt{n}} \sim N(0,1)$$

根据区间估计的定义，在 $1 - \alpha$ 置信度下

$$P(-\mu_{\alpha/2} \leqslant U \leqslant \mu_{\alpha/2}) = 1 - \alpha$$

即

$$P\left(-\mu_{\alpha/2} \leqslant \frac{\bar{x} - \mu}{\sigma/\sqrt{n}} \sim N(0,1) \leqslant \mu_{\alpha/2}\right) = 1 - \alpha$$

从而有

$$P\left(\bar{x} - \mu_{\alpha/2}\frac{\sigma}{\sqrt{n}} \leqslant \mu \leqslant \bar{x} + \mu_{\alpha/2}\frac{\sigma}{\sqrt{n}}\right) = 1 - \alpha$$

即在 $1 - \alpha$ 置信度下，μ 的置信区间为

$$\left[\bar{x} - \mu_{\alpha/2}\frac{\sigma}{\sqrt{n}}, \quad \bar{x} + \mu_{\alpha/2}\frac{\sigma}{\sqrt{n}}\right] \tag{3-3}$$

置信区间的宽度为

$$2L = 2\mu_{\alpha/2}\frac{\sigma}{\sqrt{n}} \tag{3-4}$$

【例 3-6】 已知某零件的直径服从正态分布，从该批产品中随机抽取 10 件，测得平均直径为 202.5 mm，已知总体标准差 $\sigma = 2.5$ mm，试建立该种零件平均直径的置信区间，给定置信度为 0.95。

解： 已知 $X \sim N(\mu, \sigma^2)$，$\bar{x} = 202.5$ mm，$n = 10$，$1 - \alpha = 0.95$，查标准正态分布表得 $\mu_{\alpha/2} = 1.96$，所以在 $1 - \alpha$ 置信度下，μ 的置信区间为

$$\left[\bar{x} - \mu_{\alpha/2}\frac{\sigma}{\sqrt{n}}, \bar{x} + \mu_{\alpha/2}\frac{\sigma}{\sqrt{n}}\right]$$

即 $[202.5 - 1.96 \times 2.5/\sqrt{10}, 202.5 + 1.96 \times 2.5/\sqrt{10}]$，计算结果为 $[200.95, 204.05]$。

当总体为非正态总体时，根据中心极限定理可以证明，当样本容量 n 足够大时，样本均值 X 近似服从数学期望为 μ、方差为 σ^2/n 的正态分布。经验表明，$n \geqslant 30$，可近似认为样本容量足够大。

3.3.2 总体方差 σ^2 未知时，总体均值 μ 的估计

① $n \geqslant 30$ 时，通常用样本方差 S^2 来估计。用 S^2 代替 σ^2 建立置信区间，只须将其中的 σ 用 S 近似代替即可。

② $n < 30$ 时，有

$$t = \frac{\bar{x} - \mu}{S/\sqrt{n}} \sim t(n-1)$$

所以

$$P(|t| \leqslant t_{\alpha/2}(n-1)) = 1 - \alpha$$

即

$$P\left(-t_{\alpha/2}(n-1) \leqslant \frac{\bar{x} - \mu}{S/\sqrt{n}} \leqslant t_{\alpha/2}(n-1)\right) = 1 - \alpha$$

所以

$$P\left(\bar{x} - t_{\alpha/2}(n-1)\frac{S}{\sqrt{n}} \leq \mu \leq \bar{x} + t_{\alpha/2}(n-1)\frac{S}{\sqrt{n}}\right) = 1 - \alpha \quad (3-5)$$

即在 $1-\alpha$ 置信度下，μ 的置信区间为 $\left[\bar{x} - t_{\alpha/2}(n-1)\frac{S}{\sqrt{n}},\ \bar{x} + t_{\alpha/2}(n-1)\frac{S}{\sqrt{n}}\right]$。

【例3-7】 某大学从该校学生中随机抽取100人，调查到他们平均每人每天完成作业的时间为120分钟，样本标准差为30分钟，试以95%的置信水平估计该校学生平均每天完成作业的时间。

解：根据题意可知

$$\bar{x} = 120,\quad S = 30,\quad n = 100$$

且

$$1 - \alpha = 0.95$$
$$\mu_{\alpha/2} = 1.96$$

故在95%的置信度下，μ 的置信区间为 $\left[\bar{x} - \mu_{\alpha/2}\frac{\sigma}{\sqrt{n}},\ \bar{x} + \mu_{\alpha/2}\frac{\sigma}{\sqrt{n}}\right]$，即 $[120 - 1.96 \times 30/10, 120 + 1.96 \times 30/10]$，计算结果为 $[114.12, 125.88]$。

【例3-8】 已知某种灯泡的寿命服从正态分布，现从一批灯泡中随机抽取16只，测得其使用寿命（小时）如下：

1510	1520	1480	1500	1450	1480	1510	1520
1480	1490	1530	1510	1460	1460	1470	1470

建立该批灯泡平均使用寿命95%的置信区间。

解：已知 $X \sim N(\mu, S^2)$，$n = 16$，$1 - \alpha = 95\%$，$t_{\alpha/2} = 2.131$。根据样本数据计算得 $\bar{x} = 1490$，$s = 24.77$。总体均值 μ 在 $1-\alpha$ 置信水平下的置信区间为

$$\bar{x} \pm t_{\alpha/2}\frac{\sigma}{\sqrt{n}} = 1490 \pm 2.131 \times \frac{24.77}{\sqrt{16}} = 1490 \pm 13.2 = (1476.8, 1503.2)$$

该种灯泡平均使用寿命的置信区间为 $1476.8 \sim 1503.2$ 小时。

3.3.3 总体方差的区间估计

当总体为正态分布时，

$$\frac{(n-1)S^2}{\sigma^2} \sim \chi^2(n-1)$$

$$P\left(\lambda_1 \leq \frac{(n-1)S^2}{\sigma^2} \leq \lambda_2\right) = 1 - \alpha$$

即

$$P\left(\frac{(n-1)S^2}{\lambda_2} \leq \sigma^2 \leq \frac{(n-1)S^2}{\lambda_1}\right) = 1 - \alpha,$$

式中，$\lambda_1 = \chi^2_{1-\alpha/2}(n-1)$，$\lambda_2 = \chi^2_{\alpha/2}(n-1)$，所以在 $1-\alpha$ 置信度下，σ^2 的置信区间为

$$\left[\frac{(n-1)S^2}{\lambda_2},\ \frac{(n-1)S^2}{\lambda_1}\right] \quad (3-6)$$

总体标准差 σ 的置信区间为

$$\left[\sqrt{\frac{(n-1)S^2}{\lambda_2}},\ \sqrt{\frac{(n-1)S^2}{\lambda_1}}\right] \quad (3-7)$$

3.3.4 总体比率的区间估计

设总体容量为 N，其中具有某种特点（性质）的元素数为 M，则称 $p = M/N$ 为总体的比率。从 N 中抽取 n 个样本，其中具有某种特点的元素数为 $X(X = 0, 1, \cdots, n)$，则称 $\bar{p} = \dfrac{X}{n}$ 为样本比率。

当样本容量 n 足够大时（一般不少于 30），$\bar{p} \sim N\left(p, \dfrac{p(1-p)}{n}\right)$，总体比率 p 的 $1-\alpha$ 置信水平下的置信区间为 $\bar{p} \pm z_{\alpha/2} \sqrt{\dfrac{\bar{p}(1-\bar{p})}{n}}$。

【例 3-9】 某城市想要估计下岗职工中女性所占的比例，随机抽取了 100 个下岗职工，其中 65 人为女性职工。试以 95% 的置信水平估计该城市下岗职工中女性比例的置信区间。

解： 已知 $n = 100$，$p = 65\%$，$1 - \alpha = 95\%$，$z_{\alpha}/2 = 1.96$。

$$p \pm z_{\alpha/2} \sqrt{\frac{p(1-p)}{n}} = 65\% \pm 1.96 \times \sqrt{\frac{65\%(1-65\%)}{100}}$$
$$= 65\% \pm 9.35\%$$
$$= (55.65\%, 74.35\%)$$

故该城市下岗职工中女性比例的置信区间为 55.65% ~ 74.35%。

3.3.5 区间估计的 SPSS 应用

调用 SPSS 软件的 Explore 功能：可对变量进行更深入详尽的描述性统计分析，称为探索性统计。它在一般描述性统计指标的基础上，增加有关数据其他特征的文字与图形描述，显得更加细致与全面，有助于用户思考对数据进行进一步分析的方案。以例 3-8 灯泡寿命的区间估计为例，说明 Explore 功能的应用。

在数据管理窗口中，单击 Analyze 菜单，选择 Descriptive Statistics 中的 Explore 命令（如图 3-9 所示），弹出 Explore 对话框，如图 3-10 所示。由于本例只有灯泡寿命一个变量，且需要对灯泡寿命进行探索性分析，故在对话框左侧的变量列表中选灯泡寿命，单击"右侧箭头"按钮使之进入 Dependent List 列表框。

单击 Statistics 按钮，弹出 Explore: Statistics 对话框（如图 3-11 所示），其中有如下选项。

Descriptives： 输出均值、中位数、众数、标准误、方差、标准差、最小值、最大值、全距、四分位全距、峰度系数、峰度系数的标准误差、偏度系数、偏度系数的标准误差；此处能够设置置信区间，默认为 95%（即 $\alpha = 0.05$），可根据需要进行调整。

M-estimators： 做中心趋势的最大似然确定，输出 4 个不同权重的最大似然确定数。

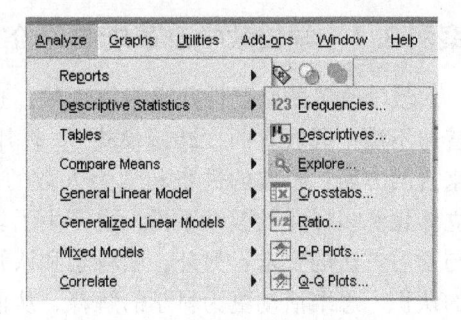

图 3-9 Explore 菜单选择

Outliers： 输出 5 个最大值与 5 个最小值。

Percentiles： 输出第 5%、10%、25%、50%、75%、90%、95% 位数。

本例选中 Descriptives，置信度采用默认设置为 95%，单击 Continue 按钮返回 Explore 对话框。再单击 OK 按钮，生成如表 3-3 所示的数据分析结果。

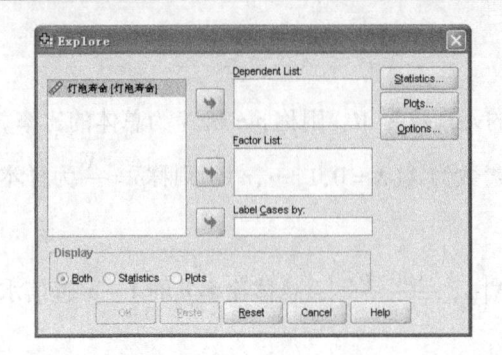

图 3-10 Explore 对话框 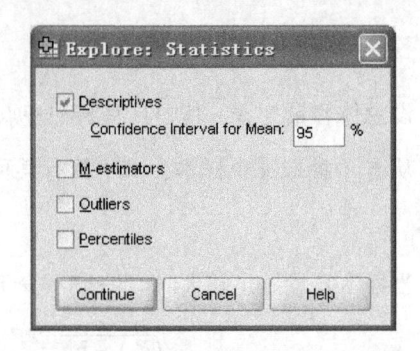　　　　　　　图 3-11 Explore：Statistics 对话框

表 3-3 描述性统计分析结果表（Descriptives）

			Statistic	Std. Error
灯泡寿命	Mean		1490.0000	6.19139
	95% Confidence Interval for Mean	Lower Bound	1476.8034	
		Upper Bound	1503.1966	
	5% Trimmed Mean		1490.0000	
	Median		1485.0000	
	Variance		613.333	
	Std. Deviation		24.76557	
	Minimum		1450.00	
	Maximum		1530.00	
	Range		80.00	
	Interquartile Range		40.0000	
	Skewness		.030	.564
	Kurtosis		-1.272	1.091

由该表可知，灯泡寿命的样本均值为 1490，样本标准差为 24.76557，在置信度为 95% 下灯泡寿命的置信区间为 [1476.8034，1503.1966]，即该种灯泡平均使用寿命的置信区间为 1476.8034～1503.1966 小时。

3.4 案　　例

案例 3.1　学校教学改革成效评价

教学改革的必要性几乎不言而喻。这里既有老问题，也有新因素。老问题就是广大学生普遍不满中国教育的"传统模式"：教师"一言堂"、"满堂灌"、"填鸭式"等。新因素主要来自两方面：科技的进步和学生人数的急剧扩大。科技进步一方面提供了现代化、信息化、立体化和多样化的教学手段，也产生了教师如何恰当运用这些手段的问题，并提高了对教学与学习方法的要求；另外，脑科学和认知科学的新成果将带给感知、记忆、理解、创新等人的认识、思维活动更为科学的解释，从而推动学习和教学方式的变革。科技进步还使各学科的内容大为扩展，分支增多，给教师在决定教学内容的取舍等方面增加了不少难度。而学生人数的扩大，导致大量原先不愿学习也不会学习的学生"随大流"进来，使班级规模过度扩大，导致教师不认识学生，极大地增加了教学，特别是"因材施教"的困难。

某高校在对实行挂牌上课教学改革措施的效果评价中，随机抽选了 60 位学生进行态度调查，他们的态度分（满分为 100 分）汇总如下：

85	47	90	68	88	87	80	85	94	96	90	92
67	87	56	67	84	66	55	78	73	79	82	80
77	85	90	62	79	88	82	81	97	30	64	83
49	80	92	79	66	74	84	90	70	93	84	82
68	85	81	78	90	98	60	73	71	88	87	80

思考题：
（1）计算学生总体态度得分的平均值和标准差；
（2）构造学生总体态度得分平均值的99%置信区间；
（3）根据以上计算过程及计算结果，形成一个分析报告。

案例3.2 我国人口男女比例调查

一个国家和地区的男女出生性别比例正常应是103:100~107:100，而目前我国出生人口男女性别比例达到116.9:100，有的省高达130:100，在个别严重的地方，甚至达到了150:100，出生人口性别比例的严重失衡，将逐渐带来一系列社会问题，对社会的稳定和发展将造成非常不利的影响。为清楚认识目前我国人口性别比例的严峻形势，某民间组织进行了调查，随机抽取了30个地区，测定的男女性别比例如下：

1.28	1.31	1.48	1.10	0.99	1.22	1.65	1.40	0.95	1.25
1.32	1.23	1.43	1.24	1.73	1.35	1.31	0.92	1.10	1.05
1.39	1.16	1.19	1.41	0.98	0.82	1.22	0.91	1.26	1.32

思考题：
（1）能否以95%的置信水平说明我国的男性人口多于女性？
（2）分析男女性别比例严重失衡将带来哪些社会问题，并形成分析报告。

案例3.3 我国不同省市高考成绩平均水平调查

众所周知，中国地域辽阔，不同地区及各民族历史文化发展很不平衡。由于各省、自治区、直辖市在教育水平、生源水平上的差距，不同地区考生对各高校和专业的侧重及评价度不同、不同省市地区的阅卷评分尺度有所差异等因素的影响，每年全国不同省、自治区、直辖市的高考录取分数线存在较大差别。例如，2009年清华大学在山东省的录取分数线（理科）为661分，远高于在北京、天津等地的录取分数线。为研究高考录取分数线的地区差异，现选取了2009年我国10所重点高校在6个省、直辖市的本科录取分数线进行调查，数据如表3-4所示。

表3-4 2009年10所高校在全国6个省市的本科录取分数线（分）

学校 \ 省、市 \ 分数		北京	天津	山东	河北	湖北	黑龙江
清华大学	文科	631	636	661	603	593	632
	理科	653	661	685	680	668	675
北京大学	文科	636	631	656	609	603	635
	理科	653	662	679	677	669	679
中国人民大学	文科	618	612	648	600	589	611
	理科	637	635	663	664	648	653
复旦大学	文科	610	613	648	599	589	615
	理科	630	646	666	663	654	665

(续表)

学校 \ 分数 \ 省、市		北京	天津	山东	河北	湖北	黑龙江
北京师范大学	文科	602	590	638	586	586	594
	理科	616	608	650	635	604	621
南京大学	文科	597	596	646	590	576	594
	理科	617	626	666	652	636	648
对外经贸大学	文科	603	576	636	589	567	602
	理科	614	616	645	645	617	640
中央财经大学	文科	593	593	642	591	571	592
	理科	608	615	661	650	628	638
南开大学	文科	598	591	643	586	562	596
	理科	598	645	663	642	624	574
北京理工大学	文科	577	557	617	572	540	570
	理科	603	592	654	639	600	616

资料来源：中国教育在线高考填报志愿参考系统 http://gkcx.eol.cn/schoolhtm，数据为平均录取分数。

根据表3-4，试计算在95%的置信水平下和99%的置信水平下，2009年北京市、天津市、山东省本科平均录取分数的置信区间。

习 题 3

1. 参数估计有哪两种方法，两种方法各有什么特点？
2. 什么是区间估计？请举例说明。
3. 置信区间如何计算？
4. 某央企在2000年6月份抽样16个青年工人的基本工资（内含标准工资、岗位工资、房租津贴、水电补贴、工龄、书报费及副食补贴，单位为元），如下：

825.5　　841.5　　1084.5　　725.5　　931.5　　874.5　　725.5　　952.5
1162.5　　952.5　　839.5　　825.5　　698.5　　1140.5　　1108.5　　1023.5

试推断：
① 该企业青年工人总体的平均基本工资和方差？
② 构造青年工人总体基本工资平均值的90%置信区间。

5. RB公司是一家专营妇婴用品的邮购公司。为了跟踪服务质量，RB每个月选取100位顾客的邮购订单组成简单随机样本。每位顾客对公司的服务水平在0（最差等级）到100（最好等级）间打分，然后计算样本平均值。根据以往的资料显示，每个月顾客满意得分的平均值都在变动，但满意得分的样本标准差趋于稳定的数值20附近，所以假定总体标准差为20。有最近一次顾客对RB满意程度的平均值为86分，试求置信度为90%的总体均值的置信区间。

6. 浪海公司对培训IT系统实施人员的计算机辅助程序感兴趣。为了解这种计算机辅助程序能缩短多少培训时间，需要评估这种程序在95%置信水平下培训时间平均值的置信区间。已知培训时间总体服从正态分布，管理者对10名实施人员进行了测试，所得培训时间如表3-5所示，试用SPSS软件提供的功能估计95%置信水平下总体均值的置信区间。

表3-5 培训时间测试数据

员工编号	1	2	3	4	5	6	7	8	9	10
培训天数	49	42	57	43	50	55	570	54	56	60

第4章 假设检验

【引例】 现实中的统计。

一汽红塔云南汽车制造有限公司,是由中国第一汽车集团和云南红塔集团强强联合,于1997年组建的中国较大的轻型汽车生产基地之一。公司位于云南第二大城市——曲靖市,区内有贵昆、成昆、内昆铁路干线及320、321、324等公路国道,交通便利。背靠东南亚,具有得天独厚的区位优势。厂区面积125万平方米,有6个专业厂,13个部(室),现有员工3016人。冲压、焊接、油漆、总装四大工艺水平和自动化程度在中国轻型汽车行业中位居前列。公司具有年产13万台套驾驶室的日本小松技术自动装焊生产线;引进日本二台模具加工中心,模具制造接近国内同行领先水平,具有年产轻卡车、面包车、轿车15万辆的综合产能。销量位居全国轻型汽车行业第六位,是云南机械行业的龙头企业。

一汽红塔云南汽车制造有限公司对其生产的某种型号的汽车的变速器、消声器和制动器实行行驶15000千米内免费保修。现在某市场咨询机构通过市场分析后建议该汽车制造公司可将这些部件的保修公里数提高到25000千米,认为这样可以提高其在市场上的竞争力,而且这并不会使公司增加多少费用,因为这些部件在这段期间内是很少需要维修服务的,咨询机构认为在维修累积费用超过500元之前,汽车行驶的公里数可超过25000千米。

该公司欲采纳这个建议,但希望先进行一下检验。它们从众多的用户中随机抽查了16个,用 x 表示用户自购车之日至这些部件的累积维修费用超过500元期间,汽车行驶的公里数,其服从正态分布,数据如下:

14605	29645	21517	24694	23499	30289	25181	32040
31816	27869	23295	31350	25895	21102	26949	35482

该公司运用管理统计的假设检验方法对这些样本数据进行分析后,最终决定不采纳该咨询公司的建议,即不将保修公里数提高到25000千米。

假设检验,即统计假设检验,是统计推断中的另一类重要问题。在假设检验中,总是先假设总体分布的形式或总体的参数具有某种特征(如总体的参数为某值),然后利用样本提供的信息来判断原先的假设是否合理。若合理,则承认假设的正确性,否则便否定原先的假设,从而对所研究的问题做出分析或推断。它在实际应用中有十分重要的意义。例如,新药品上市关系到千万人的健康,运用假设检验构造适当的统计量,再根据样本值对所做假设进行检验,从而对总体的分布形式或总体的未知参数做出判断。

4.1 假设检验的基本原理

1. 假设检验的定义

所谓统计假设,是关于总体分布及分布中所含参数的各种论断。统计假设可能产生于对随机现象的实际观察,也可能产生于对随机现象的理论分析。假设检验是指施加于一个或多个总体的概率分布或参数的假设。所做的假设可以是正确的,也可以是错误的。为判断所做的假设是否正确，从总体中抽取样本，根据样本的取值，按一定的原则进行检验，然后，做出接受或拒绝所做假设的决定。根据样本提供的信息对所做的统计假设进行检验，从而做出接受或拒绝统计假设的判断的统计方法称为假设检验。

2. 假设检验的分类

假设检验可分为参数假设检验和非参数假设检验两类。一般来说，可如下描述这两类假设检验问题。

设 $X_1, X_2, \cdots, X_n$ 是来自总体 X 的一个样本，总体 X 具有概率函数 $f(x, \theta)$，即总体的分布形式已知，参数未知，由观测值 $x_1, x_2, \cdots, x_n$，检验假设 $H_0: \theta = \theta_0; H_1: \theta \neq \theta_0$，这里 θ_0 为已知参数。这类问题称为参数假设检验问题。

已知总体分布并猜到（或用样本估计）总体某个参数的值，那么这个猜出来的（或估计出来的）参数值对不对呢？这个猜出来的（或估计出来的）参数值，就称为参数假设，记为 H_0。参数检验就是用样本（不是估计出总体参数的样本）来判断这个参数假设对不对，是接受这个假设，还是拒绝这个假设。

设 $X_1, X_2, \cdots, X_n$ 是来自总体 X 的一个样本，总体 X 的分布函数为 $F(x)$，总体的分布形式未知，由观测值 $x_1, x_2, \cdots, x_n$，检验假设 $H_0: F(x) = F_0(x, \theta), H_1: F(x) \neq F_0(x, \theta)$，这里 $F_0(x, \theta)$ 为已知分布函数。这类问题称为非参数假设检验问题。

未知总体分布，但却可以借助于经验或总体的样本，对总体的分布进行猜测。然后用总体的另一组样本，来判断这个假设对不对，是接受这个假设，还是拒绝这个假设。

3. 假设检验的思想方法

实际推断原理（小概率原理）：如果在某次试验或观测中，某事件出现的概率很小，这样的事件称为小概率事件。通常把 $p \leq 0.05$ 的事件称为小概率事件。

通过大量实践，对于小概率事件总结出一条原理：小概率事件在一次试验中几乎不会发生，即"小概率原理"，并称此为实际推断原理，它是判断假设的根据。在某种假设的条件下，某一事件是一小概率事件，如果在一次试验或观测中，小概率事件恰好发生了，则有理由认为所做的假设是不成立的，从而否定原来的假设。

【例 4-1】 某产品的出厂检验规定：次品率 p 不超过 4% 才能出厂。现从 1 万件产品中任意抽查 12 件，发现有 3 件次品，问该批产品能否出厂？

解：假设 $p \leq 0.04$，$P_{12}(3) = C_{12}^3 p^3 (1-p)^9 = 0.0097 < 0.01$，这是小概率事件，一般在一次试验中是不会发生的，现一次试验竟然发生，故可认为原假设不成立，即该批产品次品率 $p > 0.04$，则该批产品不能出厂。

依据：对总体服从二项分布，$X \sim B(n, p)$，即 $X \sim B(12, p)$，提出假设如下。

$$H_0: p \leq 0.04$$
$$H_1: p > 0.04$$

要求利用样本观察值 $(x_1, x_2, \cdots, x_{12})$ $\left(\sum_{i=1}^{12} x_i = 3\right)$ 对提供的信息做出接受 H_0（可出厂）还是接受 H_1（不准出厂）的判断。

4. 原假设和备择假设

【例 4-2】 某洗衣粉生产厂用自动包装机装袋，每袋的标准重量为 500 g，每天每隔 3 个小时需要定时检查包装机的工作是否正常。根据以往的资料采用包装机装箱，每箱量的标准差 σ 为 1.12 g。某日开机 3 小时后，随机抽取了 12 箱，测得各箱重量（单位：g）分别为 497，

498.1,501.9,499.8,497.9,501.3,497.5,498.5,502.8,500.2,499.6,502.7。问在 5% 的显著性水平下，该包装机的工作是否正常稳定？

【例 4-3】 某种产品的直径由于工艺原因有正偏差倾向，已知该偏差服从正态分布 $N(\mu, 0.001)$，并且从过去一段时间的产品看，平均正偏差为 1.05 mm；采用新工艺后，随机抽取产品 60 件，测得平均正偏差为 0.85 mm。问产品正偏差有无明显降低？

这一问题是要判断新产品的正偏差是服从期望小于 0.85 mm 的正态分布还是服从期望为 1.05 mm 的正态分布不变？如果期望小于 0.85 mm，就可以说产品正偏差有明显降低。

以上两个问题具有共同的特点，即它们都需要对所给出的总体参数进行检验，显然这种检验只能依据样本和样本统计量来进行。

设 μ_0 表示在原假设和备择假设中所考虑的某一特定数值。对于例 4-2，质检人员会重点关注三种情形，即对总体均值 μ（这里 $\mu_0 = 500$ g）的假设检验一定采用下面的三种情形之一：

$$\text{①} \begin{cases} H_0: \mu \geq \mu_0 \\ H_1: \mu < \mu_0 \end{cases}, \quad \text{②} \begin{cases} H_0: \mu \leq \mu_0 \\ H_1: \mu > \mu_0 \end{cases}, \quad \text{③} \begin{cases} H_0: \mu = \mu_0 \\ H_1: \mu \neq \mu_0 \end{cases}$$

①、②和③三种情况分别叫做左尾检验、右尾检验和双尾检验。而左尾检验和右尾检验又称单尾检验。三种情况的接收域、拒绝域分别如图 4-1、图 4-2 和图 4-3 所示。问题①检验装箱的量大于 500 g 还是小于 500 g；问题②检验装箱的量小于等于 500 g 还是大于 500 g；问题③检验装箱的量等于 500 g 还是不等于 500 g。如果接受情况③下的原假设，则生产继续进行；否则就应该对包装机进行适当的调整。

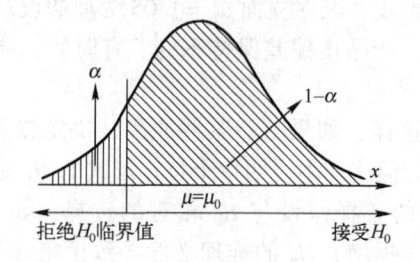

图 4-1 假设检验的左尾检验图

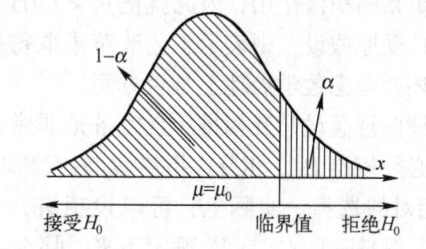

图 4-2 假设检验的右尾检验图

对于例 4-3，质检人员也会关注三种情形，用统计假设的形式可表示如下。

① 第一个统计假设 $\begin{cases} H_0: \mu \geq 1.05 \\ H_1: \mu < 1.05 \end{cases}$ 接受原假设，表示采用新工艺后，产品平均直径偏差有所增大，其接受域和拒绝域如图 4-4 所示。

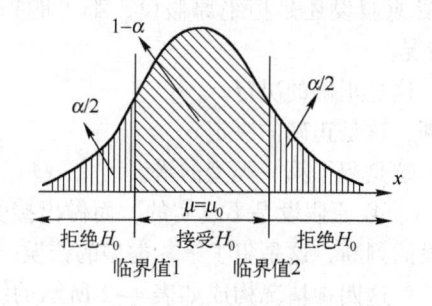

图 4-3 假设检验的双尾检验图

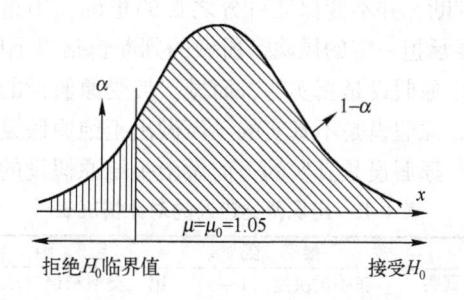

图 4-4 $\mu_0 = 1.05$ 时的左尾检验图

② 第二个统计假设 $\begin{cases} H_0: \mu \leq 1.05 \\ H_1: \mu > 1.05 \end{cases}$ 接受原假设，表示采用新工艺后，产品平均直径偏差显著减小，其接受域和拒绝域如图 4-5 所示。

③ 第三个统计假设 $\begin{cases} H_0: \mu = 1.05 \\ H_1: \mu \neq 1.05 \end{cases}$ 接受原假设，表示采用新工艺后，产品平均直径偏差无显著变化，其接受域和拒绝域如图 4-6 所示。

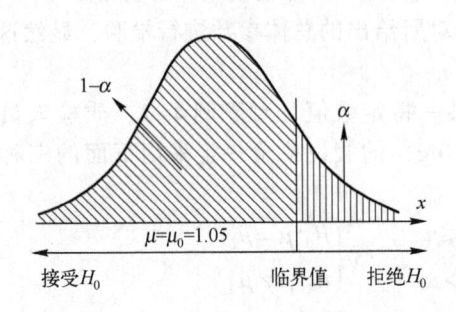

图 4-5　$\mu_0 = 1.05$ 时的右尾检验图 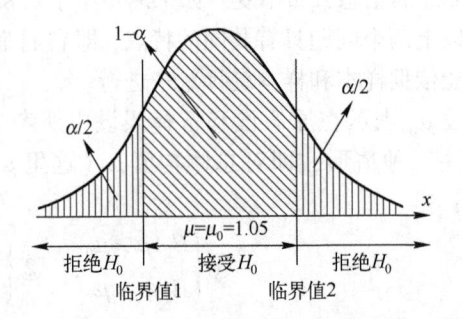　　　　图 4-6　$\mu_0 = 1.05$ 时的双尾检验图

通常，把问题中的 H_0 称为原假设，问题中的 H_1 称为备择假设。对于问题中哪个作为原假设，哪个作为备择假设，需要根据具体情况而定。一般来说，如果希望通过样本支持某种假设，就把它作为备择假设，而把该陈述的否定假设作为原假设。如在例 4-3 中，希望样本能够支持或肯定革新的积极作用，因此就把 $\mu_0 < 1.05$ 作为备择假设，其对立面 $\mu_0 = 1.05$ 为原假设。如果结果是接受原假设，则表示工艺改革未取得良好效果，产品正偏差保持不变。有时候，原假设的选择还要考虑数学处理上是否方便。

强调两种假设是互相排斥且完备是非常必要的。这样，如果由于某些原因，决定接受 H_0，那么就必须拒绝 H_1。相反，拒绝 H_0 就意味着接受 H_1。但这并不说明一个特定形式的 H_1 是唯一与 H_0 相对的选择。实际上，可以设想有几个可接受的备择假设与 H_0 相对的选择，如 H_{1-1}、H_{1-2} 等。但是一旦 H_0 与 H_1 确定下来，那么导致接受（拒绝）H_0 的推理必然导致拒绝（接受）H_1。显然，从众多的"假设检验对"中选取最合适的一对原假设与备择假设，需要考虑具体的检验目的。

5. 假设检验的两类错误分析

原假设究竟是真实还是不真实，事实上是不知道的。在参数检验中，接受零假设仅仅由于它出现的可能性比较大，而拒绝原假设也仅仅由于它出现的可能性比较小。这样按概率大小所做的判断，并不能保证百分之百的正确，不论是接受原假设还是拒绝原假设，都可能犯错误，总是要承担一定的风险。所做的判断包括以下四种情况：

① 原假设是真实的，而做出接受原假设的判断，这是正确的决定。
② 原假设是不真实的，而做出拒绝原假设的判断，这是正确的决定。
③ 原假设是真实的，而做出拒绝原假设的判断，这是犯了第一类型的错误。
④ 原假设是不真实的，而做出接受原假设的判断，这是犯了第二类型的错误。

这四种情况构成如表 4-2 所示的统计决策表。

表 4-2　出现两类错误的对比情况表

	接　受	拒　绝
H_0 真实	正确的决定 $(1-\alpha)$	第一类型错误 (α)
H_0 不真实	第一类型错误 (β)	正确的决定 $(1-\beta)$

在做检验决策的时候，当然希望所有真实的原假设都能得到接受，尽量避免真实的假设被拒绝，少犯或不犯第一类型的错误。也希望所有不真实的原假设都被拒绝，尽量避免不真实的假设被接受，少犯或不犯第二类型的错误。因此需要对可能犯第一类型或第二类型错误的概率做分析。

假设检验建立在小概率事件几乎不会发生的原理基础上，给定显著性水平 α，如果样本均值与总体均值的差异出现的概率等于或小于 α，则认为此事件可能性很小，因此就拒绝原假设。但是这个差异的发生并不是完全不可能的，而是有 α 的可能性存在。这就是说，有 α 的可能性发生原假设是真实的而被拒绝了，所以显著性水平 α 实际上就是犯第一类型错误的概率，α 也称为拒真概率。犯第一类型的错误所引起的损失可能很大，例如，实际无效的药物而决定大批量生产等会造成很大的浪费。因此要根据实际需要对显著性水平 α 加以控制。α 定的越小，则犯第一类型错误的可能性也越小，例如，$\alpha = 0.05$，表示可以保证判断时犯第一类型错误的可能性不超过 5%；而当 $\alpha = 0.01$ 时，则保证犯第一类型错误的可能性不超过 1%。但是，第一类型错误和第二类型错误又是一对矛盾，在其他条件不变时，减少犯第一类型错误的可能性，势必增加犯第二类型错误的可能性，即产生原假设是不真实的而被接受的错误。设犯第二类型错误的概率为 β，则 β 称为存伪概率。犯第二类型错误也可能引起很大损失，例如把有显著效果的新药检验为无效果，以致不敢投入生产，使某种疾病蔓延，贻误不浅。要比较第一类型错误与第二类型错误的损失哪个更大，就要对不同情况做具体的分析，例如，新药的成本低廉，不妨冒犯第一类型错误的危险，如果新药成本昂贵，就宁肯冒犯第二类型错误的危险。

如果说 β 表示接受不真实的原假设的概率，那么 $1-\beta$ 就是表示拒绝不真实的原假设的概率，$1-\beta$ 的值接近于 1，表示不真实的原假设几乎都能够加以拒绝，反之，$1-\beta$ 接近于 0，表示犯第二类型的错误的可能性是很大的，因此 $1-\beta$ 是表明检验工作做得好坏的一个指标，称为检验功效（Test Power）。一般来说，检验功效与备择假设的真值与不真实的原假设距离有关，离原假设越远的检验功效也越高，但是由于备择假设的真值通常是不知道的，而且 β 的大小又和显著性水平 α 成反比变化，因此在假设检验时总是将冒第一类型错误的风险概率固定下来，对所得的结果进行判断。

要同时减少一、二两类错误的概率，只有增加样本单位数，但在实际工作中，不可能无限增大样本容量，因而控制第一类型错误便是更切实际的办法。因此，在这样的原则下，就可以主要控制犯第一类型错误的概率 α，即只分析原假设 H_0，并称这样的假设为显著性检验，称 α 为显著性水平。

6. 总体参数检验的步骤与方法

现在可以把总体参数检验的步骤归纳如下：

（1）提出假设

首先提出原假设，记为 H_0，设立原假设的目的在于检验中要予以拒绝或接受的假设，原假设总是假定总体没有显著性差异，所有差异都是由随机原因引起的。所以这种假设又称无效假设。其次提出备择假设，记为 H_1，如果原假设被拒绝等于接受了备择假设，所以备择假设也就是所假设的对立事件。

（2）决定检验的显著性水平 α

在原假设成立的条件下，由被检验的统计量分布求出相应的临界值，该临界值即为原假设的拒绝域和接受域的分界线。

（3）构造检验统计量，并依据样本信息计算检验统计量的实际值

（4）将实际求得的检验统计量取值与临界值进行比较，做出拒绝或接受原假设的决策

如果检验统计量取值超过临界值，说明原假设落入拒绝域中，就选择拒绝原假设；若检验

统计量的取值小于临界值，原假设落入接受域中，就不能拒绝原假设，而必须接受原假设或做进一步的检验。

SPSS 的输出结果中给出了相应检验统计量的实际取值，但由于显著性水平根据不同要求而有所不同，SPSS 并不给出临界值。如果不查概率表，就无法直接采用上面的步骤进行检验。SPSS 给出了检验统计量的概值即文献中常见的 p 值（p-value），利用 p 值就可以直接进行检验。p 值是在原假设成立的情况下，检验统计量的取值等于或超过检验统计量实际值的概率，从而 p 值即为否定原假设的最低显著性水平。p 值经常被称为实际显著性水平，以区别于给定的显著性水平 α。

当检验统计量的实际值超过临界值时（如图 4-7 所示），检验统计量的 p 值将小于给定的显著性水平 α，原假设落入拒绝域中，就拒绝接受原假设；当检验统计量的取值小于临界值时（如图 4-8 所示），检验统计量的 p 值将大于给定的显著性水平 α，原假设落入接受域中，就不能拒绝原假设，而必须接受原假设或做进一步的检验。

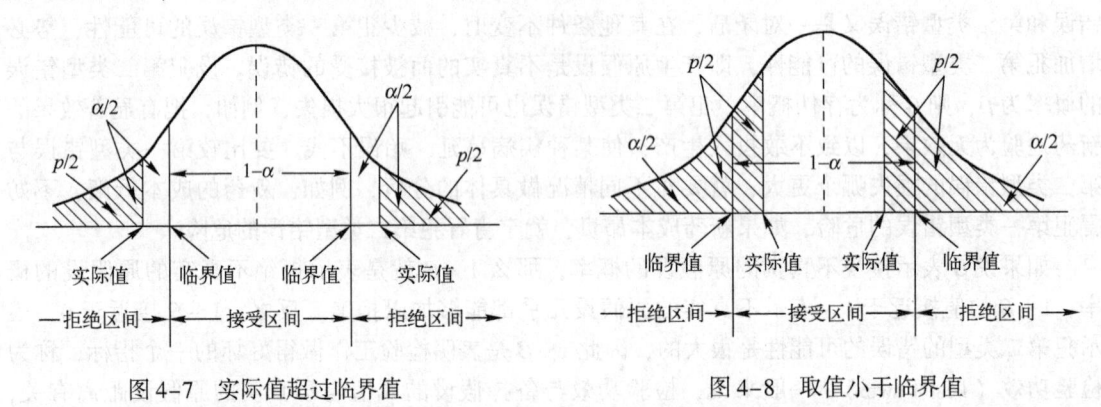

图 4-7　实际值超过临界值　　　　图 4-8　取值小于临界值

当 $p < \alpha$ 时，意味着如果给定一个真实的原假设，那么检验统计量的取值等于或超过实际观察到的极端值的概率为 α。大多数学者都把这一结果解释为支持否定原假设而接受备择假设的证据。

为了便于记忆，可以把 p 值理解为原假设的支持率或可信程度。p 值越小，原假设越不可信。

4.2　参数假设检验

总体参数假设检验是利用样本的实际资料计算统计量的取值，并用来检验事先对总体某些数量特征的假设是否可信作为决策取舍依据的一种统计分析方法。假设检验是统计推断的一项重要内容。在现实问题中，人们难以完全知道有关总体的某些数量特征及这些参数的变化情况，因此在对总体的某些数量指标进行比较时，常常需要对目前总体的状况做出某种假设，然后再检验这种假设的准确程度。例如，工厂生产某种产品，经过工艺改革，使用新材料、新配方，企业管理者十分关心产品质量是否有所提高，因此可以假设经过改革以后产品质量可能提高或并没有提高。又如考虑目前股票市场上价格指数的走势是否正常，可以根据过去长期观察的平均水平和变异情况，做出当前股票价格水平可能正常或不正常的假设。

4.2.1　一个正态总体下的参数假设检验

所谓"正态分布假设"，就是反映总体特征的随机变量服从正态分布。例如，X = "五年级小学生 400 米的成绩"，服从正态分布 $N(\mu, \sigma^2)$。

1. 已知方差 σ^2，检验假设：$\mu = \mu_0$

【例 4-4】 已知生产线上生产出来的零件直径 $X \sim N(\mu, 0.09)$，现有假设 H_0：均值 $\mu = 10$（mm）。这个假设可以是猜出来的，也可以是生产标准所要求的。现在有一组样本观察值：10.01，10.02，10.02，9.99（当然，在实际检验中，样本容量应当大一些，这里为理解方便，只列出 4 个样本观察值）。

请判断假设 H_0 是否正确。

解：首先，应当找出一个统计量，满足如下条件。

① 已知其分布和参数（从而可以得出水平轴上的任何一点右侧的概率）。

② 在题设条件下，能够算出这个统计量的值。具体而言，这个统计量中应当包含所要检验的参数 μ_0 和与之对应的 $\bar{x}$，和已知的 σ^2 或 σ，以便依据样本观察值，计算出这个统计量的值。

统计量 $Z = \dfrac{\bar{X} - \mu_0}{\sigma/\sqrt{n}}$ 服从 $N(0,1)$ 分布。这个分布满足上述 a，b 两个条件。$N(0,1)$ 分布及参数已知，并且，可以由样本计算出 $\bar{x}$，代入已知的 σ 和假设 $\mu_0 = 10$，就可以求出统计量 Z 的值，所以，可以用这个统计量来检验假设 $\mu = \mu_0 = 10$（在统计意义上）是否正确。

分析思路：假设 H_0：$\mu = 10$，只有在 $\bar{x}$ 远离 10（即 μ_0）时，才拒绝 H_0。而 $\bar{x}$ 远离 10，意味着 $Z = \dfrac{\bar{X} - \mu_0}{\sigma/\sqrt{n}}$ 的绝对值很大。$|Z|$ 大到什么程度才可以拒绝 H_0？

假设 $|Z| > k$ 时，就拒绝 H_0（认为 $\mu > 10$）。

如果 H_0 是正确的，当然希望拒绝 H_0（犯错误）的概率很小。也就是使 $P\{|Z| \geq k\}| = \alpha$ 很小。

这正是"弃真"（以真为假）的概率很小，即 $P\{$拒绝 $H_0 | H_0$ 为真$\} = \alpha$ 很小。

现在的问题是如何确定 k？如果 $\alpha = 0.05$，由 Z 服从 $N(0,1)$ 分布的图形很容易知道，k 右侧的面积（概率）应当为 0.025，$-k$ 左侧的面积（概率）也应当为 0.025，当 z 在 k 的右侧，或 $-k$ 的左侧时，如图 4-9 所示，$\bar{x}$ 就远离 10，于是，拒绝 $\mu = 10$ 的假设。

显然，此时，若 $\mu = 10$ 正确，而又拒绝它的概率只有 0.05。

查找标准正态分布概率表（0.975）所对应的 $k = Z_{0.025} = 1.96$。

现在，依据题目的条件，可以算出

$$z = \frac{\bar{x} - \mu_0}{\sigma/\sqrt{n}} = \frac{10.01 - 10}{0.3/2} = 0.067$$

显然，$z < Z_{0.025} = 1.96$，所以，在 0.05 的显著性水平上，可以接受均值 $\mu = 10$（毫米）的假设。反之，若 $|z| > Z_{0.025} = 1.96$，就拒绝假设 H_0。

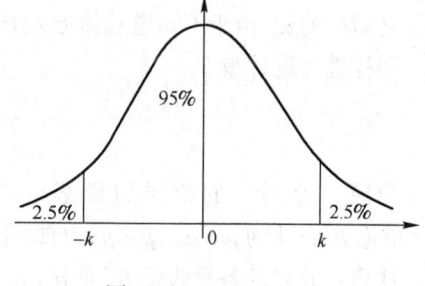

图 4-9 $N(10, 0.09)$

请读者参照例 4-4 完成例 4-2 和例 4-3。

2. 未知方差 σ^2，检验假设：$\mu = \mu_0$（这种情形更为常见）

【例 4-5】 已知生产线上生产出来的零件直径服从正态分布，现有假设 H_0：均值 $\mu = \mu_0 = 10$（mm）。这个假设可以是猜出来的，也可以是生产标准所要求的。现在有一组样本观察值：10.01，10.02，10.02，9.99（当然在实际检验中，样本容量应当大一些，这里为理解方便，只列出 4 个样本观察值）。请判断假设 H_0 是否正确。

选择统计量

$$T = \frac{\overline{X} - \mu_0}{S/\sqrt{n}} \sim t(n-1)$$

分析思路：假设 $H_0 : \mu = 10$。只有在远离 $\mu_0 = 10$ 时，才拒绝 H_0。而 $\bar{x}$ 远离 10，意味着 $t = \frac{\bar{x} - \mu}{s/\sqrt{n}}$ 的绝对值很大。$|t|$ 大到什么程度才可以拒绝 H_0?

假设 $|t| > k$ 时，就拒绝 H_0（认为 $\mu \neq 10$）。如果 H_0 是正确的，当然希望拒绝 H_0（犯错误）的概率很小。也就是使 $P(|T| > k) = \alpha$ 很小。这正是"弃真"的概率很小。

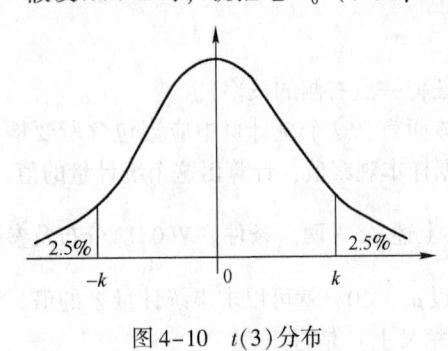

现在的问题仍然是如何确定 k。如果 $\alpha = 0.05$，由 T 服从 $t(4-1)$ 分布的图形，很容易知道，k 右侧的面积（概率）应当为 0.025，$-k$ 左侧的面积（概率）也应当为 0.025，当 t 在 k 的右侧，或 $-k$ 的左侧时 [$x \sim N(10, \sigma^2)$，如图 4-10 所示] $\bar{x}$ 就远离 10，于是，就拒绝 $\mu = 10$ 的假设。显然，此时，若 $\mu = 10$ 正确，而又被拒绝的概率只有 0.05。

图 4-10　$t(3)$ 分布

3. 未知方差 σ^2，检验假设：$\mu > \mu_0$（这是作为备择假设出现的）

下例的目的是为了说明单尾检验。

【例 4-6】 已知生产线上生产出来的零件抗剪强度服从正态分布，以往的数据表明抗剪强度的均值 $\mu_0 = 10$（某单位）。现在改用一种新材料来生产该零件，得到一组零件的抗剪强度的样本观察值：10.01，10.2，10.2，9.99（注意，这 4 个数据与例 4-3 的不同，这里 $\bar{x} = 10.1$，例 4-3 的数据的均值是 10.01）。请问：改用新材料后，零件的平均抗剪强度是否提高？

此问题可对原假设和备择假设做如下安排：

$$H_0 : \mu = \mu_0$$
$$H_1 : \mu > \mu_0$$

同样，先要找出一个已经知分布和参数的统计量，并且，在上述题目的条件下，能够算出这个统计量的值。具体而言，这个统计量中应当包含所要检验的参数 μ（代入假设值后为 μ_0）和与之对应的 $\bar{x}$。由于不知道总体方差 σ^2，所以这个统计量中不能包含 σ^2 或 σ。

同样选择统计量 T：

$$T = \frac{\overline{X} - \mu_0}{S/\sqrt{n}} \sim t(n-1)$$

要使"弃真"的错误的概率很小，也就是概率 $P\{$拒绝 $H_0 \mid H_0$ 为真$\}$ 很小，也就是 $P\{$拒绝 H_0，认为 $\mu > \mu_0 \mid \mu = \mu_0$ 为真$\}$ 很小，那么，就应当有 $P(T \geq t_{0.05}(n-1)) = 0.05$。

注意：此时的备择假设 H_1 是 $\mu > \mu_0$，只有当 $\bar{x}$ 大于 μ_0 很多时，才可能有 H_1 的结果。由统计量 T 的构成，可知 T 大于 0，所以，这里仅考虑 $T \geq k$ 的概率为 α 的式子，这决定了只能从单侧来考虑 k 的取值问题，所以是单尾检验。

如果 T 真的大于等于 $t_{0.05}(n-1)$ 了，那么就拒绝 H_0，此时犯错误的概率只有 0.05。查 $t(3)$ 表 $\alpha = 0.05$ 所对应的 $t_{0.05}(n-1)$，得出 2.3534。现在，依据题目的条件，可以算出：

$$t = \frac{\bar{x} - \mu_0}{s/\sqrt{n}} = \frac{10.1 - 10}{\sqrt{0.0002}/\sqrt{4}} = 14.14$$

也就是 $|t| = 14.14 > 2.3534$。

所以，拒绝假设 H_0，接受备择假设 H_1，认为 $\mu > \mu_0 = 10$（抗剪强度单位），也就是使用新材料后，零件的抗剪强度提高了。此时犯错误的概率为 0.05。

4.2.2　一个正态总体下的参数假设检验的 SPSS 应用

利用 SPSS 输出的 p 值，可以直接用它来替代检验统计量实际值进行检验，而不必去查有关统计表并比较临界值了。在 SPSS 中进行总体参数检验的步骤如下：

① 提出原假设（H_0）和备择假设（H_1）。
② 给定检验的显著性水平 α。
③ 构造检验统计量，并依据样本信息由 SPSS 计算检验统计量的 p 值。
④ 将实际求得的检验统计量的 p 值与给定的显著性水平 α 进行比较，做出拒绝或接受原假设的决策。

如果检验统计量的 p 值小于显著性水平 α，说明原假设落入拒绝域中，就选择拒绝接受原假设；若检验统计量的 p 值大于显著性水平 α，原假设落入接受域中，就不能拒绝原假设，而必须接受原假设或做进一步的检验。

SPSS 提供了计算指定变量的综合描述统计量的过程和对均值进行比较检验的过程。

用于单独样本的 t 检验过程如下。

应用 t 检验，可以检验独立的正态总体下样本均值之间是否有显著差异。

【例 4-7】　测得一批零件的 20 个样品的直径（单位：cm）为

| 4.98 | 5.11 | 5.20 | 5.11 | 5.00 | 5.61 | 4.88 | 5.27 | 5.38 | 5.20 |
| 5.46 | 5.27 | 5.23 | 4.96 | 5.35 | 5.15 | 5.35 | 4.77 | 5.33 | 5.54 |

假设直径服从正态分布，已知总体均值为 5.20，试对该样本的数据进行均值检验。假设该样本的均值与总体均值之间没有显著差别。

在数据管理窗口中，单击 Analyze 菜单，选择 Compare Means→One-Sample T Test 命令，弹出 One-Sample T Test 对话框，如图 4-11 所示。

其中，

Test Variable(s) 列表框中可用中间的向右箭头按钮从左边的源变量列表框中添加变量名，则变量名对应的变量数据将进行均值检验。

Test Value：可输入总体均值，默认值为 0。本例在此输入总体均值 5.20。

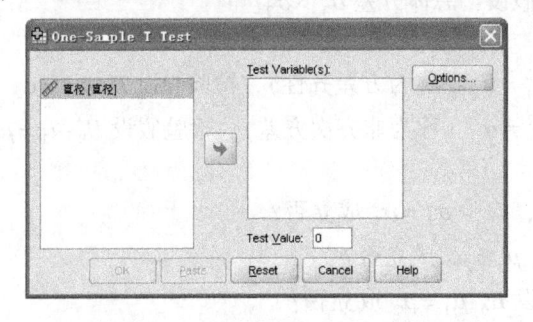

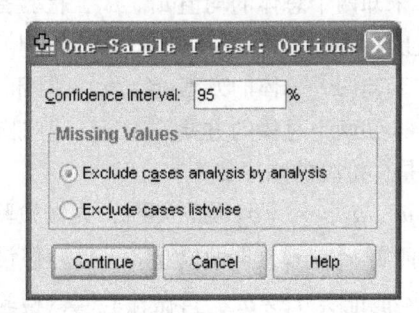

单击 Options 按钮，弹出 One-Sample T Test：Options 对话框，如图 4-12 所示。利用该对话框，可以设置检验时采用的置信度和缺失值的处理。

图 4-11　One-Sample T Test 对话框　　　图 4-12　One-Sample T Test：Options 对话框

Confidence Interval：可输入 50~99 的数值，作为置信度，默认值为 95。
Missing Values：设置缺失值的处理方式。

Exclude cases analysis by analysis：默认选项，表示在需要分析的数据中剔除含有缺失值的 case。

Exclude cases listwise：删除所有数据中含有缺失值的 case 数据。

本例此处采用默认设置，如果对精度准确性要求较高的情况下，可以将 Confidence 的值设为 99。单击 Continue 按钮回到主对话框。

单击 OK 按钮，生成表 4-3 和表 4-4。其中表 4-3 为单样本数据的统计量表。表中列出了变量"直径"对应的数据个数（N）、均值（Mean）、标准离差（Std. Deviation）和均值的标准误差（Std. Error Mean）。

表 4-3 单样本数据的统计量表（One-Sample Statistics）

	N	Mean	Std. Deviation	Std. Error Mean
直径	20	5.2075	0.21851	0.04886

表 4-4 单样本均值检验结果表（One-Sample Test）

	Test Value = 5.2					
	t	df	Sig. (2-tailed)	Mean Difference	95% Confidence Interval of the Difference	
					Lower	Upper
直径	0.153	19	0.880	0.00750	-0.0948	0.1098

表 4-4 中的检验值 Test Value = 5.2（即总体均值），在 One-Sample T Test 对话框中的 Test Value 文本框中设定；t 表示 t 值；df 表示自由度（共 20 个 case，20-1）；Sig. (2-tailed) 表示双尾显著性概率；Mean Difference 为均值差，是样本均值与总体均值之间的差值；95% Confidence Interval of the Difference 表示均值差的 95% 置信区间，其中 Lower 对应下限，Upper 对应上限。

由于显著性概率 p 等于 0.880，远大于 5%（$\alpha = 0.05$，对应 $1 - \alpha = 95\%$），因此，可以认为该样本数据的均值与总体均值之间没有显著性差异。

4.2.3 两个正态总体下的参数假设检验

下面主要解决两个相互独立的正态总体的参数检验问题。

1. 两个正态总体参数检验概貌

设获得来自两个总体的相互独立的样本观察值：$x_1, x_2, \cdots, x_n$ 与 $y_1, y_2, \cdots, y_m$。所要完成的参数检验问题主要有如下 4 种情况：

① 未知两个总体的均值 μ_1，μ_2，检验假设 H_0：总体方差 $\sigma_1^2 = \sigma_2^2$。

② 未知两个总体的均值 μ_1，μ_2，检验备择假设：总体方差 $\sigma_1^2 > \sigma_2^2$。

以上两种检验，又称为对方差齐性的检验。

③ 未知两个总体的方差 σ_1^2，σ_2^2，但知道 $\sigma_1^2 = \sigma_2^2$（称为方差齐性），检验假设 $H_0: \mu_1 = \mu_2$。

④ 未知两个总体的方差 σ_1^2，σ_2^2，但知道 $\sigma_1^2 \neq \sigma_2^2$（称为非齐次方差），检验假设 $H_0: \mu_1 = \mu_2$。

于是，检验的顺序如下：

当 μ_1，μ_2，$\sigma_1^2 = \sigma_2^2$ 均未知时，先做检验①，检验 $\sigma_1^2 = \sigma_2^2$ 成立否？

若证实 $\sigma_1^2 = \sigma_2^2$，再做检验③，检验假设 $H_0: \mu_1 = \mu_2$ 成立否？

若不能证实 $\sigma_1^2 \neq \sigma_2^2$，再做检验④，检验假设 $H_0: \mu_1 = \mu_2$ 成立否？

对问题①与②而言，显然应当用 F 统计量来检验：

$$F = \frac{S_1^2/\sigma_1^2}{S_2^2/\sigma_2^2} \sim F(n-1, m-1)$$

2. 四种类型的假设检验要点

① 对问题1：未知总体均值 μ_1，μ_2，检验假设 H：总体方差 $\sigma_1^2 = \sigma_2^2$。

由于假设 H_0 是总体方差 $\sigma_1^2 = \sigma_2^2$，所以，F 统计量可以简化为

$$F = \frac{S_1^2}{S_2^2} \sim F(n-1, m-1)$$

备择假设 H_1 安排为 $\sigma_1^2 \neq \sigma_2^2$，这是一个双尾检验。注意，$F$ 分布是非对称的，所以检验分析式为

$$P\{F \geq f_{\frac{\alpha}{2}}(n-1, m-1)\} = \frac{\alpha}{2}$$

$$P\{F \geq f_{1-\frac{\alpha}{2}}(n-1, m-1)\} = \frac{\alpha}{2}$$

以下只要计算出 f 值，与查表值 $f_{\frac{\alpha}{2}}(n-1, m-1)$ 及 $f_{1-\frac{\alpha}{2}}(n-1, m-1)$ 比较就行了。

② 对问题2：未知总体均值 μ_1，μ_2，检验备择假设：总体方差 $\sigma_1^2 > \sigma_2^2$。

由于备择假设是 $H_1: \sigma_1^2 > \sigma_2^2$，所以，这是一个单尾检验问题。此时，$H_0$ 仍设定为 $\sigma_1^2 = \sigma_2^2$，以便利用统计量 $F = \frac{S_1^2}{S_2^2}$。拒绝 H_0 而接受 H_1 的表达式为

$$P\{F \geq f_\alpha(n-1, m-1)\} = \alpha$$

接下来，只要计算出 F 的观察值 f，与查表值 f_α 比较就行了。

③ 对问题3：未知总体方差 σ_1^2，σ_2^2，但知 $\sigma_1^2 = \sigma_2^2$，检验假设 $H_0: \mu_1 = \mu_2$。

由于已知 $\sigma_1^2 = \sigma_2^2$，要检验的假设 $H_0: \mu_1 = \mu_2$。备择假设：$\mu_1 \neq \mu_2$。原假设成立的条件下，统计量

$$T = \frac{(\bar{X} - \bar{Y}) - (\mu_1 - \mu_2)}{\sqrt{\frac{(n-1)S_1^2 + (m-1)S_2^2}{n+m-2}} \sqrt{\frac{1}{n} + \frac{1}{m}}} \sim t(m+n-2)$$

式中，n 是来自总体 X 的样本数，m 是来自总体 Y 的样本数。

由于原假设 H_0 是 $\mu_1 = \mu_2$，所以上式分子的第二项 $(\mu_1 - \mu_2)$ 可以删去（由于两个正态分布的样本容量不同，S_1^2，S_2^2 还需保留）。于是，只要依据样本观察值 $x_1, x_2, \cdots, x_n$ 与 $y_1, y_2, \cdots, y_m$，由下式计算出 t 统计值：

$$T = \frac{(\bar{x} - \bar{y})}{\sqrt{\frac{(n-1)s_1^2 + (m-1)s_2^2}{n+m-2}} \sqrt{\frac{1}{n} + \frac{1}{m}}} \sim t(m+n-2)$$

然后比较 t 与 $t_{0.025}(n-1)$（若 $\alpha = 0.05$），就可以得出拒绝或接受 $H_0: \mu_1 = \mu_2$ 的结论了：

若 $|t| \geq t_{0.025}(n-1)$，则拒绝 H_0。

若 $|t| < t_{0.025}(n-1)$，则接受 H_0。

④ 对问题4：未知总体方差 σ_1^2，σ_2^2，但知 $\sigma_1^2 \neq \sigma_2^2$，检验假设 $H_0: \mu_1 = \mu_2$。选择统计量

$$T = \frac{(\bar{X}_1 - \bar{Y}_1) - (\mu_1 - \mu_2)}{\sqrt{\frac{S_1^2}{n} + \frac{S_2^2}{m}}} \sim t(m+n-2)$$

检验过程同上。

在有些问题中，如在某些对比实验中，数据都是成对出现的。例如，用两套考试卷子测试

实验组中的每个人,所得到的两套试卷的数据就是成对出现的。这时就不再用上述方法进行均值的 T 检验,而是简单地令 $\mu_i = x_i - y_i (i=1,2,\cdots,n,$ 此时 $m=n)$。然后用 4.2.1 节的单样本检验方法,检验 μ_i 的均值与 0 有无显著差异,从而得出两组样本的均值有无显著差异。这种检验方法,称为配对 T 检验。

4.2.4 两个正态总体下的参数假设检验的 SPSS 应用

SPSS 提供了关于相互独立的两组样本的 T 检验方法和配对样本的 T 检验方法。

独立样本的 T 检验用于检验是否两个相关的样本来自具有相同均值的总体。例如,如果想要知道购买产品的顾客与不购买该产品的顾客平均收入是否相同,可以使用对独立样本进行 T 检验的功能。使用这种检验的条件是必须具有来自两个不相关组的观测量,其均值必须是在两组中都计算的变量的综合测度。

如果分组样本彼此不独立,例如,测度的是工人在技术培训前后某项技能的成绩,要求比较培训前后均值是否有显著性差异,应该使用配对 T 检验的功能。

1. 用于独立样本的 T 检验方法

【例 4-8】 某企业对于两种不同的膨化食品 A 和 B 分别统计了在 8 家不同超市的日销量(箱),食品 A:86,87,56,93,84,93,75,79;食品 B:80,79,58,91,77,82,76,66。要求检验这两种膨化食品的日销量之间是否有显著差异。

在数据管理窗口中,单击 Analyze 菜单,选择 Compare Means→Independent-Samples T Test 命令(如图 4-13 所示),弹出 Independent-Samples T Test 对话框,如图 4-14 所示。

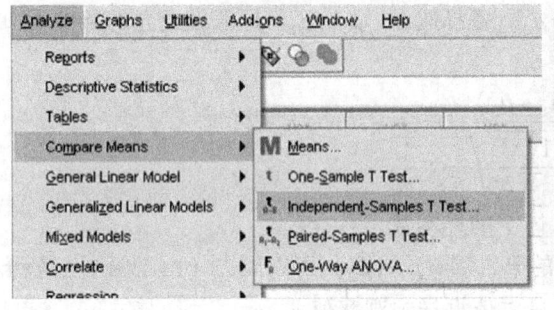

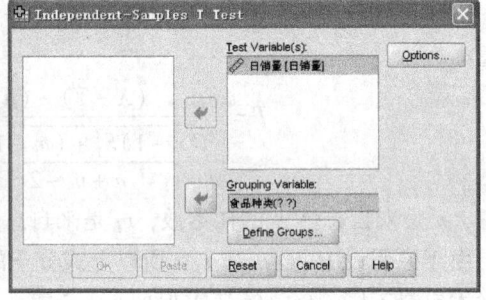

图 4-13 Independent-Samples T Test 命令   图 4-14 Independent-Samples T Test 对话框

Independent-Samples T Test 对话框中各选项的意义如下。

Test Variable(s):将窗口左侧的变量选择进入在该列表框内表示将对该变量的数据进行 T 检验。

Grouping Variable:将窗口左侧的变量(一般是指分类变量)选择进入,将在该变量名后面显示括号,并在括号内显示两个问号。用 Define Groups 按钮进行设置,把该变量的数据分成两类,对这两类数据进行 T 检验。

本例将日销量选择到 Test Variable,食品种类选择到 Grouping Variable。

Define Groups:单击选中 Grouping Variable 下面的文本框,则该按钮可用。单击该按钮,弹出 Define Groups 对话框,如图 4-15 所示。

Use specified values:选择此项,该单选按钮下面的两个 Group 文本框激活,在其中输入不同的变量值,则不同变量值对应的数据将被用于检验对象。本例在 Group1 中输入 1,Group2 中输入 2(在数据表中食品种类的数据值为 1 和 2,分别表示食品 A 和 B)。

Cut point：在该文本框中输入数值，则 Independent-Samples T Test 对话框中 Grouping Variable 文本框内变量对应的数据中大于或等于该值的数据作为一组，小于该值的数据作为一组，对这两组数据进行 T 检验。

单击 Continue 按钮回到主对话框。

单击 Options 按钮，弹出 Independent-Samples T Test：Options 对话框，如图 4-16 所示。利用该对话框，可以设置检验时采用的置信度和缺失值的处理。

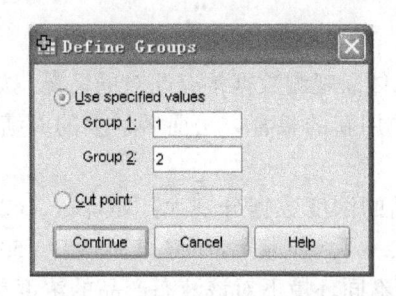

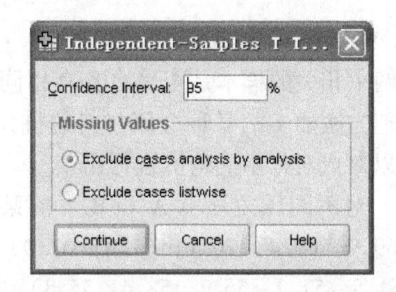

图 4-15　Define Groups 对话框　　图 4-16　Independent-Samples T Test：Options 对话框

Confidence Internal：可输入 50~99 之间的数值，作为置信度，默认值为 95。

Missing Values：设置缺失值的处理方式。

Exclude cases analysis by analysis：默认选项，表示在需要分析的数据中剔除含有缺失值的 case。

Exclude cases listwise：删除所有数据中含有缺失值的 case 数据。

本例此处采用默认设置，如果对精度准确性要求较高的情况下，可以将 Confidence Internal 的值设为 99。单击 Continue 按钮回到主对话框。再单击 OK 按钮，生成表 4-5 和表 4-6。

表 4-5　分组统计表（Group Statistics）

	食品种类	N	Mean	Std. Deviation	Std. Error Mean
日销量	1	8	81.6250	12.07048	4.26756
	2	8	76.1250	10.07738	3.56289

表 4-6　独立样本 t 检验结果表（Independent Samples Test）

		Levene's Test for Equality of Variances		t-test for Equality of Means						
		F	Sig.	t	df	Sig. (2-tailed)	Mean Difference	Std. Error Difference	95% Confidence Interval of the Difference	
									Lower	Upper
产量	Equal variances assumed	.205	.657	.989	14	.339	5.5000	5.55934	-6.42360	17.42360
	Equal variances not assumed			.989	13.568	.340	5.5000	5.55934	-6.45935	17.45935

表 4-5 中给出了对应于不同品种（1 表示食品 A 和 2 表示食品 B）的日销量的几个统计量，包括数据个数（N）、均值（Mean）、标准离差（Std. Deviation）和均值的标准误差（Std. Error Mean）。

表 4-6 中给出了方差齐性（Equal variances assumed）和方差非齐性（Equal variances not assumed）两种情况下的方差齐性检验结果（Levene's Test for Equality of Variances）和等均值 t 检验结果（t-test for Equality of Means）。如果两组数据方差齐或方差不齐，应选择对应行的统计量作为 T 检验的结果。如果方差齐性检验的显著性概率（Sig.）大于 0.05，则方差齐性的假设条件满足。T 检验的结果包括 t 值（t）、自由度（df）、双尾显著性概率（Sig.）、均值差异

(Mean Difference)、均值差异的标准误差(Std. error difference)和均值差异的 95% 置信区间 (95% Confidence Interval of the Difference)。

本例中观察表 4-6 中的数值可知，F 检验（Levene 检验）表明方差齐性成立，（f 的显著性概率 $p=0.657>0.05$，两种食品日销量的方差没有明显差异）。所以观察 T 检验的值，应该采用上一行的结果（Equal variances assumed）。此时 t 统计量的显著性（双尾）概率 $p=0.339>0.05$，即接受零假设，两种食品的平均日销量没有明显差异。

2. 用于配对样本的 T 检验过程

用于检验两个相关的样本是否来自具有相同均值的总体。观测数据常有配对的情况，如用两种不同热处理方法加工的某种金属材料的抗拉强度、采用新的教育方法前后学生的成绩等。应用 T 检验可以对成对样本的均值进行比较。

【例 4-9】 对不同压力环境 A 和 B 下的某液态产品的浓度数据分别为：环境 A（62.5，65.2，67.6，69.9，69.4，70.1，67.8，67.0，68.5，62.4），环境 B（51.7，54.2，53.3，57.0，56.4，61.5，57.2，56.2，58.4，55.8）。要求检验不同环境下对该液态产品的浓度是否有显著影响（零假设为没有显著影响）。

在数据管理窗口中，单击 Analyze 菜单，选择 Compare Means→Paired-Samples T Test 命令（如图 4-17 所示），弹出 Paired-Samples T Test 对话框，如图 4-18 所示。

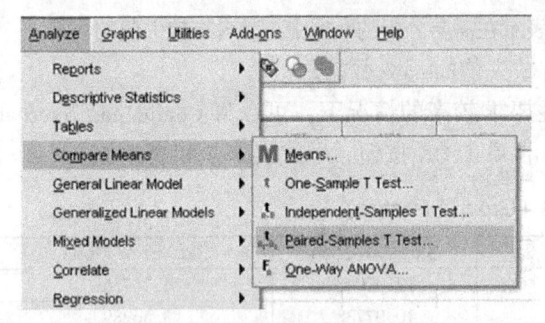

图 4-17 Paired-Samples T Test 菜单项 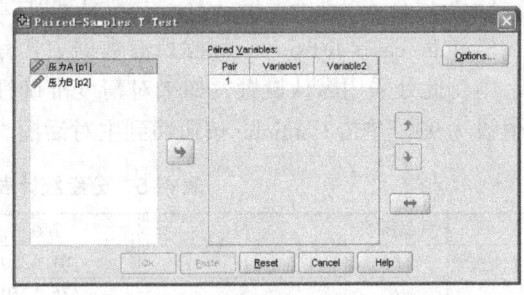　　　图 4-18 Paired-Samples T Test 对话框

在 Paired-Samples T Test 对话框中，在左侧变量列表框中，按住 Ctrl 键连续选择两个变量名，也可以分别单击两个变量名用向右箭头按钮可以将配对变量转移到 Paired Variables 列表框中，其数据作为配对样本均值比较的对象。在 Paired Variables 列表框中可以输入多对变量名。

将选定的配对变量用右箭头移到 Paired Variables 列表框后，如图 4-19 所示，单击 OK 按钮运行以后生成表 4-7 和表 4-8。

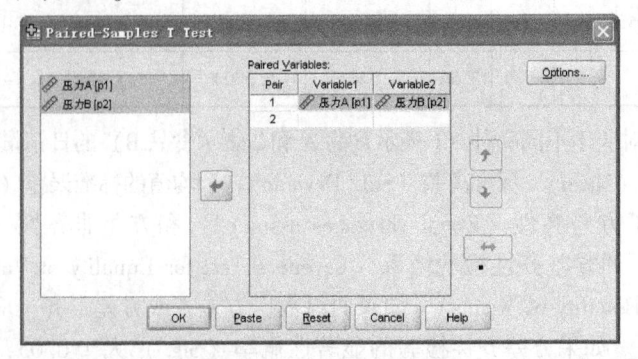

图 4-19 选择后的 Paired-Samples T Test 对话框

表 4-7 配对样本统计表（Paired Samples Statistics）

		Mean	N	Std. Deviation	Std. Error Mean
Pair 1	压力 A	67.040	10	2.8218	.8923
	压力 B	56.170	10	2.7370	.8655

表 4-7 中为配对样本中各样本数据的几个统计量，包括数据个数（N）、均值（Mean）、标准离差（Std. Deviation）和均值的标准误差（Std. Error Mean）。

表 4-8 配对样本 T 检验结果表（Paired Samples Test）

		Paired Differences					t	df	Sig. (2-tailed)
		Mean	Std. Deviation	Std. Error Mean	95% Confidence Interval of the Difference				
					Lower	Upper			
Pair 1	压力 A - 压力 B	10.87	2.2236	.7032	9.279	12.461	15.458	9	.000

表 4-8 中为不同压力环境下样本数据的 T 检验结果。表中前 4 项为配对样本数据差异的均值（Mean）、标准离差（Std. Deviation）均值的标准误差（Std. Error Mean）和 95% 置信区间（95% Confidence Interval of the Difference）。后三项为 t 值（t）、自由度（df）和双尾显著性概率（Sig.（2-tailed））。当显著性概率小于 0.05 时，认为配对样本数据之间有显著差异。表 4-8 中，显著性概率为 .000，小于 0.05，故由于压力环境的不同，该液态产品的浓度有显著性差异，即压力环境的不同对该液态产品的浓度有显著影响。

4.3 非参数假设检验

前面有关章节讨论的参数检验都要求总体服从一定的分布，对总体参数的检验是建立在这种分布基础上的。例如，两样本平均数比较的 T 检验和多个样本平均数比较的 F 检验，都要求总体服从正态分布，推断两个或多个总体平均数是否相等。本节引入另一类检验——非参数检验（Non-Parametric Test）。非参数检验是一种与总体分布状况无关的检验方法，它不依赖于总体分布的形式，应用时可以不考虑被研究的对象为何种分布及分布是否已知。非参数检验主要是利用样本数据之间的大小比较及大小顺序，对两个或多个样本所属总体是否相同进行检验，而不对总体分布的参数如平均数、标准差等进行统计推断。当样本观测值的总体分布类型未知或知之甚少，无法肯定其性质，特别是观测值明显偏离正态分布，不具备参数检验的应用条件时，常用非参数检验。非参数检验具有计算简便、直观，易于掌握，检验速度较快等优点。

非参数检验法从实质上讲，只是检验总体分布的位置（中位数）是否相同，所以对于总体分布已知的样本也可以采用非参数检验法，但是由于它不能充分利用样本内所有的数量信息，检验的效率一般要低于参数检验方法。例如，非配对资料的秩和检验，其效率为 T 检验的 86.4%，就是说以相同概率判断出差异显著，T 检验所需的样本个数要少 13.6%。非参数检验的内容很多，本章只介绍常用的符号检验（Sign Test）、秩和检验（Rank-sum Test）两种。

4.3.1 符号检验法

1. 配对资料的符号检验

配对资料符号检验是根据样本各对数据之差的正负符号多少来检验两个总体分布位置的异

同,而不去考虑差值的大小。每对数据之差为正值用"+"表示,负值用"-"表示。可以设想如果两个总体分布位置相同,则正或负出现的次数应该相等。若不完全相等,至少不应相差过大,否则超过一定的临界值就认为两个样本所来自的两个总体差异显著,分布的位置不同。显然这种检验比较的是中位数而不是平均数,当分布对称时,中位数与平均数相等。配对资料符号检验的基本步骤如下。

(1) 提出原假设与备择假设

H_0:甲、乙两处理差值 d 总体中位数 $=0$

H_1:甲、乙两处理差值 d 总体中位数 $\neq 0$

此时进行双尾检验。若将 H_1 中的"$\neq$"改为"$<$"或"$>$",则进行单尾检验。

(2) 计算差值并赋予符号

求甲、乙两个处理的配对数据的差值 d,$d>0$ 者记为"+",$d<0$ 者记为"-",$d=0$ 记为"0"。统计"+"、"-"、"0"的个数,分别记为 n_+、n_-、n_0,令 $n = n_+ + n_-$。检验的统计量为 K 等于 n_+、n_- 中的较小者,即 $K = \min\{n_+, n_-\}$。

(3) 统计推断

由 n 查符号检验用 K 临界值表(表中 $P_{(2)}$ 表示双尾概率,用于双尾检验;$P_{(1)}$ 表示单尾概率,用于单尾检验)得临界值 $K_{0.05(n)}$,$K_{0.01(n)}$。如果 $K > K_{0.05(n)}$,$P > 0.05$,则不能否定 H_0,表明两个试验处理差异不显著;如果 $K_{0.01(n)} < K \leq K_{0.05(n)}$,$0.01 < P \leq 0.05$,则否定 H_0,接受 H_1,表明两个试验处理差异显著;如果 $K \leq K_{0.01(n)}$,$P \leq 0.01$,则否定 H_0,接受 H_1,表明两个试验处理差异极显著。

【例 4-10】 某研究中心为研究车间噪声对工人心率变化的影响,测定了某工厂前后进入车间的 15 位员工的心率,结果如表 4-9 所示。问噪声对员工的心率有无影响?

表 4-9 噪声影响前后的心率(次/分钟)

编号	1	2	3	4	5	6	7	8	9	10	11	12	13	14	15
影响前	61	70	68	73	85	81	65	62	72	84	76	60	80	79	71
影响后	75	79	85	77	84	87	88	76	74	81	85	78	8	80	84
差值	-14	-9	-17	-4	1	-6	-23	-14	-2	3	-9	-18	-8	-1	-13
符号	-	-	-	-	+	-	-	-	-	+	-	-	-	-	-

这是一个配对资料双尾检验的问题。

① 提出原假设与备择假设。

H_0:噪声影响前后员工的心率差值 d 总体中位数 $=0$

H_1:噪声影响前后员工的心率差值 d 总体中位数 $\neq 0$

② 计算差值并赋予符号。

噪声影响前后的差值及符号列于表 4-9 第 4 行和第 5 行,从而得 $n_+ = 2$,$n_- = 13$,$n = n_+ + n_- = 2 + 13 = 15$,$K = \min\{n_+, n_-\} = n_+ = 2$。

③ 统计推断。

当 $n = 15$ 时,查表得临界值 $K_{0.05(15)} = 3$,$K_{0.01(15)} = 2$,因为 $K = 2 = K_{0.01(15)}$,$P \leq 0.01$,表明噪声刺激对员工的心率影响极显著。

值得注意的是,虽然符号检验方法简单,但是由于利用的信息较少,所以效率较低,且样本的配对数少于 6 时,不能检验出差别,在 7~12 时也不敏感,配对数在 20 以上时符号检验才较为有用。

2. 样本中位数与总体中位数比较的符号检验

为了判断一个样本是否来自某已知中位数的总体，即样本所在总体的中位数是否等于某一已知总体的中位数，就需要进行样本中位数与总体中位数的差异显著性检验。其符号检验的基本步骤如下。

(1) 提出原假设与备择假设

H_0：样本所在的总体中位数 = 已知总体中位数

H_1：样本所在的总体中位数 ≠ 已知总体中位数

此时进行双尾检验。如果将备择假设 H_1 中的"≠"改为"<"或">"，则进行单尾检验。

(2) 计算差值、确定符号及其个数

将样本各观测值中大于已知总体中位数者记为"+"，小于者记为"−"，等于者记为"0"。统计"+"、"−"、"0"的个数，分别记为 n_+、n_-、n_0，令 $n = n_+ + n_-$。假设检验的统计量 K 为 n_+、n_- 中的较小者，即 $K = \min\{n_+, n_-\}$。

(3) 统计推断

由 n 查符号检验用 K 临界值表，得临界值 $K_{0.05(n)}$、$K_{0.01(n)}$。如果 $K > K_{0.05(n)}$，$P > 0.05$，则不能否定 H_0，即表明样本中位数与已知总体中位数差异不显著；如果 $K_{0.01(n)} < K \leqslant K_{0.05(n)}$，$0.01 < P \leqslant 0.05$，则否定 H_0，接受 H_1，表明样本中位数与已知总体中位数差异显著；如果 $K \leqslant K_{0.01(n)}$，$P \leqslant 0.01$，则否定 H_0，接受 H_1，表明样本中位数与已知总体中位数差异极显著。

【例 4-11】 已知某玩具的平均长度为 140 cm，今在某工厂随机抽取 10 件该玩具，测得一组长度数据：128.1，144.4，150.3，146.2，140.6，139.7，134.1，124.3，147.9，143.0，单位为 cm，如表 4-10 所示。问该工厂玩具长度与该玩具的长度平均数是否有显著差异？

表 4-10 玩具的长度测定值符号检验表

编号	1	2	3	4	5	6	7	8	9	10
长度 (cm)	128.1	144.4	150.3	146.2	140.6	139.7	134.1	124.3	147.9	143
差值	−11.9	4.4	6.3	6.2	0.6	−0.3	−5.9	−15.7	7.9	3
符号	−	+	+	+	+	−	−	−	+	+

(1) 提出原假设与备择假设。

H_0：该工厂玩具长度的平均数 = 140 cm

H_1：该工厂玩具长度的平均数 ≠ 140 cm

(2) 计算差值、确定符号及其个数。

样本各观测值与总体平均数的差值及其符号列于表 4-10，并由此得 $n_+ = 6$，$n_- = 4$，$n = 6 + 4 = 10$，$K = \min\{n_+, n_-\} = n_- = 4$。

3. 统计推断

由 $n = 10$，查表，得 $K_{0.05(10)} = 1$，$K > K_{0.05(10)}$，$P > 0.05$，不能否定 H_0，表明样本平均数与总体平均数差异不显著，可以认为该工厂玩具长度的平均数与该玩具长度总体平均数相同。

4.3.2 秩和检验法

秩和检验也叫符号秩和检验（Signed Rank-sum Test），是一种经过改进的符号检验，或称 Wilcoxon 检验，其统计效率远比符号检验高。因为它除了比较各对数据差值的符号外，还要比较各对数据差值大小的秩次高低。方法是通过将观测值按由小到大的次序排列，编定秩次，求出秩和进行假设检验。秩和检验与符号检验法不同，要求差数来自某些对称分布的总体，但并不要求每一差数来自相同的分布。

1. 配对试验资料的符号秩和检验（Wilcoxon 配对法）

基本步骤如下。

（1）提出原假设与备择假设

$$H_0: 差值 d 总体的中位数 = 0$$
$$H_1: 差值 d 总体的中位数 \neq 0$$

此时进行双尾检验。若将 H_1 中的"$\neq$"改为"<"或">"，则进行单尾检验。

（2）编秩次、定符号

先求配对数据的差值 d，然后按 d 的绝对值从小到大编秩次。再根据原差值正负在各秩次前标上正负号，若差值 $d=0$，则舍去不记，若有若干差值 d 的绝对值相等，则取其平均秩次。

（3）确定统计量 T

分别计算正秩次及负秩次的和，并以绝对值较小的秩和绝对值为检验的统计量 T。

（4）统计推断

记正、负差值的总个数为 n，根据 n 查表符号秩和检验用 T 临界值表，得 $T_{0.05(n)}$、$T_{0.01(n)}$。如果 $T>T_{0.05(n)}$，$P>0.05$，则不能否定 H_0，表明两个试验处理差异不显著；如果 $T_{0.01(n)}<T\leq T_{0.05(n)}$，$0.01<P\leq 0.05$，则否定 H_0，接受 H_1，表明两个试验处理差异显著；如果 $T\leq T_{0.01(n)}$，$P\leq 0.01$，则否定 H_0，接受 H_1，表明两个试验处理差异极显著（注意：当 T 恰好等于临界 T 值时，其确切概率常小于 T 临界值表中列出的相应概率）。

【例 4-12】 某试验用大白鼠研究饲料维生素 E 缺乏与肝脏中维生素 A 含量的关系，先将大白鼠按性别、月龄、体重等配为 10 对，再把每对中的两只大白鼠随机分配到正常饲料组和维生素 E 缺乏饲料组，试验结束后测定大白鼠肝中维生素 A 的含量如表 4-11 所示。试检验两组大白鼠肝中维生素 A 的含量是否有显著差异。

表 4-11 不同饲料鼠肝维生素 A 含量资料（国际单位/克）

鼠对别	1	2	3	4	5	6	7	8	9	10
正常饲料组	3550	2000	3100	3000	3950	3800	3620	3750	3450	3050
维生素 E 缺乏组	2450	2400	3100	1800	3200	3250	3620	2700	2700	1750
差值 d_i	1100	-400	0	1200	750	550	0	1050	750	1300
秩次	+6	-1		+7	+3.5	+2		+5	+3.5	+8

① 提出原假设与备择假设。

$$H_0: 差值 d 总体的中位数 = 0$$
$$H_1: 差值 d 总体的中位数 \neq 0$$

② 编秩次、定符号 计算表 4-11 中配对数据差值 d_i，将 $d=0$ 的舍去，共有差值 $n=8$ 个。按绝对值从小到大排列秩次并标上相应的符号，差值绝对值为 750 的有两个，它们的秩次为 3 和 4，所以其平均秩次为 $(3+4)/2=3.5$。

③ 确定统计量 T。

正号有 7 个，其秩次为 2，3.5，3.5，5，6，7，8，秩次和为 $2+3.5+3.5+5+6+7+8=35$。
负号只有 1 个，其秩次为 1，秩次和等于 1。
负号秩次和较小，所以 $T=1$。

④ 统计推断。

由 $n=8$ 查表得，$T_{0.05(8)}=3$，$T_{0.01(n)}=0$，因为 $T_{0.01(8)}<T<T_{0.05(8)}$，$0.01<P<0.05$，否定 H_0，接受 H_1，表明两个试验处理差异显著。

2. 非配对试验资料的秩和检验（Wilcoxon 非配对法）

非配对试验资料的秩和检验是关于分别抽自两个总体的两个独立样本之间秩和的成组比较，它比配对资料的秩和检验的应用更为普遍。

基本步骤如下。

（1）提出原假设与备择假设

H_0：甲样本所在的总体的中位数 = 乙样本所在的总体的中位数

H_1：甲样本所在的总体的中位数 ≠ 乙样本所在的总体的中位数

此时进行双尾检验。若将 H_1 中的"≠"改为"<"或">"，则进行单尾检验。

（2）求两个样本合并数据的秩次

假设两个样本的含量分别为 n_1 和 n_2，则将两样本的观测值合并后，总的数据为 n_1+n_2 个。将合并后的数据按从小到大的顺序排列，与每个数据对应的序号即为该数据的秩次，最小数值的秩次为"1"，最大数值的秩次为"n_1+n_2"。遇不同样本的相同观测值时，其秩次取原秩次的平均秩次，但是同一样本内遇相同的观测值时则不必求平均秩次，秩次孰先孰后都可以。

（3）确定统计量 T

将两个样本重新分开，并计算各自的秩和。将较小的那个样本含量作为 n_1，其秩和作为检验的统计量 T。若 $n_1=n_2$，则任取一组的秩和为 T。

（4）统计推断

由 n_1，(n_2-n_1) 查表，得接受区域 $T'_{0.05} \sim T_{0.05}$，$T'_{0.01} \sim T_{0.01}$。若 T 在 $T'_{0.05} \sim T_{0.05}$ 之内，$P>0.05$，则不能否定 H_0，表明两个试验处理差异不显著；若 T 在 $T'_{0.05} \sim T_{0.05}$ 之外但在 $T'_{0.01} \sim T_{0.01}$ 之内，$0.01<P \le 0.05$，则否定 H_0，接受 H_1，表明两个试验处理差异显著；若 T 在 $T'_{0.01} \sim T_{0.01}$ 之外，$P<0.01$，则否定 H_0，接受 H_1，表明两个试验处理差异极显著。

【例 4-13】 研究两种不同能量水平饲料对 5~6 周龄肉仔鸡增重（克）的影响，资料如表 4-12 所示。问这两种不同能量水平的饲料对肉仔鸡增重的影响有无差异？

表 4-12 两种不同能量水平饲料的肉仔鸡增重及秩和检验

饲 料	肉仔鸡增重（g）									
高能量	603	585	598	620	617	650				$n_1=6$
秩次	12	8.5	11	14	13	15				$T_1=73.5$
低能量	489	457	512	567	512	585	591	531	467	$n_2=9$
秩次	3	1	4	7	5	8.5	10	6	2	$T_2=46.5$

① 提出原假设与备择假设。

H_0：高能量饲料增重总体的中位数 = 低能量饲料增重总体的中位数

H_1：高能量饲料增重总体的中位数 ≠ 低能量饲料增重总体的中位数

② 编秩次。

将两组数据混合从小到大排列为秩次。在低能量组有两个"512"，不求平均秩次，其秩次分别为 4 和 5；在高、低两组有一对数据为"585"，需求它们的平均秩次：$(8+9)/2=8.5$。

③ 确定统计量 T。

以较小样本的秩次和为统计量 T，即 $T=73.5$。

④ 统计推断。

由 $n_1=6$，$n_2-n_1=9-6=3$ 查表得，$T'_{0.05} \sim T_{0.05}$ 为 31~65，$T'_{0.01} \sim T_{0.01}$ 为 26~70。$T=73.5$

在 $T'_{0.01} \sim T_{0.01}$，即 26 – 70 之外，$P < 0.01$，否定 H_0，接受 H_1，表明饲料能量高低对肉仔鸡增重的影响差异极显著。

4.3.3 非参数假设检验中的 SPSS 应用

单个样本的非参数检验方法包括卡方检验、二项检验、游程检验和柯尔莫哥洛夫 – 斯米诺夫检验等。这里主要介绍卡方检验和柯尔莫哥洛夫 – 斯米诺夫检验。

【例 4-14】 在一次观测中，某厂家 6 条生产线每小时生产的产量为生产线 A：20，生产线 B：46，生产线 C：33，生产线 D：35，生产线 E：42，生产线 F：40。试问该厂家不同生产线的生产能力有无显著性差异？

本例题属于单个样本检验。

原假设：这 6 条生产线生产能力是相同的（即服从均匀分布）。

备择假设：这 6 条生产线生产能力是不全相同的（即生成能力不服从均匀分布）。

注意，本例在 SPSS 的数据中应该有 216 条数据。如生产线 A 应有 20 个 case，数据为 1 表示生产线 A，生产线 B 应有 46 个 case，数据为 2 表示生产线 B，其他类推。特征变量值是生产线的编号。

在数据管理窗口中，单击 Analyze 菜单，选择 Nonparametric Tests 子菜单，如图 4-20 所示。

其中各子菜单的含义如下。

Chi-Square：卡方检验。

Binomial：二项检验。

Runs：游程检验。

1-Sample K-S：单个样本的柯尔莫哥洛夫 – 斯米诺夫检验（简称 K-S 检验）。

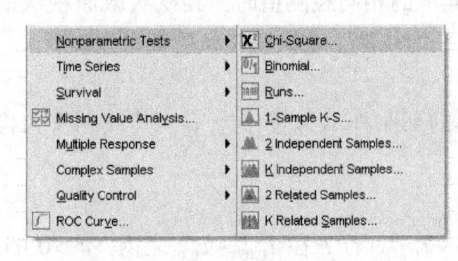

图 4-20 非参数检验子菜单

2 Independent Samples：两个独立样本的检验。

K Independent Samples：多个独立样本的检验。

2 Related Samples：两个相关样本的检验。

K Related Samples：多个相关样本的检验。

1. 卡方检验

该检验属于拟合优度型检验，适用于具有明显分类特征的某种数据，用来检验属于某一类别的对象或反应的 case 数与根据零假设所得期望数目之间是否有显著差异。

在 Nonparametric Tests 子菜单中单击 Chi-Square 命令，弹出 Chi-Square Test 对话框，如图 4-21 所示。

对话框中各选项的意义如下：

左侧列表显示的是该数据表中的所有变量名。

① Test Variable List：可用向右箭头按钮从左边变量列表框中移变量名到该列表框中，表明对对应变量的数据进行卡方检验。

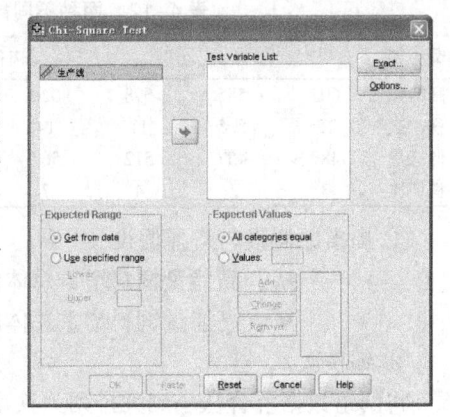

图 4-21 Chi-Square Test 对话框

② Expected Range：在该选项组中进行选择，确定对变量中的哪些数据进行检验。

Get from data：默认选项。选择此项，由系统指定数据范围（全部数据参与检验）。

Use specified range：选择此项，下面的 Lower 和 Upper 文本框变为可用，在其中输入数值，确定自定义数据范围的下限和上限。

③ Expected Values：在该选项组中确定变量中各组数据期望值的设置方式。

All categories equal：默认选项。选择此项，假设变量中各组数据的期望值相等。检验样本数据是否服从均匀分布时选择此项。

Values：选择此项，其右侧的文本框及下方按钮变为可用，在右侧的文本框中输入数值，然后单击 Add 按钮，则该数值添加到右边列表框中。重复以上操作，可以输入多个数值。这些数值将被作为要检验分布的期望值。在列表框中选定数值以后，使用 Change 按钮可以对该数值进行修改，单击 Remove 按钮可以删除该数值。

④ Exact：单击该按钮，打开 Exact Tests 对话框，如图 4-22 所示。该对话框可以设置显著性水平的计算方法。

Asymptotic Only：默认选项。选择此项，根据所假设的分布采用逼近的方法计算显著性水平。该方法适用于样本较大的情况。

Monte Carlo：选择此项，下面的 Confidence level 文本框和 Number of sample 文本框变为可用。在 Confidence level 文本框中输入置信度，默认值为 99%；在 Number of sample 文本框中输入最大迭代次数，范围为 1~1000000000，默认值为 10000。设置该项以后，将用蒙特卡罗法计算显著性水平。

Exact：选择此项，下面的 Time limit per test 及其右侧的文本框变为可用，可以设置进行计算的时间限制。当计算时间超过半个小时时，建议采用蒙特卡罗法，即选择 Monte Carlo 单选按钮。

本例采用默认设置 Asymptotic Only。

⑤ Option：单击该按钮，打开 Chi-Square Test：Options 对话框，如图 4-23 所示。该对话框设置统计量的描述和缺失值的处理。

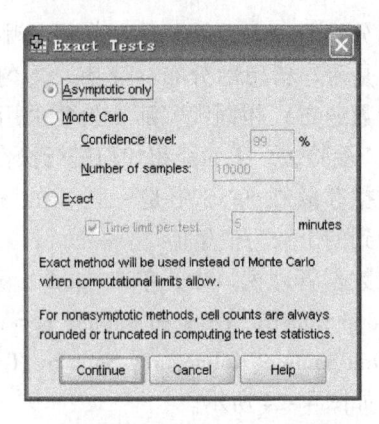

图 4-22　Exact Tests 对话框 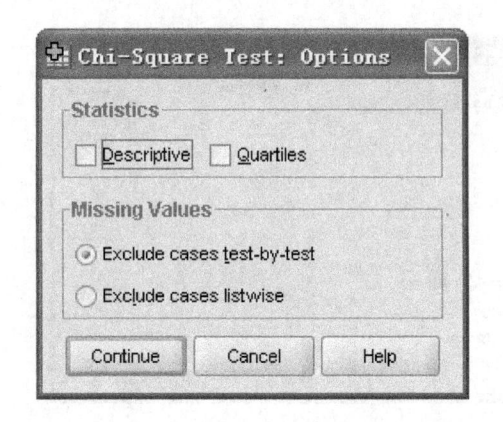　　　　图 4-23　Chi-Square Test：Options 对话框

Statistics 选项组可设置统计量描述选项。

Descriptive 可设置显示数据个数、均值、标准离差、最小值和最大值等统计量。

Quartile 可设置是否显示四分位数。

Missing Values 选项组可设置缺失值的处理方式。

采用默认设置，单击 Continue 按钮回到主对话框后再单击 OK 按钮。输出结果如表 4-13 和表 4-14 所示。

表4-13 对生产能力的统计

	生 产 线		
	Observed N	Expected N	Residual
生产线 A	20	36.0	-16.0
生产线 B	46	36.0	10.0
生产线 C	33	36.0	-3.0
生产线 D	35	36.0	-1.0
生产线 E	42	36.0	6.0
生产线 F	40	36.0	4.0
Total	216		

表4-14 检验结果（Test Statistics）

	生 产 线
Chi-Square	11.611[a]
df	5
Asymp. Sig.	.041

a. 0 cells (.0%) have expected frequencies lessthan 5. The minimum expected cell frequency is 36.0.

由表4-14可知，卡方的显著性概率 $p = 0.041$ 小于0.05，所以拒绝零假设，则生产能力不服从均匀分布，即6条生产线的生产能力是不全同的。

2. 柯尔莫哥洛夫－斯米诺夫检验

该检验为拟合优度型检验，可以检验样本数据是否服从指定的理论分布，假设 $F_0(x)$ 是一已知的分布函数，$F_n(x)$ 是未知的总体分布函数 $F(x)$ 的一个较优的估计，取检验统计量 $D = \max|F_n(x) - F_0(x)|$，则样本数据服从指定分布（即 $F(x) = F_0(x)$）时，D 的观测值应该较小，如果 D 的观测值较大，则零假设可能不成立。

【例4-15】 某连锁超市拟计划在一个综合购物广场开一个分店。随即安排市场调查人员在该广场的入口处观察每分钟通过的人数，拟考察该广场的人流情况后再做超市购物分析和赢利评估。共做了2000余次的观测，数据如表4-15所示。

表4-15 观测数据

人数/分钟	0	1	2	3	4	5	6	7	8	9	10
观测到人数的次数（频次）	53	192	355	527	534	413	273	139	45	27	16

每分钟通过人数的总体分布服从哪类分布呢？是否与猜想的分布（正态、均匀、泊松、指数分布）相同呢？那么就要采用拟合优度KS检验法。下面介绍如何进行操作。

数据存放在SPSS中是一列。在一分钟内观测到的个数为变量值。

在数据管理窗口中，单击Analyze菜单，选择Nonparametric Tests→1-sample K-S命令，打开One-Sample Kolmogorov-Smirnov Test对话框，如图4-24所示。

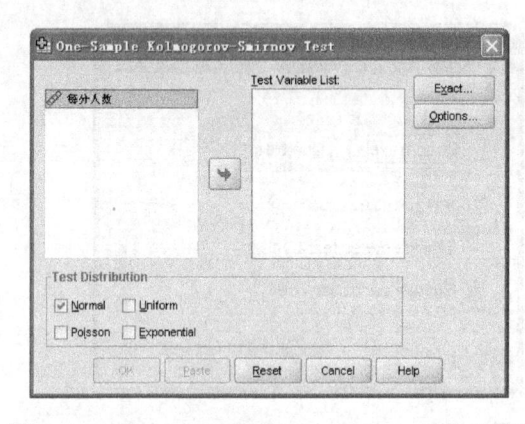

图4-24 One-Sample Kolmogorov-Smirnov Test 对话框

左侧列表框：在该列表框中显示变量名，对应变量的数据作为检验对象。

Test Variable List：可用向右箭头键从左边变量列表框中移变量名到该列表框中，表明对对应变量的数据进行KS检验。

Test Distribution：在该选项组中选择一种分布形式，假设样本数据服从该种分布，SPSS将进行检验。

Normal：正态分布。　　　　　　　　　Poisson：泊松分布。
Uniform：均匀分布。　　　　　　　　　Exponential：指数分布。

Exact 按钮和 Options 按钮：单击这两个按钮，打开对应的对话框，相关选择的设置功能与卡方检验操作方法相同。选择后如图 4-25 所示。

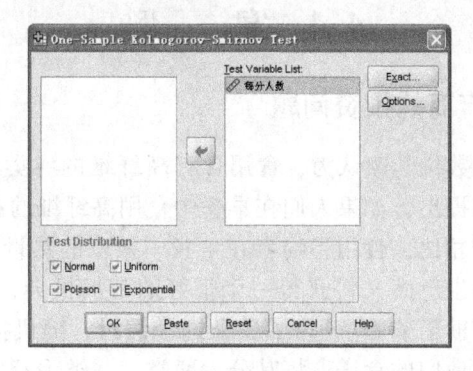

图 4-25　选择后的 One-Sample Kolmogorov-Smirnov Test 对话框

因为不知道数据可能服从什么分布，故一般建议将上述选项都选中。也可以先做条形图、直方图等做初步观察，依据经验判断后再选择。对于经验不足的操作人员，还是都选择为好。

本例选择变量名"每分人数"，在 Test Distribution 选项组中选择 Normal、Uniform、Poisson 以及 Exponential，运行，生成表 4-16、表 4-17、表 4-18 和表 4-19。

表 4-16　对假设为正态分布的检验结果
(One-Sample Kolmogorov-Smirnov Test)

		每分人数
N		2574
Normal Parameters[a]	Mean	3.9075
	Std. Deviation	1.89380
Most Extreme Differences	Absolute	.126
	Positive	.126
	Negative	−.083
Kolmogorov-Smirnov Z		6.384
Asymp. Sig. (2-tailed)		.000

a. Test distribution is Normal.

表 4-17　对假设为均匀分布的检验结果
(One-Sample Kolmogorov-Smirnov Test 2)

		每分人数
N		2574
Uniform Parameters[a]	Minimum	.00
	Maximum	10.00
Most Extreme Differences	Absolute	.312
	Positive	.312
	Negative	−.105
Kolmogorov-Smirnov Z		15.820
Asymp. Sig. (2-tailed)		.000

a. Test distribution is Uniform.

表 4-16 中，显著性概率 $p = 0.000 < 0.01$，表明样本与正态分布有显著差异。

表 4-17 中，显著性概率 $p = 0.000 < 0.01$，表明样本与均匀分布有显著差异。

表 4-18 中，显著性概率 $p = 0.319 > 0.05$，表明样本服从泊松分布。

表 4-19 中，显著性概率 $p = 0.000 < 0.01$，表明样本与指数分布有显著差异。

表 4-18　对假设为泊松分布的检验结果
(One-Sample Kolmogorov-Smirnov Test 3)

		每分人数
N		2574
Poisson Parameter[a]	Mean	3.9075
Most Extreme Differences	Absolute	.019
	Positive	.013
	Negative	−.019
Kolmogorov-Smirnov Z		.957
Asymp. Sig. (2-tailed)		.319

a. Test distribution is Poisson.

表 4-19　对假设为指数分布的检验结果
(One-Sample Kolmogorov-Smirnov Test4)

		每分人数
N		2574[a]
Exponential parameter.[b]	Mean	3.9897
Most Extreme Differences	Absolute	.297
	Positive	.159
	Negative	−.297
Kolmogorov-Smirnov Z		14.916
Asymp. Sig. (2-tailed)		.000

a. There are 53 values outside the specified distribution range. These values are skipped.
b. Test Distribution is Exponential.

综上，可知该购物广场入口处每分钟通过的人数服从泊松分布。

4.4 案 例

案例 4.1 谷类食品生产商的投资问题

尽管存在争议，但大多数科学家认为，食用含有高纤维的谷类食物有助于降低癌症发生的可能性。然而一个科学家提出，如果人们在早餐中食用高纤维的谷类食物，那么平均而言，与早餐没有食用谷物的人群相比，食用谷物者在午餐中摄取的热量（大卡）将会减少。如果这个观点成立，谷物食品的生产商又将获得一个很好的市场机会，他们会宣传说："多吃谷物吧，早上也吃，这样将有助于减肥。"为了验证这个假设，随机抽取了 35 人，询问他们早餐和午餐的通常食谱，根据他们的食谱，将其分为两类，一类为经常的谷类食用者（A），一类为非经常谷类食用者（B），然后测度每人午餐的热量摄取量。经过一段时间的实验，得到的结果如表 4-20 所示。

表 4-20 热量摄取量情况表　　　　　　　　　　　　　　　　单位：大卡

食用者类型	热量摄取量													
A	568	681	636	607	555	496	540	539	529	562	589	646	596	617	584
B	650	569	622	630	596	637	628	706	617	624					
	563	580	711	480	688	723	651	569	709	632					

思考题：

(1) 利用 SPSS 软件进行数据处理，分别对两种食用者的热量摄取量均值进行检验（$\alpha = 0.05$），分析谷物食品的生厂商的说法是否科学。

(2) 根据以上计算过程及计算结果，形成一个案例分析报告。

案例 4.2 数控机床的选购问题

随着电子信息技术的发展，世界机床业已进入了以数字化制造技术为核心的机电一体化时代，其中数控机床就是代表产品之一。数控机床是制造业的加工母机和国民经济的重要基础。目前，欧、美、日等工业化国家已先后完成了数控机床产业化进程，而中国从 20 世纪 80 年代开始起步，仍处于发展阶段。国内本土数控机床在产品设计水平、质量、精度、性能以及高、精、尖技术方面同外国先进水平差距很大。国产数控机床始终处于低档迅速膨胀，中档进展缓慢，高档依靠进口的局面，特别是国家重点工程需要的关键设备主要依靠进口，技术受制于人。

某仪表公司生产的一项新型产品，需要使用从德国进口的数控机床，现有两种不同型号的机床可供选择。除去价格因素外，公司通过调查行业内部数据发现，进口机床一旦出现故障，维修需要进口零件，等待时间较长。所以，为了保证公司的生产正常进行，机床的使用寿命和机床维修时间间隔是机床选择的关键因素。通过对这两种型号机床的使用寿命和产品可靠度进行了统计，表 4-21 是调查统计的首次使用至需要修理的时间间隔的数据。

表 4-21 两种型号机床首次使用至需要修理的时间间隔的数据　　　单位：小时

机床型号	时间间隔								
型号 I	690	580	480	780	800	740	760	530	400
型号 II	840	580	540	740	720	590	640	520	510

型号Ⅱ的数控机床的生产商已经宣布将在最近提高该机床的售价。这将使型号Ⅱ的机床比型号Ⅰ的机床贵一些。然而，根据过去的经验，两种机床的价格是相互影响的（即一种价格提高，很可能另外一种的价格也会在短期内相应提高）。

思考题：

（1）根据以上数据，试分析：在95%和99%的不同显著水平下，型号Ⅰ的机床是否比型号Ⅱ的机床耐用。该公司该如何决策。

（2）撰写本案例的分析报告。

习 题 4

1. 假设检验的基本思想是什么？假设检验一般有哪些步骤？
2. 区间估计与假设检验有何联系与区别？如何根据置信区间进行假设检验？
3. 某旅游机构根据过去资料对国内旅游者的旅游费用进行分析，发现在3日的旅游时间中，旅游者用在车费、住宿费、膳食及购买纪念品等方面的费用是一个近似服从正态分布的随机变量，其平均值为1030元，标准差为205元。而某研究所抽取了样本容量为400的样本，做了同样内容的调查，得到样本平均数为1250元。若把旅游机构的分析结果看做是对总体参数的一种假设，这种假设能否接受呢？
4. 一种电子元件，要求其使用寿命不得低于1000小时。已知这种元件的使用寿命服从标准差为90小时的正态分布。现从一批元件中随机抽取25件，测得平均使用寿命为957小时。试在0.01的显著性水平下，确定这批元件是否合格。
5. 什么是原假设？什么是备择假设？
6. 某小区全部业主中，晚报的订阅率服从正态分布 $N \sim (0.4, 1)$，最近从订阅率来看似乎出现减少的现象，随机抽200户家庭进行调查，有76户业主订阅该报纸，问报纸的订阅率是否显著降低（$\alpha = 0.05$）？
7. 某型号的汽车轮胎耐用里程服从正态分布，其平均耐用里程为25 000千米。现在从某厂生产的轮胎随机取6个进行里程测试，结果数据如下：

25600　25300　24900　24800　25000　25200

根据以上数据检验该厂轮胎的耐用里程是否存在显著性的差异（$\alpha = 0.05$）？

8. 某洗衣粉生产厂用自动包装机装袋，每袋的标准量为500 g，每天每隔三个小时需要定时检查包装机的工作是否正常。根据以往的资料采用包装机装箱，每箱量的标准差 σ 为1.12g。某日开机三小时后，随机抽取了12箱，测得量（单位：g）数据如下：

497　498.1　501.9　499.8　497.9　501.3　497.5　498.5　502.8　500.2　499.6　502.7

在5%的显著性水平下，推断该包装机的工作是否正常稳定。

9. 某国际汽车调查机构对产地为美国、欧洲及日本的汽车做了一个抽样调查，数据涵盖了1升油能行驶的里程数（英里）、车的马力、整车净重、从静止加速到60迈的时间（秒），如表4-22所示。

① 产地分别为"日本"和"欧洲"的汽车，其提速时间的长短有无显著差异？

② 汽车提速时间是否服从正态分布？是否服从均匀分布？

表 4-22 抽样调查数据

里程数	马力	车重	加速时间	产地	里程数	马力	车重	加速时间	产地
29	52	2035	22	美国	44	52	2130	25	欧洲
21	72	2401	20	美国	20	103	2830	16	欧洲
25	60	2164	22	美国	25	77	3530	20	欧洲
27	72	2565	14	美国	36	67	2950	20	欧洲
30	80	2155	15	美国	17	120	3820	17	欧洲
26	96	2300	16	美国	17	125	3140	14	欧洲
25	88	2740	16	美国	16	133	3410	16	欧洲
28	90	2678	17	美国	31	76	3160	20	欧洲
26	88	2870	18	美国	19	97	2330	14	日本
24	90	3003	20	美国	18	90	2124	14	日本
18	129	3725	13	美国	22	110	2720	14	日本
17	138	3955	13	美国	24	100	2420	13	日本
26	46	1835	21	欧洲	31	65	1773	19	日本
25	87	2672	18	欧洲	35	69	1613	18	日本
24	90	2430	15	欧洲	24	95	2278	16	日本
25	95	2375	18	欧洲	28	92	2288	17	日本
26	113	2234	13	欧洲	23	97	2506	15	日本
28	90	2123	14	欧洲	27	88	2100	17	日本
30	70	2074	20	欧洲	20	88	2279	19	日本
30	76	2065	15	欧洲	22	83	2062	15	日本

第5章 方差分析

【引例】 现实中的统计。

抑郁症有两种含义，广义的抑郁症包括情感性精神病、抑郁性神经症、反应性抑郁症、更年期抑郁症等；狭义的则仅指情感性精神病抑郁症。抑郁症在国外是一种十分常见的精神疾病，据报告，其患病率最高竟占人群的10%左右，而且越是社会经济情况较好的阶层，患病率越高。世界卫生组织预测，抑郁症将成为21世纪人类的主要杀手。全世界患有抑郁症的人数在不断增长，而抑郁症患者中有10%~15%面临自杀的危险。引起抑郁症的原因有很多，地理位置对抑郁症是否有影响呢？

美国某研究中心做了一项调查，研究地理位置与患抑郁症之间的关系。他们选择了60个65岁以上的健康人组成一个样本，其中20个人居住在佛罗里达，20个人居住在纽约，20个人居住在北卡罗来纳。对中选的每个人给出了测量抑郁症的一个标准化检验，较高的得分表示较高的抑郁症水平。研究的第二部分考虑地理位置与患有慢性病的65岁以上的人患抑郁症之间的关系，这些慢性病诸如关节炎、高血压、心脏失调等。这种身体状况的人也选出60个组成样本，同样20个人居住在佛罗里达，20个人居住在纽约，20个人居住在北卡罗来纳。

研究结果表明，对于健康的65岁以上老人，三个地区的平均抑郁症水平有显著性差异，抑郁症和地理位置有显著关系；对于患有慢性病的65岁以上老人，三个地区的平均抑郁症水平没有显著性差异，抑郁症和地理位置没有显著关系。

由于调查中的三个地区的地理位置和气候差别非常大，所以对抑郁症的影响也有显著差异。纽约州地理位置偏东北，气候冬天寒冷而夏天炎热，令人不适；佛罗里达偏南，受海洋影响，气候温和，所以成为度假和疗养的胜地；北卡罗来纳处于中部，地理复杂，气候也复杂，所以对抑郁症平均影响在纽约和佛罗里达之间。佛罗里达的阳光充裕，只有4%的人在冬天感觉心情压抑。而纽约以北的地区则有17%的人患有冬天抑郁症，在阿拉斯加患冬天抑郁症的人群甚至高达28%。阳光之所以能对心理产生积极的作用，专家的解释是它能影响大脑产生各种激素和信息物质。

由此可知，地理位置造成的气候、天气、日照都给人带来了很大的影响，包括身体和精神，而对精神的影响很可能使人患抑郁症，故可见地理位置对于健康人患抑郁症的影响是很大的。

第4章介绍的 T 检验法适用于样本平均数与总体平均数及两样本平均数间的差异显著性检验，但在生产和科学研究中经常会遇到多个处理优劣的比较问题，即须进行多个平均数间的差异显著性检验。这时，T 检验法就不适宜了，原因主要如下。

① 检验过程繁琐。例如，若一个实验包含5个处理，采用 T 检验法要进行 $C_5^2 = 10$ 平均数的差异显著性检验；若有 k 个处理，则要做 C_k^2，即 $k(k-1)/2$ 次类似的检验。

② 无统一的实验误差，误差估计的精确性和检验的灵敏性低。例如，实验有5个处理，每个处理重复6次，共有30个观测值。进行 T 检验时，每次只能利用两个，处理共12个观测值估计实验误差，误差自由度为 $2 \times (6-1) = 10$；若利用整个实验的30个观测值估计实验误差，显然估计的精确性高，且误差自由度为 $5 \times (6-1) = 25$。可见，在用

T 检验法进行检验时,由于估计误差的精确性低,误差自由度小,使检验的灵敏性降低,容易掩盖差异的显著性。

③ 推断的可靠性低,检验的 I 型错误率大。即使利用资料所提供的全部信息估计了实验误差,若用 T 检验法进行多个处理平均数间的差异显著性检验,由于没有考虑相互比较的两个平均数的秩次问题,因而会增大犯 I 型错误的概率,降低推断的可靠性。

方差分析是在 20 世纪 20 年代发展起来的一种统计方法,它的基本原理是由英国统计学家 Donald. A. Fisher 在进行实验设计时为解释实验数据而首先引入的。目前,方差分析方法被广泛应用于分析心理学、生物学、工程和医药领域的实验数据。从形式上看,方差分析是比较多个总体的均值是否相等,但本质上它所研究的是分类自变量对数值因变量的影响。本章首先介绍方差分析基本原理,然后介绍单因子方差分析和双因子方差分析。

5.1 方差分析基本原理

方差分析的实质是检验多个总体均值是否有显著性差异,它是通过将 k 个处理的观测值作为一个整体看待,把观测值总变异的平方和及自由度分解为相应于不同变异来源的平方和及自由度,进而获得不同变异来源总体方差估计值;通过计算这些总体方差的估计值的适当比值,就能检验各样本所属总体平均数是否相等。方差分析实质上是关于观测值变异原因的数量分析,它在科学研究中应用十分广泛。例如,为试验四种柜台陈列方式对某种新产品销售量是否有显著不同的影响,可以选取 36 家各方面条件不相上下的商店,并使每 9 家商店采用一种柜台陈列方式,得到这些商店的一周总销售量,在此基础上利用方差分析方法来分析柜台陈列方式这个因素对新产品销售量是否有显著影响。

5.1.1 基本概念

方差分析中常用到的概念有因素、因素水平及处理等。掌握好基本概念对理解方差分析相关问题的关键基础、解决方差分析的问题有重要作用。

(1) 因素(Factor)

影响实验结果的条件叫因素。如研究提高猪的日增重时,饲料的配方、猪的品种、饲养方式、环境温湿度等都对日增重有影响。当研究中考察的因素只有一个时,称为单因素实验;若同时研究两个或两个以上的因素对实验结果的影响时,则称为双因素或多因素实验。因素常用大写字母 A,B,C,…来表示。

(2) 因素水平(Level of Factor)

因素所处的某种特定状态或数量等级称为因素水平,简称水平。如比较 3 个品种奶牛产奶量的高低,这 3 个品种就是奶牛品种这个实验因素的 3 个水平;研究某种饲料中 4 种不同能量水平对培育猪瘦肉率的影响,这 4 种特定的能量水平就是饲料能量这一实验因素的 4 个水平。因素水平用代表该因素的字母添加下角标 1,2,…来表示,如 A_1,A_2,…;B_1,B_2,…。

(3) 处理(Treatment)

事先设计好的实施在实验单位上的具体项目叫处理。在单因素实验中,实施在实验单位上的具体项目就是实验因素的某一水平。例如,进行饲料的比较实验时,实施在实验单位(某种畜禽)上的具体项目就是喂饲某一种饲料。所以进行单因素实验时,实验因素的一个水平就是一个处理。在多因素实验中,实施在实验单位上的具体项目是各因素的某一水平组合。例如,进行 3 种饲料和 3 个品种对猪日增重影响的两因素实验,整个实验共有 $3 \times 3 = 9$ 个水平组合,实施在实验单位（实验猪）上的具体项目就是某品种与某种饲料的结合。所以，在多因素实验时，实验因素的一个水平组合就是一个处理。

【例5-1】 某饮料生产企业研制出一种新型饮料。饮料的颜色共有四种，分别为橘黄色、粉色、绿色和无色透明。这四种饮料的营养含量、味道、价格、包装等可能影响销售量的因素全部相同。现从地理位置相似、经营规模相仿的五家超级市场上收集了前一时期该饮料的销售情况，如表5-1所示。试分析饮料的颜色是否对销售量产生影响。检验饮料的颜色对销售量是否有影响，也就是检验四种颜色饮料的平均销售量是否相同。

表5-1 四色饮料在五家超市的销售情况

超市编号	无色	粉色	橘黄色	绿色
1	26.5	31.2	27.9	30.8
2	28.7	28.3	25.1	29.6
3	25.1	30.8	28.5	32.4
4	29.1	27.9	24.2	31.7
5	27.2	29.6	26.5	32.8

设μ_1为无色饮料（A_1）的平均销售量，μ_2粉色饮料（A_2）的平均销售量，μ_3为橘黄色饮料（A_3）的平均销售量，μ_4为绿色饮料（A_4）的平均销售量，也就是检验下面的假设

$$H_0: \mu_1 = \mu_2 = \mu_3 = \mu_4$$

$$H_1: \mu_1, \mu_2, \mu_3, \mu_4 \text{不全相等}$$

检验上述假设所采用的方法就是方差分析。

要分析饮料的颜色对销售量是否有影响，颜色是要检验的因素或因子。

A_1，A_2，A_3，A_4四种颜色就是因素的水平。

每种颜色饮料的销售量就是观察值。

这里只涉及一个因素，因此称为单因素四水平的试验。

因素的每一个水平可以看成一个总体，比如，A_1，A_2，A_3，A_4四种颜色可以看成四个总体，上面的数据可以看成从这四个总体中抽取的样本数据。

由于各种因素的影响，得到的数据存在差异，呈现波动状，这种差异可分成两类：一类是随机误差，另一类是系统误差。

① 随机误差：在因素的同一水平（同一个总体）下，样本的各观察值之间的差异。

比如，同一种颜色的饮料在不同超市上的销售量是不同的，不同超市销售量的差异可以看成是随机因素的影响，或者说是由于抽样的随机性所造成的，称为随机误差。

② 系统误差：在因素的不同水平（不同总体）下，各观察值之间的差异。

比如，同一家超市，不同颜色饮料的销售量也是不同的，这种差异可能是由于抽样的随机性所造成的，也可能是由于颜色本身所造成的，后者所形成的误差是由系统性因素造成的，称为系统误差。

数据的误差用平方和（Sum of Squares）表示，称为方差。一般分成组内方差和组间方差两类。

① 组内方差：因素的同一水平（同一个总体）下样本数据的方差。

比如，无色饮料A_1在5家超市销售数量的方差。

组内方差只包含随机误差。

② 组间方差：因素的不同水平（不同总体）下各样本之间的方差。

比如，A_1，A_2，A_3，A_4四种颜色饮料销售量之间的方差。

组间方差既包括随机误差，也包括系统误差。

如果不同颜色（水平）对销售量（结果）没有影响，那么在组间方差中只包含有随机误差，而没有系统误差。这时，组间方差与组内方差就应该很接近，两个方差的比值就会接近1；

如果不同的水平对结果有影响，在组间方差中除了包含随机误差外，还会包含有系统误差，这时组间方差就会大于组内方差，组间方差与组内方差的比值就会大于1；当这个比值大到某种程度时，就可以说不同水平之间存在着显著差异。

5.1.2 方差分析中的基本假定

(1) 变异的可加性

方差分析所依据的一个基本原理就是变异的可加性。确切地说，应该是变异的可分解性，总变异可以分解成几个不同来源的部分，这几个部分变异的来源在意义上必须明确，而且彼此要相互独立。如果实验资料不具备这一性质，那么变量的总变异依据变异原因的部分将失去根据，方差分析不能正确进行。

(2) 每个总体都应服从正态分布（分布的正态性）

对于因素的每一个水平，其观察值是来自服从正态分布总体的简单随机样本。比如，每种颜色饮料的销售量必须服从正态分布。

(3) 方差的同质性

各组观察数据是从具有相同方差的总体中抽取的。比如，四种颜色饮料的销售量的方差都相同。

(4) 观察值是独立的

比如，每个超市的销售量都与其他超市的销售量独立。

在上述假定条件下，判断颜色对销售量是否有显著影响，实际上也就是检验具有同方差的四个正态总体的均值是否相等的问题。如果四个总体的均值相等，可以期望四个样本的均值也会很接近。

① 四个样本的均值越接近，推断四个总体均值相等的证据也就越充分。

② 样本均值越不同，推断总体均值不同的证据就越充分。

如果例 5-1 的原假设成立，即 $H_0: \mu_1 = \mu_2 = \mu_3 = \mu_4$，则四种颜色饮料销售的均值都相等，且没有系统误差。这意味着每个样本都来自均值为 μ、方差为 σ^2 的同一正态总体。

如果例 5-1 的备择假设成立，即 $H_1: \mu_i (i=1,2,3,4)$ 不全相等。则至少有一个总体的均值是不同的，且有系统误差。这意味着四个样本可能分别来自均值不同的正态总体。

5.2 单因素方差分析

单因素方差分析用于分析单因素试验中，各个水平对响应值的影响是否显著。

5.2.1 多个总体均值是否相同的检验

如例 5-1，令 μ 表示总体 X 的均值，μ_i 表示总体 A_i 的均值，则方案 i 的主效应 $a_i = \mu_i - \mu$ 反映了水平 A_i 对销售量的影响。

随机样本 X_{ij}，可以视为各个方案的总体均值 μ_i 与随机误差 ε_{ij} 之和：

$$X_{ij} = \mu_i + \varepsilon_{ij} \tag{5-1}$$

由于 X_{ij} 是来自 A_i 的观察值，于是有

$$X_{ij} = \mu_i + \varepsilon_{ij} = a_i + \mu + \varepsilon_{ij} \quad (i=1,2,\cdots,4;\ j=1,2,\cdots,5) \tag{5-2}$$

即 X_{ij} 可以表达为总平均、方案 i 的主效应与随机项之和，如表 5-2 所示。

表 5-2 单因素方差总体 X_{ij} 构成表

X_{ij}的构成		
μ_i（各方案的总体均值）		$\varepsilon_{ij} \sim N(0, \sigma^2)$
μ	$a_i = \mu_i - \mu$	
总体均值	主效应	随机扰动

这里 ε_{ij} 表示观测过程中各种随机影响引起的随机误差。为便于进行方差分析结果的统计检验，要求 ε_{ij} 相互独立，服从均值为 0，方差为 σ^2 的正态分布。

对应于 μ_i 的样本均值（统计量）是 $\bar{x}_i$，也就是说，$\bar{x}_{ij} - \bar{x}_i$ 表示随机误差项。这一点对于理解后边的计算很有意义。

由 $a_i = \mu_i - \mu$，若各个方案的主效应都是 0，则各个方案的均值相同。

单因素方案分析的基本任务是检验如下假设

H_0：所有 $a_i = 0$ 或 $\mu_1 = \mu_2 = \cdots = \mu_s = \mu$

H_1：$\mu_1, \mu_2, \cdots, \mu_s$ 不全相等（至少有两个不相等）

例 5-1 中考察该饮料颜色的不同是否会造成饮料销售量的不同，即考察颜色是否是影响该饮料销售量的主要因素。若饮料的销售量服从正态分布，不同颜色饮料销售量方差相等，考察不同颜色对饮料销售量有无显著影响，也就是要考察 4 个水平对销售量的影响是否差异显著，即要检验假设

$H_0: a_1 = a_2 = a_3 = a_4 = 0$

$H_1: a_1, a_2, a_3, a_4$ 不全相等

数据整理如表 5-3 所示。

表 5-3 数据整理

销售量（箱）		试验批号					各水平下平均销售量 $X_i.$
		1	2	3	4	5	
因素（颜色）	A_1（粉色）	26.5	28.7	25.1	29.1	27.2	27.32
	A_2（无色）	31.2	28.3	30.8	27.9	29.6	29.56
	A_3（绿色）	27.9	25.1	24.2	26.5	26.5	26.44
	A_4（橘色）	30.8	29.6	32.4	32.8	32.8	31.46
总平均销量							28.695

分析过程：

由于例 5-1 只有颜色这一个变量（因素），因此属于单因素方差分析问题。

① 将总体离差分解

总体销售量离差平方和 S_T 有两个来源，一是由水平不同造成的不同水平下的平均销售量差异 S_A；一是由除了颜色之外的随机干扰造成的、同一水平下的销售量差异 S_E。其中，m 表示因素 A（颜色）的水平数 $m = 4$，n 表示观测次数 $n = 5$。

$$\begin{aligned} S_T &= \sum_{i=1}^{m} \sum_{j=1}^{n} (x_{ij} - \bar{x})^2 = \sum_{i=1}^{m} \sum_{j=1}^{n} (x_{ij} - \bar{x}_i + \bar{x}_i - \bar{x})^2 \\ &= \sum_{i=1}^{m} \sum_{j=1}^{n} (x_{ij} - \bar{x}_i)^2 + \sum_{i=1}^{m} \sum_{j=1}^{n} (\bar{x}_i - \bar{x})^2 \\ &= S_E + S_A \end{aligned} \qquad (5-3)$$

② 将总体离差的自由度分解

$f_T = nm - 1$, $f_A = m - 1$, $f_E = m(n-1)$, n 的含义不同。

③ 将离差均方化, 得均方和 (为了具有可比性)

$$MS_A = S_A/f_A, \quad MS_E = S_E/f_E$$

④ 比较, 计算 F 值

$$F = MS_A/MS_E$$

⑤ 检验

如图 5-1 所示, 看 F 统计量落在接受域还是拒绝域中。

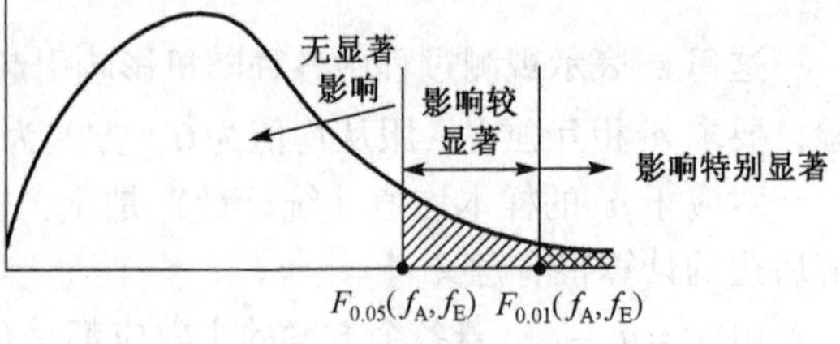

若 $F \leq F_{0.05}(f_A, f_E)$, 则无显著影响, 记为 "/";

若 $F_{0.05}(f_A, f_E) < F < F_{0.01}(f_A, f_E)$, 则影响较显著, 记为 "*";

若 $F > F_{0.01}(f_A, f_E)$, 则影响特别显著, 记为 "**"。

计算过程中的数据如表 5-4 所示。

由于 $F = 10.458 > F_{0.01}(f_A, f_E) = 5.29$, 所以颜色对饮料销售量有特别显著的影响。

综上, 单因素方差分析过程所需数据如表 5-5 所示。根据查表值可得,

图 5-1 F 分布

表 5-4 例 5-1 的单因素方差分析表

方差来源	离差平方和	自由度	均方和	F 值	检验结论
因素 A (颜色)	$S_A = 76.85$	$f_A = 3$	$MS_A = 25.615$	$F = 10.485$	**
随机干扰 E	$S_E = 39.08$	$f_E = 16$	$MS_E = 2.443$		
总和 T	$S_T = 115.93$	$f_T = 19$			

注: $F_{0.05}(3, 16) = 3.24$, $F_{0.01}(3, 16) = 5.29$。

表 5-5 单因素方差分析表

方差来源	离差平方和	自由度	均方和	F 值	检验结论
因素 A	S_A	f_A	MS_A	$F = MS_A/MS_E$	
随机干扰 E	S_E	f_E	MS_E		
总和 T	S_T	f_T			

表 5-6 5 组不同班主任的学生数学成绩

A	B	C	D	E
76	76	62	65	67
78	67	70	68	71
65	70	69	68	72
72	64	73	71	69
71	67	71	61	74
72	83	69	69	79
83	72	73	65	76
79	73	69	69	84

【例 5-2】为研究不同科目的教师当班主任对学生某一学科的学习是否有影响, 把 40 名学生随机分派到 5 名教不同科目的班主任负责的班级中, 经过一段时间以后, 对这 40 名学生进行数学考试, 结果如表 5-6 所示。用方差分析的方法检验 5 组不同班主任的学生数学成绩是否有显著差异。其中, A 表示班主任教数学, B 表示班主任教语文, C 表示班主任教生物, D 表示班主任教地理, E 表示班主任教物理。

解:

① 建立假设 $H_0: \mu_1 = \mu_2 = \mu_3 = \mu_4 = \mu_5$

$H_1: \mu_i$ 不全相等 $(i = 1, 2, 3, 4, 5)$

② 平方和 $S_T = 1160.4$

$$S_A = 314.4$$
$$S_E = S_T - S_A = 1160.4 - 314.4 = 846$$

③ 自由度
$$f_A = m - 1 = 5 - 1 = 4, \quad f_E = m(n-1) = 35$$

④ 均方
$$\text{MS}_A = \frac{S_A}{f_A} = \frac{314.4}{4} = 78.6$$
$$\text{MS}_E = \frac{S_E}{f_E} = \frac{846}{35} = 24.17$$

⑤ F 检验
$$F = \text{MS}_A / \text{MS}_E = 78.6 / 24.17 = 3.252$$

查 F 分布表 $F_{0.05}(4,35) = 2.64$，$F > F_{0.05}(4,35)$，但 $F < F_{0.01}(4,35) = 3.93$，故在不同班主任的班级中学生的数学成绩有显著不同。

⑥ 方差分析表如表 5-7 所示。

表 5-7 不同班主任的学生数学成绩的方差分析表

方差来源	离差平方和	自由度	均方和	F 值	检验结论
因素 A	314.4	4	78.6	$F = 3.252$	*
随机干扰 E	846	35	24.17		
总和 T	1160.4	39			

注：* 表示在 0.05 水平上显著。

【例 5-3】 为了对几个行业的服务质量进行评价，消费者协会在零售业、旅游业、航空公司、家电制造业分别抽取了不同的样本，其中零售业抽取了 7 家，旅游业抽取了 6 家，航空公司抽取了 5 家、家电制造业抽取了 5 家，然后记录了一年中消费者对总共 23 家服务企业投诉的次数，结果如表 5-8 所示。试分析这四个行业的服务质量是否有显著差异（$\alpha = 0.05$）？

表 5-8 四个行业的服务质量的投诉次数表

观察值 (j)	消费者对四个行业的投诉次数			
	行业 (A)			
	零售业	旅游业	航空公司	家电制造业
1	57	62	51	70
2	55	49	49	68
3	46	60	48	63
4	45	54	55	69
5	54	56	47	60
6	53	55		
7	47			

解：
设四个行业被投诉次数的均值分别为 μ_1，μ_2，μ_3，μ_4，则需要检验如下假设：

$H_0: \mu_1 = \mu_2 = \mu_3 = \mu_4 = \mu_5$（四个行业的服务质量无显著差异）。

$H_1: \mu_1, \mu_2, \mu_3, \mu_4$ 不全相等（有显著差异）。

计算结果如表 5-9 所示。

表 5-9 计算结果

方差来源	离差平方和	自由度	均方和	F 值	检验结论
因素 A	845.2174	3	281.7391	14.78741	*
随机干扰 E	362	19	19.05263		
总和 T	1207.217	22			

注：$F_{0.05}(3,19)=3.13$，$F_{0.01}(3,19)=5.01$。

5.2.2 多个总体均值的多重比较检验

当方差分析 F 检验否定了原假设，即认为至少有两个总体的均值存在显著差异时，需进一步确定是哪两个或者哪几个均值显著不同，则需要进行多重比较来检验。多重比较是指在因变量的三个或三个以上水平下均值之间进行两两比较检验，能够进一步检验到底哪些均值之间存在差异。

多重比较方法有多种，这里介绍 Fisher 提出的最小显著差异方法，简写为 LSD，该方法可用于判断到底哪些均值之间有差异。LSD 方法是对检验两个总体均值是否相等的 T 检验方法的总体方差估计加以修正（用 MS_E 来代替）而得到的。思路如下。

① 提出假设。

$$H_0: \mu_i = \mu_j \text{（第 } i \text{ 个总体的均值等于第 } j \text{ 个总体的均值）}$$
$$H_1: \mu_i \neq \mu_j \text{（第 } i \text{ 个总体的均值不等于第 } j \text{ 个总体的均值）}$$

② 检验的统计量

$$T = \frac{\bar{x}_i - \bar{x}_j}{\sqrt{MS_E \left(\frac{1}{n_i} + \frac{1}{n_j}\right)}} \sim t(n-m)$$

③ 若 $|t| \geq t_{2/\alpha}$，拒绝 H_0；若 $|t| < t_{2/\alpha}$，不能拒绝 H_0。

由上可有基于统计量 $\bar{x}_i - \bar{x}_j$ 的 LSD 方法的操作步骤如下。

(1) 通过判断样本均值之差的大小来检验 H_0。
(2) 检验的统计量为：$\bar{x}_i - \bar{x}_j$，检验的步骤如下。

① 提出假设。

$$H_0: \mu_i = \mu_j \text{（第 } i \text{ 个总体的均值等于第 } j \text{ 个总体的均值）}$$
$$H_1: \mu_i \neq \mu_j \text{（第 } i \text{ 个总体的均值不等于第 } j \text{ 个总体的均值）}$$

② 计算 LSD。

$$LSD = t_{\alpha/2} \sqrt{MS_E \left(\frac{1}{n_i} + \frac{1}{n_j}\right)} \tag{5-4}$$

③ 检验。

若 $|\bar{x}_i - \bar{x}_j| \geq LSD$，拒绝 H_0，若 $|\bar{x}_i - \bar{x}_j| < LSD$，接受 H_0。

针对例 5-1，根据前面的计算结果有 $\bar{x}_1 = 27.3$，$\bar{x}_2 = 29.5$，$\bar{x}_3 = 26.4$，$\bar{x}_4 = 31.4$。

① 提出假设。

$$H_0: \mu_i = \mu_j$$
$$H_1: \mu_i \neq \mu_j$$

② 计算 LSD。

$$LSD = 2.12 \sqrt{2.4428 \left(\frac{1}{5} + \frac{1}{5}\right)} = 2.096$$

③ 检验。

$|\overline{x_1} - \overline{x_2}| = |27.3 - 29.5| = 2.2 > 2.096$,颜色 1 与颜色 2 的销售量有显著差异。
$|\overline{x_1} - \overline{x_3}| = |27.3 - 26.4| = 0.9 < 2.096$,颜色 1 与颜色 3 的销售量没有显著差异。
$|\overline{x_1} - \overline{x_4}| = |27.3 - 31.4| = 4.1 > 2.096$,颜色 1 与颜色 4 的销售量有显著差异。
$|\overline{x_2} - \overline{x_3}| = |29.5 - 26.4| = 3.1 > 2.096$,颜色 2 与颜色 3 的销售量有显著差异。
$|\overline{x_2} - \overline{x_4}| = |29.5 - 31.4| = 1.9 > 2.096$,颜色 2 与颜色 4 的销售量没有显著差异。
$|\overline{x_3} - \overline{x_4}| = |26.4 - 31.4| = 5 > 2.096$,颜色 3 与颜色 4 的销售量有显著差异。

5.3 单因素方差分析的 SPSS 应用

单因素方差分析的基本思想是用方案之间的方差与所有方案内部的方差之和的比值与 F_α 的比较来判别各方案的均值是否相同。在 SPSS 中,F 检验的判别也是通过将统计值 F 的显著性概率与 α 比较大小,来判别接受还是拒绝 H_0 的。

【例 5-4】 表 5-10 是五个地区每天发生交通事故的次数(单位:次),由于是随机抽样,有些地区的样本容量较多,而有些地区的样本容量较少。试问各地区平均每天交通事故的次数是否有显著性差异($\alpha = 0.05$)。

不同的地理位置是要检验的因素,分析它是否为影响每天交通事故次数的因素。因

表 5-10 五个地区每天发生交通事故的次数表

东部	北部	中部	南部	西部
15	12	10	14	13
17	10	14	9	12
14	13	13	7	9
11	17	15	10	14
	14	12	8	10
			7	9

素的每个水平——东部、北部、中部、南部、西部可以看成五个总体,设上述五个地区平均每天发生交通事故的次数分别为 μ_1,μ_2,μ_3,μ_4,μ_5,这里从不同总体抽取的样本数据的个数不同,分别是 4、5、5、6、6。

检验各地区平均每天交通事故的次数是否有显著性差异,是一个单因素方差分析问题。

原假设 $H_0 : \mu_1 = \mu_2 = \mu_3 = \mu_4 = \mu_5$。

备择假设 $H_1 : \mu_1, \mu_2, \mu_3, \mu_4, \mu_5$ 不全相等。

打开数据文件,需要注意"所在地区"对应的变量值标签定义为 1 = "东部",2 = "北部",3 = "中部",4 = "南部",5 = "西部"。

在数据管理窗口中,单击 Analyze 菜单,选择 Compare Means→One-Way ANOVA 命令(如图 5-2 所示),弹出 One-Way ANOVA 对话框,如图 5-3 所示。

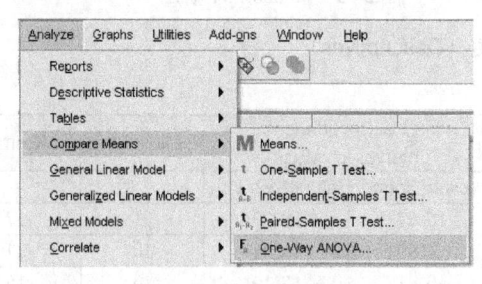

图 5-2 Analyze 菜单

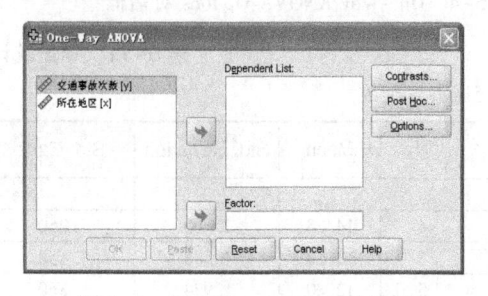

图 5-3 One-Way ANOVA 对话框

Dependent List:放置因变量,可以一次放置多个因变量,以备检验。
Factor:放置自变量,只能放置一个自变量。
Contrast:用于比较和分析均值的特性,一元方差分析的时候,一般不用此功能。

Post Hoc：方差相等或方差不相等情况下的检验选项，后面章节再做介绍。

Options：选择统计量和缺少值处理方式。

在 One-Way ANOVA 对话框中，如图 5-3 所示，将变量 Y（交通事故次数）移入到 Dependent List 框，且将变量 X（所在地区）移入 Factor 框内。然后单击 Options 按钮，打开其对话框，如图 5-4 所示。

Descriptive：要求输出描述统计量。

Fixed and random effects：要求输出固定效应模型的标准离差、标准误差和 95% 的置信区间，还输出随机效应模型的标准误差、95% 的置信区间和因素水平间方差估计。

Homogeneity of variance test：要求进行方差齐次性检验，并输出检验结果。这跟前面所讲的检验方法一样，都是用 Levene 检验法。

Brown-Forsythe：要求计算 Brown-Forsythe 统计量，以检验各组的均值是否相等。当不满足方差齐次性检验时，这个检验统计量要优于 F 统计量。

Welch：要求计算 Welch 统计量，以检验各组的均值是否相等。当不满足方差齐次性检验时，这个检验统计量要优于 F 统计量。它类似于 Brown-Forsythe 统计量。

按照图 5-4 进行设置后，单击 Continue 按钮回到主对话框。

在主对话框中，单击 OK 按钮执行。输出结果如表 5-11 ~ 表 5-13 及图 5-5 所示。

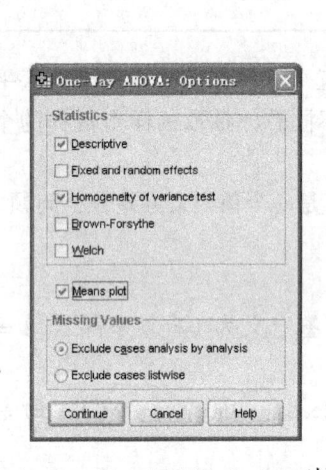

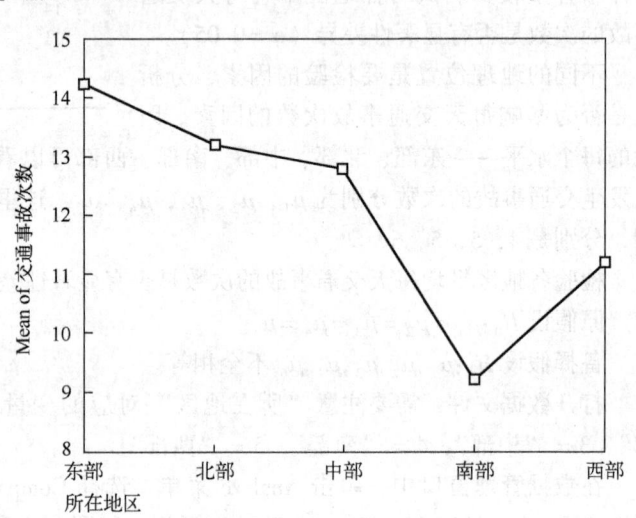

图 5-4　One-Way ANOVA Options 对话框　　　　图 5-5　Means plot 输出

表 5-11　描述统计值（Descriptives）

交通事故次数

	N	Mean	Std. Deviation	Std. Error	95% Confidence Interval for Mean		Minimum	Maximum
					Lower Bound	Upper Bound		
1	4	14.25	2.500	1.250	10.27	18.23	11	17
2	5	13.20	2.588	1.158	9.99	16.41	10	17
3	5	12.80	1.924	.860	10.41	15.19	10	15
4	6	9.17	2.639	1.078	6.40	11.94	7	14
5	6	11.17	2.137	.872	8.92	13.41	9	14
Total	26	11.88	2.833	.556	10.74	13.03	7	17

由表 5-11 可知，此独立样本单因素方差分析的五个水平的平均值，即不同地区平均每天交

通事故的次数分别是 14.25，13.20，12.80，9.17 和 11.17。从均值图 5-5 上可以很直观地看出东部的最高，其次为北部和中部，而西部相对低些，最少的当属南部。

设不同地区的交通事故次数的方差分别为 σ_1^2，σ_2^2，σ_3^2，σ_4^2，σ_5^2。

原假设 $H_0: \sigma_1^2 = \sigma_2^2 = \sigma_3^2 = \sigma_4^2 = \sigma_5^2$。

原假设 $H_1: \sigma_1^2, \sigma_2^2, \sigma_3^2, \sigma_4^2, \sigma_5^2$ 不全相等。

根据表 5-12 的方差齐性检验结果，Levene Statistic（统计量）的值为 0.096，组间、组内自由度分别为 4、21，相应的显著性概率 p（Sig.）为 0.983，非常大。因此，没有理由拒绝原假设，认为不同地区的交通事故次数的方差没有显著性差异，即方差具有齐性。

表 5-12 方差齐性检验表
(Test of Homogeneity of Variances)

交通事故次数

Levene Statistic	df1	df2	Sig.
.096	4	21	.983

由方差分析表可知，$F = 3.676$，其显著性概率（Sig.）$= 0.02$，当取 $\alpha = 0.05$ 时，Sig. $= 0.02 < 0.05$，故拒绝原假设，认为各地区平均每天交通事故次数有显著性差异。

表 5-13 方差分析表（ANOVA）

交通事故次数

	Sum of Squares	df	Mean Square	F	Sig.
Between Groups	82.637	4	20.659	3.676	.020
Within Groups	118.017	21	5.620		
Total	200.654	25			

显然，$F = 3.676 > F_{0.05}(4, 21) = 2.85$，拒绝原假设 H_0，表明所检验的因素即地区对平均每天交通事故的次数观测值有显著影响。由此可以看到，与上述用 SPSS 的计算分析结果相同。

由于已经得到因素"所在地区"对交通事故次数有显著影响，那么至少有两个总体的均值存在显著性差异，但具体是哪两个或者哪几个均值显著地不同，则需要进行多重比较来检验。下面两两比较不同水平的差异。

在 One-Way ANOVA 对话框中，见图 5-3，将变量 Y（交通事故次数）移入 Dependent List 框，且将变量 X（所在地区）移入 Factor 框内。然后单击 Post Hoc 按钮，打开 One-Way ANOVA: Post Hoc Multiple Comparisions 对话框，如图 5-6 所示。

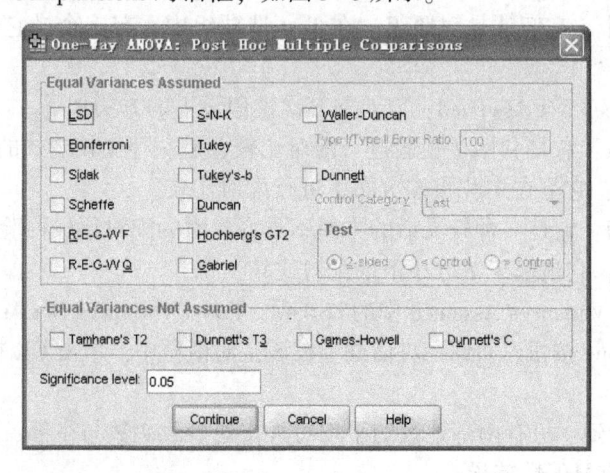

图 5-6 One-Way ANOVA: Post Hoc Multiple Comparisions 对话框

其中，

Equal Variances Assumed：表示方差相等假设下的可选择方法，主要的方法如下。

LSD：最小二乘法，实际上是 T 检验的变形，只是在变异与自由度计算上利用了整个样本信息，而不仅仅是所比较的两个组的信息。它的敏感度最高，如果 LSD 都没有办法检验出差别，那恐怕就是真的没有差别。本例选择 LSD。

Bonferroni：由 LSD 修正而来，通过设置每个检验的 α 水平来控制总的 α 水平，这个方法的敏感度介于 LSD 和 Scheffe 之间。

Sidak：它用 T 检验完成多重配对比较。它可以调整显著性水平，但是比 Bonfferroni 方法的调整界限小。

Scheffe：它利用 F 分布进行均值间的配对比较。

R-E-G-W F（Ryan-Einot-Gabriel-Welsch F）：它利用 F 检验进行多重比较。

R-E-G-W Q（Ryan-Einot-Gabriel-Welsch range test）：它基于 T 分布进行多重逐步比较。

S-N-K（Student-Newman-Keuls）：它利用 T 分布进行均值间的配对比较。

Tukey（Tukey's honestly significant difference）：它利用 T 化极差分布进行均值间的配对比较。

Tukey's-b：它利用 T 化极差分布进行均值间的配对比较，但它的精确值为前两种检验相应值的平均值。所以利用该方法时一般要选择前两种方法。

Duncan（Duncan's multiple range test）：它利用一系列分布值，逐步进行比较得出结论，又叫多分布检验法，适用于分布不明确的情况。

Hochberg's GT2：它利用 T 化极差分布进行多重比较，类似于 Tukey's honestly significant difference 方法。

Gabriel：它是利用 T 化极差分布进行配对比较。当各组的样本容量不相等时，这种方法比 Hochberg's GT2 方法更好。

Waller-Duncan：它是利用 T 检验进行多重比较。使用贝叶斯逼近法，它下面的选择框是用来填写逼近停止点的。本例使用的是 100，即最后两次的误差率是 100 时停止。

Dunnett：它是选择开头一组或者最后一组为对照，其他组跟它进行比较。当选中这一种方法后，Control Category 被激活，它后面的下拉列表框中有两个选项，即 First 和 Last，可以选择其中一个，它们就是对照组。在 Test 选项组中，有三个排它性选项，代表三种检验类型。

Equal Variances Not Assumed：方差非齐次性假设下的方法如下。

Tamhane's T2：它是利用 T 检验进行配对比较，是一种比较老式的方法。

Dunnett's T3：它是在 T 化极差分布下进行配对比较。

Games-Howell：它是一种较灵活的方差不具齐次时的配对比较检验法。

Dunnett's C：它是基于 T 分布下的配对比较。

本例中选择 Equal Variances Assumed 中的 LSD 项，Equal Variances Not Assumed 中的 Tamhane's T2。然后，单击 Continue 按钮，回到主对话框。在该主对话框中，单击 OK 按钮，得到输出结果，如表 5-14 所示。

从表 5-13 可以看到：只有南部地区的平均每天交通事故次数与东部、北部、中部地区的平均每天交通事故次数有显著性差异。

表 5-14 多重比较结果表（Multiple Comparisons）

Dependent Variable：交通事故次数
LSD

(I) 所在地区	(J) 所在地区	Mean Difference (I-J)	Std. Error	Sig.	95% Confidence Interval	
					Lower Bound	Upper Bound
1	2	1.05	1.590	.516	-2.26	4.36
	3	1.45	1.590	.372	-1.86	4.76
	4	5.08(*)	1.530	.003	1.90	8.27
	5	3.08	1.530	.057	-.10	6.27
2	1	-1.05	1.590	.516	-4.36	2.26
	3	.40	1.499	.792	-2.72	3.52
	4	4.03(*)	1.435	.010	1.05	7.02
	5	2.03	1.435	.171	-.95	5.02
3	1	-1.45	1.590	.372	-4.76	1.86
	2	-.40	1.499	.792	-3.52	2.72
	4	3.63(*)	1.435	.019	.65	6.62
	5	1.63	1.435	.268	-1.35	4.62
4	1	-5.08(*)	1.530	.003	-8.27	-1.90
	2	-4.03(*)	1.435	.010	-7.02	-1.05
	3	-3.63(*)	1.435	.019	-6.62	-.65
	5	-2.00	1.369	.159	-4.85	.85
5	1	-3.08	1.530	.057	-6.27	.10
	2	-2.03	1.435	.171	-5.02	.95
	3	-1.63	1.435	.268	-4.62	1.35
	4	2.00	1.369	.159	-.85	4.85

* The mean difference is significant at the .05 level. (*表示在0.05的显著性水平下均值差有显著性差异)

5.4 双因素方差分析

为了便于理解，从一个具体的例子开始。对运动员进行训练的效果，不仅与训练方法有关，而且与运动员本身的特质有关。如果选出了 n 组运动员，每个组的运动员都具有同样的体质特征，每个组有 s 个运动员，用 s 种不同方法进行训练。就会得到 $s \times n$ 个不同的训练效果，怎样判断不同的训练方法的效果是否有显著效益呢？不同体质特征对训练效果是否有显著影响？

双因素方差分析的数据结构如表 5-15 所示。

表 5-15 双因素方差分析的数据结构表

	因素 B_1	因素 B_2	…	因素 B_n
因素 A_1	x_{11}	x_{12}	…	x_{1n}
因素 A_2	x_{21}	x_{22}	…	x_{2n}
…	…	…	…	…
因素 A_s	x_{s1}	x_{s2}	…	x_{sn}

表 5-14 中，x_{ij} 表示因素 A_i 和因素 B_j 下的试验效果的观察值。

问：因素 A 的不同水平（方案）的效果（均值），有无显著不同？因素 B 的不同水平（方案）的效果（均值），有无显著不同？

所谓"双因素"，是指问题中有两个（反映条件或前提的）变量：变量 A 与变量 B。A_s 是变量 A 的一个取值（又称因素 A 的一个水平），B_n 是变量 B 的一个取值（又称因素 B 的一个水平）。

除了上述训练方法和运动员的特质问题外，还有如下实际问题，可以概括为双因素方差分析问题。

不同激励方法的效果与被激励者的素质（文化环境或传统观念）有关，是个双因素问题。不同药品的治疗效果，与病人的体质特征有关，也是个一个双因素问题。不同饲料的效果，与猪的食量有关（或者与猪的品种有关），也可以视为一个双因素问题。不同营销方案的效果与产品的质量有关等，也是双因素问题。看得出，有的问题起作用的因素个数比 2 大得多。今后，用其他统计方法来处理更多因素的问题。

假设在 A_i 与 B_j 下的总体 X_{ij}，服从 $N(\mu_{ij}, \sigma^2)$ 分布。注意这个式子相当于假设这 $s \times n$ 个总体分布的方差，都相同了，但均值可能不同。

① 总体 X_{ij} 的总平均

$$\mu = \frac{1}{s \times n} \sum_{i=1}^{s} \sum_{j=1}^{n} \mu_{ij} \tag{5-5}$$

② 第 i 行总体的平均

$$\mu_i. = \frac{1}{n} \sum_{j=1}^{n} \mu_{ij} \tag{5-6}$$

③ 第 j 列总体平均

$$\mu_{.j} = \frac{1}{s} \sum_{i=1}^{s} \mu_{ij} \tag{5-7}$$

④ A_i 的主效应

$$a_i = \mu_i. - \mu \tag{5-8}$$

⑤ B_j 的主效应

$$b_j = \mu_{.j} - \mu \tag{5-9}$$

5.4.1 无交互作用的双因素方差分析

如果 A_i 与 B_j 间不存在交互效应，就有

$$\mu_{ij} = \mu + a_i + b_j$$

式中，$i = 1, 2, \cdots, s; j = 1, 2, \cdots, n$。

也就是，随机样本 X_{ij} 的均值，是由"总平均 μ"、"A_i 的主效应 a_i"、"B_j 的主效应 b_j"组成的。随机样本 X_{ij} 可以视为其总体均值 μ_{ij} 与随机误差 ε_{ij} 之和。

$$X_{ij} = \mu_{ij} + \varepsilon_{ij} \tag{5-10}$$

式中，$\varepsilon_{ij} \sim N(0, \sigma^2)$，并且 ε_{ij} 之间相互独立。于是，有

$$X_{ij} = \mu + a_i + b_j + \varepsilon_{ij}$$

式中，$i = 1, 2, \cdots, s; j = 1, 2, \cdots, n$。该式称为"无交互影响的双因素（一元）模型"。

这个构成 X_{ij} 的模型可以形象地表示成表 5-16。

表 5-16 无交互影响的双因素方差分析的 X_{ij} 构成

X_{ij} 的构成		
	μ_{ij}（各方案的总体均值）	
μ	$a_i = \mu_i. - \mu$ $b_j = \mu_{.j} - \mu$	$\varepsilon_{ij} \sim N(0, \sigma^2)$
总体均值	主效应	随机扰动

无重复实验无法进行交互影响的分析。由表 5-15 可得：

$$\varepsilon_{ij} = X_{ij} - \mu - a_i - b_j = X_{ij} - \mu_i. - \mu_{.j} + \mu$$

式中，$i = 1, 2, \cdots, s; j = 1, 2, \cdots, n$。如果效果的数据是多元的（向量），就是双因素多元问题。

无重复实验的双因素方差分析方案的假设如下。

零假设：$\begin{cases} H_{0A}: \mu_{i\cdot} = \mu, \text{即 } a_i = 0, i = 1, 2\cdots, s; \\ H_{0B}: \mu_{\cdot j} = \mu, \text{即 } b_j = 0, j = 1, 2\cdots, n_o \end{cases}$

备择假设：$H_{1A}: \mu_{1\cdot}, \mu_{2\cdot}, \cdots, \mu_{s\cdot}$ 之间不完全相等（至少有两个不等），或 a_i 不全等于 0。

$H_{1B}: \mu_{\cdot 1}, \mu_{\cdot 2}, \cdots, \mu_{\cdot n}$ 之间不完全相等（至少有两个不等），或 b_j 不全等于 0。

按如下定义，计算出 S_A，S_B，S_E 所对应的值 s_A，s_B，s_E，进而计算出与 F_A，F_B 对应的值 f_A，f_B。

定义统计量：

$$\text{总变差} \quad S_T = \sum_{i=1}^{s} \sum_{j=1}^{n} (X_{ij} - \overline{X})^2 \tag{5-11}$$

$$\text{行间变差} \quad S_A = n \sum_{i=1}^{s} (\overline{X}_{i\cdot} - \overline{X})^2 \tag{5-12}$$

$$\text{列间变差} \quad S_B = s \sum_{j=1}^{n} (\overline{X}_{\cdot j} - \overline{X})^2 \tag{5-13}$$

$$\text{总误差平方和} \quad S_E = \sum_{i=1}^{s} \sum_{j=1}^{n} (X_{ij} - \overline{X}_{i\cdot} - \overline{X}_{\cdot j} + \overline{X})^2 \tag{5-14}$$

$$\overline{X} = \frac{1}{sn} \sum_{i=1}^{s} \sum_{j=1}^{n} X_{ij} \tag{5-15}$$

$$\overline{X}_{i\cdot} = \frac{1}{n} \sum_{j=1}^{n} X_{ij} \tag{5-16}$$

$$\overline{X}_{\cdot j} = \frac{1}{s} \sum_{i=1}^{s} X_{ij} \tag{5-17}$$

可以证明，在"无交互影响的双因素模型"下，有如下结论成立：

① S_A，S_B，S_E 相互独立，且 $S_T = S_A + S_B + S_E$。

② $\frac{S_E}{\sigma^2} \sim \chi^2((s-1)(n-1))$。

③ H_{0A} 成立时，$\frac{S_B}{\sigma^2} \sim \chi^2(s-1)$。

④ H_{0B} 成立时，$\frac{S_A}{\sigma^2} \sim \chi^2(n-1)$。

⑤ H_{0A} 成立时，有

$$F_A = \frac{S_A/(s-1)}{S_E/(s-1)(n-1)} = \frac{(n-1)S_A}{S_E} \sim F((n-1),(s-1)(n-1))_o$$

对给定的 α，查表，查出 $F_\alpha((n-1),(s-1)(n-1))$，若 $F_A > F_\alpha((n-1),(s-1)(n-1))$，则以 α 的概率（或在 α 水平上）拒绝 H_{0A}，即至少 A 因素中有两个水平之间的平均效果（均值）差异足够大。反之，接受 H_{0A}，即 A 因素的不同水平的效果（均值）没有显著差异。

同样，对给定的 α，查表，查出 $F_\alpha((n-1),(s-1)(n-1))$，若 $F_B > F_\alpha((n-1),(s-1)(n-1))$，则以 α 的概率（或在 α 水平上）拒绝 H_{0B}，即至少 B 因素有两个水平之间的平均效果（均值）差异足够大。反之，接受 H_{0B}，即 B 因素中的不同水平的效果（均值），没有显著差异。

5.4.2 无交互作用的双因素方差分析的 SPSS 应用

【例 5-5】 为了提高某种产品的合格品率，考察原料用量和产地对产品质量是否有影响。现有三个产地：甲（A_1）、乙（A_2）、丙（A_3）。原料用量有三种情况：现用量（B_1）、增加

5%（B_2）、增加8%（B_3）。每个水平组合做一次试验。得到如表5-17所示的观测数据。现需要分析原料用量及产地对产品质量的影响是否显著。

表5-17 产品合格率数据

观测数据		原料用量 B		
		B_1	B_2	B_3
产地	A_1	59	70	66
	A_2	63	74	70
	A_3	61	66	71

在数据管理窗口中，单击 Analyze 菜单，选择 General Lineral Model→Univariate 命令，如图5-7所示，进入 Univariate 对话框，如图5-8所示。

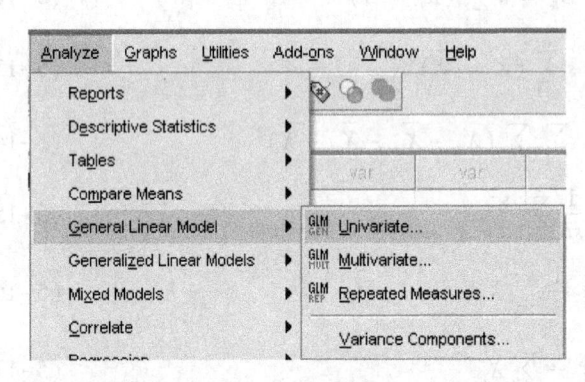

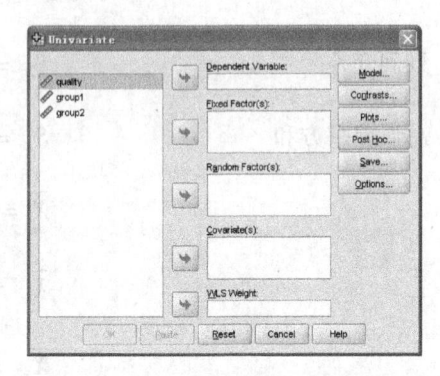

图5-7 菜单选择　　　　图5-8 Univariate 对话框

Dependent Variable：因变量矩形框，将因变量放入其中。

Fixed Factor(s)：固定因素栏，放入固定因素。与之对应的是随机因素。本例的两个因素都是固定因素，所以都选入该栏。

Random Factor(s)：随机因素栏，放入随机因素。

Covariante(s)：协变量栏，放入协变量，它是个定量预测变量，可与因变量一起定义回归模型。

WLS Weight：加权变量栏，放入加权变量做加权最小二乘法分析。如果加权变量中含有0、负数或缺失值，则不加以分析，因为已经用于模型中的变量不能作为加权变量。

本例中，在左边列表框中选择变量 quality，单击最上面的向右箭头按钮，使之进入因变量矩形框（Dependent Variable），再选中 group1 和 group2，单击下面的向右箭头按钮，使之进入固定因素栏[Fixed Factor(s)]。再单击 Model 按钮，展开模型对话框，如图5-9所示。

Specify Model：指定模型类型，它包括两项 Full factorial 和 Custom。

Full factorial 选项是系统的默认选项，它建立因素全模型，它包括所有因素变量的主效应和所有的交互效应。选择此项后无须进行下面的操作，单击 Continue 按钮确认即可返回主对话框。

Custom 选项是用户用来设置自定义模型的，单击此项可激活下面各选项。本例是进行无重复试验的双因素方差分析，不用选择全模型，应选择自定义模型，如图5-10所示。

选择了自定义模型后，在 Factors & Covariates 列表框中自动列出变量名，可根据表中列出变量名建立模型。选择模型中的主效应（Main effects），有如下两种方法：

① 用鼠标单击个变量名，然后单击 Build Term(s)选项组中的箭头按钮，该变量出现在

Model 列表框中，重复这种操作，就可以设置多个主效应，但是不要同时送入，否则可能是交互效应。

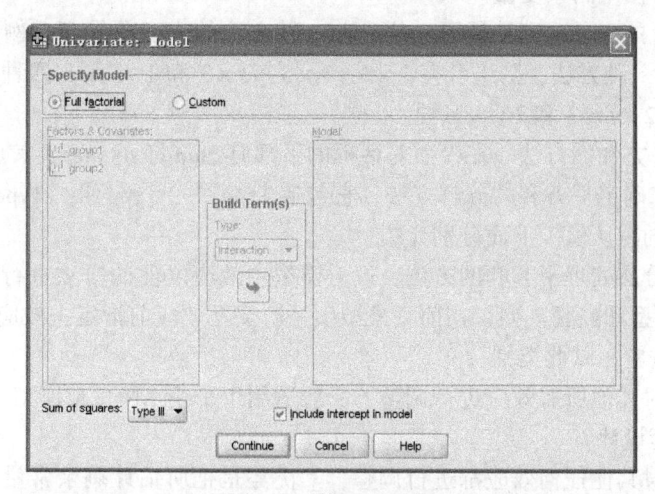

图 5-9　模型对话框

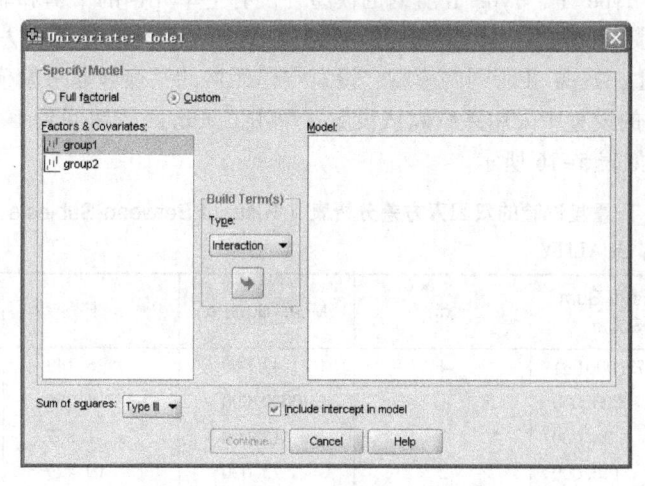

图 5-10　选择 Custom

② 在 Build Term(s) 选项组的下拉列表框中选择 Main effects 项，然后选择多个主效应变量进入 Model 列表框中。如果只进行主效应分析，则单击 Continue 按钮确认并返回主对话框，否则进入下一步。

建立模型中的交互项。Build Term(s) 中的下拉列表框中除了 Maineffects 选项外，还有交互效应。单击图 5-10 中的 Type 下拉列表框，出现以下可选项目：

Interaction：指定任意的交互效应。

　　ALL 2-way：指定所有 2 维交互效应。

　　ALL 3-way：指定所有 3 维交互效应。

　　ALL 4-way：指定所有 4 维交互效应。

　　ALL 5-way：指定所有 5 维交互效应。

用户可以根据自己的需要进行选择。例如，要求模型中包括因素变量 group1 和 group2 的交互效应，有如下两种方法：

① 在 Type 下拉列表框中选择 Interaction，用鼠标单击 group1 使其高亮显示，再单击 group2。接着单击向右箭头按钮，交互项就出现在 Model 列表框中了。

② 在 Type 下拉列表框中选择 ALL 2-way，其他步骤与第一种方法相同，也可以达到相同的结果，因为这里只有两个因素变量。

如果有三个以上的变量，则结果不一样，前一种方法的交互项最多。例如有三个因素变量 1、2 和 3，若选择前一种方法，则组合有 1×2, 1×3, 2×3 和 1×2×3 四种，若选择后一种方法，则组合只有 1×2, 1×3 和 2×3 三种。

最后选择分解平方和的方法。在模型对话框的下部有 Sum of squares，其后有一个长矩形框，可以进行四项选择来确定平方和的分解方法，它包括 Type Ⅰ, Type Ⅱ, Type Ⅲ 和 Type Ⅳ。其中，Type Ⅲ 是系统的默认值。下面分别介绍：

Type Ⅰ 是分层处理平方和的方法，仅对模型主效应之前的每项进行调整，一般适用于平衡 ANOVA 模型和嵌套模型，在前一模型中一阶交互效应前指定主效应，二阶交互效应前指定一阶交互效应，以此类推。

Type Ⅱ 是对其他所有效应进行调整，一般适用于平衡 ANOVA 模型、主因素效应模型、回归模型和嵌套设计。

Type Ⅲ 是对其他任何效应都进行调整，其优势是把所估计剩余常量也考虑到单元频数中，一般适用于 Type Ⅰ, Type Ⅱ 所列的模型，没有空单元格的平衡和非平衡模型。

Type Ⅳ 是对任何效应 F 计算平方和，没有缺失单元的设计使用该法。

一般使用 Type Ⅰ, Type Ⅱ 所列的模型，没有空单元格的平衡和非平衡模型。

本例在该对话框的设置中采用系统默认设置。单击 Continue 按钮回到 Univariate 对话框，再单击 OK 按钮，结果如表 5-16 所示。

表 5-16 无重复试验的双因素方差分析表（Tests of Between-Subjects Effects）

Dependent Variable: QUALITY

Source	Type III Sum of Squares	df	Mean Square	F	Sig.
Corrected Model	172.000(a)	4	43.000	6.143	.053
Intercept	40000.000	1	40000.000	5714.286	.000
GROUP1	26.000	2	13.000	1.857	.269
GROUP2	146.000	2	73.000	10.429	.026
Error	28.000	4	7.000		
Total	40200.000	9			
Corrected Total	200.000	8			

a R Squared = .860 (Adjusted R Squared = .720).

因素"产地"（用 Group1 标识）的检验，$P = 0.269 > 0.05$，所以接受 H_{0A}，因此，可有 95% 的把握可以认为原料产地对产品的质量影响不大。因素"原料用量"（用 Group2 标识）的检验 $P = 0.026 < 0.05$，所以拒绝 H_{0B}，表明有 95% 的把握可以认为原料的用量对产品的质量有显著影响。

5.4.3 有交互作用的双因素方差分析

以运动员进行训练效果问题为例展开讨论。两个因素，仍然是 A：训练方法 s 种，B：运动员本身的体质特征 n 种，同样体质特征的运动员分在同一组，即共有 n 组运动员。为了便于比较，每个组安排 $s \times t$ 个具有同样体质特征的运动员，也就是说，每种训练方法在每个组内，对 t 个运动员进行了训练。就会得到 $s \times n \times t$ 个不同的训练效果值。怎样判断不同的训练方法的效果是否有显著效益？不同特质对训练效果是否有显著影响？可构造如表 5-17 所示的数据结构表。

表 5-17 双因素重复试验的方差分析数据结构表

观测数据	因素 B_1	因素 B_2	…	因素 B_n
因素 A_1	$x_{111}x_{112}\cdots x_{11t}$	$x_{121}x_{122}\cdots x_{12t}$	…	$x_{1n1}x_{1n2}\cdots x_{1nt}$
因素 A_2	$x_{211}x_{212}\cdots x_{21t}$	$x_{221}x_{222}\cdots x_{22t}$	…	$x_{2n1}x_{2n2}\cdots x_{2nt}$
…	…	…	…	…
因素 A_s	$x_{s11}x_{s12}\cdots x_{s1t}$	$x_{s11}x_{s22}\cdots x_{s2t}$	…	$x_{sn1}x_{sn2}\cdots x_{snt}$

问：
① 因素 A 的不同水平（方案）的效果（均值）有无显著影响？
② 因素 B 的不同水平（方案）的效果（均值）有无显著影响？
③ 因素 A 与 B 之间的交互作用如何？

在管理科学、其他社会科学、农学、医学、生物学、工学等诸多领域，可以概括为上述统计学结构的问题非常之多。例如：

① s 种激励方法，n 种被激励的素质，同种素质的人归为同一组，每组 $s \times t$ 个人，则有 $s \times t \times n$ 个效果。

② s 种药，n 种体质特征的病人，每组 $s \times t$ 个病人，则有 $s \times t \times n$ 个效果数据。

③ s 种不同饲料，喂养 n 种猪，每种猪安排 $s \times t$ 头，则有 $s \times t \times n$ 个效果。

假设在 A_i 与 B_j 下的总体 X_{ij} 服从 $N(\mu_i, \sigma^2)$ 分布。（注意：相当于 $s \times n$ 个方差相同，均值可能不同）

① 总体平均分布

$$\mu = \frac{1}{s \times n} \sum_{i=1}^{s} \sum_{j=1}^{n} \mu_{ij}$$

② 第 i 行总体平均

$$\mu_{i\cdot} = \frac{1}{n} \sum_{j=1}^{n} \mu_{ij}$$

③ 第 j 列总体平均

$$\mu_{\cdot j} = \frac{1}{s} \sum_{i=1}^{s} \mu_{ij}$$

④ A_i 的主效应

$$a_i = \mu_{i\cdot} - \mu$$

⑤ B_j 的主效应

$$b_j = \mu_{\cdot j} - \mu$$

若 A_i 与 B_j 间存在交互影响，则

$$c_{ij} = \mu_{ij} - \mu - a_i - b_j = \mu_{ij} - \mu_{i\cdot} - \mu_{\cdot j} + \mu \tag{5-18}$$

这称为 A_i 与 B_j 的交互效应，于是有 $\mu_{ij} = \mu + a_i + b_j + c_{ij}$。

从重复抽样的角度看，随机样本 X_{ijk} 可以视为其总体均值 μ_{ij} 与随机误差 ε_{ijk} 之和

$$X_{ijk} = \mu_{ij} + \varepsilon_{ijk} \tag{5-19}$$

式中，ε_{ijk} 服从 $N(0, \sigma^2)$ 分布，并且 ε_{ijk} 之间相互独立，则

$$X_{ijk} = \mu + a_i + b_j + c_{ij} + \varepsilon_{ijk} \tag{5-20}$$

式中，$i = 1, 2, \cdots, s$；$j = 1, 2, \cdots, n$；$k = 1, 2, \cdots, t$；t 是实验次数。此式称为"有交互影响的双因素（一元）模型"。模型构成表如表 5-18 所示。

由表 5-19 得

$$\varepsilon_{ijk} = X_{ijk} - \mu - a_i - b_j - c_{ij} = X_{ijk} - \mu_{ij} \tag{5-21}$$

式中，$i=1, 2, \cdots, s$；$j=1, 2, \cdots, n$；$k=1, 2, \cdots, t$。如果效果的数据是多元的（向量），就是双因素多元问题。

表 5-18　有交互影响的双因素（一元）模型构成表

X_{ij}的构成			
	μ_{ij}的构成		
μ	$a_i = \mu_i. - \mu$ $b_i = \mu._j - \mu$	c_{ij}	ε_{ij}服从 $N(0, \sigma^2)$
全局稳定的中心	行、列稳定中心与 全局中心的偏差	交互作用	随机扰动

5.4.4　有交互作用的双因素方差分析的 SPSS 应用

继续使用前面的例 5-5，在每种情况下观测两个数据组成样本，如表 5-19 所示。

表 5-19　产品合格率数据

观测数据		原料用量 B		
		B_1	B_2	B_3
产地	A_1	59, 61	70, 72	66, 64
	A_2	63, 61	74, 76	70, 72
	A_3	61, 64	66, 65	71, 74

在数据管理窗口中，单击 Analyze 菜单，选择 General Lineral Model→Univariate 命令，如图 5-7 所示，进入 Univariate 对话框，如图 5-8 所示。

在对话框中，在左边矩形框中选择变量 quality，单击上面的向右箭头按钮，使之进入因变量矩形框 Dependent Variable，再选中 group1 和 group2，单击下面的向右箭头按钮，使之进入固定因素栏 Fixed Factor(s)。

在主对话框中，选择各变量进入主对话框后，单击 Model 按钮，弹出模型对话框，选择 Full Factorial。在 Sum of square 下拉列表框中选择 Type Ⅲ，单击 Conitnue 按钮返回主对话框，生成如表 5-20 所示的分析表。

表 5-20　有交互作用的双因素方差分析表（Tests of Between-Subjects Effects）

Dependent Variable：QUALITY

Source	Type III Sum of Squares	df	Mean Square	F	Sig.
Corrected Model	453.000(a)	8	56.625	23.703	.000
Intercept	81204.500	1	81204.500	33992.581	.000
GROUP1	49.000	2	24.500	10.256	.005
GROUP2	292.000	2	146.000	61.116	.000
GROUP1 * GROUP2	112.000	4	28.000	11.721	.001
Error	21.500	9	2.389		
Total	81679.000	18			
Corrected Total	474.500	17			

a R Squared = .955（Adjusted R Squared = .914）。

因素"产地"（用 Group1 标识）的检验，$P = 0.005 < 0.05$，所以拒绝 H_{0A}，因此，可有 95% 的把握可以认为原料产地对产品的质量有显著影响。因素"原料用量"（用 Group2 标识）的检验 $P = 0.000 < 0.05$，所以拒绝 H_{0B}，表明有 95% 的把握可以认为原料的用量对产品的质量

有显著影响。两个因素的交互效应（用 GROUP1 * GROUP2 标识）$P = 0.001 < 0.05$，所以拒绝原假设，表明有 95% 的把握可以认为两者的交互作用对产品的质量有显著影响。

5.5 案　　例

案例 5.1　运动员团体成绩预测问题

在奥运会女子团体射箭比赛中，每个队有 3 名队员组成。进入最后决赛的运动队需要进行 4 组射击，每队队员进行两次射击。这样，每个组共射出 6 箭，4 组共射出 24 箭。在 2008 年 8 月 10 日进行的第 29 届北京奥运女子团体射箭比赛中，获得前三名的运动队最后决赛的成绩如表 5-21 所示。

表 5-21　决赛成绩

组	环　数								
	韩国（金牌）			中国（银牌）			法国（铜牌）		
1	9	9	9	9	7	10	7	8	7
	8	9	10	10	8	8	7	8	9
2	10	10	9	9	8	10	8	8	10
	9	9	10	9	9	9	8	9	8
3	10	10	8	10	9	10	9	8	10
	9	9	10	8	7	9	9	8	8
4	9	9	10	9	10	9	10	8	10
	10	9	10	9	10	9	9	8	8

思考题：

（1）每个运动队的 24 箭成绩可以看做该队射箭成绩的一个随机样本。试分析获得金牌、银牌和铜牌的队伍之间的射箭成绩是否有显著差异。

（2）撰写本案例的分析报告。

案例 5.2　手机电池通话时间测试

随着手机在人们生活中的不断普及，关于手机充电器和电池需要统一标准的呼声越来越高涨。某手机制造商生产的某种新型手机可以使用三种类型的电池（类型 1、2、3）。为了对三种电池进行比较，在每种电池中各取了 10 块测试其通话时间。由于测试过程中的失误，只取得 27 个有效样本，如表 5-22 所示。

表 5-22　有效样本数据

序　号	类　型　1	类　型　2	类　型　3
1	2.5	2.4	2.0
2	2.1	2.0	2.1
3	2.3	2.2	2.3
4	2.4	2.3	1.9
5	2.5	2.2	2.2
6	2.4	2.0	2.0
7	2.2	2.3	2.1
8	2.4	2.2	2.2
9		2.4	2.0
10		2.3	

思考题：

(1) 试分析电池试验数据的方差是否齐性。
(2) 判断三种手机电池的通话时间是否存在显著性差异（$\alpha=0.05$）。
(3) 撰写本案例的分析报告。

案例5.3　月份与CPI的关系

CPI是居民消费价格指数，是反映一定时期内居民所消费的商品和服务价格变动的指针，通常作为观察通货膨胀水平的重要指标。它是政府进行宏观经济和决策的重要指标，同时它与老百姓的生活息息相关，研究CPI变化的特性、规律以及影响因素，具有十分重要的现实意义。如果消费者物价指数升幅过大，表明通胀已经成为经济不稳定因素，央行会有紧缩货币政策和财政政策的风险，从而造成经济前景不明朗。因此，该指数过高的升幅往往不被市场欢迎。一般来说，当CPI>3%的增幅时称为INFLATION，就是通货膨胀；而当CPI>5%的增幅时，称为SERIESINFLATION，就是严重的通货膨胀。影响CPI的因素有很多，时间和CPI之间是否存在联系，月份是否是CPI的显著的影响因素，是需要考证的。

通过收集1990—2007年各月CPI数据，一共有216个CPI数据，如表5-23所示，通过对各个月份CPI与月份关系的分析，研究月份和CPI之间是否存在显著性差异关系。

表5-23　1990—2007年各月的CPI

年份＼月份＼CPI	1	2	3	4	5	6	7	8	9	10	11	12
1990	104	104	103	103	103	101	101	103	103	103	104	104
1991	102.2	101	101.6	101.3	103.6	104.4	104.7	104.9	104.5	104.8	104.4	104.5
1992	105.5	105.3	105.3	107.1	104.7	104.8	105.2	105.8	107.5	107.9	108.2	108.8
1993	110.3	110.5	112.2	112.6	114	115.1	116.2	116	115.7	115.9	116.7	118.8
1994	121.1	123.2	122.4	121.7	121.3	122.6	124	125.8	127.3	127.7	127.5	125.5
1995	124.1	122.4	121.3	120.7	120.3	118.2	116.7	114.5	113.2	112.1	111.2	110.1
1996	109	109.3	109.8	109.7	108.9	108.8	108.3	108.1	107.9	107	106.9	107
1997	105.9	105.6	104	103.2	102.8	102.8	102.7	101.9	101.5	101.1	101.1	100.4
1998	100.3	99.9	100.7	99.7	99	98.7	98.6	98.6	98.5	98.9	98.8	99
1999	98.8	98.7	98.2	97.8	97.8	97.9	98.6	98.7	99.2	99.4	99.1	99
2000	99.8	100.7	99.8	99.7	100.1	100.5	100.3	100	100	101.3	101.5	
2001	101.2	100	100.8	101.6	101.7	101.4	101.5	101	99.9	100.2	99.7	99.7
2002	99	100	99.2	98.7	98.9	99.2	99.1	99.3	99.3	99.2	99.3	99.6
2003	100.4	100.2	100.9	101	100.7	100.5	100.5	100.9	101.1	101.8	103	103.2
2004	103.2	102.1	103	103.8	104.4	105	105.3	105.3	105.2	104.3	102.8	102.4
2005	101.9	103.9	102.7	101.8	101.8	101.6	101.8	101.3	100.9	101.2	101.3	101.6
2006	101.9	100.9	100.8	101.2	101.4	101.5	101	101.3	101.5	101.4	101.9	102.8
2007	102.2	102.7	103.3	103	103.4	104.4	105.6	106.5	106.2	106.5	106.9	106.5

思考题：

根据以上数据，试分析

(1) 设显著性水平$\alpha=0.05$，试用上表的数据来分析月份对CPI的影响是否显著（忽略其他因素对CPI的影响）。

(2) 如果同时考虑月份和年份这两个因素，月份对CPI的影响还显著吗？年份对CPI有无显著影响？显著性水平$\alpha=0.05$。

(3) 实验结果反映了什么样的社会情况，你认为政府应该出台什么样的财政政策。请给出相应的分析报告。

(4) 撰写本案例的分析报告。

习 题 5

1. 试述方差分析的基本思想。
2. 方差分析有哪些基本假设条件？如何检验这些假设条件？
3. 方差分析包括哪些类型，有何区别？
4. 什么是交互作用？
5. 无交互作用和有交互作用的双因素方差分析有何差异？
6. 对三个不同专业学生的统计学成绩进行比较研究，每个专业随机抽取 6 人。根据数据得到的方差分析表的部分内容如表 5-24 所示，请补上表中空缺的数据。如果显著水平 $\alpha = 0.05$，能认为三个专业的考试成绩有显著差异吗？

表 5-24 不同专业考试成绩的方差分析表

方差来源	离差平方和	自由度	均方和	F 值	检验结论
因素（不同专业）	193.0				
随机干扰 E	819.5				
总和 T	1012.5				

7. 一家超市连锁店进行一项研究，确定超市所在的位置和竞争者的数量对销售额是否有显著影响。表 5-25 是获得的月销售额数据表（单位：万元）。

表 5-25 月销售额数据表　　　　　　　　　（单位：万元）

超市位置	竞争者数量			
	0	1	2	>3
位于市内居民小区	41	38	59	47
	30	31	48	40
	45	39	51	39
位于写字楼	25	29	44	43
	31	35	48	42
	22	30	50	53
位于郊区	18	22	29	24
	29	17	28	27
	33	25	26	32

取显著性水平 $\alpha = 0.01$，请判断：
① 竞争者的数量对销售额是否有显著影响？
② 超市的位置对销售额是否有显著影响？
③ 竞争者的数量和超市的位置对销售额是否有交互影响？

第 6 章 正交试验

【引例】 现实中的统计。

网络教育是当今国际、国内教育发展新的生长点，也是现代教育技术的主流发展方向。与传统课程相比较而言，网络课程具有其特殊的属性和规律，它创造的是一个有利于学习者自主和创新的动态环境。网络课程的基本构成要素包括学习内容、学习者、学习模式三种因素。

(1) 学习内容因素及其水平

学习内容是网络课程的主要构成要素，学习内容安排得适当合理是决定学习者学习效果的关键。一般课程内容可分为以下三种水平：

① 基本扩展模型。以基本内容为主体，重点知识的扩展也仅限于本课程内容范围之内，以保证学习者对整个课程内容的前后贯穿，形成较为完整的知识结构。

② 相关扩展模型。以基本内容为主体，对重点知识进行相关内容的扩展，扩展内容既可以是本学科的也可以是跨学科的，注重广度，浅显易懂，有利于丰富学习者的知识。

③ 探索扩展模型。以基本内容为主体，对重点知识进行探索性扩展，扩展内容主要选自本学科，引导学习者逐步深入地研究问题，促进学习者在本领域内的知识水平的提高。

(2) 学习者因素及其水平

学习者因素主要是指学习者已有的相关知识基础和学习技能。一般可分成三个水平，即初级水平、中级水平、高级水平。

(3) 学习模式因素及其水平

就相同课程的学习内容而言，不同的学习模式会产生不同的学习效果。该因素具体有以下三种水平：

① 指导式学习模式。指导模式可以在老师和同学之间异步地实现，也可以网上在线交谈的方式实时进行，学习者提出相关问题或要求，教师给予回答或辅导。

② 合作式学习模式。由教师在站点上建立相应的学科主题讨论组，设定专题讨论区、公告栏，学习者可以参加讨论，并对其他人的意见提出评论；也可以由多个学习者针对同一学习内容彼此交流合作。

③ 探索式学习模式。利用网络和多媒体技术，教育者为学习者提供丰富的优良的媒体资源环境，学习者可以在已有知识的基础上，开阔眼界，探索研究。

由于教学过程中的师生分离，学习者的个体差异及学习的个别化使网络课程的教学效果的测量和评价成为难点。为了检验出不同学习模式对学习效果的影响，以学生为试验对象，将他们分成试验组，进行 3 因素、3 水平的无交互作用的正交试验，分别选用以不同教学方案进行设计的网络课程教学，然后对学生的学习效果进行测量和评价，最后收集数据进行分析比较，从中找到最优的教学方案，并据此设计和完善网络课程。

在工农业生产和科学研究中，经常需要做试验，以求达到预期的目的。例如，在工农业生产中希望通过试验达到高质、优产、低消耗的标准，特别是新产品试验，未知的东西很多，要通过试验来摸索工艺条件或配方。如何做试验，其中大有学问。试验设计得好，会事半功倍，反之会事倍功半，甚至劳而无功。

正交试验是研究与处理多因素试验的一种科学方法。利用规格化的表格——正交表，科学地挑选试验条件，合理安排试验。正交试验设计是利用正交表来安排与分析多因素试验的一种设计方法。它是在试验因素的全部水平组合中，挑选部分有代表性的水平组合进行试验，通过对这部分试验结果的分析了解全面试验的情况，找出最优的水平组合。正交试验法能在很多的试验方案中，很快地选出代表性强的少数次试验，并通过少数次试验，就能找到较好的生产条件，即选出最优或较优的方案。其优点是：安排因素多，试验次数少，既节省时间又节省资源，方法简便，易于掌握。

正交试验法是 20 世纪 20 年代初，在英国首先被应用于田间排列的。1925 年，费歇尔在《研究工作中的统计方法》一书中，把这种方法叫作"试验设计"。第二次世界大战期间，英美等国将这种方法应用于工业试验，取得了显著效果。二次大战结束后，日本等国统计学者从应用的角度出发，进一步发展提倡正交表方法，作为全面质量管理技术的一个重要方法，得到了普遍应用。

6.1 正交试验设计的基本概念

常用的试验设计方法有：正交试验设计法、均匀试验设计法、单纯形优化法、双水平单纯形优化法、回归正交设计法、序贯试验设计法等。可供选择的试验方法很多，各种试验设计方法都有其一定的特点。所面对的任务与要解决的问题不同，选择的试验设计方法也应有所不同。由于篇幅的限制，只介绍正交试验设计方法。

试验设计方法常用的术语

试验指标：指作为试验研究过程的因变量，常为试验结果特征的量（如得率、纯度等）。

因素：指做试验研究过程的自变量，常常是造成试验指标按某种规律发生变化的那些原因，如温度、压力、原料配比的用量等。

水平：指试验中因素所处的具体状态或情况，又称等级。

正交试验法的一般应用步骤

① 根据科研和生产实际需要，选择研究课题，明确试验目的，确定考核指标；
② 挑选因素，确定水平，制定因素水平表；
③ 选用合适的正交表，确定试验方案；
④ 严格按试验条件操作，准确测定试验结果；
⑤ 分析试验结果，通过"直接看"和"算一算"确定最优方案。

例如，考察增稠剂用量、pH 值和杀菌温度对豆奶稳定性的影响。每个因素设置三个水平进行试验。A 因素是增稠剂用量，设 A_1，A_2，A_3 三个水平；B 因素是 pH 值，设 B_1，B_2，B_3 三个水平；C 因素为杀菌温度，设 C_1，C_2，C_3 三个水平。这是一个 3 因素 3 水平的试验，各因素的水平之间全部可能组合有 27 种。

全面试验：可以分析各因素的效应，交互作用，也可选出最优水平组合。但全面试验包含的水平组合数较多，工作量大，在有些情况下无法完成。若试验的主要目的是寻求最优水平组合，则可利用正交表来设计安排试验。

因素方差分析较复杂，当因素及水平数较多时，比如在一个试验中考虑 6 个因素，每个因素取 4 个水平，若对每个水平搭配做一次试验，就要做 $4^6 = 4096$ 次试验，工作量巨大，统计分析工作也相当麻烦。此时，可以用正交试验设计的方法，即只要从中选取一部分有代表性的试验来做，试验次数会大大减少，进行统计分析也很简单。正交试验设置是利用现成的表——正交表进行科学的安排试验，其优点是能在很多试验方案中挑选出代表性较强的少数试验方案，并通过对这少数试验方案试验结果的统计分析，推断出最优方案，同时进一步分析。对于多因素多水平试验，可利用正交试验设计的方法来做。

正交试验设计的基本特点是：用部分试验来代替全面试验，通过对部分试验结果的分析，了解全面试验的情况。

正因为正交试验是用部分试验来代替全面试验的，它不可能像全面试验那样对各因素效应、交互作用一一分析；当交互作用存在时，有可能出现交互作用的混杂。虽然正交试验设计有上述不足，但它能通过部分试验找到最优水平组合，因而很受实际工作者青睐。如对于上述3因素3水平试验，若不考虑交互作用，可利用正交表$L_9(3^4)$安排，试验方案仅包含9个水平组合，就能反映试验方案包含27个水平组合的全面试验的情况，找出最佳的生产条件。

正交试验的特点

① 合理安排试验，减少试验次数。当因素越多时，正交试验设计的这一优越性越突出。
② 在众多影响因素中，分清因素主次，抓住主要矛盾。
③ 正交试验设计是掌握各影响因素与产品质量指标之间关系的有效手段，为生产过程的质量控制提供有利的条件。
④ 找出最优的设计参数和工艺条件。
⑤ 指出进一步试验方向。

6.2 正 交 表

使用正交设计方法进行试验方案的设计，就必须用到正交表。

【**例6-1**】 提高某化工厂产品转化率的试验。某种化工产品的转化率可能与反应温度A、反应时间B、某两种原料之配比C、真空度D有关。为寻找最优的生产条件，以提高该化工产品的转化率，因此考虑对A，B，C，D这4个因素进行试验，根据以往经验，确定每个因素只须考虑三个水平，数据如表6-1所示。

表6-1 化工产品转化率因素水平表

因素水平	A：反应温度（℃）	B：反应时间（小时）	C：原料配比	D：真空度（mmHg，1 mmHg=1333.322 Pa）
1	60	2.5	1.1:1	500
2	70	3.0	1.15:1	550
3	80	3.5	1.2:1	600

例6-1的试验中有4个因素，每个因素考虑三个水平，理想的做法是各种因素所有水平搭配下都做试验，需要进行$3^4=81$次试验。在一个试验中考虑m个因素，每个因素取n个水平，若对每个水平搭配做一次试验，就要做n^m次试验，若m、n都比较大时，这个试验是非常耗时、耗费、不现实的。因此，需要设计试验：选81种搭配的一部分，每个因素的每个水平都出现，且能反映出交互作用，以获得最佳或较好的试验条件。如何选择这一部分试验，可以借助于下面的正交表进行操作。

正交表是用于安排多因素试验的一种特殊的表格，正交表用符号$L_p(n^m)$，其含义如下。

L：表示正交表。
p：表示试验的次数。
n：表示因素的水平数。
m：表示表中的列数，即最多可安排的因素数。

正交试验设计方法是用正交表来安排试验的。对于例6-1适用的正交表是$L_9(3^4)$,其试验安排如表6-2所示。

表6-2 试验安排表

试验号	列号	1	2	3	4
	因素	A	B	C	D
	符号	T	H	S	M
1		1 (T_1)	1 (H_1)	1 (S_1)	1 (M_1)
2		1 (T_1)	2 (H_2)	2 (S_2)	2 (M_2)
3		1 (T_1)	3 (H_3)	3 (S_3)	3 (M_3)
4		2 (T_2)	1 (H_1)	2 (S_2)	3 (M_3)
5		2 (T_2)	2 (H_2)	3 (S_3)	1 (M_1)
6		2 (T_2)	3 (H_3)	1 (S_1)	2 (M_2)
7		3 (T_3)	1 (H_1)	3 (S_3)	2 (M_2)
8		3 (T_3)	2 (H_2)	1 (S_1)	3 (M_3)
9		3 (T_3)	3 (H_3)	2 (S_2)	1 (M_1)

所有的正交表与$L_9(3^4)$正交表一样,都具有以下两个特点:

① 在每一列中,各个不同的数字出现的次数相同。在表$L_9(3^4)$中,每一列有三个水平,水平1,2,3都是各出现3次。

② 表中任意两列并列在一起形成若干个数字对,不同数字对出现的次数也都相同。在表$L_9(3^4)$中,任意两列并列在一起形成的数字对共有9个:(1,1),(1,2),(1,3),(2,1),(2,2),(2,3),(3,1),(3,2),(3,3),每一个数字对各出现一次。

这两个特点称为正交性。正是由于正交表具有上述特点,就保证了用正交表安排的试验方案中因素水平是均衡搭配的,数据点的分布是均匀的。因素、水平数越多,运用正交试验设计方法,越发能显示出它的优越性。

在生产中,因素之间常有交互作用。如果上述的因素T的数值和水平发生变化时,试验指标随因素p变化的规律也发生变化,反过来,因素p的数值和水平发生变化时,试验指标随因素T变化的规律也发生变化。这种情况称为因素T,p间有交互作用,记为$T \times p$。

6.2.1 各列水平数均相同的正交表

各列水平数均相同的正交表,也称单一水平正交表。这类正交表名称的写法举例如下:

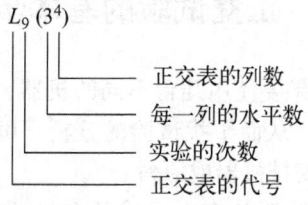

$$L_9(3^4)$$

- 正交表的列数
- 每一列的水平数
- 实验的次数
- 正交表的代号

各列水平均为2的常用正交表有:$L_4(2^3)$,$L_8(2^7)$,$L_{12}(2^{11})$,$L_{16}(2^{15})$,$L_{20}(2^{19})$,$L_{32}(2^{31})$。

各列水平数均为3的常用正交表有:$L_9(3^4)$,$L_{27}(3^{13})$。

各列水平数均为4的常用正交表有:$L_{16}(4^5)$。

各列水平数均为3的常用正交表有:$L_{25}(5^6)$。

6.2.2 混合水平正交表

各列水平数不相同的正交表，叫混合水平正交表，下面就是一个混合水平正交表名称的写法：

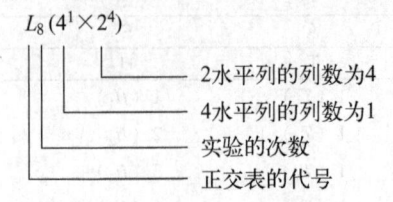

$$L_8(4^1 \times 2^4)$$

- 2水平列的列数为4
- 4水平列的列数为1
- 实验的次数
- 正交表的代号

$L_8(4^1 \times 2^4)$ 常简写为 $L_8(4 \times 2^4)$。此混合水平正交表含有 1 个 4 水平列，4 个 2 水平列，共有 $1+4=5$ 列。

6.2.3 选择正交表的基本原则

一般都是先确定试验的因素、水平和交互作用，后选择适用的 L 表。在确定因素的水平数时，主要因素宜多安排几个水平，次要因素可少安排几个水平。

① 先看水平数。若各因素全是 2 水平，就选用 $L(2^*)$ 表；若各因素全是 3 水平，就选 $L(3^*)$ 表。若各因素的水平数不相同，就选择适用的混合水平表。

② 每一个交互作用在正交表中应占一列或二列。要看所选的正交表是否足够大，能否容纳得下所考虑的因素和交互作用。为了对试验结果进行方差分析或回归分析，还必须至少留一个空白列，作为"误差"列，在极差分析中要作为"其他因素"列处理。

③ 要看试验精度的要求。若要求高，则宜取试验次数多的 L 表。

④ 若试验费用很昂贵，或试验的经费很有限，或人力和时间都比较紧张，则不宜选试验次数太多的 L 表。

⑤ 按原来考虑的因素、水平和交互作用去选择正交表，若无正好适用的正交表可选，简便且可行的办法是适当修改原定的水平数。

⑥ 对某因素或某交互作用的影响是否确实存在没有把握的情况下，选择 L 表时常为该选大表还是选小表而犹豫。若条件许可，应尽量选用大表，让影响可能性较大的因素和交互作用各占适当的列。某因素或某交互作用的影响是否真的存在，留到方差分析进行显著性检验时再做结论。这样既可以减少试验的工作量，又不至于漏掉重要的信息。

6.3 正交试验的基本步骤

① 分区组。对于一批试验，如果要使用几台不同的机器，或要使用几种原料来进行，为了防止机器或原料的不同而带来误差，从而干扰试验的分析，可在开始做试验之前，用 L 表中未排因素和交互作用的一个空白列来安排机器或原料。

与此类似，若试验指标的检验需要几个人（或几台机器）来做，为了消除不同人（或仪器）检验的水平不同给试验分析带来干扰，也可采用在 L 表中用一空白列来安排的办法。这种做法称为分区组法。

② 因素水平表排列顺序的随机化。如在例 6-1 中，每个因素的水平序号从小到大时，因素的数值总是按由小到大或由大到小的顺序排列。按正交表做试验时，所有的 1 水平要碰在一起，而这种极端的情况有时是不希望出现的，有时也没有实际意义。因此在排列因素水平表时，最

好不要简单地按因素数值由小到大或由大到小的顺序排列。从理论上讲，最好能使用一种叫做随机化的方法。所谓随机化就是采用抽签或查随机数值表的办法，来决定排列的顺序。

③ 试验进行的次序没必要完全按照正交表上试验号码的顺序。为减少试验中由于先后试验操作熟练的程度不匀带来的误差干扰，理论上推荐用抽签的办法来决定试验的次序。

④ 在确定每一个试验的试验条件时，只须考虑所确定的几个因素和分区组该如何取值，而不要（其实也无法）考虑交互作用列和误差列怎么办的问题。交互作用列和误差列的取值问题由试验本身的客观规律来确定，它们对指标影响的大小在方差分析时给出。

⑤ 做试验时，要力求严格控制试验条件。这个问题在因素各水平下的数值差别不大时更为重要。例如，例 6-1 中的因素（反应时间）m 的三个水平：$m_1=2.0$，$m_2=2.5$，$m_3=3.0$，在以 $m=m_2=2.5$ 为条件的某一个试验中，就必须严格认真地让 $m_2=2.5$。若因为粗心和不负责任，造成 $m_2=2.2$ 或造成 $m_2=3.0$，那就将使整个试验失去正交试验设计方法的特点，相关方法的应用丧失了必要的前提条件，因而得不到正确的试验结果。

6.4 极差分析法

正交试验方法之所以能得到科技工作者的重视并在实践中得到广泛的应用，其原因不仅在于能使试验的次数减少，而且能够用相应的方法对试验结果进行分析并引出许多有价值的结论。在应用正交试验法进行的试验中，如果不对试验结果进行认真的分析，并引出应该引出的结论，那就失去用正交试验法的意义和价值。常用的方法有方差分析法和极差分析法。由于极差分析法不仅应用广泛，而且既简单、计算量又小，是对正交试验结果进行分析的最常用的方法。

下面以表 6-3 为例讨论 $L_4(2^3)$ 正交试验结果的极差分析方法。极差指的是各列中各水平对应的试验指标平均值的最大值与最小值之差。从表 6-3 的计算结果可知，用极差法分析正交试验结果可引出以下几个结论。

表 6-3 $L_9(3^4)$ 正交试验计算

试验号	列号 因素	1 A_i	2 B_i	3 C_i	4 D_i	实验指标
1		1 (A_1)	1 (B_1)	1 (C_1)	1 (D_1)	y_1
2		1 (A_1)	2 (B_2)	2 (C_2)	2 (D_2)	y_2
3		1 (A_1)	3 (B_3)	3 (C_3)	3 (D_3)	y_3
4		2 (A_2)	1 (B_1)	2 (C_2)	3 (D_3)	y_4
5		2 (A_2)	2 (B_2)	3 (C_3)	1 (D_1)	y_5
6		2 (A_2)	3 (B_3)	1 (C_1)	2 (D_2)	y_6
7		3 (A_3)	1 (B_1)	3 (C_3)	2 (D_2)	y_7
8		3 (A_3)	2 (B_2)	1 (C_1)	3 (D_3)	y_8
9		3 (A_3)	3 (B_3)	2 (C_2)	1 (D_1)	y_9
k_{1j}		$(y_1+y_2+y_3)/3$	$(y_1+y_4+y_7)/3$	$(y_1+y_6+y_8)/3$	$(y_1+y_5+y_9)/3$	
k_{2j}		$(y_4+y_5+y_6)/3$	$(y_2+y_5+y_8)/3$	$(y_2+y_4+y_9)/3$	$(y_2+y_6+y_7)/3$	
k_{3j}		$(y_7+y_8+y_9)/3$	$(y_3+y_6+y_9)/3$	$(y_3+y_5+y_7)/3$	$(y_3+y_4+y_8)/3$	
极差 R_j		$\max\{k_{i1}\}-\min\{k_{i1}\}$	$\max\{k_{i2}\}-\min\{k_{i2}\}$	$\max\{k_{i3}\}-\min\{k_{i3}\}$	$\max\{k_{i4}\}-\min\{k_{i4}\}$	

注：A_i，B_i，C_i，D_i 分别表示 A，B，C，D 四个因素的第 i 个水平。

k_{ij} 表示在已做的试验中第 j 个因素第 i 水平下试验指标结果的平均值。即 j 个因素第 i 水平下试验指标的数值之和除以第 j 列同一水平出现的次数。

R_j 表示 j 因素的所有水平试验指标结果平均值中最大值与最小值的差（极差）。极差大的因素表明其对指标结果的影响大，因此，依极差大小顺序决定影响因素的主次顺序。

① 在试验范围内，各列对试验指标的影响从大到小的排队。某列的极差最大，表示该列的

数值在试验范围内变化时，使试验指标数值的变化最大。所以各列对试验指标的影响从大到小的排队，就是各列极差 R 的数值从大到小的排队。

② 试验指标随各因素的变化趋势。为了能更直观地看到变化趋势，常将计算结果绘制成图。

③ 使试验指标最好的适宜的操作条件（适宜的因素水平搭配）。

④ 可对所得结论和进一步的研究方向进行讨论。

6.4.1 单指标正交试验

考核指标是在试验设计中，根据试验目的而选定的用来衡量试验效果的量值（指标）。考核指标可以是一个，也可以是多个。前者称为单指标正交试验，后者称为多指标正交试验。

【例6-2】 某企业生产一种标准电机，目前遇到的主要问题是电机的叠压偏差量偏高，该企业希望通过试验、优选找出好的生产工艺，以降低电机的叠压偏差。由于仅用电机叠压偏差量高低这一指标来衡量电机的好坏，因此，这类问题属于单指标正交试验问题。

分析过程：

要想寻找叠压偏差量小的电机生产工艺，就必须对电机的整个生产过程有一个详细的了解，结合电机专业技术知识和经验，找出影响生产电机叠压偏差量的主要因素，通过试验确定主要因素的合理取值，进而对这些主要因素加以控制，以达到生产叠压偏差量低的好电机的目的。

优选过程如下。

(1) 明确试验目的，确定考核指标

目的为寻找生产标准电机的好生产工艺，考核指标为电机的叠压偏差量。

(2) 确定因素及其水平数

通过对电机整个生产过程的详细分析，结合电机专业技术知识和经验，选定影响生产电机叠压偏差量的主要因素有：A——硅钢片厚度（mm），B——漆膜厚度（mm），C——毛刺高度（mm），D——工装类型，各因素的合理试验点（水平）如表6-4所示。

表6-4 各因素合理试验点（水平）

因素水平	A	B	C	D
1	>0.05+0.01	0.025±0.003	>0.08	I型
2	0.05±0.01	>0.025+0.003	0.04~0.08	II型
3	<0.05−0.01	<0.025−0.003	<0.04	III型

(3) 选用正交表，安排试验计划

根据因素和水平个数的不同，选用不同的正交表不考虑因素间的交互作用本例可选用 $L_9(3^4)$。从81个生产工艺中选择9个典型工艺进行试验，参见表6-2。

(4) 进行试验

得到如表6-5所示的试验结果。

表6-5 各因素不同水平下的试验结果

因素试验号	A	B	C	D	叠压偏差量（mm）
1	1	1	1	1	2.2
2	2	2	2	2	4.3
3	3	1	3	3	2.9
4	1	2	2	3	6.1
5	2	2	3	1	1.8
6	3	2	1	2	3.5
7	1	3	3	2	2.6
8	2	3	1	3	4.2
9	3	3	2	1	4.0

(5) 分析试验结果

从 9 个试验结果可以直接看出，5 号试验（$A_2B_2C_3D_1$）生产的电机叠压偏差量最低，但还不能由此断定 $A_2B_2C_3D_1$ 就是所寻找的最佳生产工艺，还须给出进一步的分析结果，如表 6-6 所示。

表 6-6 各因素不同水平下的试验结果分析

因　　素	A	B	C	D
k_{1j}	(2.2+6.1+2.6)/3 = 3.63	3.13	3.30	2.67
k_{2j}	3.43	3.80	4.80	3.47
k_{3j}	3.47	3.60	2.43	4.40
极差 R_j	0.20	0.67	2.37	1.73
较好水平	A_2	B_1	C_3	D_1
因素主次	4	3	1	2

对于指标值越大越好的问题来说，各因素对应指标平均值最大的水平为该因素的较好水平；对于指标值越小越好的问题来说，各因素对应指标平均值最小的水平为该因素的较好水平。

(6) 做验证试验，确定最优方案

由分析可见：四因素的主次顺序为 $C>D>B>A$，它们的较好水平分别为 C_3、D_1、B_1、A_2，可能的较优方案为 $A_2B_1C_3D_1$。由于可能的较优方案 $A_2B_1C_3D_1$ 不在已做的 9 个试验中，但在最主要的两个因素 C、D 的水平上与已做的 5 号试验工艺 $A_2B_2C_3D_1$ 相同，在对试验精度要求不高的时候，可将 5 号试验工艺作为近似最佳工艺加以推广使用。若对试验精度要求很高，则须根据可能的较优方案 $A_2B_1C_3D_1$ 做验证试验，将试验所得电机的叠压偏差量结果与 5 号试验电机的 1.8 mm 叠压偏差量进行比较，谁的叠压偏差量小，谁对应的就是最佳生产工艺。

【例 6-3】 某化工厂生产一种试剂，目前遇到的问题是试剂的收率太低，该化工厂希望通过优选找出生产这种试剂的较好生产工艺以提高其收率。通过对试剂整个生产过程的分析，已确定影响该试剂收率的主要因素与水平、试验方案及试验结果如表 6-7 和表 6-8 所示。试分析试验结果。

优选过程如下。

(1) 明确试验目的，确定考核指标

寻找生产某种试剂的好生产工艺以提高其收率。考核指标为试剂的收率。

(2) 确定因素及其水平数

如表 6-7 所示。

表 6-7 影响收率的主要因素及水平

因素水平	反应温度 A（℃）	反应时间 B（h）	搅拌速度 C
1	30	2	中
2	50	1	慢
3	40	1.5	快

(3) 选用正交表，安排试验计划

根据因素和水平个数的不同，选用不同的正交表，不考虑因素间的交互作用，本例可选用 $L_9(3^4)$。从 81 个生产工艺中选择 9 个典型工艺进行试验，参见表 6-2。

(4) 进行试验

试验结果如表 6-8 所示。

表6-8　各因素不同水平下的试验结果

因素试验号	A	B	C		收率（%）
1	1	1	1	1	60
2	1	2	2	2	80
3	1	3	3	3	75
4	2	1	2	3	82
5	2	2	3	1	81
6	2	3	1	2	79
7	3	1	3	2	85
8	3	2	1	3	90
9	3	3	2	1	86

（5）分析试验结果

直接从9个试验结果中可以看出，8号试验（$A_3B_2C_1$）生产的试剂收率最高，但还不能由此断定 $A_3B_2C_1$ 就是所寻找的最佳生产工艺，还须给出进一步的分析结果，如表6-9所示。

表6-9　各因素不同水平下的试验结果分析

因素	A	B	C
k_{1j}	71.67	75.67	76.33
k_{2j}	80.67	83.67	82.67
k_{3j}	87.00	80.00	80.33
极差 R_j	15.33	8.00	6.34
较好水平	A_3	B_2	C_2
因素主次	1	2	3

对于本问题来说，各因素对应指标平均值最大的水平为该因素的较好水平。

（6）做验证试验，确定最优方案

由分析可见：三因素的主次顺序为 $A > B > C$，它们的较好水平分别为 A_3，B_2，C_2，可能的较优方案为 $A_3B_2C_2$。由于可能的较优方案 $A_3B_2C_2$ 不在已做的9个试验中，但在最主要的因素A、B的水平上与已做的8号试验工艺 $A_3B_2C_1$ 相同。

在对试验精度要求不高的时候，可将8号试验工艺作为近似最佳工艺加以推广使用。若对试验精度要求很高，则须根据可能的较优方案 $A_3B_2C_2$ 做验证试验，将试验所得试剂的收率结果与8号试验试剂的90%收率进行比较，谁的收率高，谁对应的就是最佳生产工艺。

6.4.2　多指标正交试验

【例6-4】 某矿用精矿粉生产球团，目前遇到球团抗压强度和落下强度低、裂纹度高等质量问题，该矿希望通过试验、优选找出生产球团的好工艺，以提高球团的抗压强度和落下强度、降低其裂纹度。

分析过程：

要想解决精矿粉球团的质量问题，就必须对球团的整个生产过程、所用原料精矿粉的性能指标有一个详细的了解，找出影响生产球团质量的主要因素，通过试验确定各主要因素的合理取值，进而对这些主要因素加以控制，以达到生产质量高的精矿粉球团的目的。

由于用精矿粉球团的抗压强度、落下强度和裂纹度三个指标来衡量精矿粉球团质量的好坏，因此，这类问题属于多指标正交试验问题。由于各指标间常常存在矛盾，因此多指标正交试验问题比单指标正交试验问题复杂得多。其求解方法也很多，这里仅介绍兼顾各指标的综合评分法。

优选过程如下。

(1) 明确试验目的，确定考核指标

寻找生产精矿粉球团的好生产工艺，考核指标为精矿粉球团的抗压强度、落下强度和裂纹度。

(2) 确定因素及其水平数

通过对精矿粉球团整个生产过程的详细分析和对精矿粉性能指标的详细了解，选定影响精矿粉球团质量的主要因素及各因素的合理试验点（水平），如表6-10所示。

(3) 选用正交表，安排试验计划

根据因素和水平个数的不同，选用不同的正交表不考虑因素间的交互作用，本例可选用 $L_9(3^4)$。从81个生产工艺中选择9个典型工艺进行试验，参见表6-2。

表6-10 各因素合理试验点（水平）

因素水平	A 水分（%）	B 粒度（%）	C 碱度（%）	D 膨润土（%）
1	9	30	1.2	1.0
2	10	60	1.4	1.5
3	8	80	1.6	2.0

(4) 进行试验

试验结果如表6-11所示。

表6-11 试验结果表

因素 试验号	A	B	C	D	考核指标			综合评分
					抗压强度 (kg/个)	落下强度 (0.5m/次)	裂纹度	
1	1	1	1	1	11.3	1.0	2	65
2	1	2	2	2	4.4	3.5	3	50
3	1	3	3	3	10.8	4.5	1	60
4	2	1	2	3	7.0	1.0	2	55
5	2	2	3	1	7.8	1.5	1	65
6	2	3	1	2	23.6	15.0	0	100
7	3	1	3	2	9.0	1.0	2	60
8	3	2	1	3	8.0	4.5	1	70
9	3	3	2	1	13.2	20.0	0	95

试验结束后，请精矿粉球团方面专家综合球团抗压强度、落下强度和裂纹度三指标给各试验工艺下生产出来的球团质量一个综合评分，进而将多指标正交试验问题转化为单指标正交试验问题求解。最佳生产工艺的确定对综合评分十分灵敏，因此，综合评分过程要十分慎重。

(5) 分析试验结果

直接从9个试验结果可以看出，6号试验（$A_2B_3C_1D_2$）生产的精矿粉球团综合评分最高，但还不能由此断定 $A_2B_3C_1D_2$ 就是所寻找的最佳生产工艺，还须给出进一步的分析结果，如表6-12所示。

表6-12 各因素不同水平下的试验结果分析

因素	A	B	C	D
k_{1j}	58.3	60.0	78.3	75.0
k_{2j}	73.3	61.7	66.7	70
k_{3j}	75.0	85.0	61.7	61.7
极差 R_j	16.7	25.0	16.6	13.3
较好水平	A_3	B_3	C_1	D_1
因素主次	2	1	3	4

对于本问题来说，各因素对应指标平均值最大的水平为该因素的较好水平。

(6) 做验证试验，确定最优方案

由分析可见：四因素的主次顺序为 $B>A>C>D$，它们的较好水平分别为 B_3，A_3，C_2，D_1，可能的较优方案为 $A_3B_3C_1D_1$。由于可能的较优方案 $A_3B_3C_1D_1$ 不在已做的9个试验中，须根据可能的较优方案 $A_3B_3C_1D_1$ 做验证试验。

将试验所得精矿粉球团的抗压强度、落下强度和裂纹度三项指标与6号试验 $A_2B_3C_1D_2$ 工艺下生产的精矿粉球团相应指标进行比较，谁的综合评分高，谁对应的就是最佳生产工艺。

6.4.3 水平数不等的正交试验

由于受试验条件的的限制使某些因素无法多选试验水平，或由于某些因素重要而要多选取几个水平进行试验时，就出现了水平数不等的正交试验问题。通常采用的方法为混合型正交表法和拟水平法。

拟水平法若没有现成的混合型正交表可供使用，则可将水平数较少的因素虚拟一些水平，然后使用水平数相等的正交表进行试验和分析。由于篇幅所限，本节重点介绍混合型正交表法，关于拟水平法请参见有关书籍。

【例6-5】 某农科站为了提高早稻的产量进行早稻品种试验。通过对土质及早稻整个生产过程的详细分析，选定影响早稻产量的主要因素及各因素的合理试验点（水平），如表6-13所示，试确定生产高产量早稻的生产工艺。

表6-13 影响早稻产量的主要因素

因素水平	A 品种	B 施氮肥量（g/m²）	C 氮、磷、钾比例	D 插植规格（cm×cm）
1	P1	15	2:2:1	15×18
2	P2	19	3:2:3	18×18
3	P3			
4	P4			

优选过程如下。

(1) 明确试验目的，确定考核指标

目的为寻找生产高产量早稻的好生产工艺，考核指标为早稻产量。

(2) 确定因素及其水平数

通过对土质及早稻整个生产过程的详细分析，选定影响早稻产量的主要因素及各因素的合理试验点（水平），参见表6-13。

(3) 选用正交表，安排试验计划

根据因素和水平个数的不同，选用不同的正交表。由于本例中一个因素是四水平，其余三个因素是二水平。可选用混合正交表 $L_8(4 \times 2^4)$，如表6-14所示。

表6-14 混合正交表 $L_8(4 \times 2^4)$

因素试验号					
1	1	1	1	1	1
2	1	2	2	2	2
3	2	1	1	2	2
4	2	2	2	1	1
5	3	1	2	1	2
6	3	2	1	2	1
7	4	1	2	2	1
8	4	2	1	1	2

(4) 进行试验

试验结果如表 6-15 所示。

表 6-15 试验结果表

因素试验号	A	B	C	D	产量
1	1	1	1	1	19.0
2	1	2	2	2	20.0
3	2	1	1	2	21.9
4	2	2	2	1	22.3
5	3	1	2	2	21.0
6	3	2	1	1	21.0
7	4	1	2	1	18.0
8	4	2	1	2	18.2

(5) 分析试验结果

直接从 8 个试验结果可以看出,4 号试验 ($A_2B_2C_2D_1$) 生产的早稻产量最高,但还不能由此断定 ($A_2B_2C_2D_1$) 就是所寻找的最佳生产工艺,还须给出进一步的分析结果,如表 6-16 所示。

表 6-16 各因素不同水平下的试验结果分析

因素	A	B	C	D
k_{1j}	19.5	20.0	20.0	20.1
k_{2j}	22.1	20.4	20.3	20.2
k_{3j}	21.0			
K_{4j}	18.1			
极差 R_j	4.0	0.4	0.3	0.1
较好水平	A_2	B_2	C_2	D_2
因素主次	1	2	3	4

对于本问题来说,各因素对应指标平均值最大的水平为该因素的较好水平。

(6) 做验证试验,确定最优方案

由分析可见:四因素的主次顺序为 $A > B > C > D$,它们的较好水平分别为 A_2、B_2、C_2、D_2,可能的较优方案为 $A_2B_2C_2D_2$。

由于可能的较优方案 $A_2B_2C_2D_2$ 不在已做的 8 个试验中,但与 4 号试验 $A_2B_2C_2D_1$ 工艺的区别仅在最不重要的因素 D 上,且因素 D 的两个水平相差较小,根据农业生产的实际,可将 4 号试验 $A_2B_2C_2D_1$ 作为好的生产条件加以推广。

6.5 案例

案例6.1 提高双氰胺生产速率工艺选择

山西省平定县娘子关双氰胺厂是山西省第一家生产双氰胺产品的镇办企业。1989 年用 8 万元从江苏引进技术,设计能力为年产双氰胺 500 吨,1990 年投产,1991 年全年生产双氰胺 380 吨。当时双氰胺出厂价虽然为 15000 元/吨,市场供不应求,但由于该企业产量达不到设计能力,成本很高,年亏损 30 多万元,企业处于非常困难的境地。后来企业请来专家诊断,发现石灰窑 CO_2 气体浓度太低且很不稳定,这是制约双氰胺生产速度的关键因素。经深入白灰车间调查发现,CO_2 气体浓度一般均在 17% 以下,有时只有 12% 左右,使双氰胺车间第一道工序(即水解工序)脱钙速度慢、时间长,这是制约双氰胺产量的关键工序。

经深入该车间调查,发现投入的煤和石头的比例是由人工估计的,并不计量,每天加料总量和分配的层次随意性很大。由于没有固定的工艺标准,CO_2 气体浓度既不可能稳定,也不可能提高。

经计算,影响石灰窑 CO_2 浓度的因素水平如表6-17所示。

表6-17 影响石灰窑 CO_2 浓度的因素水平

水平	因素		
	A 煤石比	B 投料量(吨/次)	C 投料层次(次/天)
1	1:0.14	5	7
2	1:0.17	5.5	8
3	1:0.2	6	9

试计算:

(1) 选用 $L_9(3^4)$ 正交表安排实验,将A、B、C三个因素分别放在第1,2,3列上,9次实验结果浓度百分比为 26.4,28.7,27.4,28.6,30.1,29.4,29.2,30.4,32.2。请选出该实验最主要的因素水平。

(2) 根据以上计算过程及计算结果,形成一个分析报告。

案例6.2 促销产品包装方案设计

出色的包装设计有利于激发消费欲望、促成购买行为。但消费者个体的差异而产生的消费心理是极其复杂的,为使企业更好地占有市场,引领消费,设计师有必要充分了解消费者心理和对包装设计的喜好。20世纪30年代,美国人路易斯·切斯金所做的包装设计对于消费心理影响的系统实验,至今仍发挥着它的作用,不断有学者实验证明包装色彩、质地、文字等因素对于消费者的购买产生着不容忽视的影响。为了使企业和设计更好地迎合更多消费者的口味,某研究机构进行了一项市场调查:选择18~25岁的护肤品消费者为调查对象,对不同水平特性的商品进行分析统计,预测何种特性水平组合的产品能够成为消费者青睐的主流产品。主要特性为A:容器造型,B:容器材质,C:装潢面设计,每个特性又各有3个水平。调查数据如表6-18所示。

表6-18 调查数据

水平	因素		
	容器造型(A)	容器材质(B)	装潢面设计(C)
1	具象造型	玻璃	文字为主
2	几何造型	塑料	色块为主
3	抽象化造型	复合塑料软瓶	其他

选用 $L_9(3^4)$ 正交表安排实验,数据如表6-19所示。

表6-19 $L_9(3^4)$ 正交表实验数据

试验号	A	B	C	评分值
1	具象造型	玻璃	文字为主	5.8727
2	具象造型	塑料	色块为主	4.8000
3	具象造型	复合塑料软瓶	其他	4.0364
4	几何造型	玻璃	文字为主	5.3273
5	几何造型	塑料	色块为主	4.5636
6	几何造型	复合塑料软瓶	其他	4.6182
7	抽象化造型	玻璃	文字为主	5.4000
8	抽象化造型	塑料	色块为主	5.1273
9	抽象化造型	复合塑料软瓶	其他	5.2545

试计算:
(1) 根据调查结果,请选出最主要的因素水平并选出最优方案。
(2) 根据以上计算过程及计算结果,形成一个分析报告。

案例6.3 提高尼龙66盐产品质量的工艺选择

随着社会的发展、科学技术的不断进步,市场需求越来越复杂,变化越来越快,市场竞争也越来越激烈,所以企业必须分析消费者的需求,并以此为基础规划产品战略,制订产品计划,这样才能引领企业立于不败之地。消费者在购买产品和服务时通常会考虑许多因素,如价格、品牌、款式和产品质量等。那么在这些因素当中,每个因素对消费者的重要程度是不一样的,在同样的机会成本下,抓住对消费者满意度起决定作用的关键因素,才能让产品得到消费者的青睐。

在竞争激烈的市场经济时代,产品工艺改良是企业求得生存与发展的关键条件,也是该产品能在市场经久不衰的必然要素。现代社会企业之间的竞争归根到底是产品的竞争,产品的质量决定了企业的命脉。在企业内部建立完善的质量管理体系和进行全面质量策划是必不可少的管理环节,以质量控制为中心的现场质量管理,在生产过程中起着决定性作用。

某尼龙66盐公司生产出来的尼龙66盐,一部分产品要用管道送至切片装置做成工程塑料PA66切片。50wt%的尼龙66盐水溶液经计量后送入浓缩蒸发器,蒸发到一定浓度后加入添加剂在聚合反应釜中将温度控制在一定的范围内,经一定时间后生成聚合物,经水下切割造粒,再用氮气干燥后送至切片料仓贮存或外售。然而近几年来该公司的切片质量一直低于同类公司。针对这种情况,应用ABC分析法通过画排列图分析,得出该公司尼龙66盐浓缩后的浓度、反应温度和反应时间三个工艺条件的控制对生成品的质量起着至关重要的作用。在实际生产过程中,浓度、温度和时间规定的范围偏大,以致每一次生产时这三个指标都没有确定值,控制比较随意。为了找出反应时间、反应温度和原料浓度三者的主次关系以及它们的最佳组合,运用正交试验法进行分析。因素水平如表6-20所示。

表6-20 因素水平

因素 水平	A 反应温度(℃)	B 反应时间(h)	C 尼龙66盐浓度(%)
1	50	1	62
2	55	2	72
3	60	3	82

选用 $L_9(3^4)$ 来安排实验,表头设计及实验结果如表6-21所示。

表6-21 $L_9(3^4)$ 实验,表头设计及实验结果

试验号	A	B	C	试验指标收益率
1	50	1	62	54
2	50	2	72	82
3	50	3	82	61
4	55	1	62	85
5	55	2	72	58
6	55	3	82	68
7	60	1	62	80
8	60	2	72	88
9	60	3	82	87

(1) 根据试验结果,请选出最主要的因素水平并选出最优方案。
(2) 根据以上计算过程及计算结果,并形成一个分析报告。

习 题 6

1. 为什么要进行正交试验？
2. 正交表的种类有哪些？
3. 选择正交表的原则包括哪些方面？
4. 采用极差分析法对正交试验结果进行分析能够得出什么结论？
5. 某厂生产液体葡萄糖，要对生产工艺进行优选试验，数据如表 6-22 所示。

表 6-22 优选试验数据

因素水平	A 粉浆浓度/%	B 粉浆酸度	C 稳压时间/min	D 工作压力/105Pa
1	0	16	2.2	1.5
2	5	18	2.7	2.0
3	10	20	3.2	2.5

试验的产量指标越高越好。用正交表 $L_9(3^4)$ 安排试验。将各因素依次放在正交表的 1～4 列上。9 次试验所得结果依次如下。

产量（kg）：498，568，568，577，512，540，501，550，510。

试找出最好的生产方案。

6. 为提高烧结矿的质量，做下面的配料试验。各因素及其水平如表 6-23 所示（单位：t）。

表 6-23 配料试验各因素及其水平

因素 水平	A 精矿	B 生矿	C 焦粉	D 石灰	E 白云石	F 铁屑
1	8.0	5.0	0.8	2.0	1.0	0.5
2	9.5	4.0	0.9	3.0	0.5	1.0

反映质量好坏的试验指标为含铁量，越高越好。用正交表 $L_8(2^7)$ 安排试验。各因素依次放在正交表的 1～6 列上，8 次试验所得含铁量（%）依次为 50.9，47.1，51.4，51.8，54.3，49.8，51.5，51.3。试对结果进行分析，找出最优配料方案。

7. 扬州轴承厂为了提高轴承圈退火的质量，制定因素水平表，如表 6-24 所示。

表 6-24 因素水平表

	A 上升温度	B 保温时间	C 出炉温度
水平 1	800℃	6 小时	400℃
水平 2	820℃	8 小时	500℃

试验指标为硬度合格率，采用正交表 $L_4(2^3)$，其结果依次为 100，45，85，70。试用极差分析法分析试验结果，并给出相应的结论。

第7章 相关分析

【引例】 现实中的统计。

城市住宅价格的差异，除了区域位置的因素外，城市的发展水平对城市住宅价格的影响是巨大的，区位条件相差不大的城市，住宅价格的差异主要是由于城市发展的水平不一致造成的。通过对城市化与城市住宅价格的关系分析，并根据浙江省丽水市2002—2007年间的数据分析城市化的不同指标对城市住宅价格的影响，希望能对丽水市现在的城市化政策和建立合理的区域城市体系提供必要的参考。

按照指标选取的全面性原则、现势性原则、可计量性原则、独立性原则建立体系，在参考相关研究内容的基础上，结合浙江省丽水市实际情况，对可采用的城市化指标进行取舍，最后确定了城市化指标体系一级指标4个、二级指标7个，如表7-1所示。

表7-1 城市化指标体系

一级指标	二级指标
人口城市化水平指标	城镇人口占总人口比例
	城市人口规模指标
产业城市化水平指标	非农产值比例
城市社会发展水平指标	城镇居民人均可支配收入
	人均社会消费品零售额
基础设施城市化指标	人均城市道路面积
	人均公共绿地面积

浙江省丽水市是在城市化和房地产发展大潮中十分具有代表性的中小城市。这里仅对人口城市化水平指标与住宅价格进行相关分析，以二级指标城镇人口比例和市区人口规模指标表示人口城市化指标。

城镇人口比例指标，也就是通常意义上的人口城市化指标。在城市化的过程中，城市人口规模的扩大也是非常明显的，我国大城市规模发展非常快。城市人口规模的扩大，对住宅的影响表现在两个方面，需求的增加和规模效应。丽水市人口城市化指标如表7-2所示。

表7-2 浙江省丽水市人口城市化指标

年度	市区城市人口数	市区总人口数	人口城市化率	市本级平均房价
2000	159817	378668	0.422	1502
2001	183635	383612	0.479	2008
2001	192956	391364	0.493	2297
2003	199519	397422	0.502	2813
2004	198715	397059	0.501	3596
2005	201011	399978	0.503	3999
2006	261537	463412	0.564	5853
2007	273311	477264	0.573	8578

数据来源：《浙江省丽水市统计年鉴（2001—2008）》、《浙江省丽水市统计公告（2001—2008）》，部分数据来源于相关政府网站和当地行业相关主管部门。

城镇人口比＝城镇人口/地区总人口。根据表7-2数据，对城镇人口比和住宅价格的相关性进行分析，得到二者相关线性模型为 $y = 44494x - 18622$，二者的相关系数为0.90，表明二者存在较强的正相关性。

再根据表7-2数据，对城镇人口规模和住宅价格的相关性进行分析，得到二者相关线性模型为 $y = 0.058x - 8282.1$，二者的相关系数为0.95，表明二者存在很强的正相关性。

依次对各个指标进行相关性分析，得到相关系数分析表格，如表7-3所示。

表7-3 城市化指标相关性系数分析

一级指标	人口城市化		产业城市化		社会城市化		基础设施	
相关性平均值	0.925		0.84		0.93		0.835	
排名	1		3		2		4	
二级指标	城镇人口比例	城镇人口规模	非农产值比例	人均可支配收入	人均社会消费品零售额	人均道路面积	人均公共绿地面积	
相关系数	0.9	0.95	0.84	0.95	0.91	0.75	0.92	
排名	5	1	6	2	4	7	3	

从一级指标和住宅价格的分析关系看，人口城市化指标的平均相关性水平最高，城市化基础设施完善程度相关性水平最低，说明城市人口的聚集程度是影响城市住宅价格的最大因素。从单项相关分析来看，多数城市化指标与住宅价格存在着较高的正相关性，说明住宅价格和城市的发展的关系是非常密切的。其中的城市人口规模和城镇居民人均可支配收入两项指标的相关性最高。

可见，相关分析对于研究城市住宅价格起到举足轻重的作用，通过相关分析，研究人员可以了解到各个指标对住房价格的影响强弱，因此，相关人员可以通过调整各个指标的大小来控制住宅价格的高低。相关分析在各个管理领域都会得到广泛应用，为研究人员提供了有效的研究方法，下面就来详细讲解什么是相关分析，怎样进行相关分析。

7.1 相关分析概述

客观现象总是普遍联系和相互依存的。客观现象之间的数量联系存在着两种不同的类型，一种是函数关系，另一种是相关关系。当一个或几个变量取一定的值时，另一个变量有确定值与之相对应，称这种关系为确定性的函数关系。例如，某种商品的销售收入 Y 与该商品的销售量 X 以及该商品价格 P 之间的关系可以用 $Y = PX$ 表示，这就是一种函数关系。一般把作为影响因素的变量称为自变量，把发生对应变化的变量称为因变量。在上例中 Y 是因变量，P 与 X 则是自变量。再如 $S = \pi R^2$，圆的面积 S 与半径 R 是函数关系，R 值发生变化，则有确定的 S 值与之对应。在客观世界广泛存在着函数关系。

世界是普遍联系的有机整体，现象之间存在着相关依存、相互制约的关系，每一个现象的运动、变化和发展，与其周围的现象相互联系和相互影响着。比如，销售规模扩大了，相应地会降低产品的销售成本；价格的上升，将导致供应量的增加，但与此同时，可能会压制消费水平；适当地增加土地耕作深度、施肥量，有利于农作物产出的提高；投入的学习时间与取得的成绩一般呈现出正向关系。通过对现象间的这些关系的研究，可以帮助人们找到现象变化内在与外在的影响因素，进而达到认识规律的目的。

相关关系又叫统计关系，它是指现象之间客观存在的相互依存关系。这种关系，只是大致的、从总体上而言的，并不是说某一现象的每一变化，都一定会引起与它有联系的另一现象同样的变化。比如，生产规模与经济效益有联系，但有可能的情况是，规模小的企业不见得单位成本就一定比规模大的低甚至低多少，父母身材高的小孩的身高不会肯定就比父母身材矮的小孩的身材高。那么，规模和效益、高身材与矮身材父母遗传关系的规律，不过是从普遍的事实中概括出来的。

统计学是研究客观现象数量方面的，从数量角度研究现象间的相互依存关系，需要把它们转化为变量的描述和处理。因此，统计相关分析，也可以说就是研究变量与变量之间的关系，即对于某一变量的每一个数值，另一变量有若干个数值与之相适应。例如，身高 1.75 m 的人可以表现为许多不同的体重；再如，施肥量与亩产之间，一定的施肥量，其亩产数值可能各不相同。之所以发生这种情况，是因为体重、亩产受很多因素的影响。但是很明显施肥量与亩产量之间、身高与体重之间的关系是非常密切的。在各种经济活动和生产过程中，许多经济的、技术的因素之间都存在着这种相关关系。分析这种关系的内在联系和表现形式是统计研究的一项重要任务。

函数关系是一一对应的确定关系。但在实际问题中，变量之间的关系往往不那么简单。例如，考察居民储蓄与居民家庭收入这两个变量，它们之间就不存在完全确定的关系。也就是说，收入水平相同的家庭，他们的储蓄额往往不同，反之，储蓄额相同的家庭，他们的收入水平也可能不同。可见家庭储蓄并不能完全由家庭收入所确定，因为家庭收入尽管与家庭储蓄有密切的关系，但它并不是影响储蓄的唯一因素，还有银行利率、消费水平等其他因素的影响。正是由于影响一个变量的因素非常之多，才造成了变量之间关系的不确定性。

变量间的这一类关系为不确定性关系，如果用 X 表示产量，用 Y 表示单位成本，则 X 与 Y 间的关系，是不好用一个确定的数学表达式加以刻画的。因此，有时人们也把相关关系解释成变量间表现出来的不确定性关系。

相关关系和函数关系是有区别的。函数关系是指两个变量之间存在着相互依存关系，但是它们的关系值是固定的，而具有相关关系的变量之间关系值是不固定的。相关关系与函数关系也是有联系的，由于有观察或测量误差等原因，函数关系在实质中往往通过相关关系表现出来。

7.1.1 什么是相关分析

相关分析是根据实际观察或试验取得的数据资料，来研究有关现象之间相互依存关系的形式和密切程度的统计分析方法。相关分析研究现象之间的依存关系，不同于函数关系。在相关关系中，反映某一现象的标志值（作为自变量）与另外的标志值（作为因变量）之间，存在着一定的依存关系。当自变量变动时，因变量即随之而发生一定变动，但这种变动又不是确定的和严格依存的。在这种关系中，对于自变量的每一个值，可以由因变量的几个数值与之相对应，表现出一定的波动性、随机性，但又总是围绕着它们的平均数并遵循一定的规律而变动。相关分析的主要任务在于根据实际观察或试验取得的资料，分析它的不同的表现形式，用一定的数学表达式来反映这种关系。这样就可以从理论上确定，当某一标志的值发生变化时，另一有联系的标志的值可能发生怎样的变动。这就为研究和估计现象之间的依存关系提供了证据。通常用一个数值来表示变量之间的相关的强弱程度，称为相关系数，通常用 r 表示。相关系数是说明两个变量之间有无线性相关关系及相关关系密切程度的统计指标。

相关系数的取值范围在 -1 到 $+1$ 之间，即 $-1 \leqslant r \leqslant 1$。其中：
① 若 $r>0$，表明变量之间存在正相关关系，即两个变量的相随变动方向相同。
② 若 $r<0$，表明变量之间存在负相关关系，即两个变量的相随变动方向相反。
③ 当 $|r|=1$ 时，其中一个变量的取值完全取决于另一个变量，二者即为函数关系。
④ 当 $r=0$ 时，说明变量之间不存在线性相关关系，但不排除变量之间存在非线性关系的可能。

在说明变量之间线性相关程度时，根据经验可将相关程度分为以下几种情况：
① $|r|=1$ 时，因变量完全随自变量而变动，称为完全相关。
② $0<|r|<1$，称为不完全相关。
③ $|r|=0$，当自变量变动时，因变量完全不随之而做相应变动，称为不相关。

相关分析有时称为回归分析，有时也把整个内容分成相关与回归两部分。这种区分主要是根据变量之间关系的性质不同决定的。例如，就两个变量之间的关系来说，有时两个变量都是随机的，有时其中一个是随机的而另一个是非随机的。广义来说，两种情况统称为相关分析。本书把前一种情况称为相关，后一种情况称为回归。

7.1.2 相关关系分类

(1) 按相关程度划分

按相关的程度可分为完全相关、不完全相关和不相关。当一种现象的数量变化完全由另一种现象的数量变化所确定时，称这两种现象间的关系为完全相关。当两种现象彼此互不影响、其数量变化各自独立时，称为不相关现象。两种现象之间的关系介于完全相关和不相关之间称为不完全相关。一般的相关现象都是指这种不完全相关。

(2) 按相关方向划分

按相关的方向可分为正相关和负相关。当一种现象的数量由小变大，另一种现象的数量也相应由小变大，这种相关称为正相关。当一种现象的数量由小变大而另一种现象的数量相反地由大变小，这种相关称为负相关。

(3) 按相关形式划分

按相关的形式可分为线性相关和非线性相关。当两种相关现象之间的关系大致呈现为线性关系时，称之为线性相关。如果两种相关现象之间，并不表现为直线的关系，而是近似于某种曲线方程的关系，则这种相关关系称为非线性相关。

(4) 按变量多少划分

按所研究的变量多少可分为单相关、复相关和偏相关。两个现象的相关即一个变量对另一个变量的相关关系，称为单相关；当所研究的是一个变量对两个或两个以上其他变量的相关关系时，称为复相关。在某一现象与多种现象相关的场合，当假定其他变量不变时，其中两个变量的相关关系称偏相关。

(5) 按相关性质划分

按相关的性质可分为真实相关和虚假相关。当两种现象之间的相关确实具有内在的联系时，称为真实相关。当两种现象之间的相关只是表面存在，实质上并没有内在的联系时，称为虚假相关。例如，某工厂离婚率的升高与机器数目的增长，若硬要把它们联系起来，也可以算出相关系数和求出回归方程。但实际上两者无任何本质的联系。因此，进行相关分析时，必须注意不要把毫无本质联系的事物搞在一起。判断什么是真实相关，什么是虚假相关必须依靠有关的实质性科学提供的知识。

7.1.3 相关关系举例

【例 7-1】 从遗传学角度看，子女的身高（y）与其父母身高（f）有很大关系。一般来说，父母身高较高时，其子女的身高通常也比较高，父母身高较低时，其子女的身高通常也较低。但是实际情况并不完全是这样，因为它们之间并不是完全确定的关系。显然，子女的身高并不是完全由父母身高一个因素所决定，还有其他许多因素的影响，因此二者之间属于相关关系。

【例7-2】 考察一个人的收入水平（y）同他受教育程度（x）这两个变量，它们之间就不存在确定的函数关系。也就是说，受教育程度相同的人，他们的收入水平往往不同，同样，收入水平相同的人，他们受教育的程度也可能不同。因为受教育程度尽管与一个人的收入多少有关系，但它并不是影响收入的唯一因素，还有其他因素（如职业，工作年限等）的影响。因此，收入水平与受教育程度之间是一种相关关系。

【例7-3】 农作物的单位面积产量（y）与施肥量（f）有密切的关系。在一定条件下，施肥量越多，单位面积产量就越高。但产量并不是由施肥量一个因素决定的，还有其他许多因素的影响，如降雨量、温度、管理水平等。因此农作物的单位面积产量与施肥量之间并不是函数关系，而是一种相关关系。

从上面的几个例子，可看出相关关系的特点：一个变量的取值不能由另一个变量唯一确定，当变量 x 取某个值时，变量 y 的取值可能有多个。对这种关系不确定的变量显然不能用函数关系进行描述，但也不是无任何规律可寻。通过对大量数据的观察与研究，就会发现许多变量之间确实存在着一定的客观规律。例如，平均来说，父亲身高较高时，其子女的身高一般也较高；收入水平高的家庭，其家庭储蓄一般也较多。相关分析正是描述与探索这类变量之间关系及其规律的统计方法。

7.2 简单相关分析

虽然散点图能够直观地展现变量之间的统计关系，但并不精确。因此关系的密切程度如何，须计算相关系数。严格地讲，相关系数只能用于衡量具有线性关系的两个变量间的相关关系，但在实际应用时，人们往往较少考虑这个条件。相关系数计算方法有多种，对不同类型的变量应采用不同的相关系数。常用的相关系数主要有 Pearson 简单相关系数、Spearman 等级相关系数和 Kendall 相关系数。

7.2.1 相关系数的抽样分布

样本相关系数用 r 表示，而总体相关系数用 ρ 来表示。通常是根据样本相关系数 r 作为总体相关系数 ρ 的近似估计值。由于 r 是根据样本数据计算出来的，受到抽样波动的影响。由于抽取的样本不同，r 的取值也就不同，因此 r 是一个随机变量。能否根据样本相关系数说明总体的相关程度呢？这就需要考察样本相关系数的可靠性，也就是进行显著性检验。

为了对样本相关系数 r 的显著性进行检验，需要考察 r 的抽样分布。r 的抽样分布随总体相关系数 ρ 和样本容量 n 的大小而变化。当样本数据来自正态总体时，随着 n 的增大，r 的抽样分布趋于正态分布，尤其是在总体相关系数 ρ 很小或接近 0 时，趋于正态分布的趋势非常明显。而当 ρ 远离 0 时，除非 n 非常大，否则 r 的抽样分布呈现一定的偏态。因为 r 是围绕 ρ 的周围分布的，当 ρ 的数值接近 $+1$ 或 -1 时，比如 $\rho=0.96$，r 的值可能以 0.96 为中心向两个方向变化，又由于 r 的取值范围在 $+1$ 和 -1 之间，所以一方的变化以 $+1$ 为限，全距是 0.04，而向另一方的变化以 -1 为限，全距是 1.96，两个方向变化的全距不等，因此 r 的抽样分布也不可能对称。但当 $\rho=0$ 或接近于 0 时，两个方向的变化的全距接近相等，所以 r 的抽样分布也就接近对称了。

总之，当 ρ 为较大的正值时，r 呈现左偏分布；当 ρ 为较大的负值时，r 呈现右偏分布。只有当 ρ 接近于 0，而样本容量 n 很大时，才能认为 r 是接近于正态分布的随机变量。然而，在以样本 r 来估计总体 ρ 时，总是假设 r 为正态分布，但这一假设常常会带来一些严重后果。

相关系数以数值的方式很精确地反映了两个变量间线性相关的强弱程度。利用相关系数进行变量间线性关系的分析通常需要完成两个步骤。

① 计算样本相关系数，利用样本数据计算样本相关系数，它反映了两变量间线性相关程度的强弱。

② 对来自两总体的样本是否存在显著的线性关系进行判断：
- 提出原假设，即两总体无显著的线性关系；
- 选择检验统计量；
- 计算检验统计量的观测值和对应的概率 P 值；
- 做出决策。

如果检验统计量的概率 P 值小于给定的显著性水平 α，应拒绝原假设，认为两总体存在显著的线性关系，反之，不存在显著的线性关系。

7.2.2 Pearson 简单相关系数

Pearson 简单相关系数用来度量定距型变量间的线性相关关系。例如，测度收入和储蓄、身高和体重、工龄和收入等变量间的线性相关关系时用 Pearson 简单相关系数，它的计算公式为

$$r = \frac{\sum_{i=1}^{n}(x_i - \bar{x})(y_i - \bar{y})}{\sqrt{\sum_{i=1}^{n}(x_i - \bar{x})^2(y_i - \bar{y})^2}} \tag{7-1}$$

式中，n 为样本数；x_i 和 y_i 分别为两变量的变量值。据此推导得到以下公式

$$r = \frac{n\sum_{i=1}^{n}x_i y_i - (\sum_{i=1}^{n}x_i)(\sum_{i=1}^{n}y_i)}{\sqrt{n\sum_{i=1}^{n}x_i^2 - (\sum_{i=1}^{n}x_i)^2}\sqrt{n\sum_{i=1}^{n}y_i^2 - (\sum_{i=1}^{n}y_i)^2}} \tag{7-2}$$

式 (7-2) 只代表了样本的相关系数。虽然样本相关系数 r 可以作为总体相关系数 ρ 的估计值，但是由于抽样误差的存在，从相关系数 $\rho=0$ 的总体中抽样出的样本相关系数 r 不一定为 0。此时有必要进行假设检验以确定不等于 0 的 r 是来自 $\rho=0$ 的总体还是 $\rho\neq0$ 的总体。

如果对 r 服从正态分布的假设成立，可以应用正态分布来检验。但从上面对 r 的抽样分布的讨论可知，对 r 的正态性假设具有很大的风险，因此通常情况下不采用正态检验，而采用 t 分布检验，该检验可以用于小样本，也可以用于大样本。检验的具体步骤如下：

① 提出假设。

$$H_0: \rho = 0(总体的相关系数为0)。$$
$$H_1: \rho \neq 0(总体的相关系数不为0)。$$

② 计算检验的统计量。$T = \dfrac{r\sqrt{n-2}}{\sqrt{1-r^2}} \sim t(n-2)$，其中 $(n-2)$ 为自由度。

③ 确定显著性水平 α，并做出决策：若 $|t| > t_{\frac{\alpha}{2}}(n-2)$，拒绝 H_0；若 $|t| < t_{\frac{\alpha}{2}}(n-2)$，接受 H_0。

【例 7-4】 设有 10 个厂家，序号为 1, 2, …, 10，各厂的投入成本记为 x，所得产出记为 y。各厂家的投入和产出如表 7-4 所示。

表 7-4 各厂家的投入和产出（万元）

厂家	1	2	3	4	5	6	7	8	9	10
投入	20	40	20	30	10	10	20	20	20	30
产出	30	60	40	60	30	40	40	50	30	70

对样本数据 (x_i, y_i) 的相关系数计算过程如表 7-5 所示。

表 7-5 例 7-4 计算过程表

厂家序号	投入 (x)	产出 (y)	x^2	y^2	xy
1	20	30	400	900	600
2	40	60	1600	3600	2400
3	20	40	400	1600	800
4	30	60	900	3600	1800
5	10	30	100	900	300
6	10	40	100	1600	400
7	20	40	400	1600	800
8	20	50	400	2500	1000
9	20	30	400	900	600
10	30	70	900	4900	2100
总计	220	450	5600	22100	10800
平均	22	45			

解： 首先，考查 (x, y) 构成的散点图，如图 7-1 所示。

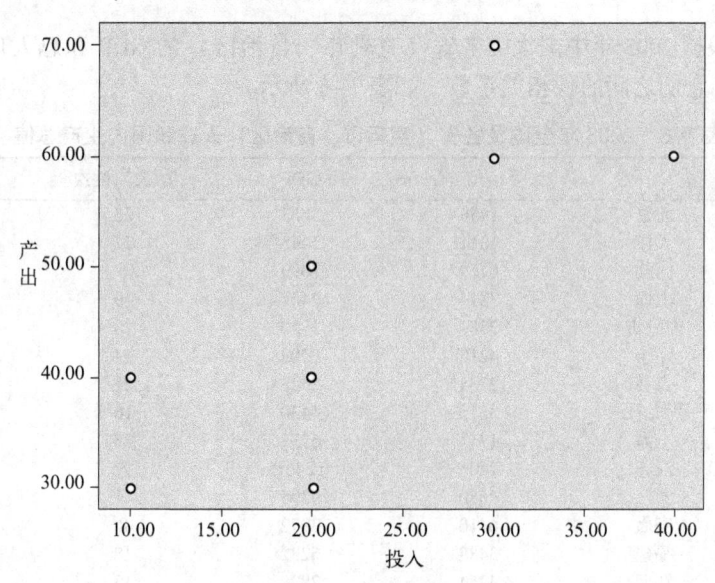

图 7-1 原始数据散点图

根据样本的相关系数计算公式 (7-2)，有

$$r = \frac{n\sum_{i=1}^{n}x_iy_i - \left(\sum_{i=1}^{n}x_i\right)\left(\sum_{i=1}^{n}y_i\right)}{\sqrt{n\sum_{i=1}^{n}x_i^2 - \left(\sum_{i=1}^{n}x_i\right)^2}\sqrt{n\sum_{i=1}^{n}y_i^2 - \left(\sum_{i=1}^{n}y_i\right)^2}} = 0.759$$

对相关系数的显著性检验（设显著性水平 $\alpha = 0.05$）：

$$H_0: \rho = 0, \quad H_1: \rho \neq 0$$

计算检验统计量：

$$t = \frac{r\sqrt{n-2}}{\sqrt{1-r^2}} = \frac{0.795\sqrt{10-2}}{\sqrt{1-0.795^2}} = 3.297$$

查表得 $t_{\frac{\alpha}{2}}(8) = 2.306$，故 $3.297 > t_{\frac{\alpha}{2}}(8)$，落入拒绝域中，即拒绝 H_0，接受 H_1。

所以总体上厂家的投入与产出之间的相关关系明显。

SPSS 可以自动计算 Pearson 简单相关系数、T 检验统计量的观察值和对应的概率 P 值。

7.2.3 Spearman 等级相关系数

Spearman 等级相关系数用来考查两个变量中至少有一个变量为定序变量时的相关关系，也称为秩相关系数，或顺序相关系数。计算相关系数是将两要素的样本值按数据的大小顺序排列位次，以各要素样本值的位次代替实际数据。例如，学历与收入之间的关系。该系数的设计思想与 Pearson 简单相关系数完全相同，仍然可以依照式（7-1）计算，相应的指标特征也相似。然而等级相关系数是用于描述分类或等级变量之间、分类或等级变量与连续变量之间的相关关系，其计算公式如下：

$$R = 1 - \frac{6 \sum_{i=1}^{n} d_i^2}{n(n^2 - 1)} \tag{7-3}$$

式中，R 为等级相关系数；n 为样本容量；d 为变量 Y 第 i 个观测值 Y_i 的秩和变量 X 第 i 个观测值 X_i 的秩的差值。

【例7-5】 根据 2003 年中国大陆各省（直辖市、自治区）的 GDP 和总人口数据，再根据它们的位次，计算它们之间的秩相关系数，如表 7-6 所示。

表 7-6　2003 年全国及各省（直辖市、自治区）人口和国内生产总值

序 号	省 份	总 人 口	GDP	总人口位次	GDP 位次
1	北京	1456	3663	26	15
2	天津	1011	2448	27	20
3	河北	6769	7099	6	5
4	山西	3314	2457	19	20
5	内蒙古	2380	2150	23	24
6	辽宁	4210	6003	14	8
7	吉林	2704	2523	21	18
8	黑龙江	3815	4430	16	13
9	上海	1711	6251	25	7
10	江苏	7406	12461	5	2
11	浙江	4680	9395	11	4
12	安徽	6410	3972	8	14
13	福建	3488	5232	18	11
14	江西	4254	2830	13	16
15	山东	9125	12436	2	3
16	河南	9667	7049	1	6
17	湖北	6002	5402	9	10
18	湖南	6663	4639	7	12
19	广东	7954	13626	4	1
20	广西	4857	2735	10	17
21	海南	811	671	28	28
22	重庆	3130	2251	20	23
23	四川	8700	5456	3	9
24	贵州	3870	1356	15	26
25	云南	4376	2465	12	19
26	西藏	270	185	31	31
27	陕西	3690	2399	17	22
28	甘肃	2603	1305	22	27
29	青海	534	390	30	29
30	宁夏	580	385	29	30
31	新疆	1934	1878	24	25

根据表 7-6 中数据及公式 (7-3) 可得：

$$R = 1 - \frac{6\sum_{i=1}^{n} d_i^2}{n(n^2-1)} = 1 - \frac{6 \times 1081}{31 \times (31^2-1)} = 0.782$$

即 GDP 与总人口数之间的等级相关系数为 0.782。

依然通过 t 检验的方法来确定不等于 0 的 R 是来自 $\rho=0$ 的总体还是 $\rho \neq 0$ 的总体。Spearman 等级相关系数的检验统计量 T 的数学定义如下：

$$T = \frac{R\sqrt{N-2}}{\sqrt{1-R^2}} \sim t(n-2) \tag{7-4}$$

给定显著性水平 α，则当 $|t| > t_{\frac{\alpha}{2}}(n-2)$ 时，拒绝 H_0；当 $|t| < t_{\frac{\alpha}{2}}(n-2)$ 时，接受 H_0。

研究表明，在正态分布假定下，Spearman 等级相关系数与 Pearson 简单相关系数在效率上是等价的，而对于非正态分布或者分布不明的数据，则采用 Spearman 等级相关系数更合适。

SPSS 可以自动计算 Spearman 等级相关系数、T 检验统计量的观察值和对应的概率 P 值。

7.2.4 Kendall 相关系数

Kendall 相关系数与 Spearman 等级相关系数类似，也是用于描述分类或等级变量之间、分类或等级变量与连续变量之间的相关关系。它与 Spearman 等级相关系数一样，也是利用两组秩次测量两个变量间相关程度，都属于非参数统计范畴。肯德尔系数的定义为

$$\tau = \frac{4P}{n(n-1)} - 1 \tag{7-5}$$

式中，n 是项目的个数，P 是一个变量各个秩的贡献值之和，当一个变量以完备序列排列时，τ 是另一个变量的紊乱程度的一种度量。下面通过例子来解释公式 (7-5) 的含义。

【例 7-6】 假设已有一组 8 个人的身高和体重，根据各自数据的大小已将它们排好顺序，然后再根据身高的秩，按照从小到大的顺序的排列，在身高的每一个秩下列出相应的体重的秩（这样做并不影响显著性检验的结果），如表 7-7 所示。

表 7-7 有关数据

序号	A	B	C	D	E	F	G	H
身高	1	2	3	4	5	6	7	8
体重	3	4	1	2	5	7	8	6

"体重"行最左端的秩是 3，记下"体重"行中在 3 右边且大于 3 的秩的个数，有一个就加 1，"体重"行中大于 3 的秩是 4，5，7，8，6，所以它们的贡献值是 5；再记下"体重"行中在 3 右边且小于 3 的秩的个数，有一个就减 1，"体重"行中小于 3 的秩是 1，2，其贡献值是 -2。把两个贡献值相加得到 5-2=3。对"体重"行的其他秩也用同样的办法处理。然后将体重的所有贡献值相加，得到总的贡献值 P。经计算例 7-6 中 $P=18$。

在小样本下，τ 服从 Kendall 分布。在大样本下，采用的检验统计量为

$$Z = \tau \sqrt{\frac{9n(n-1)}{2(2n+5)}} \tag{7-6}$$

SPSS 可以自动计算 Kendall 相关系数、检验统计量的观察值和对应的概率 P 值。

7.2.5 简单相关分析的 SPSS 操作

本节结合 SPSS 软件和应用案例来介绍 Bivariate Correlation 的全过程。

【例 7-7】 某农场通过试验取得了部分早稻收获量、该季节的降雨量和温度等相关的数据，如表 7-8 所示。

表 7-8 早稻收获量相关数据

收获量 y（kg/公顷）	1500	2300	3000	4500	4800	5000	5500
降雨量 x1（mm）	25	33	45	105	110	115	120
温度 x2（℃）	6	8	10	13	14	16	17

农业技术人员试图通过上述数据探索作为单位土地的产量与降雨量和温度是否存在某种关系。

操作过程如下。

第一步，将此案例数据输入 SPSS 数据框中，然后单击 Statistics 菜单，选择 Correlate→Bivariate（双变量相关分析）命令。

第二步，弹出 Bivariate Correlations 对话框，在对话框右侧的变量列表中选择 y、x1、x2，单击向左的箭头按钮进入 Variables（变量）列表框；再在 Correlation Coefficients（相关系数）中选择相关系数的类型，本例选用 Pearson（Pearson 相关系数）项；在 Test of Significance（显著性检验）中可选相关系数的检验方法，本例选择双侧检验，如图 7-2 所示。

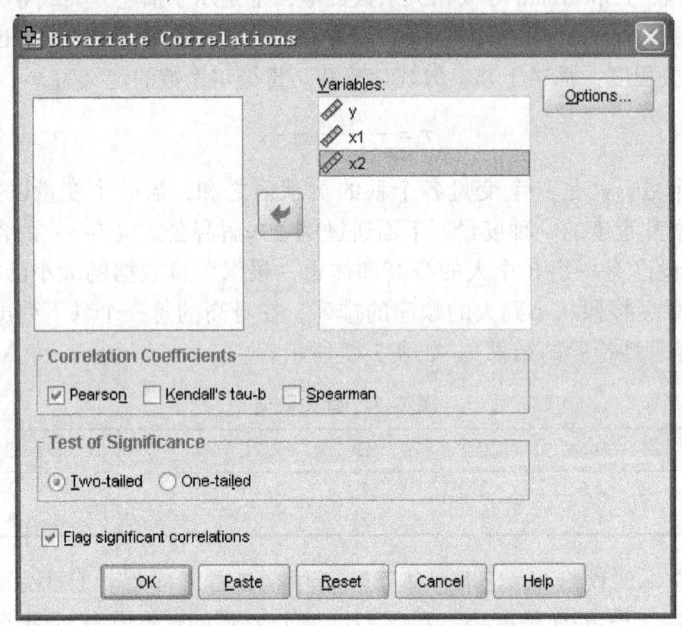

图 7-2 Bivariate Correlations 对话框

图中，左侧为候选变量列表框，右侧 Variables 列表框用来选择要进行相关分析的变量。至少选入两个变量，如果选入变量个数大于两个，则对其分别进行两两相关分析。Correlation Coefficients 选项组是选择要计算的相关系数，共有三种，分别为：

① Pearson 为通常所指的相关系数（r），计算皮尔逊积差相关系数并作显著性检验，适用于两列变量均为正态分布的连续型变量；

② Kendell's tau-b 为非参数资料的相关系数，计算肯德尔 tau-b 并做显著性检验，对数据分布没有严格要求，适用于检验等级变量之间的关联程度；

③ Spearman 为非正态分布资料的 Pearson 相关系数替代值，计算斯皮尔曼等级相关系数并做显著性检验，对数据分布没有严格要求，适用于等级变量，或者等距变量不满足正态分布的情况。

Test of Significance 选项组中可以定义相关系数的检验方法,包括单尾(One-tailed)或双尾(Two-tailed)检验,双尾检验为默认选项,而当相关的方向很明显时,如身高和体重的关系,选择单尾检验。Flag significant correlations 复选框是指标出有显著性意义的相关系数,用一个星号"*"标记在 $\alpha = 0.05$ 水平上有显著性意义的相关系数,用两个星号"**"标记在 $\alpha = 0.01$ 水平上有显著性意义的相关系数。

第三步,单击 OK 按钮,执行相关分析程序,获得如表 7-9 所示的结果。

表 7-9 相关分析(Correlations)

		y	x1	x2
y	Pearson Correlation	1	.984**	.990**
	Sig. (2-tailed)		.000	.000
	N	7	7	7
x1	Pearson Correlation	.984**	1	.965**
	Sig. (2-tailed)	.000		.000
	N	7	7	7
x2	Pearson Correlation	.990**	.965**	1
	Sig. (2-tailed)	.000	.000	
	N	7	7	7

**. Correlation is significant at the 0.01 level (2-tailed).

结果的表格就是所要求的相关系数,它以一个矩阵的形式表示。从中可以看出,收获量和降雨量的相关系数为 0.984,收获量与温度的相关系数为 0.99,降雨量与温度之间的相关系数系数为 0.965。由于研究者主要关心的是收获量的问题,因此,只考虑收获量分别与降雨量和温度之间的相关性的强弱,由表 7-9 数据可知,统计检验的 Sig. 均小于 0.01,因此相关性都是非常显著的,且为正相关。

【例 7-8】 儿童的语音意识、识字量、阅读能力之间是否存在显著相关。

语音意识是指个体对语音的敏感程度,可以通过对语音的分解、组合、辨别等能力来衡量语音意识的好与不好。为了考查儿童的语音意识、识字量与阅读能力发展之间的关系,研究者随机选择了 30 个小学生,分别采用语音意识测验和阅读水平测验进行测查,并统计了每个学生的识字量,数据如表 7-10 所示。根据这一结果,能否说语音意识水平、识字量与阅读能力之间存在相关?

表 7-10 30 个学生在识字量、语音意识和阅读水平上的测试结果

编号	w1	w2	w3	w4	w5	w6	w7	w8	w9	w10
识字量	2480	2810	2910	2750	2530	3140	2830	2890	2820	3230
语音意识	6.6	5.1	7.6	5.7	6.6	9.2	5.4	9.1	8.1	9.3
阅读能力	71	87	89	86	75	98	83	90	93	95
编号	w11	w12	w13	w14	w15	w16	w17	w18	w19	w20
识字量	2330	2920	2970	2800	2770	2870	2540	2930	2080	2990
语音意识	6.0	8.0	9.9	9.7	7.1	7.8	7.2	9.2	4.5	8.0
阅读能力	73	99	86	96	80	82	80	97	71	90
编号	w21	w22	w23	w24	w25	w26	w27	w28	w29	w30
识字量	2550	2470	2690	2420	2550	2650	2790	2450	2950	2400
语音意识	8.1	5.8	5.3	5.6	6.4	5.9	8.7	5.7	9.5	4.6
阅读能力	87	69	82	73	75	75	82	83	98	64

将上述测试结果转换成 SPSS 数据后,假设三个变量均服从正态分布,进行相关分析。

(1)操作过程。

第一步,将表 7-10 数据输入 SPSS 数据框,单击主菜单 Analyze→Correlate→Bivariate 命令打开对话框,如图 7-3 所示。

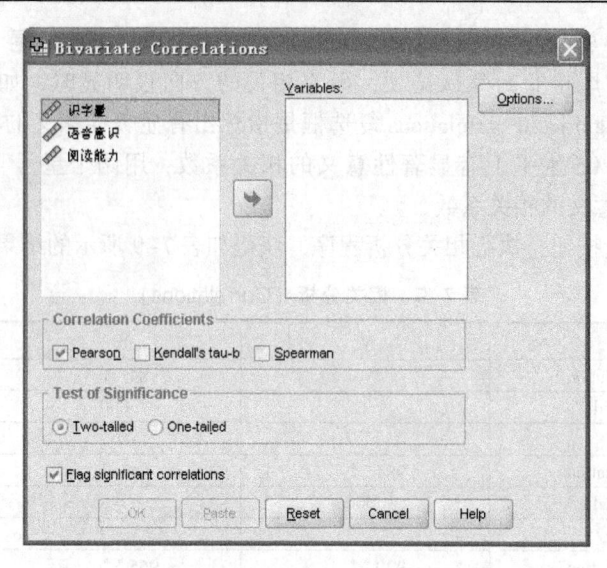

图 7-3 Bivariate Correlations 对话框

第二步，把三个变量"识字量"、"语音意识"、"阅读能力"全部移入右侧 Variables 列表框中。注意，在 Correlation Coefficients 中选中 Pearson，在 Test of Significance 中选中 Two-tailed，并选中对话框最下方的 Flag significant correlations 复选框（标出有显著意义的相关系数）。

第三步，单击 Options 按钮打开子对话框。在 Statistics 中选中 Means and standard deviations（均数和标准差），单击 Continue 按钮返回主对话框，如图 7-4 所示。

图 7-4 对话框主要用于选择输出统计量和定义缺失值的处理方式。包括以下两个部分：Statistics（统计量）选项组，只能用于 Pearson 相关系数，其中 Means and standard deviations（均数与标准差）复选框，显示每个变量的样本均值与标准差，Cross-product deviations and covariances 复选框，输出各对变量的交叉积及协方差；Missing Values 选项组定义缺失值处理方式，其中 Exclude cases pairwise 表示，仅当数据要分析的变量值缺失时才剔除该数据，系统默认选中此项，Exclude cases listwise 表示，只要数据中有变量值缺失就剔除该数据。

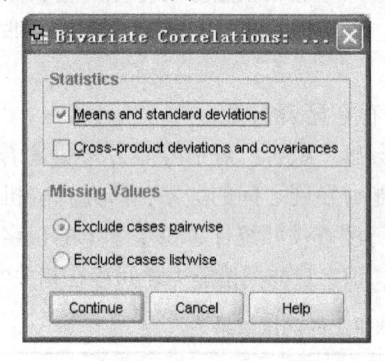

图 7-4 Bivariate Correlations: Options 对话框

第四步，单击 OK 按钮，运行程序。

(2) 输出结果

表 7-11 给出了检验变量的描述统计量，包括变量均值、标准差、包含的样本量等。

表 7-11 描述性统计表 (Descriptive Statistics)

	Mean	Std. Deviation	N
识字量	2.7170E3	257.32242	30
语音意识	7.1900	1.65412	30
阅读能力	83.6333	9.72903	30

这个表格输出了所有学生（$n = 30$）的识字量的平均值（2717）、识字量的标准差（257.32242）、语言意识的平均值（7.19）、语言意识的标准差（1.65412）、阅读能力的平均值（83.6333）、阅读能力的标准差（9.72903）。

表7-12是SPSS输出的相关分析表，显示了每对变量之间的皮尔逊相关系数、显著性水平值以及样本量，附有"＊＊"的相关系数表明在0.01的水平上相关显著。右上角与左下角的输出结果完全相同。从相关分析表看，识字量、语音意识以及阅读能力三者之间存在正向的相关，而且都在0.01的水平上相关显著。检验结果显著说明相关系数为零的假设不能成立，从而接受相关系数不等于零的假设。

表7-12　相关分析（Correlations）

		识 字 量	语 音 意 识	阅 读 能 力
识字量	Pearson Correlation	1	.730＊＊	.820＊＊
	Sig. (2-tailed)		.000	.000
	N	30	30	30
语音意识	Pearson Correlation	.730＊＊	1	.751＊＊
	Sig. (2-tailed)	.000		.000
	N	30	30	30
阅读能力	Pearson Correlation	.820＊＊	.751＊＊	1
	Sig. (2-tailed)	.000	.000	
	N	30	30	30

＊＊. Correlation is significant at the 0.01 level (2-tailed).

【例7-9】 阅读能力与其他学业成绩之间是否存在相关关系。

家长和老师通常都认为，学生的阅读能力对其学业成绩的影响非常大。在例7-8中，研究者希望了解识字量以及语音意识和阅读能力之间是否存在显著相关，而识字量和语音意识之间的关系并不是该项研究的内容，因此研究者不希望SPSS同时输出三个变量两两之间的相关系数，而是只输出阅读能力与识字量、阅读能力与语音意识之间的相关检验结果。

要控制SPSS输出的相关矩阵的内容，需要改下相关分析的程序语句。当研究者面对的变量非常多时，通常只对变量集之间的相关程度感兴趣，而对变量集内部的相关程度不感兴趣。这时，要求SPSS输出简洁的内容，有利于阅读，也有利于编辑，这是一种非常得力的控制手段。

本例中，把"语音意识"与"识字量"看成一个变量集，因此，希望SPSS输出这两个变量与"阅读能力"之间的相关分析结果。

（1）操作过程

第一步，单击主菜单 Analyze→Correlate→Bivariate 命令打开对话框。

第二步，把三个变量"识字量"、"语音意识"、"阅读能力"全部移入右侧的 Variables 列表框中。注意，在 Correlation Coefficients 中选中 Pearson，在 Test of Significance 中选中 Two-tailed，并选中对话框最下方的 Flag significant correlations 复选框。

第三步，单击 Options 按钮打开子对话框。在 Statistics 中选中 Means and standard deviations，单击 Continue 按钮返回主对话框。

第四步，单击对话框中的 Paste 按钮，SPSS自动把操作过程转换成程序语句，并粘贴到一个新建的程序语句窗口中，如图7-5所示。

第五步，在变量"阅读能力"之前插入"with"。第一行语句修改成：/VARIABLES = 识字量 语言意识 with 阅读能力。

第六步，单击主菜单 Run→Current 命令，相关分析的程序自动运行。

（2）输出结果

控制输出的相关分析表如表7-13所示。对比没有控制输出的相关分析表，可以看出现在的表格更加简洁，而且没有重复输出的情况。相关分析的结果表明，阅读能力与识字量、语音意识之间的正相关均非常显著，两个p值都在0.01的水平上相关显著。

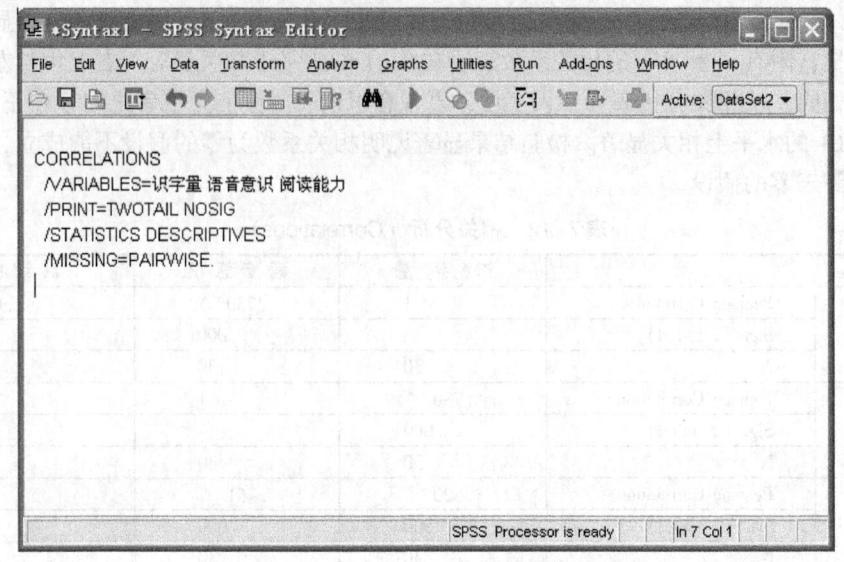

```
*Syntax1 - SPSS Syntax Editor
File Edit View Data Transform Analyze Graphs Utilities Run Add-ons Window Help

CORRELATIONS
 /VARIABLES=识字量 语音意识 阅读能力
 /PRINT=TWOTAIL NOSIG
 /STATISTICS DESCRIPTIVES
 /MISSING=PAIRWISE.
```

图 7-5　由 Paste 自动生成的 Correlation 程序语句

表 7-13　相关分析（Correlations）

		阅读能力
识字量	Pearson Correlation	.820**
	Sig. (2-tailed)	.000
	N	30
语音意识	Pearson Correlation	.751**
	Sig. (2-tailed)	.000
	N	30

**. Correlation is significant at the 0.01 level (2-tailed).

7.3　偏相关分析

7.3.1　偏相关分析步骤

前面所介绍的相关分析能检验两个变量的相关程度，并且通过相关系数的正负号能判断出相关的方向。但是在现实研究中，变量之间的相互影响往往涉及更深层的因素。

偏相关分析计算的仍然是两个变量之间的相关程度，但是相关系数是排除了第三方变量效应之后的效应值。第三方变量在 SPSS 中成为控制变量（Control Variable），它可以是一个变量，也可以是多个变量。偏相关分析的过程平衡了控制变量对两个分析变量的影响，最终目的是检验偏相关系数在总体范围内是否为零。像皮尔逊相关系数一样，偏相关系数的数值范围也是在 $-1 \sim +1$ 之间，含义也与皮尔逊相关系数相似。

进行偏相关分析通常需要完成以下两个步骤：

第一步，计算样本的偏相关系数。

偏相关系数是以相关系数 r 为基础的，利用样本数据计算样本的偏相关系数，反映两个变量之间偏相关的强弱程度。在分析变量 x_1 和 y 之间的相关时，当控制了变量 x_2 的线性作用后，x_1 和 y 之间的偏相关系数定义为

$$r_{yx_1,x_2} = \frac{r_{y1} - r_{y2}r_{12}}{\sqrt{(1-r_{y2}^2)(1-r_{12}^2)}} \tag{7-7}$$

式中，r_{y1}，r_{y2}，r_{12} 分别表示 y 和 x_1 的相关系数、y 和 x_2 的相关系数、x_1 和 x_2 的相关系数。偏相关系数的取值范围、大小及含义与相关系数相同。

第二步，对样本来自的两总体是否存在显著的偏相关进行推断。

偏相关分析检验的基本步骤如下：

① 提出假设，即两总体的偏相关系数与零无显著差异。

② 选择检验统计量。偏相关分析的检验统计量为 T 统计量，它的数学定义为

$$T = r\sqrt{\frac{n-q-2}{1-r^2}} \sim t(n-q-2) \tag{7-8}$$

式中，r 为偏相关系数；n 为样本数；q 为阶数（控制变量的个数）。T 统计量服从 $n-q-2$ 个自由度的 t 分布。

③ 计算检验统计量的观测值和对应的概率 P 值。

④ 做出决策。如果检验统计量的概率 P 值小于给定的显著性水平 α，应拒绝原假设，认为两总体的偏相关系数与零有显著差异；反之，如果检验统计量的概率 P 值大于给定的显著性水平 α，则不能拒绝原假设，可以认为两总体的偏相关系数与零无显著差异。

7.3.2 偏相关分析的 SPSS 操作

依然以例 7-8 的研究为例，研究者考虑到当技术语音意识和阅读能力之间相关时，识字量可能是一个共同影响语音意识和阅读能力的变量，因此研究者希望控制识字量的影响后，考查语音意识和阅读能力之间的关系。

【例 7-10】 控制识字量之后，语音意识与阅读能力是否相关。

用例 7-8 的数据来进行偏相关分析。包含三个变量："识字量"、"语音意识"、"阅读能力"。

对应偏相关分析，通常经过两个步骤，第一步先对各变量进行两两相关分析，计算变量之间的皮尔逊积差相关系数；第二步再进行偏相关分析，计算在控制其他变量的影响时，两个变量之间的相关程度。

（1）操作过程

第一步，单击主菜单 Analyze→Correlate→Partial 命令打开 Partial Correlations 对话框，如图 7-6 所示。

第二步，把变量"语音意识"、"阅读能力"移入右侧的 Variables 列表框中，把"识字量"移入右侧的 Controlling for 列表框中。在 Test of Significance 中选中 Two-tailed，并选中对话框最下方的 Display actual significance level 复选框。

其中，Variables 列表框是选择要进行偏相关分析的变量，至少选两个变量。如果选入变量个数大于两个，则分别对其进行两两偏相关分析。Controlling for 列表框是选择偏相关分析中控制变量，如果不选的话，则等同于进行一般的相关分析。Display actual significance level 复选框表示相关分析结果中显示统计检验中具体的显著性水平，在默认状态下，每个相关系数均显示显著性概率及自由度。

第三步，单击 Options 按钮打开子对话框，如图 7-7 所示。在 Statistics（统计量）中选中 Means and standard deviations 和 Zero-order correlations（零阶相关系数，显示所有变量包括控制变量的简单相关系数）。单击 Continue 按钮返回主对话框。

第四步，单击 OK 按钮，运行程序。

（2）结果输出

表 7-14 给出了分析变量和控制变量的描述统计量，包括变量均值、标准差、包含的样本量等。

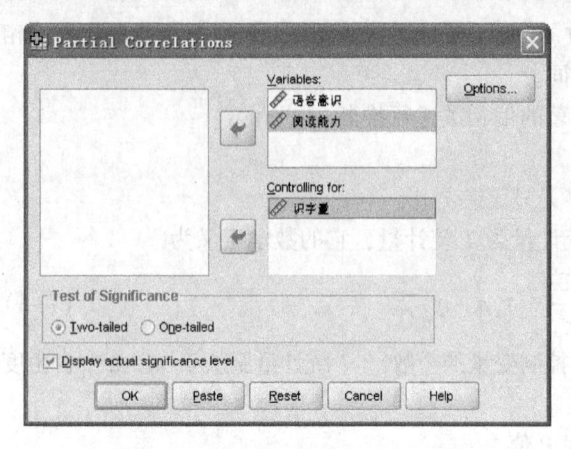

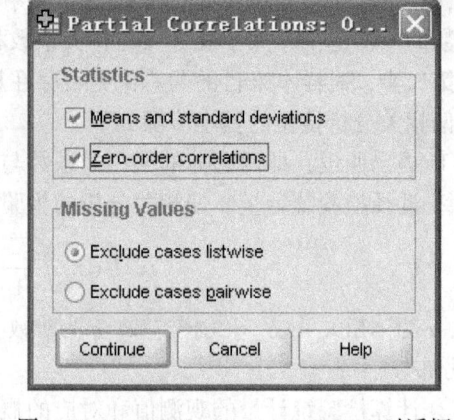

图 7-6　Partial Correlations 对话框　　　　图 7-7　Partial Correlations：Options 对话框

表 7-14　描述性统计表（Descriptive Statistics）

	Mean	Std. Deviation	N
语音意识	7.1900	1.65412	30
阅读能力	83.6333	9.72903	30
识字量	2.7170E3	257.32242	30

表 7-15 上半部分是 SPSS 输出的变量间（包括检验变量和控制变量）的简单相关分析结果。结果中每个单元显示了每对变量的简单相关系数、自由度以及显著性 P 值。与表 7-12 比较，可以发现，两个表中相应的相关系数值和显著性 P 值是完全相同的。

表 7-15 下半部分给出了当控制"识字量"这一变量时，"语音意识"和"阅读能力"之间的偏相关系数、自由度和显著性 P 值。结果显示，二者的偏相关系数为 0.39，尽管比相关系数 0.75 小，但统计检验显示两者的偏相关系数在 0.05 水平上显著，也就是说，语音意识和阅读能力确实显著正相关。

表 7-15　相关分析（Correlations）

Control Variables			语音意识	阅读能力	识 字 量
-none-[a]	语音意识	Correlation	1.000	.751	.730
		Significance (2-tailed)	.	.000	.000
		df	0	28	28
	阅读能力	Correlation	.751	1.000	.820
		Significance (2-tailed)	.000	.	.000
		df	28	0	28
	识字量	Correlation	.730	.820	1.000
		Significance (2-tailed)	.000	.000	.
		df	28	28	0
识字量	语音意识	Correlation	1.000	.390	
		Significance (2-tailed)	.	.036	
		df	0	27	
	阅读能力	Correlation	.390	1.000	
		Significance (2-tailed)	.036	.	
		df	27	0	

a. Cells contain zero-order (Pearson) correlations.

7.4 距离相关分析

前面介绍的两样本相关分析和偏相关分析都是研究两样本之间的相关关系。对于两个变量，除了研究它们之间的相关关系外，研究二者的近似程度也是十分重要的问题。

7.4.1 距离相关分析步骤

距离相关分析是对观察量之间或变量之间相似或不相似的程度的一种测量。距离相关分析用于同一变量内部各个取值之间，考查其相互接近程度；也可用于变量之间，以考查预测值与实际值的吻合程度。距离相关分析的结果可以用于其他分析过程，如因子分析、聚类分析等，有助于分析复杂的数据集合。

在距离分析中通常用距离测度 d 来描述观测值或变量间的不相似程度，用相似测度来描述观测值或变量间的相似程度。由于距离测度是以两个矢量矢端的距离作为考虑的基础，因此距离测度值是两矢量各相应分量之差的函数。距离测度越小，说明了观测值或变量越近似。而相似程度是以矢量的方向是否近似作为考虑的基础，此时矢量的长度就不重要了。相似测度值越大，说明两观测值或变量越近似。

SPSS 软件中根据变量类型的不同，提供了极为丰富的距离测度和相似测度功能，将在 7.4.2 节中介绍。

7.4.2 距离相关分析的 SPSS 操作

下面通过一个例子来介绍距离相关分析的操作过程。

【例 7-11】 已知我国六城市 2004 年各月的日照时数数据如表 7-16 所示。请分析各城市日照数是否近似。

表 7-16 日照时数数据表

城市 月份 日照时数	北 京	天 津	石 家 庄	沈 阳	大 连	长 春
1	194.7	161.70	193.80	165.40	163.50	194.10
2	213.50	185.20	219.20	180.70	195.30	165.00
3	243.60	166.80	220.90	231.70	223.10	246.70
4	248.20	214.30	240.90	245.30	276.90	266.80
5	253.30	221.00	277.80	219.30	243.40	246.20
6	202.00	182.50	213.40	230.30	190.00	265.50
7	203.20	179.50	185.40	133.00	228.50	183.50
8	187.40	149.80	152.10	198.30	174.00	282.70
9	198.90	178.70	203.40	211.10	202.70	232.70
10	225.20	194.70	220.70	229.90	228.50	236.20
11	201.40	172.80	197.50	132.20	172.50	138.70
12	144.00	119.10	97.90	114.50	167.00	144.50

数据来源：《2005 年中国统计年鉴》，中国统计出版社。

(1) 操作过程

第一步，将数据输入 SPSS 数据编辑框中。

第二步，在 SPSS 主菜单单击 Analyze→Correlate→Distances 命令，打开 Distances 对话框，如图 7-8 所示。

第三步，在弹出的 Distances 对话框中，在对话框左侧的变量列表中选择变量"北京"、"天津"、"石家庄"、"沈阳"、"大连"、"长春",添加到 Variables 列表框中,对 6 个变量进行距离相关分析。在 Compute Distances 中选择 Between variables。在 Measure 中选择 Dissmilarities。

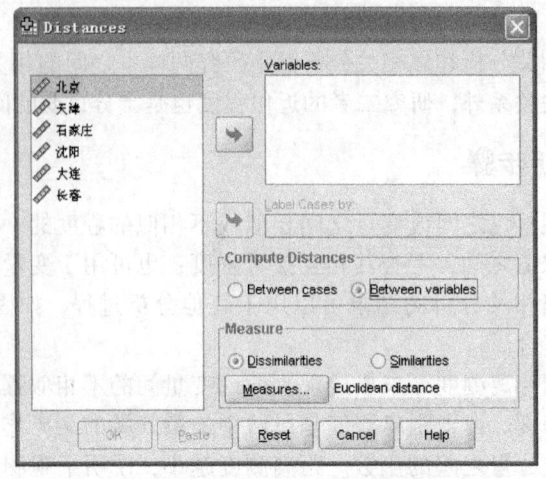

图 7-8 Distances 对话框

其中,Compute Distances 有两个选项:Between cases 表示进行变量内部观察值之间的距离相关分析;Between variables 表示进行变量之间的距离相关分析。在 Measure 中有两种测距方式:Dissimilarities 为不相似性测距,Similarities 为相似性测距。

第四步,单击 Measures 按钮,弹出 Distances:Dissimilarity Measures 对话框,如图 7-9 所示。在 Interval 下拉列表框中选择 Euclidean distance(选择计算变量间欧式距离),其他选择在这里不做过多解释,感兴趣的读者可查阅其他相关资料。

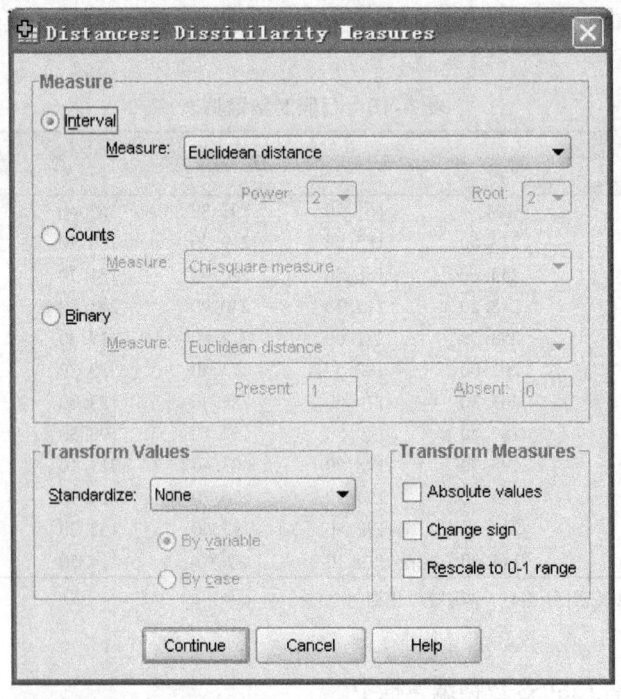

图 7-9 距离相关中不相似性距离测量对话框

第五步,单击 Continue 按钮,返回 Distances 对话框,再单击 OK 按钮,即可得到 SPSS 相关分析的结果。

执行以上操作之后,生成表7-17和表7-18。

(2)结果输出

表7-17所示是变量的观测值及其缺失情况。

表7-17 个案分析概述表(Case Processing Summary)

	Cases					
	Valid		Missing		Total	
N	Percent	N	Percent	N	Percent	
12	100.0%	0	.0%	12	100.0%	

表7-18是距离相关分析的结果表。表格下方注释"This is a dissimilarity matrix"表明此时距离相关分析采用的是不相似测度,即表格列出了变量之间的不相似性分析结果。表格第一行"Euclidean distance"表明表格中的不相似程度采用的是欧式距离。两变量间的欧式距离越大,说明其差别越大,反之亦然。

表7-18 相似性分析结果表(Proximity Matrix)

	Euclidean Distance					
	北京	天津	石家庄	沈阳	大连	长春
北京	.000	122.933	71.280	122.139	70.542	146.479
天津	122.933	.000	111.350	126.363	121.427	205.540
石家庄	71.280	111.350	.000	125.332	110.928	178.273
沈阳	122.139	126.363	125.332	.000	133.006	121.829
大连	70.542	121.427	110.928	133.006	.000	157.159
长春	146.479	205.540	178.273	121.829	157.159	.000

This is a dissimilarity matrix.

7.5 案 例

案例7.1 预测河水流量

已知某河流的一年月平均流量观测数据和该河流所在地区当年的月平均雨量和月平均温度观测数据,如表7-19所示。

表7-19 观测数据表

月 份	月平均流量	月平均雨量	月平均气温	月 份	月平均流量	月平均雨量	月平均气温
1月	0.50	0.10	-8.80	7月	5.90	2.50	15.40
2月	0.30	0.10	-11.00	8月	4.70	3.00	13.50
3月	0.40	0.40	-2.40	9月	0.90	1.30	10.00
4月	1.40	0.40	6.90	10月	0.60	1.80	2.70
5月	3.30	2.70	10.60	11月	0.50	0.60	-4.80
6月	4.70	2.40	13.90	12月	0.30	0.20	-6.00

思考题:

(1)试分析温度与河水流量之间的相关关系。

(2)河流流量除了受温度影响之外,降雨量也是一个重要的影响因素。请将降雨量作为控制变量,对其进行偏相关分析。

(3)撰写本案例的实验报告。

案例 7.2 确定员工培训人数

某公司管理层认为，对员工进行培训的一个好处是可以使其重新燃起对工作和公司的兴趣和兴奋度。有人提出一个理论：员工受到的培训越多，则对补充知识的学习态度越积极，兴趣越大，同时缺勤的可能性也越小。假定表 7-20 中数据反映的是上一年度 20 个员工的病假天数和相应的培训时数。

表 7-20 公司上一年度 20 个员工的病假天数和相应的培训时数

员 工 号	培训时间	病假天数	员 工 号	培训时间	病假天数
1	24	5	11	8	8
2	16	4	12	60	1
3	48	0	13	0	9
4	120	1	14	28	3
5	36	5	15	15	8
6	10	7	16	88	2
7	65	0	17	120	1
8	36	3	18	15	8
9	0	12	19	48	0
10	12	8	20	5	10

思考题：
（1）讨论培训天数与病假天数是否有一定的相关关系，关系强还是弱；
（2）请撰写本案例的实验报告。

案例 7.3 香烟消耗量与肺癌的相关性研究

肺癌是世界上最常见的癌症类型，90% 的病例由吸烟引起，全球每年有 120 万人死于这种癌症。每 10 个吸烟者当中就有一个会染上肺癌。香烟经燃烧分解后，可分解出多种物质，其中约有数百种物质对人体有害，有 30 种左右有致癌或促癌作用。吸烟可引起肺癌的主要原因是烟草中含有烟草焦油、亚硝胺等十多种有害致癌物质。香烟中含有的尼古丁，只要摄入 50 毫克就可使成年人致死。吸烟与癌症的关系极为密切。据统计，约有 80% 的肺癌是由于长期吸烟引起的，每日吸烟量越多，开始吸烟的年龄小，烟龄越长，所吸的香烟中焦油含量越高，诱发恶性肿瘤的危险性也就越大。每日吸烟 25 支以上的人约有 12% 会发生肺癌。动物实验也证明吸烟可以诱发癌症。

为研究香烟消耗量和肺癌死亡率的关系，收集数据如表 7-21 所示。说明：1930 年左右很少有妇女吸烟，采用 1950 年的肺癌死亡率是考虑到吸烟的效果需要一段时间才可显现。

表 7-21 香烟与肺癌的关系数据

国家	1930 年人均香烟消耗量	1950 年每百万男子中死于肺癌的人数	国家	1930 年人均香烟消耗量	1950 年每百万男子中死于肺癌的人数
澳大利亚	480	180	冰岛	230	60
加拿大	500	150	挪威	250	90
丹麦	380	170	瑞典	300	110
芬兰	1100	350	瑞士	510	250
英国	1100	460	美国	1300	200
荷兰	490	240			

思考题：
（1）绘制上述数据的散点图。

(2) 计算相关系数，说明香烟消耗量与肺癌死亡率之间是否存在显著的相关关系。
(3) 请撰写本案例的实验报告。

习 题 7

1. 随机抽取 10 家航空公司，对其最近一年的航班正点率和顾客投诉次数进行调查，所得数据如表 7-22 所示。

表 7-22 航班正点率和顾客投诉次数数据

航空公司编号	航班正点率（%）	投诉次数（次）	航空公司编号	航班正点率（%）	投诉次数（次）
1	81.8	21	6	72.2	93
2	76.6	58	7	71.2	72
3	76.6	85	8	70.8	122
4	75.7	68	9	91.4	18
5	73.8	74	10	68.5	125

请绘制散点图，并说明二者之间的关系形态。

2. 从某一行业中随机抽取 12 家企业，所得产量与生产费用的数据如表 7-23 所示。

表 7-23 产量与生产费用的数据

企业编号	产量（台）	生产费用（万元）	企业编号	产量（台）	生产费用（万元）
1	40	130	7	84	165
2	42	150	8	100	170
3	50	155	9	116	167
4	55	140	10	125	180
5	65	150	11	130	175
6	78	154	12	140	185

① 绘制产量与生产费用的散点图，判断二者之间的关系形态。
② 计算产量与生产费用之间的线性相关系数。

3. 某农场通过试验取得某农作物产量与春季降雨量和平均温度的数据，如表 7-24 所示，试求降雨量对产量的偏相关。

表 7-24 某农作物产量与春季降雨量和平均温度的数据

产 量	降 雨 量	温 度	产 量	降 雨 量	温 度
150	25	6	500	115	16
230	33	8	550	120	17
300	45	10	580	120	18
450	105	13	600	125	18
480	111	14	600	130	20

4. 对 6 个标准电子元件的电阻（欧姆）进行 3 次平行测试，测得结果如表 7-25 所示。请应用距离相关分析测试结果是否一致。

表 7-25 平行测试结果

序 号	1	2	3	4	5	6
第一次	0.140	0.138	0.143	0.141	0.144	0.137
第二次	0.135	0.140	0.142	0.136	0.138	0.140
第三次	0.141	0.142	0.137	0.140	0.142	0.143

第8章 线性回归

【引例】 现实中的统计。

在犯罪与罪犯研究领域,常常会遇到彼此有关系的两列或多列变量。对于这些变量之间的关系,可以根据不同的研究目的,从不同的角度去分析。如果要分析变量之间关系的强度,可以采用相关分析的方法,但是,如果要确定变量之间所可能具有的数量关系,并将这种形式表示为某个数学模型,就需要用回归分析。

在犯罪学领域,如果建立了变量之间的数学模型,实际上就是确立了变量之间的关系模型,从而可以从某些变量的变化来预测其他变量的变化情况。例如,中国台湾学者杨家骏建立了物价指数与盗窃犯罪案件之间的数学模型,从而依据某年度的物价指数来预测该年度的盗窃案件数量;中国学者高树桥等在犯罪人的受教育年限与犯罪次数之间建立了数学模型,根据某罪犯的教育年限,就可以预测其可能的犯罪次数。

但是,由于犯罪现象是一种非常复杂的社会现象,往往牵扯到多个变量之间的关系问题。在回归分析中常常需要分析两个及两个以上的自变量,分析变量之间的关系,推导出含有多个自变量的函数,这种方法就是多元回归分析。多元回归分析要比一元回归分析更为科学,这是由事物的复杂性决定的。例如,盗窃案件的数量不单与价格指数有关,还受其他一系列因素的影响,国外有学者甚至研究了防盗门的销售量与盗窃案件的关系。可见,当研究某一个犯罪问题时,多元回归分析更为准确和有效。

刑事发案率的影响因素很多,有经济、政治、文化等社会因素,也有个体性因素,所涉及的变量相当复杂,创建一个完全周延的数学模型几乎是不可能的。根据特定的研究目的及其意义,深化关于犯罪率与社会发展指标的研究,所选择的指标包括人均GDP、受教育状况、城市化和基尼系数。相关数据如表8-1所示。

表8-1 刑事发案率与其他社会指标统计表

年 份	刑事发案率 Y	人均GDP X_1	受教育状况 X_2	城 市 化 X_3	基尼系数 X_4
1992	135.9	288.4	18.6	27.46	36.92
1993	137.2	323.6	21.4	27.99	37.93
1994	139.3	360.4	23.4	28.51	38.34
1995	140.3	394	24	29.04	37.36
1996	131.5	427.1	24.7	30.48	35.97
1997	131.2	460.3	25.7	31.91	36.81
1998	159.9	491.4	27.3	33.35	36.94
1999	179.4	512.8	32.86	34.78	38.21
2000	288.1	559.2	43.9	36.22	40.13
2001	350.7	596.7	56.3	37.66	42.95
2002	338.7	642	70.3	39.09	46.7
2003	341	697.3	86.3	40.53	47.66

数据来源:朱景文,《中国法律发展报告》,中国人民大学出版社,2007;中国统计年鉴(1993—2005)。

其中，刑事发案率是指每10万人口的（公安机关）立案数量；人均GDP按照人均国内生产总值指数计算，1978年为100；城市化按照城镇人口占总人口的比例计算；受教育状况按照每100000人口大学生数量计算；基尼系数根据中国统计年鉴中的收入分组数据计算得出。

如果要确定它们之间的数量关系，就需要建立数学模型，这就需要应用线性回归分析来解决问题。但是，回归分析是什么？怎样进行回归分析？如何建立数学模型，并应用该模型来最终预测刑事发案率呢？接下来就介绍这些问题。

回归分析作为统计学方法的一个重要组成部分，包括的内容相当广泛，根据涉及变量的多少，有一元回归分析和多元回归分析。线性回归在实际工作中发挥着重要作用。本章将主要介绍线性回归分析的一般方法以及线性回归分析的步骤。

8.1 回归分析概述

8.1.1 回归分析的基本概念

最初，回归的概念主要针对两个变量。如果两个变量之间存在着较高的相关度，则可以试着从一个变量的变化去推断另一个变量的变化。通常把一个变量作为自变量，另一个作为因变量，建立二者的数学表达式，根据自变量去估计因变量的取值，这个过程叫做回归分析。

现在，回归分析的概念则包含了更多的内容，概括地讲，回归分析是描述两个或两个以上变量关系的一种统计方法。第7章所讲的相关分析也是用来描述变量之间关系的。

回归分析是指通过提供变量之间的数学表达式来定量描述变量间相关关系的数学过程。这一数学表达式通常称为经验公式。不仅可以利用概率统计知识对这个经验公式的有效性进行判定，同时还可以利用这个经验公式，根据自变量的取值来预测因变量的取值。如果是多个因素作为自变量，还可以通过因素分析，找出哪些自变量对因变量的影响是显著的，哪些是不显著的。

在实际工作中回归分析的应用范围很广，目前应用最多的是生物统计和医学统计。比如，估计各类微量元素的摄入量对人体血红蛋白含量的影响，预测一种新药对人体各项指标所造成的副作用有多大等。但回归分析的应用不仅仅局限在这两个领域。因为回归分析可以求出自变量与因变量之间的经验公式，所以，在需要定量分析多变量之间的相关关系时，回归分析是必不可少的。现在所流行的数据挖掘技术，其实质就是回归分析。

回归分析在数据挖掘中主要有预测和控制两大功能。通过对已知训练数据进行回归分析得出经验公式，利用经验公式就可以在已知自变量的情况下预测因变量的取值。在实际问题中往往根据预测结果来进行控制调整。例如，在商品流通领域，经常用回归分析来分析商品价格与商品需要量之间的关系，以便对商品的价格和需求量进行控制。

本章在具体介绍各类回归分析方法的时候都会给出一些实际问题的例子，这样，读者就可以了解到回归分析在数据挖掘中的强大功能。

8.1.2 回归分析的步骤

回归分析的一般步骤如下。

（1）确定回归方程中的解释变量和被解释变量

由于回归分析用于分析一个事物如何随其他事物的变化而变化，因此回归分析的第一步应确定哪个事物是需要被解释的，即哪个变量是被解释变量（记为y）；哪些事物是用于解释其他变量的，即哪些变量是解释变量（记为x）。回归分析正是要建立y关于x的回归方程，并在给

定 x 的条件下，通过回归方程预测 y 的平均值。这点有别于相关分析。例如，父亲身高关于成年儿子身高的回归分析与成年儿子身高关于父亲身高的回归分析是完全不同的。

(2) 确定回归模型

根据函数拟合方式，通过观察散点图，确定应通过哪种数学模型来概括回归线。如果被解释变量和解释变量之间存在线性关系，则应进行线性回归分析，建立线性回归模型；反之，如果被解释变量和解释变量之间存在非线性关系，则应进行非线性回归分析，建立非线性回归模型。

(3) 建立回归方程

根据收集到的样本数据以及步骤（2）所确定的回归模型，在一定的统计拟合准则下估计出模型中的各个参数，得到一个确定的回归方程。

(4) 对回归方程进行各种检验

前面已经提到，由于回归方程是在样本数据基础上得到的，回归方程是否真实地反映了事物总体间的统计关系，以及回归方程能否用于预测等，都需要进行各种检验。

(5) 利用回归方程进行预测

建立回归方程的目的之一是根据回归方程对事物的未来发展趋势进行预测。

利用 SPSS 进行回归分析时，应重点关注上述过程中的步骤（1）和（5），中间步骤 SPSS 会自动计算并给出最佳的模型。

回归分析指在相关分析的基础上，根据相关关系的数量表达式（回归方程式）与给定的自变量，揭示因变量在数量上的平均变化，并求得因变量的预测值的统计分析方法。相关分析能够为回归分析提供自变量，相关分析是回归分析的前提和基础。

8.2 一元线性回归

在实际问题的研究中，经常需要研究某一现象与影响它的某一最主要因素的影响。一元线性回归分析是在排除其他影响因素或假定其他影响因素确定的条件下，分析某一个因素（自变量）影响另一事物（因变量）的过程，所进行的分析是比较理想化的。

例如，影响粮食产量的因素非常多，但在众多因素中，施肥量是一个重要的因素，往往需要研究施肥量与粮食产量之间的关系；在消费问题的研究中，影响消费的因素很多，但可以只研究国民收入与消费额之间的关系，因为国民收入是影响消费额的最主要因素；保险公司在研究火灾损失的规律时，把火灾发生地与最近的消防站的距离作为一个最主要因素，研究火灾损失与火灾发生地距最近消防站的距离之间的关系。

上述几个例子都是研究两个变量之间的关系，而且其共同点是：两个变量之间有着密切的关联，但并不能由一个变量唯一确定另一个变量，即它们之间的关联是一种非确定性的关系。那么它们之间到底有什么样的关联呢？这就是下面要进一步研究的问题。

通常，对所研究的问题，首先要收集与它有关的 n 组样本数据 $(x_i, y_i)(i=1, 2, \cdots, n)$。为了直观地发现样本数据的分布规律，把 (x_i, y_i) 看成平面直角坐标系中的点，画出这 n 个样本点的散点图。

【例 8-1】 假定需要研究化肥施用量与粮食产量的关系，以便准确地定出化肥施用量的单位变化如何影响粮食产量的平均单位变化，进而确定合理的化肥施用量。表 8-2 列出了 20 组粮食产量与化肥施用量的数据，图 8-1 给出了 20 个样本点的分布状况。

表 8-2 粮食产量与化肥施用量　　　　　　　　　　　　　单位：万吨

序号	粮食产量 y	化肥施用量 x	序号	粮食产量 y	化肥施用量 x
1	48526.69	4541.05	11	43061.53	3212.13
2	45110.87	3637.87	12	47336.78	3804.76
3	40753.79	2287.49	13	37127.89	1598.28
4	43824.58	3056.89	14	39515.07	1998.56
5	50890.11	4883.70	15	46598.04	3710.56
6	46370.88	3779.30	16	44020.92	3269.03
7	46577.91	4021.09	17	34866.91	1017.12
8	42947.44	2989.06	18	37184.14	1864.23
9	41637.21	3021.90	19	41864.77	2797.24
10	47244.34	3953.97	20	33717.78	1.34.09

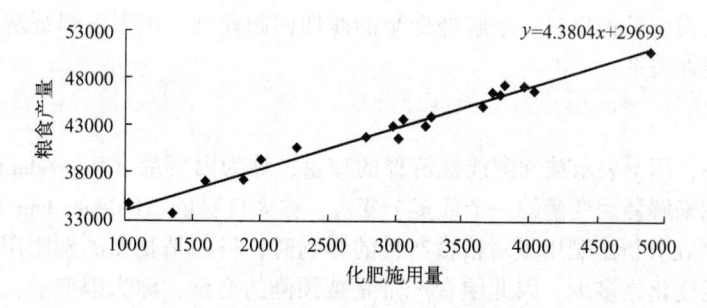

图 8-1　粮食产量与化肥施用量的关系

【例 8-2】 在研究我国人均消费水平的问题中，把全国人均消费金额记为 y（元），人均国民收入记为 x（元）。目前收集到 1986—2005 年共 20 年的样本数据 (x_i, y_i)，$i = 1, 2, \cdots, 20$，如表 8-3 所示。

表 8-3 人均国民收入表　　　　　　　　　　　　　　　　单位：元

年份	人均国民收入	人均消费金额	年份	人均国民收入	人均消费金额
1986	963	497	1996	5846	2789
1987	1112	565	1997	6420	3002
1988	1366	788	1998	6796	3159
1989	1519	788	1999	7159	3346
1990	1644	833	2000	7858	3632
1991	1893	932	2001	8622	3869
1992	2311	1116	2002	9398	4106
1993	2998	1393	2003	10542	4411
1994	4044	1833	2004	12336	4925
1995	5046	2355	2005	14040	5439

从图 8-1 和图 8-2 可看出，上面两个例子的样本数据点 (x_i, y_i) 大致都分别落在一条直线附近。这说明变量 x 与 y 之间具有明显的线性关系。从图上还看到，这些样本点又不都在一条直线上，这表明变量 x 和 y 的关系并没有确切到给定 x 就可以唯一确定 y 的程度。事实上，对 y 产生影响的因素还有许多，如人均消费金额不仅受人均国民收入的影响，还与上年的消费水平、银行利率、商品价格指数等有关，这些对 y 的取值都有随机影响。把每个样本点与直线的偏差就可看做是其他随机因素的影响。

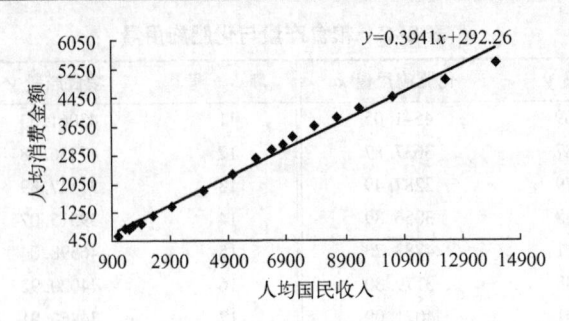

图 8-2 人均国民收入与人均消费金额的关系

8.2.1 一元线性回归模型

一元线性回归模型是指只有一个解释变量的线性回归模型，用于解释被解释变量与另一个解释变量之间的线性关系。

1. 建立模型

在回归分析中，用 y 表示被预测或被解释的变量，称为因变量（Dependent Variable）；用 x 表示用来预测或用来解释因变量的一个或多个变量，称为自变量（Independent Variable）。

在例 8-1 中，在分析施肥用量对粮食产量的影响时，目的是要预测施肥用量在发生变化的条件下粮食产量的变化是多少。因此粮食产量是被预测的变量，称为因变量，而用来预测粮食产量的施肥用量就是自变量。

在回归分析中，首先假定自变量 x 是可控制的，而因变量 y 是随机的，但很多情况下并非如此。本章所讨论的回归方法对于变量是预先固定和自变量是随机的情况都适用，但固定自变量的情况比较容易描述，因此下面主要讲述固定自变量的回归问题。

在回归分析中，最简单的模型是只有一个自变量与一个因变量之间的线性回归模型。这一类模型就是一元线性回归模型，又称简单线性回归模型。该类模型假定因变量 y 主要受自变量 x 的影响，它们之间存在着近似的线性函数关系，即

$$y = \beta_0 + \beta_1 x + \varepsilon \tag{8-1}$$

在一元线性回归模型中，y 是 x 的线性函数（$\beta_0 + \beta_1 x$ 部分）加上误差项 ε。$\beta_0 + \beta_1 x$ 反映了由于 x 的变化引起的 y 的线性变化；ε 是被称为误差项的随机变量，它反映了除 x 和 y 之间的线性关系之外的随机因素对 y 的影响，是不能由 x 和 y 之间的线性关系所解释的变异性，它是未包括在模型中而又影响 y 的全部变量的替代物。模型中的 β_0 和 β_1 称为模型的参数。

2. 回归分析的假定条件

随机误差项 ε 是无法直接观测的。为了进行回归分析，通常需要对其概率分布做出如下假设：

① 误差项的期望值为 0，即对所有的 ε 总有 $E(\varepsilon) = 0$；
② 误差项的方差为常数，即对所有的 ε 总有 $Var(\varepsilon) = E(\varepsilon)^2 = \sigma^2$；
③ 误差项之间相互独立，其协方差为零，即当 $i \neq j$ 有 $Cov(\varepsilon_i, \varepsilon_j) = 0$；
④ $Cov(x_i, \varepsilon) = 0$，表示 x_i 和 ε 不存在相关关系；
⑤ 随机误差项服从正态分布，即 $\varepsilon \sim N(0, \sigma^2)$。独立性意味着，对于一个特定的 x 值，它所对应的 y 值与其他 x 所对应的 y 值也不相关。这表明，在 x 取某个确定值的情况下，y 的变化由误差项 ε 的方差 σ^2 来决定。

以上这些基本假设是德国数学家高斯最早提出的，也称为高斯假定或标准假定，满足以上标准假定的一元线性回归模型，称为标准的一元线性回归模型。

8.2.2 参数 β_0 和 β_1 的最小二乘估计

对式（8-1）两边分别求数学期望和方差，根据回归模型中的假定，ε 的期望值等于 0，得

$$E(y) = \beta_0 + \beta_1 x \tag{8-2}$$

式（8-2）称为一元线性回归方程，即 y 的期望值是 x 的线性函数。

如果回归方程中的参数 β_0 和 β_1 已知，对于一个给定的 x 值，利用式（8-2）就能计算出 y 的期望值。但总体回归参数 β_0 和 β_1 是未知的，必须利用样本数据去估计它们，回归分析的主要任务就是通过 n 组样本观测值 $(x_i, y_i)(i = 1, 2, \cdots, n)$ 对 β_0、β_1 进行估计。用样本统计量 $\hat{\beta}_0$ 和 $\hat{\beta}_1$ 代替回归方程中的未知参数 β_0 和 β_1，这时就得到了估计的回归方程（Estimated Regression Equation），即根据样本数据求出的回归方程的估计。对于一元线性回归，估计的回归方程的形式为

$$\hat{y} = \hat{\beta}_0 + \hat{\beta}_1 x \tag{8-3}$$

如前所述，回归分析的主要任务就是建立能够近似反映真实总体回归函数的样本回归函数。在根据样本资料确定样本回归方程时，一般总是希望 y 的估计值从整体来看尽可能地接近其实际观测值。

对于第 i 个 x 值，估计的回归方程可表示为

$$\hat{y}_i = \hat{\beta}_0 + \hat{\beta}_1 x_i \tag{8-4}$$

对于 x 和 y 的 n 对观测值，用于描述其关系的直线有多条，究竟用哪条直线来代表两个变量之间的关系，需要有一个明确的原则。此时自然会想到距离各观测点最近的一条直线，用它来代表 x 与 y 之间的关系与实践数据的误差比其他任何一条直线都小。如要对例 8-1 中的两个变量的数据进行线性回归，就是要找到一条直线来适当地代表图 8-1 中的那些点的趋势。首先，需要确定选择这条直线的标准，这里介绍最小二乘回归法（Least Squares Regression），"二乘"就是平方的意思，这就是寻找一条直线，使所有点到该直线的垂直距离的平方和最小，即垂直方向的离差平方和最小。用数据寻找一条直线的过程也叫做拟合一条直线。

用最小二乘法拟合的直线具有一些优良的性质。首先，根据最小二乘法得到的回归直线能使离差平方和达到最小，虽然这并不能保证它就是拟合数据的最佳直线（许多别的拟合直线也具有这种性质）。但这毕竟是一条与数据拟合良好的直线，其次，由最小二乘法求得的回归直线可知 β_0 和 β_1 的估计量的抽样分布。再次，在某些条件下，β_0 和 β_1 的最小二乘估计量同其他估计量相比，其抽样分布具有较小的标准差。正是基于上述性质，最小二乘法被广泛用于回归模型参数的估计。

根据最小二乘法，使

$$\sum_{i=1}^{n}(y_i - \hat{y})^2 = \sum_{i=1}^{n}(y_i - \hat{\beta}_0 - \hat{\beta}_1 x_i)^2 \tag{8-5}$$

达到最小值。

解得 β_0 和 β_1 的最小二乘估计为（推导过程略）

$$\begin{cases} \hat{\beta}_1 = \dfrac{n\sum\limits_{i=1}^{n}x_i y_i - \sum\limits_{i=1}^{n}x_i \sum\limits_{i=1}^{n}y_i}{n\sum\limits_{i=1}^{n}x_i^2 - \left(\sum\limits_{i=1}^{n}x_i\right)^2} = \dfrac{\sum\limits_{i=1}^{n}(y_i - \bar{y})(x_i - \bar{x})}{\sum\limits_{i=1}^{n}(x_i - \bar{x})^2} \\ \hat{\beta}_0 = \bar{y} - \hat{\beta}_1 \bar{x} \end{cases} \tag{8-6}$$

由 $\hat{\beta}_0 = \bar{y} - \hat{\beta}_1 \bar{x}$ 可知

$$\bar{y} = \hat{\beta}_0 + \hat{\beta}_1 \bar{x} \tag{8-7}$$

可见回归直线 $\hat{y} = \hat{\beta}_0 + \hat{\beta}_1 x_i$ 是通过点 $(\bar{x}, \bar{y})$ 的,这对回归直线的作图很有帮助。从物理学的角度看,$(\bar{x}, \bar{y})$ 是 n 个样本观测值 (x_i, y_i) 的重心,也就是说,回归直线通过样本的重心。

【例 8-3】 以某一销售并修理小型计算机的公司为例,考查修理(或服务)时间与计算机中需要修理或更换的元件个数的关系。取了修理记录的一个样本,数据在表 8-4 中给出。其中修理时间(以分钟计)为因变量,需要更换的元件数为自变量。

表 8-4 修理时间及需修理元件个数

行 数	修理时间	元件个数	行 数	修理时间	元件个数
1	23	1	8	97	6
2	29	2	9	109	7
3	49	3	10	119	8
4	64	4	11	149	9
5	74	4	12	145	9
6	87	5	13	154	10
7	96	6	14	166	19

修理时间和所修理或者更换的元件个数是否有关系?如果有关系,它们之间是一种什么样的关系?

由如图 8-3 所示的散点图,得知修理时间和所修理或更换的元件个数之间具有一定的线性关系。

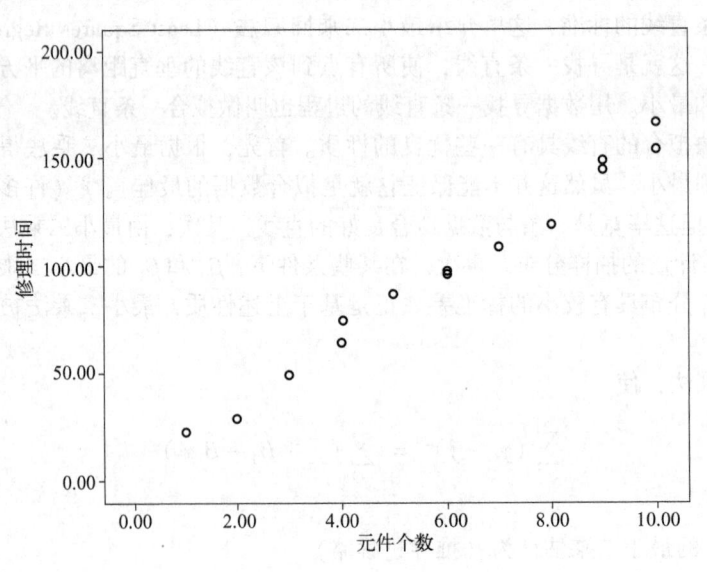

图 8-3 元件个数与修理时间的散点图

同时为了表示方便,列出了计算修理时间 y 和需修理元件个数 x 之间相关系数所需的量,如表 8-5 所示。

由于修理时间与元件个数的线性关系,根据表 8-5 的数据以及式(8-6)得

$$\begin{cases} \hat{\beta}_1 = \dfrac{n\sum\limits_{i=1}^{n}x_iy_i - \sum\limits_{i=1}^{n}x_i \sum\limits_{i=1}^{n}y_i}{n\sum\limits_{i=1}^{n}x_i^2 - \left(\sum\limits_{i=1}^{n}x_i\right)^2} = \dfrac{1768}{114} = 15.509 \\ \hat{\beta}_0 = \bar{y} - \hat{\beta}_1 \bar{x} = 97.21 - 15.509 \times 6 = 4.162 \end{cases}$$

表 8-5 计算表

i	y_i	x_i	$(y_i - \bar{y})$	$(x_i - \bar{x})$	$(y_i - \bar{y})^2$	$(x_i - \bar{x})^2$	$(y_i - \bar{y})(x_i - \bar{x})$
1	23	1	-74.21	-5	5507.76	25	371.07
2	29	2	-68.21	-4	4653.19	16	272.86
3	49	3	-48.21	-3	2324.62	9	144.64
4	64	4	-33.21	-2	1103.19	4	66.43
5	74	4	-23.21	-2	583.90	4	46.43
6	87	5	-10.21	-1	104.33	1	10.21
7	96	6	-1.21	0	1.47	0	0.00
8	97	6	-0.21	0	0.05	0	0.00
9	109	7	11.79	1	138.90	1	11.79
10	119	8	21.79	2	474.62	4	43.57
11	149	9	51.79	3	2681.76	9	155.36
12	145	9	47.79	3	2283.47	9	143.36
13	154	10	56.79	4	3224.62	16	227.14
14	166	10	68.79	4	4731.47	16	275.14
合计	1361	84	0	0	27768.36	114	1768.00

即修理时间对元件个数的估计方程为 $\hat{y} = 4.162 + 15.509x$。回归系数 $\hat{\beta}_1 = 15.509$ 表示，元件个数每增加 1 个，修理时间平均增加 15.509 分钟。在回归分析中，对截距 $\hat{\beta}_0$ 常常不能赋予任何真实意义，例如，在修理时间与元件个数的回归中，$\hat{\beta}_0 = 4.162$，指当元件个数为 0 时，修理时间的平均值为 4.162 分钟，但是，当元件个数为 0（没有修理元件）时，自然也就不会有修理时间，而在这里，它的值为一个非零的数，这就很难解释得通。因此，在回归分析中，对截距 $\hat{\beta}_0$ 通常不做实际意义上的解释。

回归分析中的计算量比较大，用手工计算几乎是不可能的。因此，在实际分析中，线性回归模型的最小二乘法估计的具体数值 SPSS 中 Regression 过程的 Linear 子过程会计算给出。

理论上可以证明，在回归基本假定成立的前提下，最小二乘估计具有优良的统计性质（最佳线性无偏估计）。

8.2.3 回归方程的检验

建立回归方程后，还必须对其进行显著性检验，因为即使一些杂乱无章的散点也可以配出一条直线，但这是毫无意义的。为了说明总体 x 和 y 之间也存在着 $\hat{y}_i = \hat{\beta}_0 + \hat{\beta}_1 x_i$ 这种数量关系，需要对样本回归方程进行各种检验。这种检验应包括经济意义检验、统计学检验和经济计量学检验。经济意义检验主要是检验参数估计值的符号和取值范围是否与其相对应的实质性科学理论以及世界经验的结论相一致。如果不一致，说明回归方程不能很好地解决现实经济现象，不能通过经济意义检验。在研究社会经济现象时，经常会遇到经济意义检验不能通过的，主要原因是：样本容量偏小，所用样本数据不具有足够的代表性，回归模型的假设条件没有满足，社会经济现象的统计数据不是像自然科学中的数据那样是通过精确的实验取得的。统计学检验是运用统计学中的抽样理论对样本回归方程的可靠性进行的检验。本章主要介绍统计学检验。经济计量学检验是对回归模型中的随机误差项的假设条件是否能得到满足进行的检验。

回归分析中的显著性检验包含两个方面：一方面是对整个方程线性关系的显著性检验，另一方面是对回归系数的显著性检验。前者通常采用 F 检验法，后者采用 t 检验法。对于一元线性回归来讲，因为自变量只有一个，所以上述两种检验是等价的。

1. 回归直线的拟合优度

回归直线 $\hat{y}_i = \hat{\beta}_0 + \hat{\beta}_1 x_i$ 在一定程度上描述了变量 x 与 y 之间的数量关系，根据这一方程，可根据自变量 x 的取值来估计或预测因变量 y 的取值。但估计或预测的精度如何将取决于回归直线对观测数据的拟合程度。可以想象，如果各观测数据的散点都落在这一直线上，那么这条直线就是对数据的完全拟合，直线充分代表了各个点，此时用 x 来估计 y 是没有误差的。各观察点越是紧密围绕直线，说明直线对观测数据的拟合程度越好，反之则越差。回归直线与各观测点的接近程度称为回归直线对数据的拟合优度（Goodness of Fit）。为说明直线的拟合优度，则需要计算判定系数。回归方程的拟合优度检验就是要检验样本数据聚集在样本回归直线周围的密集程度，从而判断回归方程对样本数据的代表程度。

（1）判定系数

判定系数是对估计的回归方程拟合优度的度量。因变量 y 的取值是不同的，y 取值的这种波动称为变差。变差的产生来自于两个方面：一方面是自变量 x 的取值不同造成的，另一方面是除了 x 以外的其他因素（如 x 对 y 的非线性影响、测量误差等）的影响。对一个具体的观测值来说，变差的大小可以用实际观测值 y 与其均值 $\bar{y}$ 之差 $(y-\bar{y})$ 来表示。而 n 次观察值的总变差可由这些变差的平方和来表示，称为总平方和（Total Sum of Squares），记为 SST，即

$$\text{SST} = \sum_{i=1}^{n} (y_i - \bar{y})^2 \tag{8-8}$$

因变量的实际观察值（y）与其样本值（$\bar{y}$）的离差（即总离差 $(y-\bar{y})$）可以分解为两部分：一部分是因变量的理论回归值（或称预测值 $\hat{y}$）与其样本均值（$\bar{y}$）的离差 $(\hat{y}-\bar{y})$，它可以看成是能够由回归直线解释的部分，称为解释离差；另一部分是实际观测值与理论回归值的离差 $(y-\hat{y})$，它是不能由回归直线加以解释的残差 e。

由 $\hat{y}_i$，$\bar{y}$，y_i 的含义可知

$$\sum_{i=1}^{n} (y_i - \bar{y})^2 = \sum_{i=1}^{n} (\hat{y}_i - \bar{y})^2 + \sum_{i=1}^{n} (y_i - \hat{y}_i)^2 \tag{8-9}$$

$$\text{总平方和(SST)} = \text{回归平方和(SSR)} + \text{残差平方和(SSE)} \tag{8-10}$$

式中，$\text{SSR} = \sum_{i=1}^{n} (\hat{y}_i - \bar{y})^2$ 称为回归平方和（Sum of Squares of Regression），是回归直线可以解释的那一部分离差平方和；$\text{SSE} = \sum_{i=1}^{n} (y_i - \hat{y}_i)^2$ 称为残差平方和或误差平方和（Sum of Squares of Error），是回归直线无法解释的离差平方和。

回归直线拟合的好坏取决于 SSR 及 SSE 的大小，或者说取决于回归平方和（SSR）占总平方和（SST）的比例（SSR/SST）的大小。各观测点越是靠近直线，SSR/SST 则越大，直线拟合得越好，将回归平方和占总平方和的比例称为判定系数（Coefficient of Determination），记为 R^2，它的计算公式为

$$R^2 = \frac{\text{SSR}}{\text{SST}} = 1 - \frac{\text{SSE}}{\text{SST}} \tag{8-11}$$

判定系数 R^2 测度了回归直线对观测数据的拟合程度，因此，又被称为拟合优度检验。若所有观测点都落在直线上，残差平方和 SSE = 0，$R^2 = 1$，拟合是完全的；如果 y 的变化与 x 无关，x 完全无助于解释 y 的变差，因此 $\hat{y} = \bar{y}$，则 $R^2 = 0$。可见，R^2 的取值范围在 $[0, 1]$ 之间。R^2 越接近于 1，表明回归平方和占总平方和的比例越大，回归直线与各观测点越接近，用 x 的变化来解释 y 值变差的部分就越多，回归直线的拟合程度就越好；反之，R^2 越接近于 0，回归直线的拟合程度就越差。同时，在一元线性回归中，判定系数是相关系数的平方。实际上，相关系数 r 可以作为回归直线对样本观察值拟合程度的另一个测度值。但用相关系数 r 说明回归直线拟合程度要比用判定系数 R^2 谨慎些，因为一般情况下，$|r| < 1$，r 的值总是大于 R^2 的值。例如，$r = 0.5$ 时，可视为中度相关了，但 $R^2 = 0.25$，说明 x 只能解释总离差的 25%。

【例 8-4】 根据例 8-3 的数据，计算修理时间对元件个数回归的判定系数，并解释其意义。

解： SST、SSR、SSE 的具体数值均可由 SPSS 软件的回归分析过程给出，具体操作将在后面的章节中介绍。

经计算得：总平方和 SST = 27768.357，回归平方和 SSR = 27419.509，残差平方和 SSE = 348.848。根据式（8-12）得

$$R^2 = \frac{\text{SSR}}{\text{SST}} = \frac{27419.509}{27768.357} = 0.9874 = 98.74\%$$

也可以根据相关系数求得 $R^2 = r^2 = (0.994)^2 = 0.988036 = 98.8\%$。

实际上，在应用 SPSS 软件进行回归分析过程中，R^2 的值已直接给出。

判定系数的实际意思是：在修理时间取值的变差中，有 98.74% 可以由修理时间与元件个数之间的线性关系来解释，或者说，在修理时间取值的变差中，有 98.74% 是由元件个数所决定的。修理时间取值的差异有近百分之百是由元件个数决定的，二者之间有非常强的线性关系。

（2）估计标准误差

判定系数 R^2 和相关系数 r 只是说明了回归方程对样本观测值拟合程度的好坏，却不能表示出回归直线估计值与变量 y 的各实际观测值的绝对离差的数额。估计标准误差（Standard Error of Estimate）正是反映回归估计值 $\hat{y}$ 与样本实际观测值 y_i 的平均差异程度的指标。因为对于一个变量的诸多观测值，可以用标准差来测度各观测值在其平均数周围的分散程度，估计标准误差正是这样一个类似的量，可以用来测度各实际观测点在直线周围的散布状况。

估计标准误差是对各观测点在直线周围分散程度的一个度量值，它是对误差项 ε 的标准差 σ 的估计，若用 S_e 表示估计标准误差，则其计算公式为

$$S_e = \sqrt{\frac{\sum_{i=1}^{n}(y_i - \hat{y}_i)^2}{n - 2}} = \sqrt{\frac{\text{SSE}}{n - 2}} = \sqrt{\text{MSE}} \tag{8-12}$$

式中，MSE 代表均方残差。估计标准误差的计量单位与 y 的计量单位相同。若估计标准误差 S_e 小，表示各实际观测值与回归估计值平均差异小，实际观察值点靠近回归直线，回归直线的拟合程度好，代表性高；若样本观察点全部落在直线上，则 $S_e = 0$，说明样本实际值与估计值没有差别。若 S_e 大，则说明回归直线拟合不好，代表性差。可见，S_e 是从另一角度说明回归直线拟合程度及代表性和变量间关系密切程度的指标。从式（8-13）容易看出，回归直线是对 n 个观测点拟合的所有直线中，估计标准误差最小的一条直线，因为回归直线是使 $\sum_{i=1}^{n}(y_i - \hat{y}_i)^2$ 为最小确定的。

【例 8-5】 根据例 8-3 的有关结果，计算修理时间对元件个数回归的估计标准误差，并解释其意义。

解：经计算得知，SSE = 348.848，根据式（8-13）得

$$S_e = \sqrt{\frac{SSE}{n-2}} = \sqrt{\frac{348.848}{14-2}} = 5.39172（分钟）$$

这就是说，根据元件个数来估计修理时间时，平均的估计误差为5.39172分钟。

2. 显著性检验

回归分析的主要目的是根据所建立的回归方程用自变量x来估计或预测因变量y的取值。在建立回归方程后，还不能马上进行估计或预测，因为该回归方程是根据样本数据得出的，它是否真实地反映了变量x和y之间的关系，则需要通过检验后才能证实。如前所述，在根据样本数据拟合回归方程时，实际上已经假定变量x与y之间存在着线性关系，即$y = \beta_0 + \beta_1 x + \varepsilon$，并假定误差项$\varepsilon$是一个服从正态分布的随机变量，且对不同的$x$具有相同的方差。但这些假设是否成立，需要通过检验后才能证实。

如前所述，回归分析中的显著性检验主要包括两个方面的内容：一方面是线性关系的检验，另一方面是回归系数的检验。

（1）回归方程的显著性检验

回归方程的线性关系检验是检验自变量x和因变量y之间的线性关系是否显著，或者说，它们之间能否用一个线性模型$y = \beta_0 + \beta_1 x + \varepsilon$来表示。线性关系的显著性检验是以方差分析为基础来验证总体X与Y是否存在真实的线性关系，为检验这两个变量之间的线性关系是否显著，则需要构造用于检验的一个统计量。该统计量的构造是以回归平方和（SSR）以及残差平方和（SSE）为基础的。将SSR除以其相应的自由度（自变量的个数k，一元线性回归中自由度为1）后的结果称为均方回归，记为MSR；将SSE除以其相应的自由度（$n-k-1$，一元线性回归中自由度为$n-2$）后的结果称为均方残差，记为MSE。因此该检验又称回归方程的F检验，即

$$F = \frac{SSR/1}{SSE/(n-2)} = \frac{MSR}{MSE} \sim F(1, n-2) \tag{8-13}$$

检验的具体步骤如下。

① 建立假设。

$H_0: \beta_1 = 0$（总体回归方程线性关系不显著）

$H_1: \beta_1 \neq 0$（总体回归方程线性关系显著）

② 计算检验统计量F的值。

$$F = \frac{SSR/1}{SSE/(n-2)} = \frac{\sum_{i=1}^{n}(\hat{y}_i - \bar{y})^2/1}{\sum_{i=1}^{n}(y_i - \hat{y}_i)^2/(n-2)} \tag{8-14}$$

③ 根据确定的显著性水平α和分子自由度$df_1 = 1$和分母自由度$df_2 = n-2$，查F分布表，得到相应的临界值$F_\alpha(1, n-2)$。

④ 做出决策。

若$F > F_\alpha(1, n-2)$，则拒绝H_0，接受H_1，说明两个变量之间的线性关系是显著的，总体回归方程的一次项是必需的。

若$F < F_\alpha(1, n-2)$，则不拒绝H_0，没有证据表明两个变量之间的线性关系显著。

【例8-6】 根据例8-4，检验修理时间与元件个数之间线性关系的显著性（$\alpha = 0.05$）。

解：

① 提出假设。

$H_0: \beta_1 = 0$ （总体回归方程线性关系不显著）

$H_1: \beta_1 \neq 0$ （总体回归方程线性关系显著）

② 计算检验统计量。

$$F = \frac{\text{SSR}/1}{\text{SSE}/(n-2)} = \frac{27419.509/1}{348.848/(14-2)} = 943.201$$

③ 查 F 分布表，得到相应的临界值 $F_\alpha(1,12) = 4.75$。

④ 做出决策。

$F > F_\alpha(1,12)$，拒绝 H_0，表示修理时间与元件个数之间的线性关系是显著的。

实际上，在 SPSS 输出的回归结果中，方差分析表给出了线性关系显著性检验的全部结果。

(2) 回归系数的显著性检验

所谓回归系数的显著性检验，就是根据样本估计的结果对总体回归系数的有关假设进行检验。之所以对回归系数进行显著性检验，是因为回归方程的显著性检验只能检验所有回归系数是否同时与零有显著性差异，它不能保证回归方程中不包含不能较好解释说明因变量变化的自变量，因此，可以通过回归系数显著性检验对每个回归系数进行考查。

检验 x 与 y 之间是否具有线性关系，或者说，检验自变量 x 对因变量 y 的影响是否显著。在一元线性回归模型 $y = \beta_0 + \beta_1 x + \varepsilon$ 中，如果回归系数 $\beta_1 = 0$，回归线是一条水平线，表明因变量 y 的取值不依赖于自变量 x，即两个变量之间没有线性关系。如果回归系数 $\beta_1 \neq 0$，也不能肯定就得出两个变量之间存在线性关系的结论，要看这种关系是否具有统计意义上的显著性。为此，需要研究回归系数 β_1 的抽样分布。其理论基础是回归系数 $\hat{\beta}_1$ 的抽样分布，在一元线性回归中，等价于回归方程的显著性检验。

$\hat{\beta}_1$ 是根据最小二乘法求出的样本统计量，$\hat{\beta}_1$ 的分布具有如下性质。

① 数学期望：

$$E(\hat{\beta}_1) = \beta_1$$

② 标准差：

$$\sigma_{\hat{\beta}_1} = \frac{\sigma}{\sqrt{\sum_{i=1}^{n} x_i^2 - \frac{1}{n}(\sum_{i=1}^{n} x_i)^2}} \tag{8-15}$$

式中，σ 是误差项 ε 的标准差。

由于 σ 未知，用 σ 的估计量 S_e 带入式 (8-16)，得到 $\sigma_{\hat{\beta}_1}$ 的估计量，即 $\hat{\beta}_1$ 的估计的标准差为

$$S_{\hat{\beta}_1} = \frac{S_e}{\sqrt{\sum_{i=1}^{n} x_i^2 - \frac{1}{n}(\sum_{i=1}^{n} x_i)^2}} \tag{8-16}$$

这样，就可以构造出用于检验回归系数 β_1 的统计量

$$T = \frac{\hat{\beta}_1 - \beta_1}{S_{\hat{\beta}_1}} \tag{8-17}$$

该统计量服从自由度为 $n-2$ 的 t 分布。

回归系数的显著性检验就是检验回归系数 β_1 是否等于 0。所以原假设为 $H_0: \beta_1 = 0$，如果原假设成立，检验的统计量为

$$T = \frac{\hat{\beta}_1}{S_{\hat{\beta}_1}} \tag{8-18}$$

检验的具体步骤如下：

① 建立假设。

$$H_0: \beta_1 = 0$$
$$H_1: \beta_1 \neq 0$$

② 计算检验的统计量。

$$T = \frac{\hat{\beta}_1}{S_{\hat{\beta}_1}}$$

③ 根据确定的显著性水平 α 和自由度 $df = n-2$，查 t 分布表，得到相应的临界值 $t_{\frac{\alpha}{2}}(n-2)$。

④ 做出决策。

若 $|t| > t_{\frac{\alpha}{2}}(n-2)$，则拒绝 H_0，回归系数等于 0 的可能性小于 α，表明自变量 x 对因变量 y 的影响是显著的，换言之，两个变量之间存在着显著的线性关系；若 $|t| < t_{\frac{\alpha}{2}}(n-2)$，则不拒绝 H_0，没有证据表明 x 对 y 的影响显著，或者说，二者之间尚不存在显著的线性关系。

【例 8-7】 根据例 8-4 的有关结果，检验回归系数的显著性（$\alpha = 0.05$）。

解：

① 提出假设。

$$H_0: \beta_1 = 0$$
$$H_1: \beta_1 \neq 0$$

② 计算检验的统计量。

$$t = \frac{\hat{\beta}_1}{S_{\hat{\beta}_1}} = \frac{15.509}{0.505} = 30.71$$

③ 查 t 分布表，得到相应的临界值 $t_{0.025}(12) = 1.7823$。

④ 做出决策。

$|t| = 30.71 > t_{0.025}(12) = 1.7823$，则拒绝 H_0，回归系数等于 0 的可能性小于 α，表明自变量元件个数对因变量修理时间的影响是显著的，换言之，元件个数是影响修理时间的一个显著性因素。

需要说明的是：在一元线性回归分析中，只有一个自变量，t 检验和 F 检验是等价的。即：如果原假设 $H_0: \beta_1 = 0$ 被 t 检验拒绝或接受，也同样会被 F 检验拒绝或接受。但是，在多元线性回归分析中，t 检验和 F 检验要说明的问题不同，作用不同，不能互相代替，t 检验是检验回归方程中各回归系数的显著性，F 检验则是检验总体回归关系的显著性。

8.2.4 残差分析

1. 用残差证实模型的假定

（1）残差

一个线性回归方程通过了 t 检验或 F 检验，只是表明变量 x 与 y 之间的线性关系是显著的，或者说线性回归方程是有效的，但不能保证数据拟合得很好，也不能排除由于意外原因而导致数据不完全可靠，比如有异常值出现，有周期性因素干扰等。只有当与模型中的残差项有关的假定满足时，才能放心地运用回归模型。因此，在利用回归方程做分析和预测之前，应该用残差图诊断回归效果以及样本数据的质量，检查模型是否满足基本假定，以便对模型做进一步的修改。

所谓残差（Residual）是指由回归方程计算所得的预测值与实际样本值之间的差距，用 e 表示。残差反映了用估计的回归方程去预测而引起的误差。第 i 个观测值的残差可以写为

$$e_i = y_i - \hat{y}_i \tag{8-19}$$

为了分析对误差项 ε 的假定是否成立，可以通过对残差图的分析来完成。常用的残差图有

关于 x 的残差图、关于 $\hat{y}$ 的残差图、标准化残差图等。关于 x 的残差图是用横轴表示自变量 x 的值，用纵轴表示对应的残差 $e = y - \hat{y}$，每个 x 的值与对应的残差用图上的一个点来表示。

① 残差均值为零的正态性分析。

在前面的讨论中知道：当解释变量 x 取某个特定的值 x_0 时，对应的残差必然有正有负，但总体上应服从以零为均值的正态分布。可以通过绘制残差图对该问题进行分析。残差图也是一种散点图，如果残差的均值为零，残差图中的点应在纵坐标为零的横线上下随机散落。对于残差的正态性分析可以通过绘制标准化（学生化）残差的累计概率图来分析。

② 残差的独立性分析。

若对所有的 x 值，ε 的方差都相同，而且假定描述变量 x 和 y 之间的关系模型是合理的，那么残差图中的所有点都应落在一条水平带中间。但如果对所有的 x 值，ε 的方差是不同的，例如，对于较大的 x 值，相应的残差也较大，这就意味着违背了 ε 方差相等的假设。

（2）标准化残差

对 ε 正态性假定的检验，也可以通过对标准化残差的分析来完成。残差除以它的标准差后得到的数值，称为标准化残差（Standardized Residual）也称为 Pearson 残差或半学生化残差（Semi-studentized Residuals），用 Z_e 表示。第 i 个观测值的标准化残差可以表示为

$$Ze_i = \frac{e_i}{S_e} = \frac{y_i - \hat{y}_i}{S_e} \tag{8-20}$$

根据标准化残差图也可以直观地判断误差项 ε 服从正态分布这一假定是否成立。如果这一假定成立，那么标准化残差的分布也应服从正态分布。因为在标准化残差图中，大约有95%的标准化残差在 $-2 \sim +2$ 之间。

2. 探测样本中的异常值和强影响点

可以利用残差分析探测样本中的异常值和强影响点。通常异常值和强影响点是指那些远离均值的样本数据点，它们对回归方程的参数估计有较大影响，应尽量找出它们并加以排除。被解释变量 y 和解释变量 x 中都有可能出现异常值和强影响点。

对被解释变量中异常值的探测方法一般有以下几种。

（1）标准化残差

由于残差是服从均值为0的正态分布，因此可以根据 3σ 准则进行判断，即首先对残差进行标准化 $\left(\text{ZRE}_i = \frac{e_i}{\hat{\sigma}} \right)$，然后观察 ZRE_i。绝对值大于3对应的观察值为异常值。

（2）学生化残差

在异方差时可使用学生化残差对异常值进行判断，即首先计算学生化残差（$\text{SRE}_i = \frac{e_i}{\hat{\sigma}\sqrt{1-h_{ii}}}$，$h_{ii}$ 为第 i 个样本的杠杆值，具体内容见后），然后观察 SRE_i。绝对值大于3对应的观察值为异常值。

（3）剔除残差

剔除残差的构造思想是：在计算第 i 个样本残差时，用剔除该样本后剩余的 $n-1$ 个样本拟合回归方程，并计算第 i 个样本的预测值和相应的残差。这个残差与第 i 个样本无关，不受第 i 个样本 y 值是否是异常值的影响，称为剔除残差。剔除残差较上述残差更能如实反映第 i 个样本的 y 的异常性。剔除学生化残差的绝对值大于3对应的观察值为异常值。

对解释变量中异常值的探测方法一般有以下几种。

（1）杠杆值

第 i 个样本的杠杆值的数学定义为

$$h_{ii} = \frac{1}{n} + \frac{(x_i - \bar{x})^2}{\sum_{i=1}^{n}(x_i - \bar{x})^2} \qquad (8\text{-}21)$$

由式（8-22）可知，杠杆值实质反映了解释变量 x 的第 i 个值与 x 平均值之间的差异。当 x_i 接近 $\bar{x}$ 时，h_{ii} 接近 0；当 x_i 远离 $\bar{x}$ 时，h_{ii} 接近 1；所以，某个杠杆值 h_{ii} 较高意味着对应的 x_i 远离平均值，它会强烈地影响回归方程的拟合，是一个强影响点。由于杠杆值的平均值为

$$\bar{h} = \frac{1}{n}\sum_{i=1}^{n}h_{ii} = \frac{p+1}{n} \qquad (8\text{-}22)$$

通常如果 h_{ii} 大于 2 或 3 倍的 $\bar{h}$，就可认为该杠杆值较高，对应的观察值为强影响点。SPSS 中计算的是中心化（回归线过原点，常数项为 0）的杠杆值 ch_{ii}。中心化杠杆值 $ch_{ii} = h_{ii} - 1/n$，其均值为

$$\frac{1}{n}\sum_{i=1}^{n}ch_{ii} = \frac{p}{n} \qquad (8\text{-}23)$$

（2）库克距离

库克距离也是一种探测强影响点的有效方法，数学定义为

$$D_i = \frac{e_i^2}{(p+1)\sigma^2} \times \frac{h_{ii}}{(1-h_{ii})^2} \qquad (8\text{-}24)$$

式中，p 为解释变量的个数。库克距离是杠杆值 h_{ii} 与残差 e_i 大小的综合效应。一般库克距离大于 1，就可认为对应的观察值为强影响点。

（3）标准化回归系数的变化和标准化预测值的变化

在剔除第 i 个样本之后，观察标准化回归系数的前后变化。通常如果标准化回归系数变化的绝对值大于 $2/\sqrt{n}$，则可认为第 i 个样本可能是强影响点；另外，还可以观察预测值的前后变化。通常如果标准化预测值变化的绝对值大于 $2/\sqrt{p/n}$，则可认为第 i 个样本可能是强影响点。

8.2.5 相关系数、判定系数和估计标准误差三者的关系

前面曾讨论过，估计标准误差衡量的是实际值与回归线的接近程度。当标准误差很小时，表示两变量高度相关。相关系数（r）衡量的是两变量之间相关的强弱程度。当散点图中各点都趋近于回归直线时，相关系数也较大（趋于 1）。因此，估计标准误差和相关系数用的是不同的度量方法来表达相同的信息。它们的计算当中都会用到 $\sum_{i=1}^{n}(y-\hat{y})^2$。

相关系数的平方是判定系数。判定系数衡量的是变量 y 中有多大比例能用变量 x 来解释。

判定系数 R^2 可以直接从方差分析（ANOVA）表中得出。它表示回归平方和占总离差平方和的比例。

$$R^2 = \frac{SSR}{SST} = 1 - \frac{SSE}{SST}$$

当 SSE 或标准误差减小时，R^2 增加。

估计标准误差也可以从方差分析（ANOVA）中得出：

$$S_e = \sqrt{\frac{SSE}{n-2}}$$

8.2.6 一元线性回归的 SPSS 操作

本节主要内容通过对例 8-8 的一元线性回归的应用来对 SPSS 操作过程加以介绍。

【例 8-8】 在 19 世纪 40、50 年代，苏格兰物理学家 James D. Forbes 试通过水的沸点来估计

海拔高度。他知道通过气压计测得的大气压可用于得到海拔高度，高度越高，气压越低。在这里讨论的实验中，他研究了气压和沸点之间的关系。由于在 20 世纪 40 年代运输精密的气压计相当困难，这引起了他研究此问题的兴趣。测量沸点将给旅行者提供一个快速估计高度的方法。

Forbes 在阿尔卑斯山及苏格兰收集数据。选定地点后，他装好仪器，测量气压及沸点。气压单位采用水银柱高度，并根据测量时周围气温与标准气温之间的差异校准气压。沸点用华氏温度表示。从他 1859 年的论文中选取了 17 个地方的数据，如表 8-6 所示。在研究这些数据时，有若干可能引起兴趣的问题，气压及沸点是如何联系的？这种关系是强是弱？能否根据温度预测气压？如果能，有效性如何？

表 8-6　Forbes 数据

案例号	沸点（℉）	气压（英寸汞柱）	Log（气压）	100×log（气压）	案例号	沸点（℉）	气压（英寸汞柱）	Log（气压）	100×log（气压）
1	194.5	20.79	1.3179	131.79	10	201.3	24.01	1.3805	138.05
2	194.3	20.79	1.3179	131.79	11	203.6	25.14	1.4004	140.04
3	197.9	22.40	1.3502	135.02	12	204.3	26.57	1.4244	142.44
4	198.4	22.67	1.3555	135.55	13	209.5	28.49	1.4547	145.47
5	199.4	23.15	1.3646	136.46	14	208.6	27.76	1.4434	144.34
6	199.9	23.35	1.3683	136.83	15	210.7	29.04	1.4630	146.30
7	200.9	23.89	1.3782	137.82	16	211.9	29.88	1.4754	147.54
8	201.1	23.99	1.3800	138.00	17	212.2	30.06	1.4780	147.80
9	201.3	24.02	1.3806	138.06					

数据来源：应用线性回归，中国统计出版社。

Forbes 的理论认为，在观测值范围内，沸点和气压值的对数成一直线。由此，取 10 作为对数的底数。事实上统计分析和对数的底数是没有关系的。由于气压的对数值变化不大，最小的为 1.318，而最大的为 1.478，将所有的气压的对数值乘以 100，如表 8-6 第 5 列所示。这将在不改变分析的主要性质的同时，避免研究非常小的数字。

首先，在进行回归分析之前，一个比较好的习惯是看一下两个变量的均值、标准差、最大值、最小值和正态分布情况，观察数据的质量、缺少值和异常值等，缺少值和异常值经常对线性回归分析产生重要影响。可以先做出散点图，观察变量之间的趋势及其特征。通过散点图，考察是否存在线性关系，如果不是，看是否通过变量处理而能够进行回归分析。如果进行了变量转换，那么应当重新绘制散点图，以确保在变量转换以后，线性趋势依然存在。

将表 8-6 的数据输入 SPSS 数据框中，然后单击 GraphsScatter 打开 Scatter/Dot 对话框，单击 Simple Scatter，单击 Define，打开 Simple Scatterplot 对话框，点选"气压"到 Y Axis 框，点选"沸点"到 X Axis 框内，单击 OK 按钮在 SPSS 的 Output 窗口输出所需图形，如图 8-4 所示。

从图 8-4 中，可以看出沸点与气压两个变量之间的线性关系比较明显。

一元线性回归分析主要操作步骤如下：

第一步，在数据界面上单击 Analyze→Regression→Linear 打开 Linear Regression 对话框，如图 8-5 所示。

第二步，在弹出的如图 8-5 所示的 Linear Regression 对话框中，从对话框左侧的变量列表中选择变量"气压"，添加到 Dependent 列表框中，表示该变量是因变量；选择变量"沸点"，添加到 Independent(s) 列表框中，表示其为自变量。

SPSS 一般默认在回归分析中只有一组可进入回归方程的自变量和相应的筛选方法（有关多元线性回归分析的自变量筛选问题将在下节详细介绍）。当有多组自变量和与其相对应的多种不同的变量筛选方法时，可以通过使用 Previous 和 Next 按钮将它们放置在不同的块（Block）中。块设置可以做各种探索性的回归分析。具体执行的步骤如下：

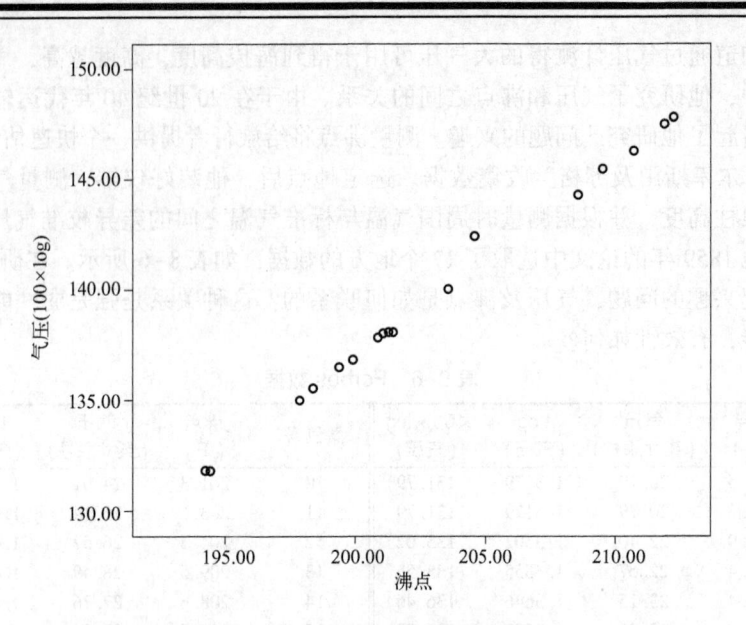

图 8-4 沸点与气压数据散点图

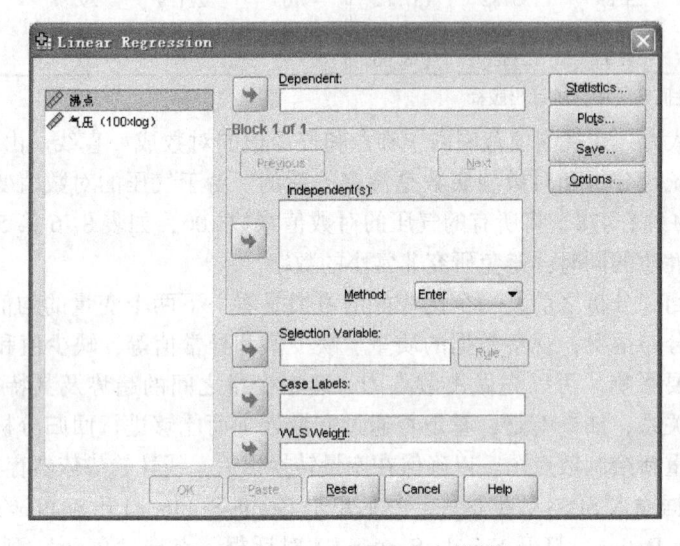

图 8-5 Linear Regression 对话框

① SPSS 从当前块（Block）（默认为 1）开始，提取自变量和相应的变量筛选方法对回归方程进行拟合；

② 自动提取下一块中的自变量组和相应的变量筛选方法，在上一个回归方程的基础上再次进行拟合，直到结束。

在 Method 下拉列表框中可以选择多元线性回归分析的自变量筛选方法。其中 Enter 选项表示强行进入法，表示所选自变量全部进入回归模型，该选项是 SPSS 默认的方式。其他的 Remove、Backward、Forward、Stepwise 选项在这里就不详细介绍了。

Selection Variable 列表框用来对样本数据进行筛选，挑选满足一定条件的样本数据进行线性回归分析。

Case Labels 列表框用来表示作图时，以哪个变量做各样本数据点的标志变量。

WSL Weight 是存在异方差时，利用加权最小二乘法替代普通最小二乘法估计回归模型参数。

通过 WSL Weight 可以选定一个变量作为权重变量。在实际问题中，如果无法自行确定权重变量，可以用 SPSS 的权重估计来实现。

单击 Statistics 按钮将打开 Linear Regression：Statistics 对话框，用来选择输出哪些统计量，如图 8-6 所示。

其中 Estimates 选项最为常用，它是 SPSS 默认的输出项。输出与回归系数相关统计量，如回归系数、回归系数的标准误差、标准回归系数、T 统计量和相应的相伴概率值（Sig）、各自变量的容忍度等。其中，标准化回归系数有助于判断多元回归方程中各自变量的单位不统一时，哪个自变量对因变量的影响较大。Model fit 选项，用来输出判定系数、调整的判定系数、回归方程的标准误差、F 检验 ANOVA 方差分析表。该选项为默认选项。其他选项为不常用项，因此这里不再赘述。

单击图 8-5 中的 Plots 按钮，将打开如图 8-7 所示的 Linear Regression：Plots 对话框。该对话框用来设置对残差序列做图形分析，从而检验残差序列的正态性、随机性和是否存在异方差现象（默认情况下不输出图形）。

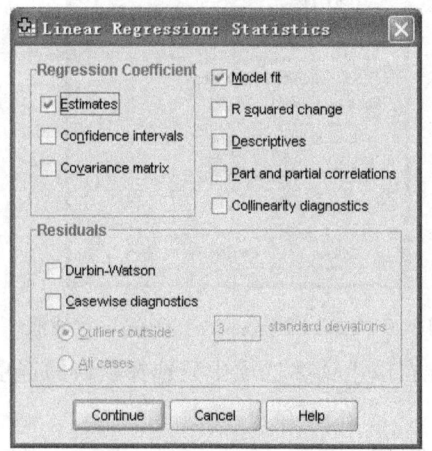

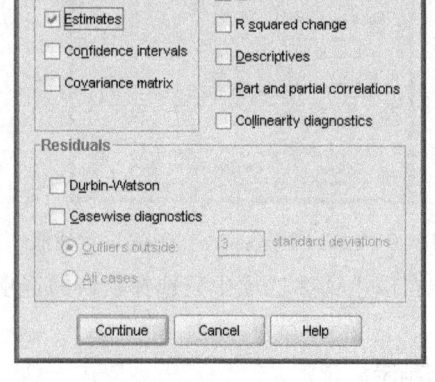

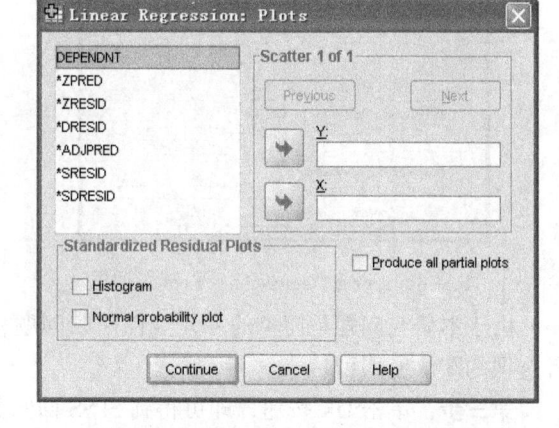

图 8-6　Linear Regression：Statistics 对话框　　　图 8-7　Linear Regression：Plots 对话框

在左上角的源变量框中，选择 DEPENDNT（因变量）添加到 X 或 Y 轴变量框，再选择其他变量添加到 Y 轴或 X 轴变量框。可以作为轴变量的，除因变量外还有以下参数。

- ZPRED 选项：标准化预测值。
- ZRESID 选项：标准化残差。
- DRESID 选项：剔除残差。
- ADJPRED 选项：修正后预测值。
- SRESID 选项：学生化残差。
- SDRESID 选项：学生化剔除残差。

Standardized Residual Plots 选项组中可选择使用直方图、正态概率图。

- Histogram：输出带有正态曲线的标准化残差的直方图。
- Normal probability plots：残差的正态概率图，检查残差的正态性。

Produce all partial plots 选项：输出每一个自变量残差相对于因变量残差的散布图。

单击图 8-5 中的 Save 按钮，弹出如图 8-8 所示的对话框。在该对话框中能够设置将回归分析的结果保存到 SPSS 数据编辑窗口的变量中，或是某个 SPSS 的数据文件中。研究者可以根据自己的需要进行选择。

单击图 8-5 中的 Options 命令，打开如图 8-9 所示的对话框。在该对话框中可以对多元线性回归分析中与自变量的筛选有关的参数进行设定，同时也可以设置对缺失值采用不同的处理方法。

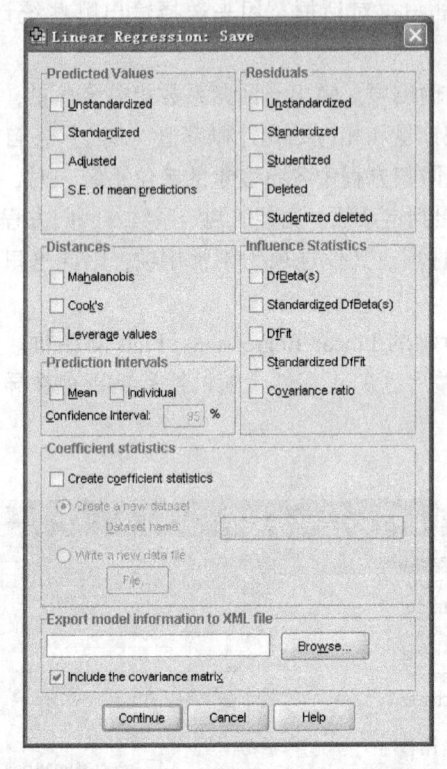

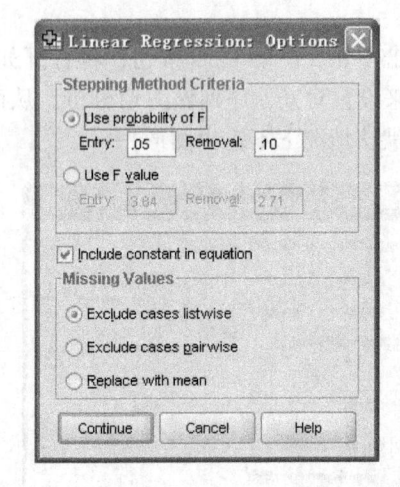

图 8-8　Linear Regression：Save 对话框　　　　图 8-9　Linear Regression：Options 对话框

由于本研究问题是简单的一元线性回归问题，因此在以上诸多选项中只选择默认的选项和各选项的默认值即可。

第三步，单击 OK 按钮，即可得到 SPSS 回归分析的结果。

SPSS 的运行结果如表 8-7 所示。

表 8-7　变量记录情况（Variables Entered/Removed[b]）

Model	Variables Entered	Variables Removed	Method
1	沸点[a]	.	Enter

a. All requested variables entered.

b. Dependent Variable：气压（100×log）。

表 8-7 输出的是被引入或从回归方程中被剔除的各变量，表示回归分析过程中变量进入、退出模型的基本情况。

这部分结果说明在对编号为 1 的模型（Model 1）进行线性回归分析时所采用的方法是全部引入法：Enter。

表 8-8 表示回归模型的拟合度。

表 8-8　模型拟合度检验（Model Summary）

Model	R	R Square	Adjusted R Square	Std. Error of the Estimate
1	.997[a]	.995	.995	.37889

a. Predictors：(Constant)，沸点。

从这部分结果看出复相关系数 $R=0.997$，其含义类似于第 7 章所讲的相关系数，反映的是自变量与因变量之间的密切程度，其值在 0 到 1 之间，越大越好。判定系数 $R^2=0.995$，它是复相关系数的平方，这里需要注意的是复相关系数随着模型中自变量个数的增加，其值是不断增大的，所以，对于多元线性回归模型复相关系数就不太可靠。于是又引入了调整的复相关系数。调整的判定系数 $\overline{R^2}=0.995$，是在考虑了模型自变量个数的情况下计算的判定系数。在一元线性回归的时候，其值等于判定系数的值。回归估计的标准误差 $S_e=0.37889$。通过观察这几个数据可知，样本回归方程的代表性强，拟合情况是很好的。

表 8-9 表示的是模型检验结果，这是一个标准的方差分析表。

表 8-9 方差分析（ANOVA[b]）

Model		Sum of Squares	df	Mean Square	F	Sig.
1	Regression	425.609	1	425.609	2.965E3	.000[a]
	Residual	2.153	15	.144		
	Total	427.763	16			

a. Predictors：(Constant)，沸点。
b. Dependent Variable：气压（$100 \times \log$）。

从这部分结果看出：统计量 $F=2964.792$，回归模型的 Sig. 值为 0，说明该模型有显著的统计意义，自变量 x 与因变量 y 之间确有线性回归关系。另外，Sum of Squares 一列中分别代表回归平方和（425.609）、残差平方和（2.153）以及总平方和（427.763）。df 为自由度。

表 8-10 是回归系数分析，给出了拟合未标准化的和标准化之后的回归系数值（含常数项），其中，Unstandardized Coefficients 为非标准化系数，Standardized Coefficients 为标准化系数，并通过 t 检验方法对拟合结果进行了检验，常数项和沸点所对应的系数其 t 检验的 Sig. 值都为 0，说明回归系数与 0 有显著差别，具有显著的统计学意义。

表 8-10 回归系数分析表（Coefficients[a]）

Model		Unstandardized Coefficients		Standardized Coefficients	t	Sig.
		B	Std. Error	Beta		
1	(Constant)	-42.131	3.339		-12.618	.000
	沸点	.895	.016	.997	54.450	.000

a. Dependent Variable：气压（$100 \times \log$）。

从表 8-10 中可以看出估计值及其检验结果，常数项 $\hat{\beta}_0=-42.131$，回归系数 $\hat{\beta}_1=0.895$，回归系数检验统计量 $t=54.450$。所以例 8-8 的拟合结果为

$$\hat{y}=-42.131+0.895x$$

虽然拟合出了沸点和气压间的经验公式，但是一个完整的回归分析过程还包括利用残差分析对拟合结果进行检验。

若执行以下操作：单击图 8-5 中的 Plots 按钮，在弹出的如图 8-10 所示的对话框中，选中 Histogram 和 Normal probability plot 复选框，单击 Continue 按钮，再单击 OK 按钮，即可得到如表 8-11、图 8-11 和图 8-12 所示的结果。

表 8-11 是与残差有关的一些统计量，包括预测值及标准化的预测值、残差及残差的预测值的最小值、最大值、均值、标准差和样本数。这些数据中无离群值，且数据的标准差也比较小，可以认为模型是健康的。

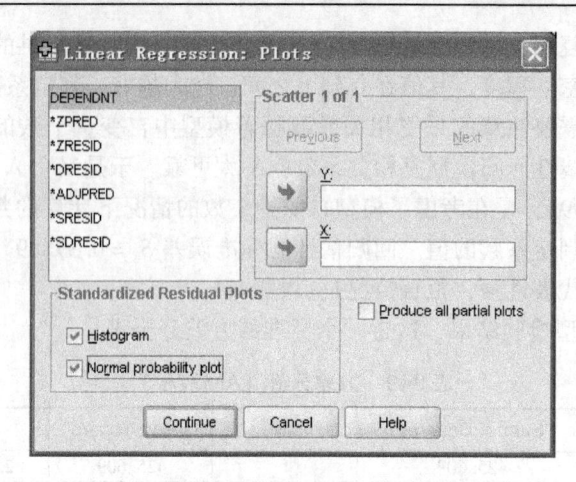

图 8-10 Linear Regression：Plots 对话框

表 8-11 残差统计量（Residuals Statistics[a]）

	Minimum	Maximum	Mean	Std. Deviation	N
Predicted Value	131.8575	147.8863	1.3961E2	5.15758	17
Residual	-.32261	1.35924	.00000	.36685	17
Std. Predicted Value	-1.502	1.605	.000	1.000	17
Std. Residual	-.851	3.587	.000	.968	17

a. Dependent Variable：气压（100×log）。

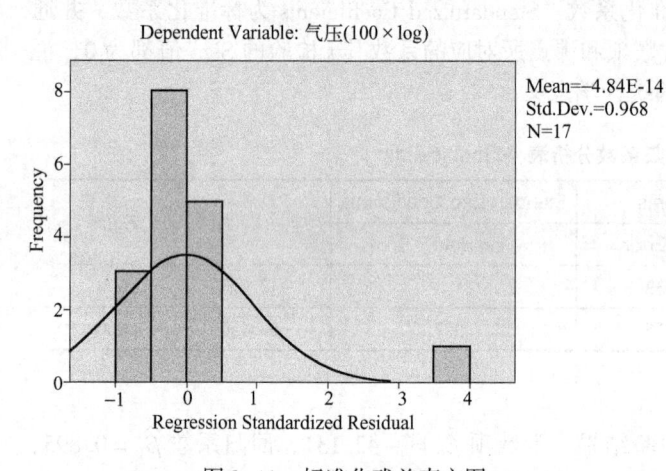

图 8-11 标准化残差直方图

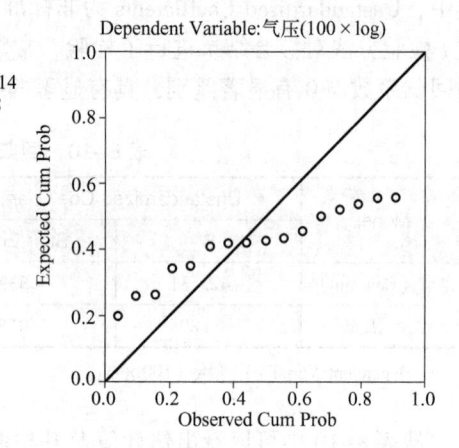

图 8-12 标准化残差正态 P-P 图

对于模型的检验，处理分析残差统计量外，还可以直接做出标准化残差的直方图和正态 P-P 图来观察其是否服从正态分布。

通过观察图 8-11 所示的标准化残差直方图和如图 8-12 所示的标准残差正态 P-P 图可以发现，残差具有正态分布的趋势，因此可以认为这里的回归模型是恰当的。

8.3 多元线性回归

在 8.2 节中主要介绍了一元线性回归问题，但在实际问题中，影响因变量的因素往往有多个。例如，商品的需求除了受价格的影响外，还要受到消费者收入、其他商品的价格、消费者偏好等因素的影响;影响水果产量的外界因素有平均气温、平均日照时数、平均湿度等。因此,在许多场合,仅仅考虑单个变量是不够的,还需要就一个因变量与多个自变量的联系来进行考察,才能获得比较满意的结果。这就产生了测定多因素之间相关关系的问题。接下来将主要讨论涉及两个及两个以上变量的回归问题,即多元回归,而且主要介绍多元线性回归。

在许多实际问题中,影响因变量的因素有多个,这种一个因变量同多个自变量的回归问题就是多元回归,当因变量同各自变量之间为线性关系时,称为多元线性回归。多元线性回归分析的原理同一元线性回归的原理基本相同,但计算上要复杂得多,因此需要借助计算机来完成。

8.3.1 多元线性回归模型

描述因变量 y 如何依赖于自变量 x_1, x_2, $\cdots$, x_k 和误差项 ε 的方程,称为多元线性回归模型(Multiple Regression Model)。

$$y = \beta_0 + \beta_1 x_1 + \beta_2 x_2 + \cdots + \beta_k x_k + \varepsilon \tag{8-25}$$

式中,β_0, β_1, β_2, $\cdots$, β_k 是模型的 $k+1$ 个未知参数,ε 为误差项。

同样,由于 $E(\varepsilon) = 0$,$\mathrm{Var}(\varepsilon) = \sigma^2$,多元线性总体回归方程为

$$E(y) = \beta_0 + \beta_1 x_1 + \beta_2 x_2 + \cdots + \beta_k x_k \tag{8-26}$$

系数 β_2 表示在其他自变量不变的情况下,自变量 x_2 变动一个单位时引起因变量 y 的平均变动单位。其他回归系数的含义类似。从几何意义上讲,多元回归方程是多维空间上的一个平面。

估计的多元线性回归方程,即样本回归方程为

$$\hat{y} = \hat{\beta}_0 + \hat{\beta}_1 x_1 + \hat{\beta}_2 x_2 + \cdots + \hat{\beta}_k x_k \tag{8-27}$$

式中,$\hat{\beta}_0$, $\hat{\beta}_1$, $\hat{\beta}_2$, $\cdots$, $\hat{\beta}_k$ 为 β_0, β_1, β_2, $\cdots$, β_k 的估计值。

8.3.2 参数的最小二乘估计

多元线性回归模型中偏回归系数的估计同样采用最小二乘法,通过使因变量的观察值与估计值之间的残差平方和达到最小,来求得 $\hat{\beta}_0$, $\hat{\beta}_1$, $\hat{\beta}_2$, $\cdots$, $\hat{\beta}_k$,即

$$Q = \sum_{i=1}^{l} (y_i - \hat{y}_i)^2 = \sum_{i=1}^{l} (y_i - \hat{\beta}_0 - \hat{\beta}_1 x_1 - \cdots - \hat{\beta}_k x_k)^2 = \min \tag{8-28}$$

由此可以得到求解 $\hat{\beta}_0$, $\hat{\beta}_1$, $\hat{\beta}_2$, $\cdots$, $\hat{\beta}_k$ 的标准方程组,为

$$\begin{cases} \left.\dfrac{\partial Q}{\partial \beta_0}\right|_{\beta_0 = \hat{\beta}_0} = 0, \\ \left.\dfrac{\partial Q}{\partial \beta_i}\right|_{\beta_i = \hat{\beta}_i} = 0, \quad i = 1, 2, \cdots, k \end{cases} \tag{8-29}$$

解上述方程组需要借助于计算机,可直接由 SPSS 给出回归结果。

8.3.3 拟合优度

1. 多重判定系数

与一元回归类似,对多元线性回归方程,则需要用多重判定系数来评价其拟合程度。

在一元回归中,曾介绍了因变量离差平方和的分解,对多元回归中因变量离差平方和的分解也是一样,同样有

$$\mathrm{SST} = \mathrm{SSR} + \mathrm{SSE}$$

由于这 3 个平方和的计算非常麻烦,所以可以直接利用 SPSS 软件输出结果。

有了这些平方和,可以将多重判定系数定义公式如下。

$$R^2 = \frac{SSR}{SST} = 1 - \frac{SSE}{SST}$$

与一元线性回归分析类似,$0 \leq R^2 \leq 1$,R^2 越接近 1,回归平面拟合程度越高,反之,R^2 越接近 0,拟合程度越低。

判定系数 R^2 的大小受到自变量 x 的个数 k 的影响。在实际回归分析中可以看到,随着自变量 x 个数的增加,回归平方和(SSR)增大,使 R^2 增大。由于增加自变量个数引起的 R^2 增大与拟合好坏无关,因此在自变量个数 k 不同的回归方程之间比较拟合程度时,R^2 就不是一个合适的指标,必须加以修正或调整。

为了避免增加自变量而高估 R^2,统计学家提出用样本量 n 和自变量的个数 k 去修正 R^2,计算出修正的多重判定系数。其计算公式为

$$R_n^2 = 1 - (1 - R^2)\frac{n-1}{n-k-1} \tag{8-30}$$

R_n^2 的解释与 R^2 类似,不同的是 R_n^2 同时考虑了样本量(n)和模型中自变量的个数(k)的影响,这就使 R_n^2 的值永远小于 R^2,而且 R_n^2 的值不会由于模型中自变量个数的增加而越来越接近 1。因此,在多元回归分析中,通常用修正的多重判定系数。

R^2 的平方根称为多重相关系数,也称为复相关系数,它度量了因变量同 k 个自变量的相关程度。

2. 估计标准误差

同一元线性回归一样,多元回归中的估计标准误差也是对误差项 ε 的方差 σ^2 的一个估计值,它在衡量多元回归方程的拟合优度方面也起着重要作用。计算公式为

$$S_e = \sqrt{\frac{\sum(y_i - \hat{y}_i)^2}{n-k-1}} = \sqrt{\frac{SSE}{n-k-1}} = \sqrt{MSE} \tag{8-31}$$

多元回归中对 S_e 的解释与一元回归类似。由于 S_e 所估计的是预测误差的标准差,其含义是根据自变量 $x_1, x_2, \cdots, x_k$ 来预测因变量 y 时的平均预测误差。

同样,其计算结果可通过 SPSS 软件直接得出。

8.3.4 显著性检验

1. 回归方程的显著性检验

多元线性回归方程的显著性检验一般采用 F 检验,利用方差分析的方法进行。F 统计量定义为:回归平方和(SSR)与残差平方和(SSE)之比,对于多元线性回归方程:

$$F = \frac{SSR/k}{SSE/(n-k-1)} = \frac{\sum_{i=1}^{n}(\hat{y}_i - \bar{y})^2/k}{\sum_{i=1}^{n}(y_i - \hat{y}_i)^2/(n-k-1)} \tag{8-32}$$

式中,SSR 为回归平方和,SSE 为残差平方和,n 为样本数,k 为自变量个数。F 统计量服从第一个自由度为 k、第二个自由度为 $n-k-1$ 的 F 分布。即

$$F \sim F(k, n-k-1) \tag{8-33}$$

从 F 统计量的定义式可以看出,如果 F 值较大,则说明自变量造成的因变量的变动远远大于随机因素对因变量造成的影响。

另外,从另一个角度来看,F 统计量也可以反映回归方程的拟合优度。将 F 统计量的公式

与 R^2 的公式做结合转换,可得:

$$F = \frac{R^2/k}{(1-R^2)/(n-k-1)} \quad (8-34)$$

可见,如果回归方程的拟合优度高,F 统计量就越显著;F 统计量越显著,回归方程的拟合优度也越高。

利用 F 统计量进行回归方程显著性检验的步骤如下。

① 提出假设。

$$H_0: \beta_i = 0$$
$$H_1: \beta_i \text{ 不全为 } 0, \quad i = 0, 1, 2, \cdots, k$$

② 在 H_0 成立条件下,计算 F 统计量。

$$F = \frac{\text{SSR}/k}{\text{SSE}/(n-k-1)} \sim F(k, n-k-1) \quad (8-35)$$

由样本观测值,计算 F 值。

③ 根据确定的显著性水平 α 和分子自由度 $df_1 = k$ 和分母 $df_2 = n-k-1$,查 F 分布表,得到相应的临界值 F_α。

④ 做出决策。

若 $F > F_\alpha(k, n-k-1)$,则拒绝 H_0,接受 H_1,说明所有回归系数同时与零有显著性差异,自变量与因变量之间存在显著的线性关系,自变量的变化确实能够反映因变量的线性变化,回归方程显著。

若 $F < F_\alpha(k, n-k-1)$,则接受 H_0,说明所有回归系数同时与零无显著性差异,自变量和因变量之间不存在显著的线性关系,自变量的变化无法反映因变量的线性变化,回归方程不显著。

2. 回归系数的显著性检验

不同于一元线性回归方程,多元回归方程的显著性检验不再等价于回归系数的显著性检验。如果 F 检验已经表明了回归模型总体上是显著的,那么回归系数的检验就是用来确定每一个自变量 x_i 对因变量 y 的影响是否显著。通过检验,将那些影响不显著的自变量剔除,使方程中只保留那些对因变量影响显著的自变量。

回归系数检验的具体步骤如下。

① 提出假设。

$$H_0: \beta_i = 0$$
$$H_1: \beta_i \neq 0, \quad i = 0, 1, 2, \cdots, k$$

如果不能拒绝零假设,说明自变量 x_i 不显著;如果拒绝零假设,说明 x_i 能增加预测因变量 y 的显著性。

② 计算检验的统计量。

$$T_i = \frac{\hat{\beta}_i}{S_{\hat{\beta}_i}} \sim t(n-k-1) \quad (8-36)$$

式中,$S_{\hat{\beta}_i}$ 是回归系数 β_i 的抽样分布的标准差,即

$$S_{\hat{\beta}_i} = \frac{S_e}{\sqrt{\sum_{i=1}^{n} x_i^2 - \frac{1}{n}(\sum_{i=1}^{n} x_i)^2}} \quad (8-37)$$

③ 根据确定的显著性水平 α 和自由度 $df = n-k-1$,查 t 分布表,得到相应的临界值 $t_{\frac{\alpha}{2}}(n-k-1)$。

④ 做出决策。

若 $|t| > t_{\frac{\alpha}{2}}(n-k-1)$，则拒绝 H_0，该自变量对因变量的影响是显著的，它的变化确实能够较好地反映因变量的线性变化，应保留在回归方程中；若 $|t| < t_{\frac{\alpha}{2}}(n-k-1)$，则接受 H_0，认为该自变量与因变量之间不存在显著的线性关系，它的变动无法较好地解释说明因变量的变动，应从回归方程中剔除。

8.3.5 多重共线性

当回归模型中使用两个或两个以上的自变量时，这些自变量往往会提供多余的信息。也就是说，这些变量之间彼此相关，把这种现象称为多重共线性（Multicollinearity）。

检测多重共线性的方法有多种，其中最简单的一种方法是计算模型中各对自变量之间的相关系数，并对各相关系数进行显著性检验。如果有一个或多个相关系数是显著的，就表示模型中所使用的自变量之间相关，因而存在着多重共线性问题。

在实际问题中，所使用的自变量之间存在相关是一种很平常的事。但是在回归分析中存在多重共线性时将会产生某些问题。首先，变量之间高度相关时，可能会使回归的结果造成混乱，甚至会把分析引入歧途。其次，多重共线性可能对参数估计值的正负号产生影响，特别是 β_1 的正负号可能同预期的正负号相反。

具体地说，如果出现下列情况，则暗示存在多重共线性：
① 模型中各对自变量之间显著相关。
② 当模型的线性关系显著（F 检验）$H_0:\beta_i = 0(i=0,1,2,\cdots,k)$ 显著时，几乎所有回归系数 β_i 的 T 检验却不显著。
③ 回归系数的正负号与预期的相反。

一旦发现模型中多重共线性问题，就应采取某种解决措施。至于采取什么样的方法来解决，要看多重共线性的严重程度。下面给出多重共线性问题的一些解决办法。
① 将一个或多个相关的自变量从模型中剔除，使保留的自变量尽可能不相关。
② 如果要在模型中保留所有的自变量，那就应该：避免根据 t 统计量对单个参数 β 进行检验；对因变量 y 值的推断（估计或预测）限定在自变量样本值的范围内。

对于多元线性模型，通常还应检验其自变量之间是否存在共线性的问题。通常检验共线性有如表 8-12 所示的几个指标。

表 8-12 不同指标的检验标准

指标名称	检验标准
容忍度（Tolerance）	若某自变量容忍度小于 0.1，则存在共线性问题
方差膨胀率（VIF）	容忍度的倒数越大，共线性问题越严重
特征根（Eigenvalues）	若多个维度的特征根等于 0，则可能存在共线性问题
条件指数（Condition Index）	若某个维度的条件指数大于 30，则可能存在共线性问题

8.3.6 变量的筛选策略

在多元回归分析中，由于被解释变量会受众多因素的共同影响，需要由多个解释变量解释，于是会出现诸如此类的问题：多个变量是否都能够进入线性回归模型，解释变量应以怎样的策略和顺序进入方程，方程中多个解释变量之间是否存在多重共线性等。

在建立回归模型时，总希望尽可能用最少的变量来建立模型。但究竟哪些自变量应该引入模型？哪些自变量不应该引入模型？这就要对自变量进行一定的筛选和控制。多元回归分析中，解释变量的筛选一般有向前筛选、向后筛选、逐步筛选三个基本策略。

(1) 向前筛选策略

向前筛选（Forward）策略是解释变量不断进入回归方程的过程。首先，选择与被解释变量具有最高线性相关系数的变量进入方程，并进行回归方程的各种检验；然后，在剩余的变量中寻找与解释变量偏相关系数最高并通过检验的变量进入回归方程，并对新建立的回归方程进行各种检验；这个过程一直重复，直到再也没有可进入方程的变量为止。

(2) 向后筛选策略

向后筛选（Backward）策略是变量不断剔除出回归方程的过程。首先，所有变量全部引入回归方程，并对回归方程进行各种检验；然后，在回归系数显著性检验不显著的一个或多个变量中，剔除 T 检验值最小的变量，并重新建立回归方程和进行各种检验；如果新建回归方程中所有变量的回归系数检验都显著，则回归方程建立结束。否则按照上述方法再依次剔除最不显著的变量，直到再也没有可剔除的变量为止。

(3) 逐步筛选策略

逐步筛选（Stepwise）策略是向前筛选和向后筛选策略的综合。向前筛选策略是变量不断进入回归方程的过程，变量一旦进入回归方程就不会被剔除出去。随着变量的不断引入，由于解释变量之间存在一定程度的多重共线性，使某些已经进入回归方程的解释变量的回归系数不再显著，这样造成最终的回归方程可能包含一些不显著的解释变量。逐步筛选法在向前筛选策略的基础上，结合向后筛选策略，在每个变量进入方程后再次判断是否存在可以剔除方程的变量。因此，逐步筛选策略在引入变量的每一个阶段都提供了再剔除不显著变量的机会。这里推荐把逐步筛选策略作为常用的变量筛选策略。

8.3.7 哑变量的概念和应用

在前面的回归模型中，自变量和因变量均为数字变量，然而，自变量和因变量也可能是一种定性变量，其特定是具有固定的类型（或数值）。比如，性别包括男性和女性，态度包括喜欢和不喜欢，评价包括合格和不合格等。上述变量（如性别）都包含两种类型，因此，我们可以引入一个0/1变量来表示，这种变量称为哑变量（Dummy Variable），又称为虚拟变量。例如，用0代表男性，用1代表女性，这样，定性变量就转换成了数字变量。当定性变量包含的类型多于两类，例如，季节包括春、夏、秋、冬，学历包括高中、大学、研究生，产品等级包括一级、二级、三级等。在这种情况下可以用多个哑变量来表示，哑变量的个数比分类数少1。例如，按季度统计的数据，若考察季节变动的影响，可以引入3个虚拟变量 S_1、S_2 和 S_3，其中，$S_1=1$ 代表春季，$S_1=0$ 代表其他；$S_2=1$ 代表夏季，$S_2=0$ 代表其他；$S_3=1$ 代表秋季，$S_3=0$ 代表其他；显然当 $S_1=S_2=S_3=0$ 时代表冬季。

8.3.8 多元线性回归的 SPSS 操作

本节主要通过对例8-9的一元线性回归的应用来对 SPSS 操作过程加以介绍。

表 8-13 主管人员业绩数据的变量描述

变量	定义
Y	对主管工作情况的总体评价
X_1	处理雇员的抱怨
X_2	不允许特权
X_3	学习新知识的机会
X_4	工作业绩
X_5	对不良表现吹毛求疵
X_6	提升到更好工作岗位的速度

【例8-9】 下面将使用一个工业心理学研究中的数据来诠释那些标准的回归结果。在某大型金融机构中做了一项雇员对其主管满意度的调查。其中一个问题设计为对主管的工作业绩的综合评价，另外若干个问题涉及主管与其雇员间相互关系的具体方面。该研究试图解释主管的性格与雇员对其整体满意度之间的关系。起初选择了6个调查项目作为可能的解释变量，表8-13给出了这些变量。从表8-13中不难发

现，这 6 个解释变量有两个主要类型：变量 X_1、X_2 和 X_5 反映的是雇员和主管人员之间直接的人际关系，X_3 和 X_4 主要和工作有关。变量 X_6 不是对主管的直接评价，而是对雇员自己把握晋升机会的一般评价。

分析用的数据是对每个雇员通过问卷调查获得的。对每个问题的响应从"非常满意"到"非常不满意"分别给 1 至 5 分，再将其分为两类：{1, 2} 归为一类，认为是"肯定"，{3, 4, 5} 归为另一类，认为"否定"。在该公司中随机抽取了 30 个部门，每个部门有 35 个左右的雇员和一个主管。表 8-14 给出了每个部门中对每一问题回答"肯定"的员工的比例，共 7 个变量的 30 个观测，每个观测表示一个部门，这一数据集称为"主管人员业绩数据"。

表 8-14 主管人员业绩数据

序号	Y	X_1	X_2	X_3	X_4	X_5	X_6
1	43	51	30	39	61	92	45
2	63	64	51	54	63	73	47
3	71	70	68	69	76	86	48
4	61	63	45	47	54	84	35
5	81	78	56	66	71	83	47
6	43	55	49	44	54	49	34
7	58	67	42	56	66	68	35
8	71	75	50	55	70	66	41
9	72	82	72	67	71	83	31
10	67	61	45	47	62	80	41
11	64	53	53	58	58	67	34
12	67	60	47	39	59	74	41
13	69	62	57	42	55	63	25
14	68	83	83	45	59	77	35
15	77	77	54	72	79	77	46
16	81	90	50	72	60	54	36
17	74	85	64	69	79	79	63
18	65	60	65	75	55	80	60
19	65	70	46	57	75	85	46
20	50	58	68	54	64	78	52
21	50	40	33	34	43	64	33
22	64	61	52	62	66	80	41
23	53	66	52	50	63	80	37
24	40	37	42	58	50	57	49
25	63	54	42	48	66	75	33
26	66	77	66	63	88	76	72
27	78	75	58	74	80	78	49
28	48	57	44	45	51	83	38
29	85	85	71	71	77	74	55
30	82	82	39	59	64	78	39

数据来源：例解回归分析，中国统计出版社。

(1) 操作步骤如下：

第一步，建立数据文件，将相关数据输入，定义变量 Y，X_1，X_2，X_3，X_4，X_5，X_6。

第二步，从菜单上单击 Analyze→Regression→Linear 命令，打开 Linear Regression 对话框，如图 8-13 所示。

第三步，在 Linear Regression 对话框中，选择解释变量 Y 进入 Dependent 列表框，根据题干所述内容，在进行多元线性回归分析的时候将 X_1，X_2 和 X_5 直接纳入模型，X_3 和 X_4 通过逐步法（Stepwise）进入模型。而 X_6 直接不予考虑。因此选择被解释变量 X_1，X_2 和 X_5 进入

Independent(s)框，再在 Method 下拉列表框中选择 Enter 表示所选变量强行进入回归方程，它是 SPSS 默认的策略方法。

第四步，在 Linear Regression 对话框中单击 Next 按钮，选择被解释变量 X_3，X_4 进入 Independent(s)框，再在 Method 下拉列表框中选择 Stepwise 表示对所选变量进行逐步筛选策略。其他方式 Remove 表示强制删除策略、Backward 表示向后筛选策略、Forward 表示向前筛选策略，已做过详细介绍。

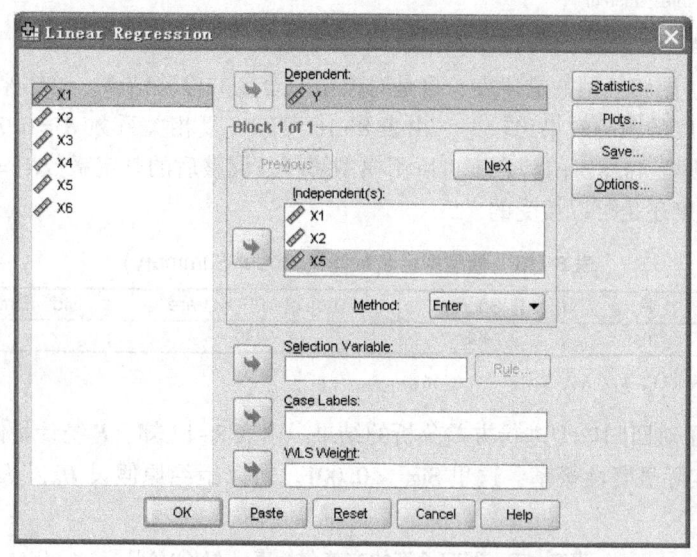

图 8-13 Linear Regression 对话框

通常在回归分析中有不止一组的待进入方程的解释变量和相应的筛选策略，可以单击 Next 和 Previous 按钮设置多组解释变量和变量筛选策略，并放置在不同的块中。SPSS 将首先在当前块（默认为 1）中按照指定的策略筛选解释变量和建立回归方程，然后自动按照下一个块中指定的策略筛选解释变量，并在上个回归方程的基础上做进一步的拟合工作，直到结束。可见，Remove 方法只可能放在第二个以后的块中。块设置便于做各种探索性的回归分析。

第五步，在 Linear Regression 对话框中单击 Statistics 按钮，出现如图 8-14 所示的对话框。

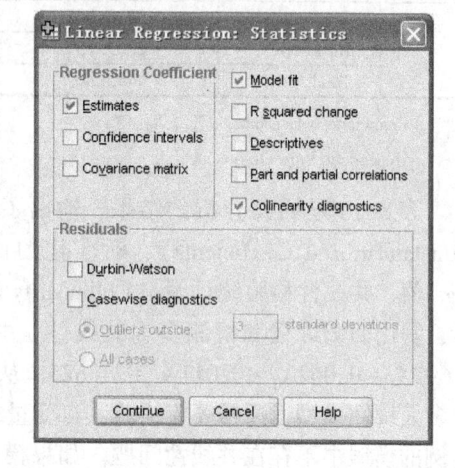

选中 Estimates 和 Model fit 复选框。其中 Estimates 选项是 SPSS 默认输出项，输出与回归系数相关的统计量，即 Coefficients 表；Model fit 选项也是 SPSS 默认输出项，则在 Linear Regression 过程完成后会输出 Model Summary 表。同时，选中 Collinearity diagnostics 复选框，进行多重共线性分析，输出各解释变量的容忍度、方差膨胀因子、特征值、条件指标、方差比例等构成的 Collinearity Diagnostics 表。设置完成后，单击 Continue 按钮，返回到 Linear Regression 对话框中。

图 8-14 Linear Regression：Statistics 对话框

第六步，单击 OK 按钮，即可得到 SPSS 回归分析的结果。

（2）执行如上操作后，生成如下几个表格，解释如下。

表 8-15 是变量进入模型的基本情况。在本例的操作中，将所有变量分为两组。其中 X_1，X_2

和 X_5 分为一组，采用强行进入法纳入模型。X_3 和 X_4 分为一组，采用逐步法进入模型。但从表 8-15 可以看出，最后只建立一个模型，即将 X_1、X_2 和 X_5 全部纳入模型，而 X_3 和 X_4 全部剔除。

表 8-15 模型筛选过程（Variables Entered/Removed[b]）

Model	Variables Entered	Variables Removed	Method
1	X_5, X_2, X_1[a]	.	Enter

a. All requested variables entered.
b. Dependent Variable: Y.

表 8-16 给出了回归模型的描述表，也是对模型拟合度的检验结果。总体来说，回归模型对雇员对其主管满意度的预测效果比较好。由表 8-16 可知，复相关系数 $R=0.706$，多重判定系数 $R^2=0.498$，表明有 49.8% 的满意度可以用模型解释。调整后的判定系数 $\overline{R}^2=0.440$，与 R^2 接近。说明其拟合程度还是可以接受的。

表 8-16 模型拟合度检验（Model Summary）

Model	R	R Square	Adjusted R Square	Std. Error of the Estimate
1	.706[a]	.498	.440	9.31880

a. Predictors: (Constant), X_5, X_2, X_1.

表 8-17 给出了对回归模型进行方差分析的结果。由表 8-17 知，F 统计量值为 8.591，相应的 Sig. 是 F 值的实际显著性概率，这里 Sig. <0.001。所以拒绝原假设 H_0，认为回归方程线性关系显著。

表 8-17 回归模型的方差分析表（ANOVA[b]）

Model		Sum of Squares	df	Mean Square	F	Sig.
1	Regression	2238.028	3	746.009	8.591	.000[a]
	Residual	2257.839	26	86.840		
	Total	4495.867	29			

a. Predictors: (Constant), X_5, X_2, X_1.
b. Dependent Variable: Y.

表 8-18 是回归分析的结果，输出了多项结果，从左到右依次表示未标准化的回归系数（Unstandardized Coefficients）、标准化的回归系数（Standardized Coefficients）、t 检验统计量、Sig. 值、共线性检验统计量（Collinearity Statistics）。依据表 8-18 可以进行回归系数显著性检验，写出回归方程和检测多重共线性。由未标准化的回归系数可知，本例的拟合结果为 $Y=0.692X_1-0.062X_2-0.011X_5+21.825$。从 Sig. 取值可知，仅 X_1 的系数是有统计学意义的。对于多元线性模型，通常还应检验其自变量之间是否存在共线性的问题。根据检验共线性的指标，本例的模型中不存在共线性问题。如果模型中存在共线性问题，那么就应当通过增大样本量或重新建立模型来解决此问题。

表 8-18 回归系数分析表（Coefficients[a]）

Model		Unstandardized Coefficients		Standardized Coefficients	t	Sig.	Collinearity Statistics	
		B	Std. Error	Beta			Tolerance	VIF
1	(Constant)	21.825	14.854		1.469	.154		
	X_1	.692	.158	.740	4.378	.000	.677	1.477
	X_2	-.062	.171	-.061	-.366	.717	.686	1.457
	X_5	-.011	.178	-.009	-.062	.951	.962	1.039

a. Dependent Variable: Y.

表8-19是未进入模型的变量列表,这两个变量的Sig.取值均大于0.05,说明在模型中无须再对变量X_3、X_4进行分析了。

表8-19　未进入模型变量表（Excluded Variables[b]）

Model		Beta In	t	Sig.	Partial Correlation	Collinearity Statistics		
						Tolerance	VIF	Minimum Tolerance
1	X_3	.144[a]	.791	.436	.156	.590	1.695	.485
	X_4	.020[a]	.095	.925	.019	.481	2.078	.464

a. Predictors in the Model:(Constant), X_5, X_2, X_1.
b. Dependent Variable: Y.

表8-20是模型的共线性检验结果,各列数据项的含义依次是:特征根、条件指数、各特征根解释各解释变量的方差比（各列比例之和等于1）,它是在表8-18的基础上,进一步给出了对变量之间是否具有多重共线性的诊断。由表8-20中数据可知,特征根均不等于0,则不存在共线性问题,同时,条件指数均小于30,所以综合以上数据,本例中模型不存在共线性的问题。

表8-20　共线性诊断表（Collinearity Diagnostics[a]）

Model	Dimension	Eigenvalue	Condition Index	Variance Proportions			
				(Constant)	X_1	X_2	X_5
1	1	3.939	1.000	.00	.00	.00	.00
	2	.035	10.627	.06	.06	.43	.14
	3	.018	14.782	.01	.92	.56	.02
	4	.008	22.086	.93	.02	.01	.84

a. Dependent Variable: Y.

8.4　二维 Logistic 回归

前面介绍的多元线性回归可用于分析一个连续型因变量与一组自变量之间的关系,但是在实际工作中,经常会遇到因变量为分类变量的情况。如考察公司中总裁级的领导层中是否有女性职员、某一天是否下雨、某病患者结局是否痊愈、调查对象是否为某商品的潜在消费者等。再如,某个人是否购买汽车,受到多种因素如家庭情况、收入情况等的影响,但最终的可能性只有两个,要么购买,要么不购买,把 $y=1$ 定义为购买,$y=0$ 则表示不购买。可见,在现实中因变量的结果只取两种可能情况的应用很广泛。

此时,若以某事件发生的概率 P 为因变量,因变量与自变量之间通常不再存在线性关系,而且从理论上讲,某事件发生率的取值范围为 $0\sim 1$,但在线性模型的条件下,不能保证在自变量的各种组合下,因变量的取值仍限制在 $0\sim 1$ 内。因此,当因变量为分类变量时,线性回归分析将不再适用。

可用于处理定性因变量的统计分析方法有:判别分析、Probit 分析、Logistic 回归分析和对数线性模型等。在社会科学中,应用最多的是 Logistic 回归分析。Logistic 回归分析根据因变量取值类别不同,又可以分为 Binary Logistic 回归分析和 Multinominal Logistic 回归分析。Binary Logistic 回归模型中因变量只能取两个值1和0（虚拟因变量）,而 Multinomial Logistic 回归模型中因变量可以取多个值。本节主要讨论 Binary Logistic 回归,并且简称 Logistic 回归。

Logistic 回归模型可以处理一些什么样的问题?下面通过一个例子来加以理解。

例如,世界卫生组织推荐使用体质指数 BMI 作为评价体重是否正常的标准。通常根据体质指数 BMI 是否大于等于 25，来判断某人是否肥胖。体质指数 BMI 越大，表示某人越肥胖。某高校 3983 位参加体检的教职工中有 388 位肥胖者，他们的体质指数 BMI 都大于等于 25。肥胖组患心血管病的体检数据如表 8-21 所示。

表 8-21 肥胖组教职工的体质指数和是否患心血管病的资料

是否患心血管病	体 质 指 数					
	25	26	27	28	29	≥30
是	68	55	66	32	21	25
否	42	38	20	10	7	4
患病率	0.62	0.59	0.77	0.76	0.78	0.86

由此表可以看到，当体质指数在 25 与 26 时，患病率相差不大，在 27，28 和 29 时，患病率的差异也不大，但总的来说，有这样一种趋势，肥胖者患心血管病的概率 p 随着体质指数 BMI 的增加而增加，换句话说，体质指数越大，患心血管病的概率也越大。那么，能不能给出含有 p 和 BMI 的一个具体的函数关系式，用以描述患心血管病的概率 p 是如何依赖体质指数 BMI 的？这个问题用 Logistic 回归模型来解决。

8.4.1 模型简介

1. logit 变换

设因变量 y 是只取 0、1 两个值的二分类变量，p 为某事件发生的概率，取值范围为 0~1，当事件发生时赋值 $y=1$，否则 $y=0$，即 $p=P(y=1)$ 为事件发生的概率是研究对象。将比数 $p/(1-p)$ 取自然对数，即对 p 作 logit 变换，记为 $\mathrm{logit}(p)$，即

$$\mathrm{logit}(p) = \ln\left(\frac{p}{1-p}\right) \tag{8-38}$$

当 $p=1$ 时有 $\mathrm{logit}(p) = +\infty$，当 $p=0.5$ 时有 $\mathrm{logit}(p) = 0$，当 $p=0$ 时有 $\mathrm{logit}(p) = -\infty$，故 $\mathrm{logit}(p)$ 的取值范围为 $(-\infty, +\infty)$。注意，式中等号右边的分数部分 $p/(1-p)$ 是"事件发生"比"事件没有发生"的优势，所以称为优势 (odd)。所以，logit 变换有很好的统计解释，它是优势的对数。

2. Logistic 线性回归模型

设有 k 个因素 $x_1, x_2, \cdots, x_k$ 影响 y 的取值，则称

$$\ln\left(\frac{p}{1-p}\right) = g(x_1, x_2, \cdots, x_k) \tag{8-39}$$

为二维 Logistic 回归模型，简称 Logistic 回归模型，其中的 k 个因素 $x_1, x_2, \cdots, x_k$ 称为 Logistic 回归模型的协变量。最重要的 Logistic 回归模型是 Logistic 线性回归模型：

$$\ln\left(\frac{p}{1-p}\right) = \beta_0 + \beta_1 x_1 + \cdots + \beta_k x_k$$

式中，$\beta_0, \beta_1, \cdots, \beta_k$ 是待估的未知参数。可得：

$$p = \frac{\exp(\beta_0 + \beta_1 x_1 + \cdots + \beta_k x_k)}{1 + \exp(\beta_0 + \beta_1 x_1 + \cdots + \beta_k x_k)} \tag{8-40}$$

3. Logistic 回归模型的参数估计

由上可见，Logistic 回归模型实际上是普通多元线性回归模型的推广，但它的误差项服从二项分

布而非正态分布,因此,在对 Logistic 回归模型进行参数估计时可以采用最大似然法或者迭代法。

最大似然估计的基本思想是先建立似然函数(或对数似然函数),然后求使似然函数达到最大的参数估计值。设有 N 个案例构成总体 Y_1,Y_2,$\cdots$,Y_N,从中抽取 n 个样本 y_1,y_2,$\cdots$,y_n 为观测值,可建立样本似然函数 $L = \prod_{i=1}^{n} p_i^{y_i}(1-p_i)^{(1-y_i)}$,于是样本的对数似然函数为 $\ln L = \sum_{i=1}^{n}[y_i \ln p_i + (1-y_i)\ln(1-p_i)]$。根据最大似然原理,应求使(对数)似然函数达到最大的参数值,对 $\ln L$ 求一阶导数并令其为 0,再用 Newton-Raphson 迭代方法求解方程组,即可得出参数的最大似然估计值及其标准误差。

8.4.2 Logistic 回归模型的假设检验

模型参数估计后,必须进行检验。常用的检验方法有以下几种。

1. 对数似然比检验

假设没有引入任何解释变量(即回归方程中仅包含常数项)的回归方程的似然函数值为 L_0,引入解释变量之后回归方程的似然函数为 L_1,则似然比为 L_0/L_1。显然,似然比的值为 $0 \sim 1$,且该比值越接近 1,表明模型中的解释变量对模型总体没有显著贡献。为了实现显著性检验,构造如下的似然比卡方统计量:

$$-\ln\left(\frac{L_0}{L_1}\right)^2 = -2\ln\left(\frac{L_0}{L_1}\right) \tag{8-41}$$

可以证明,在原假设成立时,该统计量服从自由度为 k 的卡方分布,k 为引入模型的解释变量的个数。SPSS 会自动给出似然比卡方统计量及对应概率 p 值。如果 p 值小于给定的显著性水平 α,则应拒绝原假设,得出回归方程整体显著的结论;反之,如果 p 值大于给定的显著性水平 α,则不应拒绝原假设,应该得出回归方程整体不显著的结论。

2. Hosmer 和 Lemeshow 的拟合优度检验

与一般拟合优度检验不同,Hosmer 和 Lemeshow 的拟合优度检验通常把样本数据根据预测概率分为 10 组,然后根据观测频数和期望频数构造卡方统计量(即 Hosmer 和 Lemeshow 的拟合优度检验统计量,简称 H-L 拟合优度检验统计量),然后根据自由度为 8 的卡方分布计算其 p 值,并对 Logistic 模型进行检验。如果该 p 值小于给定的显著性水平 α,则拒绝因变量的观测值与模型预测值不存在差异的零假设,表明模型的预测值与观测值存在显著差异;如果 p 值大于 α,则没有充分的理由拒绝零假设,表明在可接受水平上模型的估计拟合了数据。

3. Wald 检验

Wald 检验统计量用于判断一个变量是否应该包含在模型中,其检验步骤如下。

① 提出假设。

$$H_0: \beta_i = 0$$
$$H_1: \beta_i \neq 0, \quad i = 1, 2, \cdots, k$$

② 构造 Wald 统计量。

回归系数检验的统计量

$$\text{Wald}_i = \frac{\hat{\beta}_i^2}{\text{Var}(\hat{\beta}_i)} \tag{8-42}$$

SPSS 软件没有给出 Logistic 回归的标准化回归系数,对于 Logistic 回归,回归系数也没有普通线性回归那样的解释，因而标准化回归系数并不重要。如果要考虑每个自变量在回归方程中的重要性，不妨直接比较 Wald 统计量的大小（或 Sig 值），Wald 统计量大者（或 Sig 值小者），显著性高，也就更重要。另外，Wald 统计量近似服从于自由度等于参数个数的卡方分布。

③ 做出决策。

4. 模型拟合优度评价

二维 Logistic 回归模型拟合优度评价的常用统计量包括 Cox-Shell R^2 统计量和 Nagelkerke R^2 统计量。

Cox-Shell R^2 统计量是在似然值基础上模仿线性回归模型的 R^2 解释 Logistic 回归模型，一般小于 1。该统计量的数学定义为

$$\text{Cox} - \text{Shell} R^2 = 1 - \left(\frac{L_0}{L_1}\right)^{\frac{2}{N}} \tag{8-43}$$

式 (8-42) 中，L_0 为没有引入任何解释变量的回归方程的似然函数值，L_1 为引入了解释变量后的回归方程的似然函数值，N 为样本容量。Cox-Shell R^2 统计量类似于一般线性模型中的 R^2 统计量，统计量的值越大表明模型的拟合优度越高。该统计量的不足之处在于其取值范围无法确定，不利于与其他模型之间的比较。

Nagelkerke R^2 统计量的数学定义为

$$\text{Nagelkerke } R^2 = \frac{\text{Cox-Shell } R^2}{1 - (L_0)^{\frac{2}{N}}} \tag{8-44}$$

Nagelkerke R^2 统计量是 Cox-Shell R^2 统计量的修正，使其取值范围限定在 0 ~ 1，其值越接近于 1，表明模型拟合优度越高；而越接近于 0，则说明模型拟合优度越低。

8.4.3 二维 Logistic 回归的 SPSS 操作

当用户希望能够基于一系列预测变量的值来将项目分类时，多维 Logistic 回归是非常有用的。这一种类型的回归方法类似于 Logistic 回归，但是这种方法更具有一般性，因为变量不再限制为二值变量，此时因变量可以为多值变量。

例如，为了更有效地销售电影，电影制造公司想预测出：一个电影爱好者到底喜欢什么类型的电影，他最爱看什么类型的电影。通过进行多维 Logistic 回归分析，电影制造公司能够确定一个电影爱好者的年龄、性别和空闲时间状况对他们喜爱什么类型电影的影响强度。这样，电影公司就可以有针对性地将广告散发到一些愿意看某宣传类型的电影的人那里。

多维 Logistic 模型是适合于全因素模型和一些特殊模型，参数的估计通过迭代极大似然拟合来完成的。多维 Logistic 分析通过 Regression 菜单中的 Multinomial Logistic 命令来实现，但本书不再对多维逻辑回归做详细讲解，读者可参照二维 Logistic 回归分析自行学习。

【例 8-10】 在一次关于某城镇居民上下班使用交通工具的社会调查中，因变量 Y = 1 表示居民主要乘坐公共汽车上下班；Y = 0 表示主要骑自行车上下班；自变量 x1 表示被调查者的年龄；x2 表示被调查者的月收入；x3 表示被调查者的性别（x3 = 1 为男性，x3 = 0 为女性）。试建立 Y 与自变量间的 Logistic 回归，数据如表 8-22 所示。

(1) 实现步骤

第一步，把表中的数据输入 SPSS 的数据框中。选择 Analyze→Regression→Binary Logistic 命令，进行 Logistic 回归分析，如图 8-15 所示。

表 8-22 相关数据

序号	x1(年龄)	x2(月收入:元)	x3(性别)	Y	序号	x1(年龄)	x2(月收入:元)	x3(性别)	Y
1	18	850	0	0	15	20	1000	1	0
2	21	1200	0	0	16	25	1200	1	0
3	23	850	0	1	17	27	1300	1	0
4	23	950	0	1	18	28	1500	1	0
5	28	1200	0	1	19	30	950	1	1
6	31	850	0	0	20	32	1000	1	0
7	36	1500	0	1	21	33	1800	1	0
8	42	1000	0	1	22	33	1000	1	0
9	46	950	0	1	23	38	1200	1	0
10	48	1200	0	0	24	41	1500	1	0
11	55	1800	0	0	25	45	1800	1	1
12	56	2100	0	0	26	48	1000	1	0
13	58	1800	0	1	27	52	1500	1	0
14	18	850	1	0	28	56	1800	1	1

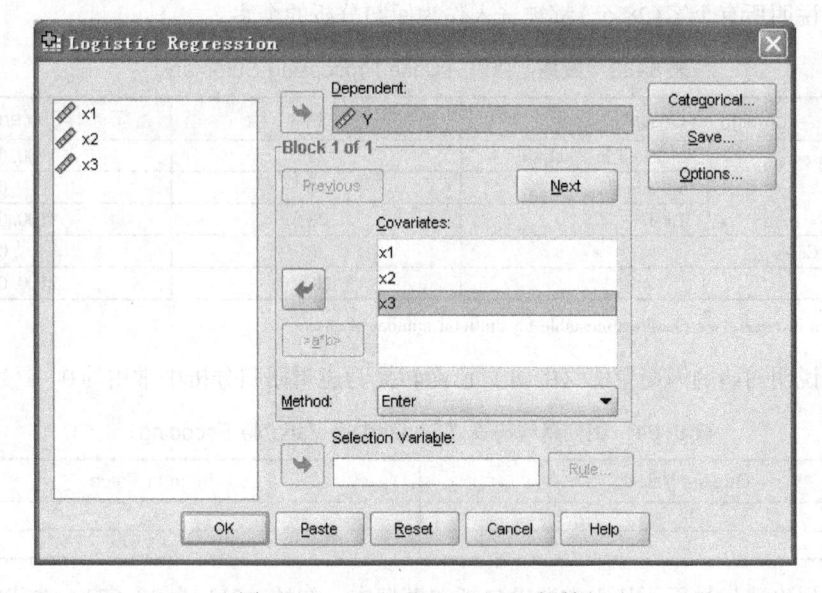

图 8-15 Logistic Regression 对话框

第二步，在 Logistic Regression 对话框中，从对话框左侧的变量列表中选择 Y 变量（居民上下班使用交通工具的情况），添加到 Dependent 列表框中，表示该变量是因变量。选择变量 x1 变量（被调查者的年龄）、x2（被调查者的月收入）、x3（被调查者的性别），添加到 Covariates 列表框中，表示其为自变量。

第三步，单击 Logistic Regression 对话框中的 Options 按钮，按需要选择各选项，如图 8-16 所示。为了更好地说明以上各选项的意义，本例选择了所有选项，但保留各选项中的默认值。

第四步，单击 Continue 按钮，返回上一个对话框。然后，单击 OK 按钮，即可得到 SPSS 回归分析的结果。

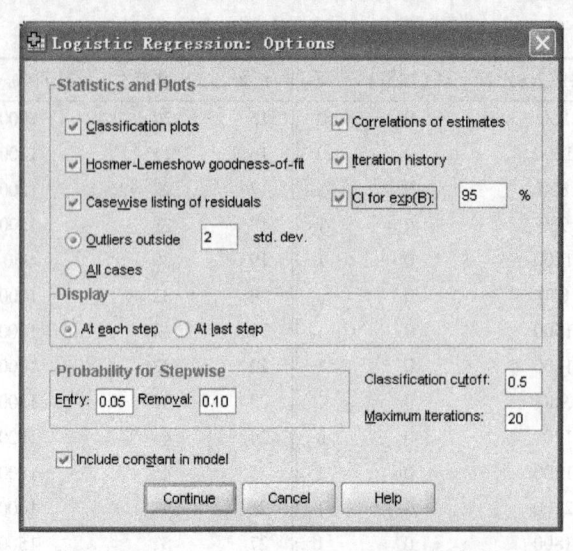

图 8-16 Logistic Regression：Options 对话框

(2) 输出结果

表 8-23 说明所有个案(28 个)都被选入作为回归分析的个案。

表 8-23 数据汇总表 (Case Processing Summary)

Unweighted Cases[a]		N	Percent
Selected Cases	Included in Analysis	28	100.0
	Missing Cases	0	.0
	Total	28	100.0
Unselected Cases		0	.0
Total		28	100.0

a. If weight is in effect, see classification table for the total number of cases.

表 8-24 说明初始的因变量值 (0, 1) 已经转换为逻辑回归分析中常用的 0、1 数值。

表 8-24 因变量编码表 (Dependent Variable Encoding)

Original Value	Internal Value
0	0
1	1

表 8-25 列出迭代过程。其中常数项包括在模型中，初始 $-2LL$ 为 38.673。迭代结束于第二步，因为此时参数估计与其在上一步的变化已经小于 0.001。

表 8-25 记录迭代表 (Iteration History[a,b,c])

Iteration		-2 Log likelihood	Coefficients
			Constant
Step 0	1	38.673	-.143
	2	38.673	-.143

a. Constant is included in the model.
b. Initial -2 Log Likelihood: 38.673.
c. Estimation terminated at iteration number 2 because parameter estimates changed by less than .001.

表 8-26 说明 Step0 的拟合效果。可以看出，对于 $Y=0$，有 100% 的准确性；对于 $Y=1$，有 0% 的准确性，总共有 53.6% 的准确性。

表8-26 分类结果表（Classification Table[a,b]）

Observed			Predicted		
			Y		Percentage Correct
			0	1	
Step 0	Y	0	15	0	100.0
		1	13	0	.0
	Overall Percentage				53.6

a. Constant is included in the model.
b. The cut value is .500.

表8-27列出了包含在方程中的变量，表8-28说明待进入方程的变量情况。

表8-27 包含在方程中的变量（Variables in the Equation）

		B	S. E.	Wald	df	Sig.	Exp(B)
Step 0	Constant	-.143	.379	.143	1	.706	.867

表8-28 待进入方程变量情况（Variables not in the Equation）

			Score	df	Sig.
Step 0	Variables	x_1	6.038	1	.014
		x_2	2.946	1	.086
		x_3	5.073	1	.024
	Overall Statistics		10.414	3	.015

Omnibus Tests of Model Coefficients 表格列出了模型系数的 Omnibus Tests 结果，如表8-29所示。

表8-29 模型参数检验值表（Omnibus Tests of Model Coefficients）

		Chi-square	df	Sig.
Step 1	Step	12.703	3	.005
	Block	12.703	3	.005
	Model	12.703	3	.005

Model Summary 表格给出了-2对数似然值、Cox&Shell 的 R^2 以及 Nagelkerke 的 R^2 检验统计结果，如表8-30所示。

表8-30 模型拟合优度（Model Summary）

Step	-2 Log likelihood	Cox & Snell R Square	Nagelkerke R Square
1	25.971[a]	.365	.487

a. Estimation terminated at iteration number 5 because parameter estimates changed by less than .001.

Hosmer and Loemeshow Test 表格以及 Contingency Table for Hosmer and Lemeshow Test 表格给出了 Hosmer 和 Lemeshow 的拟合优度检验统计量，如表8-31和表8-32所示。

表8-31 Hosmer-Lemeshow检验（Hosmer and Lemeshow Test）

Step	Chi-square	df	Sig.
1	11.513	7	.118

表 8-32 由预测概率分组后整理获得的结果
(Contingency Table for Hosmer and Lemeshow Test)

		Y = .00		Y = 1.00		Total
		Observed	Expected	Observed	Expected	
Step 1	1	3	2.827	0	.173	3
	2	2	2.664	1	.336	3
	3	3	2.473	0	.527	3
	4	3	2.047	0	.953	3
	5	1	1.822	2	1.178	3
	6	2	1.414	1	1.586	3
	7	0	1.025	3	1.975	3
	8	0	.556	3	2.444	3
	9	1	.172	3	3.828	4

Iteration History 表格是迭代历史表格。这个表格中共列出了 4 个步骤的回归结果，每一步得到的系数都可以从该表格中得到，如表 8-33 所示。

表 8-33 迭代记录 (Iteration History[a,b,c,d])

Iteration		−2 Log likelihood	Coefficients			
			Constant	x_1	x_2	x_3
Step 1	1	27.128	−2.140	.056	.001	−1.604
	2	26.051	−3.222	.075	.001	−2.241
	3	25.971	−3.616	.082	.001	−2.477
	4	25.971	−3.655	.082	.002	−2.502
	5	25.971	−3.655	.082	.002	−2.502

a. Method: Enter.
b. Constant is included in the model.
c. Initial −2 Log Likelihood: 38.673.
d. Estimation terminated at iteration number 5 because parameter estimates changed by less than .001.

Classification Table 分类表说明第一次迭代结果的拟合效果，从表 8-34 可以看出对于 $Y=0$，有 86.7% 的准确性；对于 $Y=1$，有 76.9% 准确性，因此对于所有个案总共有 82.1% 的准确性。

表 8-34 分类表 (Classification Table[a])

Observed			Predicted		
			Y		Percentage Correct
			0	1	
Step 1	Y	0	13	2	86.7
		1	3	10	76.9
	Overall Percentage				82.1

a. The cut value is .500.

Variables in the Equation 表格列出了 Step1 中各个变量对应的系数，以及该变量对应的 Wald 统计量的值和它对应的相伴概率。从表 8-35 中可以看出 x3 相伴概率最小，Wald 统计量最大，可见该变量在模型中很重要。

表 8-35　包含在方程中的变量估计值及检验值（Variables in the Equation）

		B	S. E.	Wald	df	Sig.	Exp(B)	95.0% C. I. for EXP(B)	
								Lower	Upper
Step 1[a]	x_1	.082	.052	2.486	1	.115	1.086	.980	1.202
	x_2	.002	.002	.661	1	.416	1.002	.998	1.005
	x_3	-2.502	1.158	4.669	1	.031	.082	.008	.792
	Constant	-3.655	2.091	3.055	1	.081	.026		

a. Variable (s) entered on step 1: x1, x2, x3.

Correlation Matrix 表格列出了常数 Constant、系数之间的相关矩阵，如表 8-36 所示。常数与 x2 之间的相关性最大，x1 和 x3 之间的相关性最小。

表 8-36　相关分析结果表（Correlation Matrix）

		Constant	x1	x2	x3
Step 1	Constant	1.000	-.372	-.644	.311
	x_1	-.372	1.000	-.400	-.197
	x_2	-.644	-.400	1.000	-.388
	x_3	.311	-.197	-.388	1.000

图 8-17 所示是观测值和预测概率分布图。该图以 0 和 1 为符号，每 4 个符号代表一个个案。横坐标是个案属于 1 的隶属度。这里称为预测概率（Predicted Probability）。纵坐标是个案分布频数，反映个案的分布。

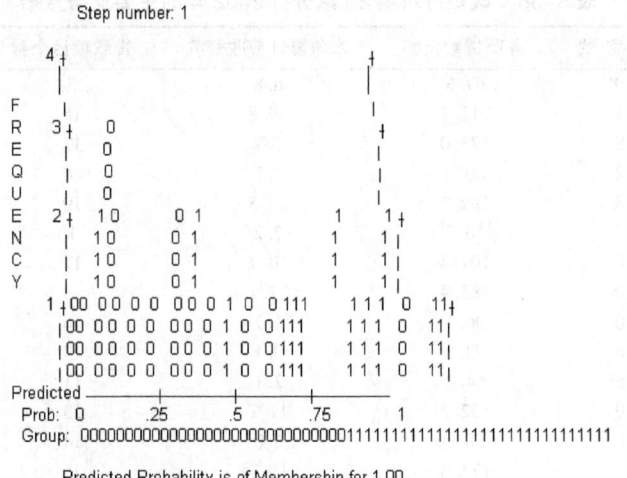

```
                     Step number: 1

      4 ┤                            │
      │                            │
    F │                            │
    R 3 ┤  0                         ┤
    E │  0                         │
    Q │  0                         │
    U │  0                         │
    E 2 ┤ 10     0 1       1   1   ┤
    N │ 10     0 1       1   1   │
    C │ 10     0 1       1   1   │
    Y │ 10     0 1       1   1   │
      1 ┤00 00 0 0  00 1 0  0111    111 0  11┤
        │00 00 0 0  00 1 0  0111    111 0  11│
        │00 00 0 0  00 1 0  0111    111 0  11│
        │00 00 0 0  00 1 0  0111    111 0  11│
    Predicted ─────────────────────────────────
    Prob:  0      .25      .5      .75     1
    Group: 000000000000000000000000000001111111111111111111111111111

    Predicted Probability is of Membership for 1.00
    The Cut Value is .50
    Symbols: 0 - .00
             1 - 1.00
    Each Symbol Represents .25 Cases.
```

图 8-17　观测值和预测概率分布图

如果逻辑回归预测完全准确，那么该坐标图中预测概率是 0～0.5 之间的个案都应该是 0，0.5～1 之间的个案都应该是 1。

该例生成的图基本上不符合这个效果。不正确的结果包括：预测概率是 0～0.5 之间的个案中有 3 个实际的观测值为 1，0.5～1 之间的个案观测值有 2 个为 0，这是错误预测的结果。

逻辑回归的最后一个输出表格是 Casewise List，列出了残差大于 2 的个案，如表 8-37 所示。

本例中列出了两个符合条件的个案,分别是第10个案和第19个案。这两个个案都有 ＊＊,表明这两个个案的逻辑回归结果是错误的。

表 8-37 离群点信息表（Casewise List[b]）

Case	Selected Status[a]	Observed Y	Predicted	Predicted Group	Temporary Variable	
					Resid	ZResid
10	S	0＊＊	.892	1	−.892	−2.871
19	S	1＊＊	.095	0	.905	3.081

a. S = Selected, U = Unselected cases, and ＊＊ = Misclassified cases.
b. Cases with studentized residuals greater than 2.000 are listed.

8.5 案　　例

案例 8.1　不良贷款控制方案的确定

一家大型商业银行在多个地区设有分行,其业务主要是进行基础设施建设、国家重点项目建设、固定资产投资等项目的贷款。近年来,随着经济环境的变化,该银行的贷款额平稳增长,但不良贷款额也有较大比例的提高,这给银行业务的发展带来较大压力。为弄清楚不良贷款形成的原因,银行行长除了对经济环境进行了广泛的调研外,还希望利用银行业务的有关数据做些定量分析,以便找出控制不良贷款的办法。表 8-38 中数据为该银行所属 25 家分行 2002 年的主要业务数据（单位：亿元）。

表 8-38　该银行所属 25 家分行 2002 年的主要业务数据　　　　单位：亿元

分行编号	不良贷款	各项贷款余额	本年累计应收贷款	贷款项目个数	本年固定资产投资额
1	0.9	67.3	6.8	5	51.9
2	1.1	111.3	19.8	16	90.9
3	4.8	173.0	7.7	17	73.7
4	3.2	80.8	7.2	10	14.5
5	7.8	199.7	16.5	19	63.2
6	2.7	16.2	2.2	1	2.2
7	1.6	107.4	10.7	17	20.2
8	12.5	185.4	27.1	18	43.8
9	1.0	96.1	1.7	10	55.9
10	2.6	72.8	9.1	14	64.3
11	0.3	64.2	2.1	11	42.7
12	4.0	132.2	11.2	23	76.7
13	0.8	58.6	6.0	14	22.8
14	3.5	174.6	12.7	26	117.1
15	10.2	263.5	15.6	34	146.7
16	3.0	79.3	8.9	15	29.9
17	0.2	14.8	0.6	2	42.1
18	0.4	73.5	5.9	11	25.3
19	1.0	24.7	5.0	4	13.4
20	6.8	139.4	7.2	28	64.3
21	11.6	368.2	16.8	32	163.9
22	1.6	95.7	3.8	10	44.5
23	1.2	109.6	10.3	14	67.9
24	7.2	196.2	15.8	16	39.7
25	3.2	102.2	12.0	10	97.1

思考题：

（1）不良贷款是否与贷款余额、应收贷款、贷款项目的多少、固定资产投资等因素有关？

（2）如果有关系，它们之间是一种什么样的关系？关系强度如何？

（3）能否将不良贷款与其他几个因素之间的关系用一定的模型表达出来？如果能，用什么样的关系式表达它们之间的关系？能否用所建立的关系式来预测出不良贷款？

（4）请撰写本案例的实验报告。

案例8.2　消费者品牌偏好分析

通过品牌使用时间和价格敏感度了解消费者的品牌偏好。某彩妆系列产品公司进行了一项关于消费者品牌偏好态度的分析，表8-39汇集了有关的调研数据。调研人员希望了解应答者的品牌使用时间和价格敏感度，解释他们的品牌偏好态度，用11点标尺度量态度（1 = 非常不喜欢该品牌，11 = 非常喜欢该品牌）。另外，该项研究还同时考虑价格因素，对价格敏感度的度量也采用11点标尺（1 = 对价格完全不敏感，11 = 对价格非常敏感）。

表8-39　对消费者品牌偏好态度的分析

序号	品牌偏好y	使用时间x1（月）	价格敏感x2	序号	品牌偏好y	使用时间x1（月）	价格敏感x2
1	6	10	3	7	5	8	7
2	9	12	11	8	2	2	4
3	8	12	4	9	11	18	4
4	3	4	1	10	9	9	10
5	10	12	11	11	10	17	10
6	4	6	1	12	2	2	5

思考题：

（1）消费者对品牌的使用时间以及对其价格的敏感度对消费者的品牌偏好有何种影响？它们之间是一种什么样的关系？

（2）如果有影响，品牌偏好与使用时间及价格敏感度之间的关系能否用一个模型表示出来？

（3）请撰写本案例的实验报告。

案例8.3　前列腺癌治疗方案选择

前列腺癌细胞是否扩散到邻近的淋巴结，是选择治疗方案的重要依据。为了了解淋巴组织中有无癌转移，通常的做法是对病人实施剖腹术探查，并在显微镜下检查淋巴组织。为了不手术而又能弄清淋巴结的转移情况，Brown（1980年）在术前检查了53例前列腺癌患者，分别记录了年龄（AGE）、酸性磷酸酯酶（ACID）两个连续型变量，X射线（X_RAY）、术前探针活检病理分级（GRADE）、直肠指检肿瘤的大小与位置（STAGE）三个分类变量后，三个变量均按0、1赋值，其值1表示阳性或较严重情况，0表示隐形或较轻情况。还有探查结果变量NODES，1表示有淋巴结转移，0表示无淋巴结转移。资料如表8-40所示。

表8-40　分析资料

No.	X_RAY	GRADE	STAGE	AGE	ACID	NODES	No.	X_RAY	GRADE	STAGE	AGE	ACID	NODES
1	0	1	1	64	40	0	5	0	0	0	66	48	0
2	0	0	1	63	40	0	6	0	1	1	65	48	0
3	1	0	0	65	46	0	7	0	0	0	60	49	0
4	0	1	0	67	47	0	8	0	0	0	51	49	0

（续表）

No.	X_RAY	GRADE	STAGE	AGE	ACID	NODES	No.	X_RAY	GRADE	STAGE	AGE	ACID	NODES
9	0	0	0	66	50	0	32	0	0	1	61	102	0
10	0	0	0	58	50	0	33	0	0	0	64	187	0
11	0	0	0	56	50	0	34	1	0	1	58	48	1
12	0	1	1	61	50	0	35	0	0	1	65	49	1
13	0	1	1	64	50	0	36	1	1	1	57	51	1
14	0	0	0	56	52	0	37	0	1	0	50	56	1
15	0	0	0	67	52	0	38	1	1	0	67	67	1
16	1	0	0	49	55	0	39	0	0	1	67	67	1
17	0	1	1	52	55	0	40	0	1	1	57	67	1
18	0	0	0	68	56	0	41	0	1	1	45	70	1
19	0	1	1	66	59	0	42	0	1	0	46	70	1
20	1	0	0	60	62	0	43	1	0	1	51	72	1
21	0	0	0	61	62	0	44	1	1	1	60	76	1
22	1	1	1	59	63	0	45	1	1	1	56	78	1
23	0	0	0	51	65	0	46	1	1	1	50	81	1
24	0	1	0	53	66	0	47	0	0	1	56	82	1
25	0	0	0	58	71	0	48	0	0	1	63	82	1
26	0	0	0	63	75	0	49	1	1	1	65	84	1
27	0	0	1	53	76	0	50	1	0	1	64	89	1
28	0	0	0	60	78	0	51	0	1	1	59	99	1
29	0	0	0	52	83	0	52	1	1	1	68	126	1
30	0	0	1	67	95	0	53	1	0	0	61	136	1
31	0	0	0	56	98	0							

思考题：
（1）请对其进行 Logistic 回归统计分析。
（2）请撰写本案例的实验报告。

案例 8.4 动脉硬化病因的判断问题

有学者认为血清中低密度脂蛋白增高和高密度脂蛋白降低是引起动脉硬化的一个重要原因。现测量 30 名怀疑患有动脉硬化的就诊患者的载脂蛋白 A、载脂蛋白 B、载脂蛋白 E、载脂蛋白 C、低密度脂蛋白中的胆固醇、高密度脂蛋白中的胆固醇含量，资料如表 8-41 所示。

表 8-41 分析资料

序号	载脂蛋白 A (mg/dl) x1	载脂蛋白 B (mg/dl) x2	载脂蛋白 E (mg/dl) x3	载脂蛋白 C (mg/dl) x4	低密度脂蛋白 (mg/dl) y1	高密度脂蛋白 (mg/dl) y2
1	173	106	7.0	14.7	137	62
2	139	132	6.4	17.8	162	43
3	198	112	6.9	16.7	134	81
4	118	138	7.1	15.7	188	39
5	139	94	8.6	136.	138	51
6	175	160	12.1	20.3	215	65
7	131	154	11.2	21.5	171	40
8	158	141	9.7	29.6	148	42
9	158	137	7.4	18.2	197	56
10	132	151	7.5	17.2	113	37
11	162	110	6.0	15.9	145	70

(续表)

序 号	载脂蛋白 A (mg/dl) x1	载脂蛋白 B (mg/dl) x2	载脂蛋白 E (mg/dl) x3	载脂蛋白 C (mg/dl) x4	低密度脂蛋白 (mg/dl) y1	高密度脂蛋白 (mg/dl) y2
12	144	113	10.1	42.8	81	41
13	162	137	7.2	20.7	185	56
14	169	129	8.5	16.7	157	58
15	129	138	6.3	10.1	197	47
16	166	148	11.5	33.4	156	49
17	185	118	6.0	17.5	156	69
18	155	121	6.1	20.4	154	57
19	175	111	4.1	27.2	144	74
20	136	110	9.4	26.0	90	39
21	153	133	8.5	16.9	215	65
22	110	149	9.5	24.7	184	40
23	160	86	5.3	10.8	118	57
24	112	123	8.0	16.6	127	34
25	147	110	8.5	18.4	137	54
26	204	122	6.1	21.0	126	70
27	131	102	6.6	13.4	130	51
28	170	127	8.4	24.7	135	62
29	173	123	8.7	19.0	188	85
30	132	131	13.8	29.2	122	38

思考题:

(1) 分别求低、高密度脂蛋白中的胆固醇含量对载脂蛋白 A、载脂蛋白 B、载脂蛋白 E、载脂蛋白 C 的线性回归方程 (对于这 4 个变量对低、高密度脂蛋白中的胆固醇含量有无影响, 请使用 Stepwise 法由软件来选择判断)。

(2) 请撰写本案例的实验报告。

习 题 8

1. 随着公司的持续发展, 常常有滑入无效率困境的危险, 假定若干年后公司的销售开始滑坡, 但公司还是不停地招聘新人, 这种情况在某个 10 年中的数据与表 8-42 给出的数据相似。根据这些数据, 以销售额为自变量, 员工数为因变量画出散点图, 并建立一个回归模型, 通过员工的数量来预测销售额。根据你的分析结果回答: 如果这个趋势继续下去, 你对公司的管理层有何建议? 你认为管理层应该关注什么?

表 8-42 分析数据

年 序 号	销售额(百万美元)	员 工 数	年 序 号	销售额(百万美元)	员 工 数
1	20.2	120	6	35.9	168
2	24.3	135	7	36.3	172
3	28.6	142	8	36.2	170
4	33.4	150	9	36.5	175
5	35.2	155	10	36.4	174

2. 某农场通过试验取得早稻收获量与春季降雨量和春季温度的数据如表 8-43。

表 8-43 分析数据

收获量 (千克/公顷)y	降雨量 (毫米)x1	温度 (℃)x2	收获量 (千克/公顷)y	降雨量 (毫米)x1	温度 (℃)x2
2250	25	6	7200	110	14
3450	33	8	7500	115	16
4500	45	10	8250	120	17
6750	105	13			

① 试确定早稻收获量对春季降雨量和春季温度的二元线性回归方程。
② 解释回归系数的实际意义。
③ 根据你的判断,模型中是否存在多重共线性。

3. 表 8-43 所示是随机抽取的 15 家大型商场销售的同类产品有关数据。

表 8-43 15 家大型商场销售的同类产品有关数据

企业编号	销售价格 (元)y	购进价格 (元)x1	销售费用 (元)x2	企业编号	销售价格 (元)y	购进价格 (元)x1	销售费用 (元)x2
1	1238	966	2239	9	1286	771	304
2	1266	894	257	10	1084	511	326
3	1200	440	387	11	1120	505	339
4	1193	664	310	12	1156	851	235
5	1106	791	339	13	1083	659	276
6	1303	852	283	14	1263	490	390
7	1313	804	302	15	1246	696	316
8	1144	905	241				

① 计算 y 与 x1,y 与 x2 直接的相关系数,是否有证据表明销售价格与购进价格、销售价格与销售费用之间存在线性关系?
② 根据上述结果,你认为用购进价格和销售费用来预测销售价格是否有效?

4. 制度变迁是经济增长的源头,根据研究衡量制度变迁有两个变量:非国有化率和国家财政收入占 GDP 的比重。自 1998 年以来中国的经济增长率一直未突破 9% 的状态,因此以 9% 为分界点,将经济增长定义为 1(经济增长大于等于 9%)或 0(经济增长小于 9%),根据 1995—2000 年的数据,如表 8-44 所示,试建立中国经济增长率的 Logistic 模型。

表 8-44 1995—2000 年的数据

年	x1	x2	Y	年	x1	x2	Y
1994	35.1	77.6	1	2002	56.9	87.4	1
1995	37.7	79.2	0	2003	59.2	88.8	1
1996	40.3	81.6	1	2004	66.0	89.3	1
1997	43.2	84.2	1	2005	63.7	89.1	1
1998	43.9	84.2	1	2006	68.4	88.4	0
1999	45.4	84.2	0	2007	71.8	87.6	0
2000	47.1	85.4	0	2008	62.6	86.7	0
2001	51.9	86.9	1	2009	68.6	85	0

第9章 聚类分析与判别分析

【引例】 现实中的统计。

Tesco（乐购）是英国最大、全球第三大零售商，Tesco 在客户忠诚度方面领先同行，活跃持卡人已超过 1400 万。Tesco 也是世界上最成功、利润最高的网上杂货供应商之一。到 1999 年，网上购物的客户数量是 25 万，网上营业收入为 1.25 亿，利润率为 12%（零售业一般利润为 8%）。前几年 Tesco 出资 3.2 亿英镑收购了中国乐购的 90% 股份，是外资零售巨头在中国的最大收购案，大举进入了中国市场。

Tesco 同沃尔玛一样在利用信息技术进行数据挖掘、增强客户忠诚度方面走在前列。通过磁条扫描技术与电子会员卡（存储包括年龄、收入、职业和信用等级等属性描述）结合的方式来分析每一个持卡会员的购买偏好和消费模式，并根据这些分析结果来为不同的细分群体邮寄新商品宣传册和将要开始的商品打折信息。而且 Tesco 的会员卡不是一个单纯的集满点数换奖品的忠诚度计划，它是一个结合信息科技，创建和分析消费者数据库，并据此来指导和获得更精确的消费者细分、更准确的洞察消费者和更有针对性的营销策略的客户关系管理系统。

Tesco 根据消费者的购买偏好识别了 6 个细分群体；根据生活阶段分出了 8 个细分群体；根据使用和购买周期划分了 11 个细分群体；而根据购买习惯和行为模式来细分的目标群体更是达到 5000 组之多。而它所为 Tesco 带来的好处包括如下内容：

① 更有针对性的价格策略：有些价格优惠只提供给了价格敏感度高的群组。
② 更有选择性的采购计划：进货构成是根据数据库中所反映出来的消费构成而制定的。
③ 更个性化的促销活动：针对不同的细分群体，Tesco 设计了不同的宣传册，并提供了不同的奖励和刺激消费计划。
④ 更贴心的客户服务：详细的客户信息使 Tesco 可以对重点客户提供特殊服务，如为孕妇配置个人购物助手等。
⑤ 更可测的营销效果：针对不同细分群体的营销活动可以从他们购买模式的变化看出活动的效果。
⑥ 更有信服力的市场调查：基础数据库的样本采集更加精确。

以上所列带来的结果，自然就是消费者满意度和忠诚度的提高。

人们认识事物时往往先把被认识的对象进行分类，以便寻找其中相同与不同的特征，因而分类学是人们认识世界的基础科学。统计学中常用的分类统计方法主要是聚类分析与判别分析。

聚类分析（Cluster Analysis）是研究"物以类聚"的一种方法，有时称为群分析、点群分析、簇类分析等。聚类分析是根据研究对象的特征对研究对象进行分类的多元分析技术的总称。分类问题是各个学科领域都普遍存在的问题。例如，人口学中研究人口生育分类模式、人口死亡分类模式，营销学中进行市场细分、确定目标市场等，这些都需要对研究对象进行分类。聚类分析是应用最广泛的分类技术，它把性质相近的个体归为一类，使同一类的个体具有高度的同质性。聚类分析大部分都属于探测性研究，最终结果是产生研究对象的分类，通过对数据的分类研究还能产生假设。聚类分析也可用于证实性目的，对于通过其他方法确定的数据分类，可以应用聚类分析进行检验。

判别分析则先根据已知类别的事物的性质，利用某种技术或者方法建立判别函数，然后对未知类别的新事物进行判断，并将其归入已知的类别中。

聚类分析与判别分析有很大的不同。聚类分析事先并不知道对象类别的面貌，甚至连共有多少类别也不确定；判别分析则事先已知对象的类别和类别数，它从这样的情形下总结出分类方法，主要用于对新对象的分类。

9.1 聚 类 分 析

9.1.1 基本原理和方法

人们所研究的样品或指标（变量）之间存在不同程度的相似性（亲疏关系）。聚类分析就是采用定量数学方法，根据一批样品的多个观测指标，具体找出一些能够度量样品或指标之间相似程度的统计量，以这些统计量为划分类型的依据。把一些相似程度较大的样品（或指标）聚合为一类，把另外一些彼此之间相似程度较大的样品（或指标）又聚合为另一类，关系密切的聚合到一个小的分类单位，关系疏远的聚合到一个大的分类单位，直到把所有的样品（或指标）聚合完毕，这就是分类的基本思想。

例如，有 p 个指标（变量），n 个对象，依据这 n 个对象在 p 个指标下的数据，对这 n 个对象进行聚类。设数据为

$$\begin{array}{c} \text{指标} \\ \text{对象 1} \\ \text{对象 2} \\ \vdots \\ \text{对象 } n \end{array} \begin{array}{cccc} 1 & 2 & \cdots & p \end{array} \\ \begin{bmatrix} x_{11} & x_{12} & \cdots & x_{1p} \\ x_{21} & x_{22} & \cdots & x_{2p} \\ \vdots & \vdots & \vdots & \vdots \\ x_{n1} & x_{n2} & \cdots & x_{np} \end{bmatrix}$$

其实，每一个对象是 p 维空间中的一个点。聚类问题就是在 p 维空间中，对这 n 个点的聚类问题。在使用中要注意如下问题：

① "变量（指标）越多越好"是认识误区。变量太多了，难以判断聚类结果的实际意义。例如，对产业按照有关技术能力的各项指标（变量）聚类，可以在技术能力等方面把企业划分为不同的类别。但是，如果把与企业相关的所有指标都包括进来，对分类结果的含义就难以判断了。

② 只要指标间有一定的相关关系（也不必高度相关），就可以对所观察的一群个体分类，从而可以对个体进行进一步的研究。例如，可以对消费者的偏好进行分类，可以依据消费者对不同产品的有关性能的判断（打分）对产品分类，可以依据不同地区的有关经济特征（变量）对地区分类等。

③ 如果指标（变量）过多，也可以对指标分类，把有相近含义的指标聚到一起，把整个指标群分为若干类。

根据分类对象的不同，聚类分析可分为对样本聚类和对变量聚类两类。

样本聚类：也称为 Q 型聚类，是对观测量（Case）进行聚类（不同的目的选用不同的指标作为分类的依据，解剖学上依据骨骼的形状和大小等，不仅可以区别样本是人还是猿，还可以区别性别、年龄等）。本书主要研究如何解决样本聚类的方法和应用。

变量聚类：也称为 R 型聚类，能够找出彼此独立且有代表性的自变量，而又不丢失大部分信息，主要是对研究对象的观测变量进行聚类，使具有共同特征的变量作为一类。在生产活动

中不乏有变量聚类的实例，如衣服号码（身长、胸围、裤长、腰围）、鞋的号码；在儿童的生长发育研究中，把以形态学为主的指标归于一类，以机能为主的指标归于另一类。变量聚类使批量生产成为可能。

反映同一事物特点的变量有很多，往往根据所研究的问题选择部分变量对事物的某一方面进行研究。由于人类对客观事物的认识是有限的，往往难以找出彼此独立的有代表性的变量，从而影响对问题的进一步认识和研究。R 型聚类可以了解变量之间关系的亲疏程度，也可根据变量的分类结果以及它们之间的关系，选择少数几个主要变量进行统计分析。

进行聚类分析一般包括以下几个基本步骤：

① 选择描述事物对象的变量（指标）。要求选取的变量既要能够全面反映对象性质的各个方面，又要使不同变量反映的对象性质有所差别。

② 形成数据文件，建立样品资料矩阵。

③ 确定数据是否需要标准化。不同变量的单位经常不一样，有时不同变量的数值差别达到几个数量级别，这时如果不做数据标准化处理，数值较小的变量在描述对象的距离或相似性时其作用会严重消弱，从而影响分类的正确性。

$$x_{ij} = \frac{X_{ij} - \overline{X}_{.j}}{S_j}$$

④ 确定表示对象距离或相似程度的统计量。

⑤ 计算对象之间的距离。

计算对象之间的"距离"r_{ij}，得到对象之间的"相似关系"矩阵 $R(r_{ij})$：

$$\begin{array}{c} \text{指标} \\ \text{对象} 1 \\ \text{对象} 2 \\ \vdots \\ \text{对象} n \end{array} \begin{bmatrix} 1 & 2 & \cdots & p \\ r_{11} & r_{12} & \cdots & r_{1p} \\ r_{21} & r_{22} & \cdots & r_{2p} \\ \vdots & \vdots & \vdots & \vdots \\ r_{n1} & r_{n2} & \cdots & r_{np} \end{bmatrix}$$

当 i 到 j 的距离与 j 到 i 的距离相等时，该矩阵为对称阵。

⑥ 选择类与类之间的距离定义。

⑦ 聚类。

⑧ 分类。

在医学领域中根据病人的一系列症状、体征和生化检查的结果，判断病人所患疾病的类型；社会经济领域中对我国各个省市自治区独立核算工业企业的经济效益进行分析，选取能反映企业经济效益的多个代表性指标（如百元固定资产实现利税、资金利税率、产值利税率、全员劳动生产率等），然后根据这些指标进行分类并根据分类结果对企业经济效益进行综合评价。选择刻划对象间两两接近程度的指标和具体划分方法，是聚类分析的关键，不同的聚类规则得到的结果可能相差很大。

1. 距离或相似系数的测度

在聚类分析中，基本的思想是认为研究的样本或指标（变量）之间存在着程度不同的相似性（亲疏关系）。于是根据一批样本的多个观测指标，具体找出一些能够度量样本或指标之间相似程度的统计量，以这些统计量为划分类型的依据，把一些相似程度较大的样本（或指标）聚合为一类，把另外一些彼此之间相似程度较大的样品（或指标）聚合为一类，关系密切的聚合到一个小的分类单位，关系疏远的聚合到一个大的分类单位，直到把所有的样本（或指标）都聚合完毕,把不同的类型一一划分出来,形成一个由小到大的分类系统。最后再把整个分类系统画成一张谱系图,用它把所有的样品(或指标)间的亲疏关系表示出来。

为了将样品(或变量)进行分类,就需要研究样品之间关系,如何用一个指标或者统计量来刻画样品之间的距离或相似程度。目前用得最多的方法有两个。

一种方法是距离。将一个样品看做 P 维空间的一个点,并在空间用某种度量测量点与点之间的距离,距离越近的点归为一类,距离较远的点归为不同的类。点间距离有很多定义方式,最简单的是欧氏距离,还有其他的距离。

另一种方法是用相似系数。变量或样品的关系越密切,其性质就越接近,它们的相似系数的绝对值越接近 1,而彼此无关的样品,它们的相似系数的绝对值越接近于零,即样品的关系越疏远。结果是样品之间相似系数大的样品归为一类,样品之间相似系数小的样品归为不同的类。即两点相似系数越接近 1,就相当于距离越短。即相似的为一类,不相似的属于不同类。

(1) 距离的特点

以 d_{ij} 表示第 i 个样本与第 j 个样本间的距离,需要满足以下 4 个条件。

① $d_{ij} \geq 0$ 对一切 i 和 j 成立;
② $d_{ij} = 0$ 当且仅当 $i = j$ 成立;
③ $d_{ij} = d_{ji} \geq 0$ 对一切 i 和 j 成立;
④ $d_{ij} \leq d_{ik} + d_{kj}$ 对于一切 i 和 j 成立。

(2) 常用距离的分类

① 欧氏距离:

$$d_{ij} = \sqrt{\sum_{k=1}^{p}(x_{ik} - y_{jk})^2} \quad (p \text{ 个变量})$$

式中,d_{ij} 表示样本 i 与类重心 j 的距离,x_{ik} 表示第 i 个样本在第 k 个变量上的值。而计算类之间距离最常用的方法是离差平方和法,其基本思想是同一类内样本的离差平方和应该较小,不同类之间样本的离差平方和应该较大。

② 欧氏距离平方:两样本 x、y 之间的距离是两个样本在每个变量上的相应值之差的平方和。

$$d_{ij} = \sum_{k=1}^{p}(x_{ik} - y_{jk})^2 \quad (p \text{ 个变量})$$

③ 偏差距离:

$$d_{ij} = \sum_{k=1}^{p}|x_{ik} - x_{jk}| \quad (p \text{ 个变量})$$

④ 明考夫斯基(Minkowski)距离:

$$d_{ij}(q) = \left(\sum_{k=1}^{p}|x_{ik} - x_{jk}|^q\right)^{\frac{1}{q}} \quad (p \text{ 个变量},q \text{ 可以任意指定})$$

⑤ 马氏距离:

$$d_{ij} = \sqrt{(x_i - x_j)^T v^{-1}(x_i - x_j)}$$

⑥ 相关系数:

$$r_{ij} = \frac{\sum_{k=1}^{p}(x_{ik} - \bar{x}_{i.})(x_{jk} - \bar{x}_{j.})}{\sqrt{\sum_{k=1}^{p}(x_{ik} - \bar{x}_{i.})^2}\sqrt{\sum_{k=1}^{p}(x_{jk} - \bar{x}_{j.})^2}}$$

(3) 类间距离的计算方法

由一个点组成的类是最基本的类；如果每一类都由一个点组成，那么点间的距离就是类间距离。但是如果某一类包含不止一个点，那么就要确定类间距离。

类间距离是基于点间距离定义的：比如两类之间最近点之间的距离可以作为这两类之间的距离，也可以用两类中最远点之间的距离作为这两类之间的距离；当然也可以用各类的中心之间的距离来作为类间距离。在实际统计计算时，各种点间距离和类间距离的选择是通过统计软件的选项实现的。不同的选择的结果会不同，但一般不会差太多。

最短距离连接法：用两类中所有样本对距离的最小值作为两类的距离，合并距离最近或相关系数最大的两类，如图9-1(a)所示。

最长距离连接法：用两类中所有样本对距离的最大值作为两类的距离，合并距离最近或相关系数最大的两类，如图9-1(b)所示。

类间平均距离连接法：将两个类中所有的样本（样本对的两个成员分属于不同的类）的平均距离作为两个类的距离，合并距离最近或相关系数最大的两类，此方法利用了两个类中所有的样本信息，如图9-1(c)所示。

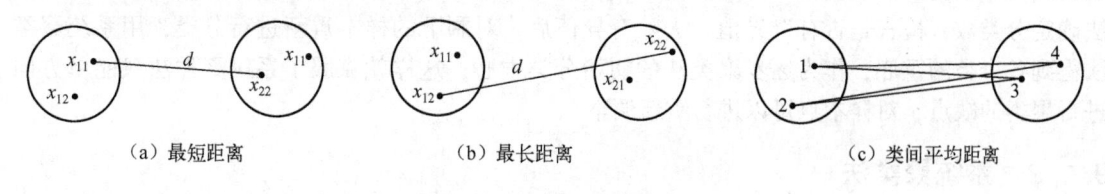

(a) 最短距离　　(b) 最长距离　　(c) 类间平均距离

图9-1　距离的计算

(4) 聚类分析的类型

根据聚类过程的特点，聚类分析可以划分为以下3种类型。

① 聚合法：开始每个样本自成一类，计算各类之间相似程度统计量，把最相似的两类合并成一类；重新计算各类之间相似程度统计量把最相似的两类合并成一类，这样一直到所有样本归为一类。

② 分解法：与聚合法相反，开始所有样本归为一类，然后分为两类，一直到每个样本归为一类或不能再细分为止。

聚合法和分解法都属于系统聚类，在算法上不需要聚类中心。

③ 调优法：开始人为将样本初始分类，在一定规则下判断该分类是否最优，如果不是最优则进行修改，再判断修改后的分类是否最优，不断重复上述步骤，直到分类达到最优为止。

(5) 分类数的确定

聚类分析的目的是要对研究对象进行分类，因此如何选择最佳分类个数就成为各种聚类方法中的主要问题之一。确定分类数的问题是聚类分析中尚未完全解决的问题之一，主要的障碍是对类的结构和内容很难给出一个统一的定义，这样就无法给出从理论上和实践中都可行的假设。实际应用中人们主要根据研究的目的，从实用的角度出发，选择合适的分类数。戴米尔曼（Demirmen，1972）曾提出了根据树状结构图来分类的准则。

准则1：任何类都必须在邻近各类中是突出的，即各类重心之间距离必须大。

准则2：各类所包含的元素都不要过分多。

准则3：分类的数目应该符合使用的目的。

准则4：若采用几种不同的聚类方法处理，则在各自的聚类图上应发现相同的类。

系统聚类中每次合并的类与类之间的距离也可以作为确定类数的一个辅助工具。在系统聚类过程中,首先把离得近的类合并,所以在并类过程中聚合系数呈增加趋势,聚合系数小,表示合并的两类的相似程度大,两个差异很大的类合到一起,会使该系数增大。

(6) 聚类方法的选择

因为不同的聚类方法对于同一数据会给出不同的聚类结果,那么如何从众多的聚类方法中进行选择呢?对这一问题并没有明确的答案,因为并不存在一种总是最优的聚类方法。很多对聚类方法的比较研究表明,某种聚类方法能否发现真实的数据结构,受到很多因素的影响,至少以下4个因素会大大影响聚类方法的使用效果:类的结构(主要指类的形状、规模和个数)、奇异值(Outliers)的存在、类与类之间重叠的程度和相似测度的选择。

奇异值是指和样本中其他的观测量差异很大的观测量,它远离其他观测量,自成一类。系统聚类法的聚类结果受数据中奇异值的影响非常大,特别是最长联结法。为了减轻奇异值的影响,研究者可能要反复做几次聚类分析,每一次对结果进行分析看是否能除去可能的奇异值。与系统聚类法相比,快速样本聚类法受奇异值、相似测度和不合适的聚类变量的影响较小,对于不合适的初始分类可以进行反复调整,其缺点是聚类结果对初始分类非常敏感,而且它也只能得到局部最优解。在使用中,一般把两种方法结合起来使用,取长补短。首先使用系统聚类法确定分类数,检查是否有奇异值,去除奇异值后,对剩下的样本重新进行分类,用系统聚类法得到各个类的重心,作为逐步聚类法的初始分类中心,这样就克服了系统聚类法只能单方向进行聚类的缺点,对样本点可以进行重新调整。

9.1.2 系统聚类法

系统聚类法是目前国内外使用最多的一种聚类方法。在系统聚类分析中,用户事先无法确定类别数。这种方法的基本思想是先将所有样品看成一个类,然后选择性质最接近(距离最小)的两类合并为一个新类,接着计算新类与其他类的距离,再将距离最近的两类合并,这样直至所有的样品合并为一类。

系统聚类方法从聚类过程的特征来看属于聚合法,它既可以对样品聚类(这时属于Q型聚类),也可以对变量聚类(属于R型聚类)。根据聚类过程中采取什么样的方法进行类与类的合并,系统聚类方法又可进一步细分为最短距离法、最长距离法、重心法、类平均法、类间平均连接法、类内平均连接法和离差平方和法等。

(1) 最短距离法 (Nearest Neighbor)

首先距离最近的样品归入一类,即合并的前两个样品之间有最小距离和最大相似性。然后,计算新类和单个样品间的距离作为单个样品和类中的样品间的最小距离,尚未合并的样品间的距离并未改变。在每一步,两类之间的距离是它们两个最近点间的距离。

(2) 最长距离法 (Furthest Neighbor)

按两个最远成员间的距离进行类的归并,即两类之间的距离被计算作为它们的两个最远点间的距离。最长距离法与最短距离法只有两方面不同,一方面是类与类之间的距离定义不同,另一方面是计算新类与其他类的距离所用的公式不同。

(3) 重心法 (Centroid Clustering)

重心法指两类之间的距离为两类重心间的距离。对样品聚类,每类重心就是该类的均值。该方法的缺陷是较后合并的类比较前合并的类更不相似。

(4) 类平均法 (Median Clustering)

相对于重心法,两类之间的距离是以各自的中数加以度量的,这使两个正被合并的类,在均值计算中被赋予相等的权力,而不管每一类中的样品数。

(5) 类间平均连接法（Between Groups Linkage）

按各个团体中成员间的平均距离连类，且两个类间的距离为所有样品偶对间的平均距离。

(6) 类内平均连接法（Within-Groups Linkage）

按各个团体中成员间的平均距离连类，且使产生类的所有样品的平均距离尽可能小，是取产生类的所有可能样品偶对间的平均距离。

(7) 离差平方和法（Ward's Method）

离差平方和法的基本思想是来自于方差分析，如果分类正确，同类样品的离差平方和应当较小，类与类的离差平方和应当较大。具体做法是先将 n 个样品看成一类，然后每次缩小一类，每缩小一类离差平方和就要增大，选择使 S 增加最小的两类合并（因为如果分类正确，同类样品的离差平方和应当较小）直到所有的样品归为一类为止。对每一类计算所有变量的均值，然后对每一个样品计算到类均值的距离平方，再对所有样品求这些距离之和。在每一步，合并的两类是使类内距离总平方和增加最少的类。

9.1.3 系统聚类的 SPSS 应用

【例9-1】 近几年来国内部分城市及地区的房价高昂，源起于各种因素导致的地区间发展差距越拉越大，由此导致的人口畸型造成了供需矛盾激化，城市及地区的高房价，必须从协调区域间共同发展，改变人口畸型猬集的方向入手，才得以治本。有关研究机构通过 2008 年我国部分省市的土地利用情况（如表9-1所示，单位：万公顷）进行分析，试图依据给出的数据对土地利用结构进行分类。

表9-1 2008年我国部分省市的土地利用情况

地区	园地	牧草地	居民点及工矿用地	交通用地	水利设施用地
北京	12.0	0.2	27.9	3.3	2.6
天津	3.5	0	28.1	2.2	6.5
河北	70.5	79.9	154.5	12.0	12.9
山西	29.5	65.8	77.3	6.3	3.3
内蒙古	7.3	6560.9	123.9	16.0	9.3
辽宁	59.6	34.9	115.9	9.2	14.8
吉林	11.5	104.4	84.2	6.7	15.6
黑龙江	6.0	220.8	116.1	11.9	21.2
上海	2.1	0	23.0	2.1	0.2
江苏	31.6	0.1	161.0	13.1	19.3
浙江	66.1	0	81.7	9.5	13.8
安徽	33.9	2.8	133.4	10.1	22.7
福建	62.9	0.3	50.7	7.9	6.1
江西	27.8	0.4	67.5	7.5	20.5
山东	100.7	3.4	209.3	16.3	25.5

数据来源：中国统计年鉴2009，中国统计出版社。

在数据管理窗口中，单击 Analyze 菜单，选择 Classify→Hierarchical Cluster 命令，进入 Hierarchical Cluster Analysis 对话框，如图9-2所示。

Hierarchical Cluster Analysis 对话框中的一些选项解释如下。

Variable(s)：从左侧选入参与聚类分析的变量。本例从对话框左侧选择"园地"、"牧草地"、"居民工矿"、"交通用地"、"水利设施"共计5个变量，单击向右箭头按钮，使之进入 Variable(s) 列表框。

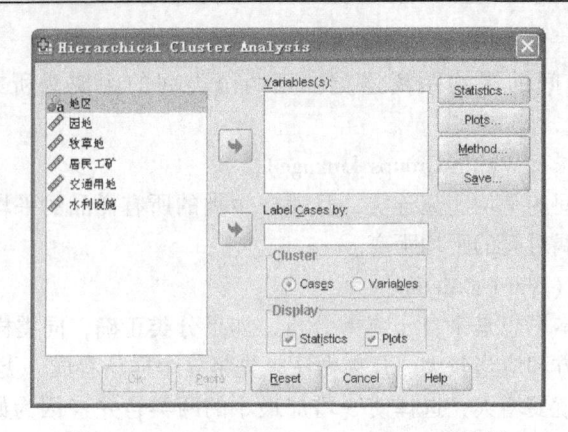

图 9-2 Hierarchical Cluster Analysis 对话框

Label Cases by：选入标签变量。若未选入任何变量，则分析结果中以记录号的形式出现；若选入标签变量，则会以标签变量的取值代替记录号。选择"地区"进入 Label Cases by 编辑框。

Cluster：选择聚类类型。

  Cases：对样品进行聚类。

  Variables：对变量（指标）进行聚类。

本例选用默认设置（默认为样品聚类）。

Display：选择输出结果。

  Statistics：统计分析。

  Plots：统计图表。

默认两者都选中，本例选用默认。

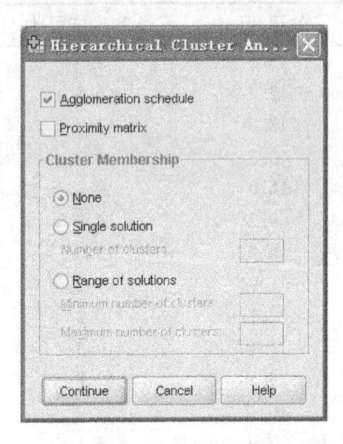

图 9-3 Hierarchical Cluster Analysis：Statistics 对话框

Statistics 按钮：单击它可进入 Hierarchical Cluster Analysis：Statistics 对话框，如图 9-3 所示。

在图 9-3 所示对话框中，可以设置选择要求输出的统计量。

  Agglomeration schedule：聚集状态表。聚集状态表显示聚类过程中每步合并的类或观测量，被合并的类或观测量之间的距离以及观测量或变量加入到一类的类水平。

  Proximity matrix：各项间的距离矩阵。以矩阵形式给出各项之间的距离或相似性测度值。产生什么类型的矩阵（相似性矩阵或不相似性矩阵）取决于在 Method 对话框 Measure 选项组中的选择。如果项数很大（观测量数或变量数），该选择项产生的输出量也很大。

  Cluster Membership：类成员栏，显示每个观测量被分派到的类（即分类结果，各观测量属于哪类）或显示若干步聚集过程。

  None：不显示类成员表，为系统默认值。

  Single solution：要求列出聚为一定类数的各观测量所属的类，在该选择项下侧的文本框中输入限定显示的类数。该数值必须是大于 1，小于或等于参与聚类的观测量或变量总数的整数。如果指定此选项，并且在其后的矩形框中输入了数字"3"，则会在输出窗中显示聚为三类时每个观测量属于哪一类。

Range of solutions：要求列出某个范围中每步各观测量所属的类。在该选择项右侧的矩形框中输入限定显示的类数范围，输入最小类数值（上）和一个最大类数值（下）。这两个数值必须是不等于 1 的正整数，最大类数值不能大于参与聚类的观测量数或者变量总数。本例中，选择 Agglomeration schedule，其他选用系统默认值。单击 Continue 按钮回到主对话框。

Method 按钮：单击可进入 Hierarchical Cluster Analysis：Method 对话框，如图 9-4 所示。

图 9-4 Hierarchical Cluster Analysis：Method 对话框

Method 对话框用于确定聚类方法。在对话框中根据需要指定聚类方法、距离测度的方法、对数进行转换方法，即标准化数值的方法和对测度的转换方法。

聚类方法选择单击 Cluster Method 下拉列表框，列出可选择的聚类方法。

Between-groups linkage：组间连接，合并两类的结果使所有的两两项对之间的平均距离最小，项对的两个成员分别属于不同的类，该方法中使用的是各对之间的距离，既非最大距离，也非最小距离。

Within-groups linkage：组内连接，若当两类合并为一类后，合并后的类中的所有项之间的平均距离最小，两类间的距离即是合并后的类中所有可能的观测量对之间的距离平方。

Nearest neighbor：最近邻法，该方法首先合并最近的或最相似的两项，用两类间最近点间的距离代表两类间的距离。

Furthest neighbor：最远邻法，用两类之间最远点的距离代表两类之间的距离，也称为完全连接法。

Centroid clustering：重心法，应与欧氏距离平方法一起使用，像计算所有各项均值之间短距离那样计算两类之间的距离，该距离随聚类的进行不断减小。

Median clustering：中间距离法，应与欧氏平方距离一起使用。

Ward's method：离差平方和法，应与欧氏平方距离一起使用。

对距离的测度方法选择：在 Measure 选项组中指定的是用哪一种距离计算方法来决定是否合并两类。距离的具体计算方法要根据距离的变量类型进行选择，分别对应于等间隔测度的变量，一般为连续变量、计数变量（离散变量）和二值变量。以下为 3 个相应对话框及其可选的距离或不相似性测度方法。

Interval：应用于等间隔测度的变量。单击该下拉列表框，选择连续变量距离测度的方法。

Eucidean distance：欧式距离，即两样本间距离为其对应指标值之差的平方和的平方根。

Squared Eucidean distance：欧式距离平方，即两样本间距离为其对应指标值之差的平方和。

Cosine：变量矢量的余弦，这是模型相似性的度量。

Pearson Correalation：相关系数距离。

Chebychev：切比雪夫距离，即两样本间的距离为两样本对应指标值之差的绝对值中的最大值。

Block：City-Block 或 Manhattan 距离，即两样本间的距离为两样本对应指标值之差的绝对值和。

Minkowski：两样本间的距离是一个绝对幂的度量，即两样本对应指标值之差的绝对值的 p 次幂之和的 p 次根，p 由用户指定。

Customized：距离是一个绝对幂的度量，即两样本对应指标值之差的绝对值的 p 次幂之和的 r 次根，p 与 r 由用户指定。

Counts：应用于计数变量。单击其右侧的向下箭头，展开两种选择不相似性测度的方法。

Chi-Square measure：卡方测度，用卡方值测度不相似性。该测度是根据两个集的频数相等的卡方检验，测度产生的值是卡方值的平方根，这是系统默认的。

Phi-Square measure：两组频数之间的 Φ^2 测度，试图考虑减少样本量对实际度值的实际预测频率减少的影响。

Binary：应用于二值变量。单击该下拉列表框来选择距离或不相似性测度的方法，首先应明确对二值变量，系统默认用 1 表示某特性出现，用 0 表示某特性不出现。

Transform Values：确定标准化的方法。

单击 Standardize 下拉列表框，展开标准方法列表。只有等间隔测度的数据（选择了 Interval）或计数数据（选择了 Counts）才可以进行标准化。对数据进行标准化的方法如下：

None：不进行标准化，是系统默认值。

Z scores：把数值标准化到 Z 分数。标准化后变量均值为 0，标准差为 1，系统将每个值减去被标准化的变量或观测量的均值，再处以其标准差，如果标准差为 0，则将所有值置为 0。

Range-1 to 1：将数值标准化到 −1 ~ 1 范围内。

Maxnum mannitude：把数值标准化到最大值 1。该方法是把标准化的变量或观测量的值用最大值去除，如果最大值为 0，则用最小值的绝对值处再加 1。

Range 0 to 1：将数值标准化到 0 ~ 1 范围内。

Mean of 1：把数值标准化到一个均值的范围内。

Standard deviation of 1：把数值标准化到单位标准差。

Transfrom Measure：测度的转换方法选择。

Absolute Values：把距离取绝对值，当数值符号表示相关方向，且只对负相关关系感兴趣时才采用此方法进行交换。

Change Sign：把相似性值变为不相似性值或相反，用求反的方法使距离顺序颠倒。

Rescale to 0 ~ 1：通过首先减去最小值，然后处以范围的方法使距离标准化。

在本例中，在选择聚类方法时用 Between - groups linkage（系统默认），选择距离测量方法时，选用 Squared Euclidean distance，其他为默认设置。单击 Continue 按钮回到主对话框。

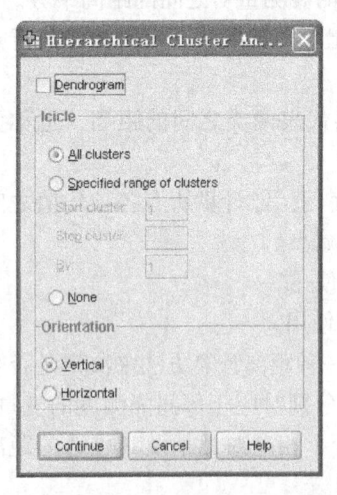

图 9-5 Hierarchical Cluster Analysis：Plots 对话框

Plots 按钮：单击它可进入 Hierarchical Cluster Analysis：Plots 对话框，如图 9-5 所示。可供选择输出的统计图表有两种：树状图和冰柱图。

Dendrogram：选择该项，输出的统计图表为树状图。

Icicle：冰柱图，生成冰柱图还可用 All clusters 和 Specified range of clusters 项来确定。

All clusters：聚类的每一步都体现在图中，可用此种图查看聚类的全过程，但如果参与聚类的个体很多会造成图过大，如果没有必要，可以使用相应的选择项来指定显示聚类过程的范围。

Specified range of clusters：指定显示的聚类范围，当选择此项时，该项下面的文本编辑框被激活，表示等待输入显示范围，在后面的文本框中输入要求显示聚类过程的起始步数，以及要中止于哪一步，把显示的两步之间的增量输入到 By 文本框中，输入到框中的数字必须是正整数。

None：不生成冰柱图。

对于显示方向可以在 Orientation 选项组中确定。

Vertical：纵向显示的冰柱图。

Horizontal：水平显示的冰柱图。

在本例中，选择 Dendrogram（树状图），在生成冰柱图过程中其他设置采用系统默认值，选择完毕后，单击 Continue 按钮，返回主对话框。

Save 按钮：单击后可进入 Hierarchical Cluster Analysis：Save New Variables 对话框（该按钮可用的前提是聚类分析的是 Cases），如图 9-6 所示。

在 Cluster Membership 选项组中有 3 个选项。

None：不建立新变量。

Single solution：单一结果，只生成一个新变量，表明每个个体聚类最后所属的类，在该项后面的框中指定类数。

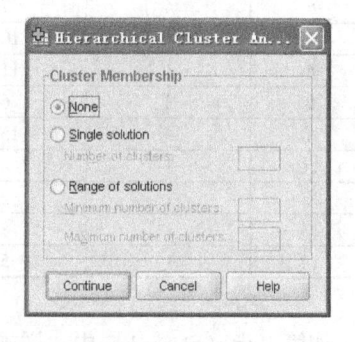

图 9-6　Hierarchical Cluster Analysis：Save New Variables 对话框

Range of solutions：指定范围内的结果，生成若干个新变量，表明聚为若干个类时，每个个体聚类后所属的类，在该项后面的框中指定显示范围，即把表示从第几类显示到第几类的数字分别输入到后面的文本框中，假设输入的数字分别是 5 和 6，在聚类结束后，数据文件管理窗口中原变量后而增加了 2 个新变量，分别表示分为 5 类和 6 类时的聚类结果，即为 5 和 6 类时，各观测量分别属于哪一类。

在本例中，选择 Single solution，在其后面的文本框中输入 3。单击 Continue 按钮返回主对话框。再单击 OK 按钮，生成聚类结果。

表 9-2 表示共有 15 个有效数据（Valid）参加了分析，无缺失记录（Missing），总记录数为 15 个。

表 9-2　样本处理表（Case Processing Summary[a,b]）

Cases					
Valid		Missing		Total	
N	Percent	N	Percent	N	Percent
15	100.0	0	.0	15	100.0

a. Squared Euclidean Distance used.

b. Average Linkage（Between Groups）.

表9-3给出了聚类过程。能够看出，在聚类过程中，类间的距离越来越大。在该列的左边，给出在第几步谁和谁并成一类了。在该列的右边，给出了个体首次被聚类的步骤号。其中Stage表示聚类步骤；Cluster Combined（Cluster1，Cluster2）表示该步被合并的两类中的样本号或者类号，合并结果取小的序号；居于表格中间的Coefficients列，给出了合并时类间的距离；Stage Cluster First Appears给出了非零数值表示合并两项前一次出现的聚类步序号，而0表示第一次出现；Next Stage表示此步合并结果在下一步合并时的步序号。

表9-3 聚类过程表（Agglomeration Schedule）

Stage	Cluster Combined		Coefficients	Stage Cluster First Appears		Next Stage
	Cluster 1	Cluster 2		Cluster 1	Cluster 2	
1	2	9	67.670	0	0	2
2	1	2	109.005	0	1	8
3	10	12	794.900	0	0	7
4	11	13	1033.180	0	0	5
5	11	14	1719.680	4	0	8
6	4	7	2013.020	0	0	11
7	6	10	3062.440	0	3	9
8	1	11	4446.491	2	5	11
9	3	6	6479.907	0	7	10
10	3	15	9737.865	9	0	12
11	1	4	10213.680	8	6	12
12	1	3	16417.371	11	10	13
13	1	8	46321.474	12	0	14
14	1	5	4.258E7	13	0	0

如第1步（Stage 1）中，样本2和样本9合成一类，距离系数为67.670，合并两项都是第一次出现，所以Stage Cluster First Appears均取0值，合并结果取小的序号，即归为第2类，该步合并结果在第二步（Next Stage的值为2）出现。

在第2步（Stage 2），样本1和样本2合并成一类，距离系数为109.005，样本1第一次出现，所以Stage Cluster First Appears取0，但是第2类是上一步形成的，即第1步形成的，所以Stage cluster first appears取1值，合并结果取小的序号，即归为第1类，该步合并结果在第8步（Next Stage）再次出现。

如图9-7所示，纵坐标从下而上，表示聚类的过程，从聚类开始的类数到最后聚为一类。横坐标表示被聚类的个体。每个个体占一列，都用"X"符号占满，成柱状。每相邻的两个个体之间，由一个没有个体号的列（柱）割开（也可称为"隔离列"）。这个列中，只有部分"X"符号。"X"符号在哪个高度出现，表示从那个高度的聚类步数开始，它左右两个个体被聚为一类了，否则在该步骤聚类时还属于不同的两类。在"隔离列"中，"X"符号一旦出现，就会一直出现到该列的顶端。如山西和江西在划分成第4类前，属于不同的类别，在划分成4类时属于同一类别，然后在以后的划分中一直属于同一类别。这样的图形像冰柱，所以称为冰柱图。

图9-8显示的是输出的树状图，直观地显示了样本逐步合并的过程。该图显示了在什么的尺度（采用何种距离，如欧式距离）上，哪些个体被聚为一类。如果得出最后的分类结果由用户自己决定，取决于用户选择怎样的分类的标准，划分成多少类。

图9-9显示了系统聚类分析在数据编辑窗口的输出结果。根据Save对话框中的设置，本例

输出了划分为 3 类时每一个样本属于某一类别的结果。划分成 3 类的结果以新变量 CLU3_1 输出，如划分成 6 类，则以 CLU6_1 输出。

Number of clusters	Vertical Icicle													
	Case													
	5 内蒙古	8 黑龙江	15 山东	12 安徽	10 江苏	6 辽宁	3 河北	7 吉林	4 山西	14 江西	13 福建	11 浙江	9 上海	2 天津	1 北京
1	X	X	X	X	X	X	X	X	X	X	X	X	X	X	X
2	X		X	X	X	X	X	X	X	X	X	X	X	X	X
3	X		X	X	X	X	X	X	X	X	X	X	X	X	X
4	X		X	X	X	X		X	X	X	X	X	X	X	X
5	X		X	X	X	X		X	X	X	X	X	X	X	
6	X		X	X	X	X		X	X	X	X	X		X	
7	X		X	X	X	X		X	X	X	X			X	
8	X		X	X	X	X		X	X	X				X	
9	X		X	X	X	X		X	X					X	
10	X		X	X	X	X		X						X	
11	X		X	X	X	X								X	
12	X		X	X	X									X	
13	X		X	X										X	
14	X		X											X	

图 9-7 冰柱图

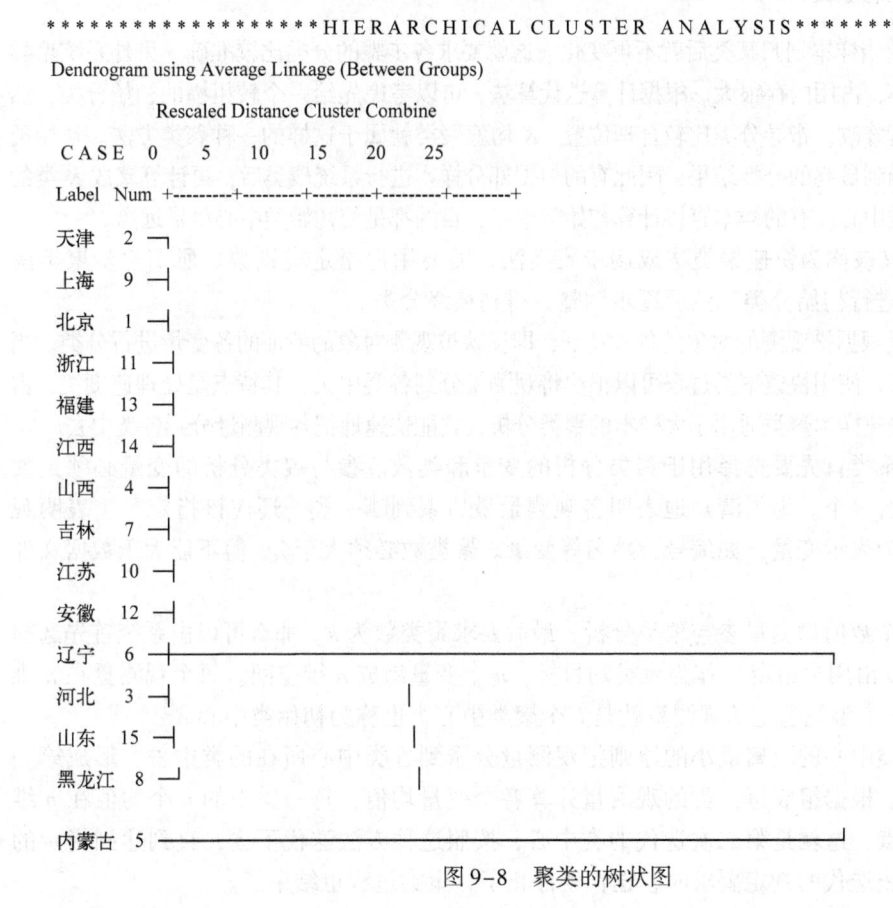

```
* * * * * * * * * * * * * * * * * * HIERARCHICAL CLUSTER ANALYSIS * * * * * * * * * * * * * * * * * *

 Dendrogram using Average Linkage (Between Groups)

                     Rescaled Distance Cluster Combine

   C A S E      0         5        10        15        20        25
  Label  Num  +---------+---------+---------+---------+---------+

  天津    2   ─┐
  上海    9   ─┤
  北京    1   ─┤
  浙江   11   ─┤
  福建   13   ─┤
  江西   14   ─┤
  山西    4   ─┤
  吉林    7   ─┤
  江苏   10   ─┤
  安徽   12   ─┤
  辽宁    6   ─┴─────────────────────────────────────────────┐
  河北    3   ─┐                                              │
  山东   15   ─┤                                              │
  黑龙江  8   ─┘                                              │
  内蒙古  5   ──────────────────────────────────────────────┘
```

图 9-8 聚类的树状图

地区	园地	牧草地	居民工矿	交通用地	水利设施	CLU3_1
北京	12.00	0.20	27.90	3.30	2.60	1
天津	3.50	0.00	28.10	2.20	6.50	1
河北	70.50	79.90	154.50	12.00	12.90	1
山西	29.50	65.80	77.30	6.30	3.30	1
内蒙古	7.30	6560.90	123.90	16.00	9.30	2
辽宁	59.60	34.90	115.90	9.20	14.80	1
吉林	11.50	104.40	84.20	6.70	15.60	1
黑龙江	6.00	220.80	116.10	11.90	21.20	3
上海	2.10	0.00	23.00	2.10	0.20	1
江苏	31.60	0.10	161.00	13.10	19.30	1
浙江	66.10	0.00	81.70	9.50	13.80	1
安徽	33.90	2.80	133.40	10.10	22.70	1
福建	62.90	0.30	50.70	7.90	6.10	1
江西	27.80	0.40	67.50	7.50	20.50	1
山东	100.70	3.40	209.30	16.30	25.50	1

图 9-9 系统聚类法在数据编辑窗口的输出

系统聚类的结果能够给出 n 个样本自成一类到全部样本聚为一类这个过程中所有的结果，即从划分成 1 类到划分成 n 类，所有的中间结果都有。但到底取划分成多少类才符合实际，SPSS 软件不能回答，需要用户根据样本数据特征以及专业背景进行具体分析。

9.1.4 K 均值聚类法

系统聚类法中，当样本划归某类后就不再变化，这就要求各步骤的分类比较准确。另外系统聚类法需要保存距离矩阵，占用内存很大。根据计算迭代算法，可以考虑先给一个较粗糙的初始分类，然后按照一定原则进行修改，指导分类比较合理位置。K 均值聚类就属于这样的一种聚类方法。初始类中心的选择可能影响到最终的分类结果，因此有的根据部分样本进行系统聚类后，再计算聚成 K 类的各类中心作为初始类中心；有的样本直接计算初始类中心，目的都是使初始中心尽量远离。

K 均值聚类法又被称为快速聚类法或逐步聚类法，需要用户指定类别数。所谓逐步聚类法就是先把被聚对象进行初始分类，然后逐步调整，得到最终分类。

快速样本聚类是根据被观测的对象的各种特征，即反映被观测对象的特征的各变量进行分类。当要聚成的类数已知时，使用快速聚类过程可以很快将观测量分到各类中去，其特点是处理速度快，占用计算机内存少。快速样本聚类适用于大样本的聚类分析，它能快速地把各观测量分到各类中去。

进行快速样本聚类首先要选择用于聚类分析的变量和类数。参与聚类分析的变量必须是数值型变量，且至少有一个。为了清楚地表明各观测量最后聚到哪一类，还应该指定一个表明观测量特征的变量作为表示变量，如编号、姓名等变量。聚类数必须大于 2，但不能大于数据文件的观测量数。

如果选择了 n 个数值型变量参与聚类分析，最后要求聚类数为 k。那么可以由系统首先选择 k 个观测量（也可以由用户指定）作为聚类的目标，n 个变量组成 n 维空间。每个观测量在 n 维空间中是一个点。k 个事先选定的观测量就是 k 个聚类中心，也称为初始类中心。

按照距这 k 个类中心的距离最小的原则把观测量分派到各类中心所在的类中去，形成第一次迭代形成的 k 类。根据组成每一类的观测量计算各个变量均值，每一类中的 n 个均值在 n 维空间中又形成 k 个点，这就是第二次迭代的类中心，按照这种方法迭代下去，直到达到指定的迭代次数或达到中止迭代的判定要求时，迭代就停止了，聚类过程也结束了。

因此，K 均值聚类分析的步骤可总结如下：

① 将数据进行标准化处理。多数情况下由于不同变量的数量级别不同都需要进行这样的数据处理。

② 假设分类数目为 k，确定每一类的初始中心位置，即 k 个凝聚点（一个最简单的方法是选取前 k 个样本作为初始凝聚点）。

③ 按顺序计算各个样本与 k 个凝聚点的距离，根据最近距离准则将所有样本逐个归入 k 个凝聚点，得到初始分类结果。

④ 重新计算类中心，将各类每个变量的平均值作为新的凝聚点，当所有样本归类后才计算各类类中心，每个样本归类后马上计算该类的类中心。

⑤ 所有样本归类后即为一次聚类，产生了新的类中心。如果满足一定的条件，如聚类次数达到指定的迭代次数，或者两次计算的最大类中心的变化小于初始类中心之间最小距离的一定比例，则停止聚类，否则到第 3 步。

9.1.5 K 均值聚类法的 SPSS 应用

仍以例 9-1 的数据为样本来源，在数据管理窗口中，单击 Analyze 菜单，选择 Classify→K-Means Cluster 命令，进入 K-Means Cluster Analysis 对话框，如图 9-10 所示。

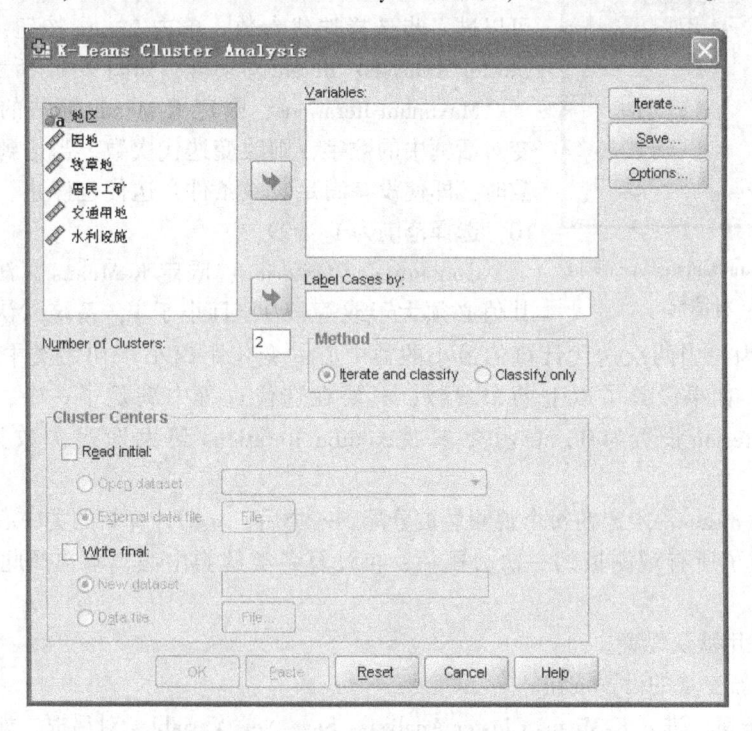

图 9-10 K-Means Cluster Analysis 对话框

Variable(s)：从左侧选入参与聚类分析的变量。本例从对话框左侧选择"园地"、"牧草地"、"居民工矿"、"交通用地"、"水利设施"共计 5 个变量，单击向右箭头按钮，使之进入 Variable(s) 列表框。

Label Cases by：选入标签变量。若未选入任何变量，则分析结果中以记录号的形式出现，若选入标签变量，则会以标签变量的取值代替记录号。变量选择"地区"进入 Label Cases by 列表框。

Number of Clusters：确定聚类数栏，系统默认为 2。

在本例中，将"地区"选中，单击向右箭头按钮，使之进入 Label Cases by 列表框。将分类数栏的值改为4。

Method：聚类方法选项。

Iterate and classify：指定初始类别中心点，然后按 K-Means 算法做迭代分类。

Classify only：仅按初始类别中心点分类。

Claster Centers 选项组为类中心数据的输入与输出设置区域。

Read initial 复选框，要求使用指定数据文件中的观测量作为初始类中心。选择此项后再单击 File 按钮，显示选择文件的 K-Means Cluster Analysis：Read from File 对话框。可在该对话框中指定文件所在的路径和文件名后返回。若选择此项，需要事先建立一个数据集，其中观测量的数据与要聚成的类数相等，每个观测量都参与聚类的变量组成。

Write final 复选框，要求把聚类结果中的各类中心数据保存在指定的文件中。操作方式及打开的对话框同 Read initial 类似。

本例这里采用默认设置。

Iterate：控制聚类分析过程停止的设置按钮。

在主对话框中选择了 Iterate and classify 方法进行聚类后，可以进一步选择迭代参数。单击 Iterate 按钮，显示 K-Means Cluster Analysis：Iterate 对话框，如图9-11 所示。

Maximum Iterations：限定 K-Means 算法的迭代次数。改变对话框中的数字，则改变迭代次数。当达到限定的迭代次数时，即使没有满足收敛条件，迭代也停止。系统默认值为10，选择范围为 1~999。

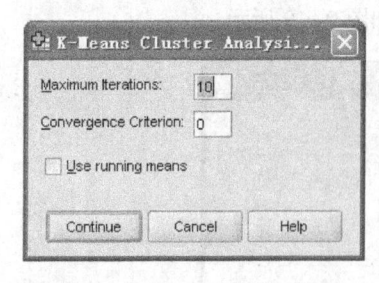

图9-11 K-Means Cluster Analysis：Iterate 对话框

Convergence Criterion：限定 K-Means 算法的收敛条件。其值必须大于或等于0，且小于1，系统默认值为0。该数值为 N 的含义为，当两次迭代计算的最小的类中心的变化距离小于初始类中心距离的 $N\%$ 时，迭代停止。如果设置了以上两个参数，只要在迭代过程中满足了一个，迭代就停止。Convergence Criterion 设置为0，表示要求 Maximum Iterations 最大迭代次数为迭代停止的约束。

Use running means：限定在每个观测量被分配到一类后，立即计算新的类中心。如果不选择此项，则在完成了所有观测量的一次分配后，再计算各类的类中心。不选择此项会节省迭代时间。

本例此处采用默认设置。

Save：保存新变量的设置按钮。

单击 Save 按钮，进入 K-Means Cluster Analysis：Save New Variables 对话框，如图9-12 所示。

　　Cluster membership：建立一个新变量，系统默认变量名为 qx1-1。其值表示聚类结果，即各观测量被分配到哪一类，其值为1，2，3，…的序号。该变量存入输入数据文件中。

　　Distance from cluster center：建立一个新变量。系统默认变量名为 qcl-2。聚类结束后，把各观测量距所属类中心间的欧氏距离存入输入数据文件中。

在本例中，选择 Cluster membership 复选框，单击 Continue 按钮，回到主对话框。

Options：指定要计算的统计量和对带有缺失值的观测量的处理设置按钮。

单击 Options 按钮，进入 K-Means Cluster Analysis：Options 对话框，如图9-13 所示。

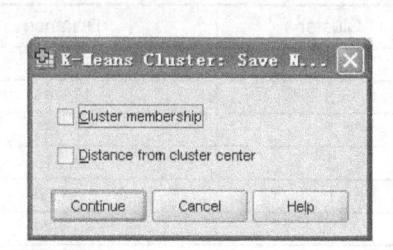

图 9-12　K-Means Cluster Analysis：
　　　　Save New Variables 对话框

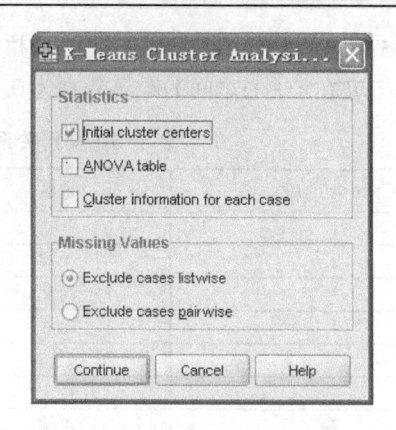

图 9-13　K-Means Cluster Analysis：
　　　　Options 对话框

在此对话框中指定要计算的统计量和对带有缺失值的观测量的处理方式。

Statistics：选择要求计算和输出的统计量。

　　Initial cluster centers：初始类中心。

　　ANOVA table：方差分析表。

　　Cluster information for each case：每个观测量的分类信息，如分配到哪一类和该观测量距所属类中心的距离。

Missing Values：选择处理带有缺失值观测量的方法。

　　Exclude cases listwise：将出现在 Variables 变量表中变量带有缺失值的观测量从分析中剔除。

　　Exclude cases pairwise：只有当一个观测量的全部聚类变量值均缺失时，才将其从分析中剔除，否则，根据所有其他非缺失变量值把它分配到最近的一类中去。

在本例中，选中 Initial cluster centers 复选框、ANOVA table 复选框、Cluster information for each case 复选框、Exclude cases listwise 单选按钮，单击 Continue 按钮，返回上一级对话框。单击 OK 按钮，得到的结果如表 9-4 至表 9-10 所示。

表 9-4　初始类中心表（Initial Cluster Center）

	Cluster			
	1	2	3	4
园地	7.30	2.10	100.70	6.00
牧草地	6560.90	.00	3.40	220.80
居民工矿	123.90	23.00	209.30	116.10
交通用地	16.00	2.10	16.30	11.90
水利设施	9.30	.20	25.50	21.20

表 9-4 说明了各个初始类的中心。

表 9-5　迭代历史表（Iteration History[a]）

Iteration	Change in Cluster Centers			
	1	2	3	4
1	.000	40.806	71.957	60.529
2	.000	.000	.000	.000

a. Convergence achieved due to no or small change in cluster centers. The maximum absolute coordinate change for any center is .000. The current iteration is 2. The minimum distance between initial centers is 212.798.

表9-5 说明了5个变量迭代的过程,只执行了两次迭代。从表中可以看出,第一次迭代1~4类的类中心与初始类中心之间的距离分别为0.000,40.806,71.957,60.529。

表9-6 类别关系表(Cluster Membership)

Case Number	地区	Cluster	Distance
1	北京	2	30.635
2	天津	2	35.765
3	河北	3	57.135
4	山西	2	62.315
5	内蒙古	1	.000
6	辽宁	3	40.689
7	吉林	4	60.529
8	黑龙江	4	60.529
9	上海	2	40.806
10	江苏	3	37.229
11	浙江	2	49.615
12	安徽	3	39.728
13	福建	2	35.120
14	江西	2	23.067
15	山东	3	71.957

表9-6 说明了各类别关系。从表中能够看出,每个观测量最终被分配到那一类的类号及该观测量在坐标中距离类中新的距离。内蒙古被分到第1类,距离为0;吉林和黑龙江被分到第4类,距离分别为60.529。

表9-7 终止聚类时中心表(Final Cluster Centers)

	Cluster			
	1	2	3	4
园地	7.30	29.13	59.26	8.75
牧草地	6560.90	9.53	24.22	162.60
居民工矿	123.90	50.89	154.82	100.15
交通用地	16.00	5.54	12.14	9.30
水利设施	9.30	7.57	19.04	18.40

表9-7 是终止聚类时各类的中心。

表9-8 是终止聚类时各类别之间的距离。

表9-8 终止聚类时各中心的距离表(Distances between Final Cluster Centers)

Cluster	1	2	3	4
1		6.552E3	6.537E3	6.398E3
2	6.552E3		110.005	162.495
3	6.537E3	110.005		157.155
4	6.398E3	162.495	157.155	

表9-9 是方差分析表,5个变量中任意一个变量造成类间均方(Cluster Mean Square)均远远大于类内的误差均方(Error Mean Square),从概率值来看,5个变量是类间无差异的假设成立的概率(Sig. 的值)小于5%的有4个。

表 9-9 方差分析表（ANOVA）

	Cluster		Error		F	Sig.
	Mean Square	df	Mean Square	df		
园地	1776.490	3	677.919	11	2.621	.103
牧草地	1.326E7	3	1377.931	11	9.620E3	.000
居民工矿	10781.631	3	839.746	11	12.839	.001
交通用地	60.696	3	8.932	11	6.795	.007
水利设施	153.557	3	39.373	11	3.900	.040

The F tests should be used only for descriptive purposes because the clusters have been chosen to maximize the differences among cases in different clusters. The observed significance levels are not corrected for this and thus cannot be interpreted as tests of the hypothesis that the cluster means are equal.

表 9-10 是各类别观测量个数的统计表，表明第 1 类的有 1 个观测量，第 2 类的有 7 个观测量，第 3 类的有 5 个，第 4 类的有 2 个。

表 9-10 各类的观测量统计表（Number of Cases in each Cluster）

Cluster	1	1.000
	2	7.000
	3	5.000
	4	2.000
Valid		15.000
Missing		.000

图 9-14 是聚类后的最终结果，数据文件的最后一列（新增）显示的是各个观测量所属的类。

地区	园地	牧草地	居民工矿	交通用地	水利设施	QCL_1
北京	12.00	0.20	27.90	3.30	2.60	2
天津	3.50	0.00	28.10	2.20	6.50	2
河北	70.50	79.90	154.50	12.00	12.90	3
山西	29.50	65.80	77.30	6.30	3.30	2
内蒙古	7.30	6560.90	123.90	16.00	9.30	1
辽宁	59.60	34.90	115.90	9.20	14.80	3
吉林	11.50	104.40	84.20	6.70	15.60	4
黑龙江	6.00	220.80	116.10	11.90	21.20	4
上海	2.10	0.00	23.00	2.10	0.20	2
江苏	31.60	0.10	161.00	13.10	19.30	3
浙江	66.10	0.00	81.70	9.50	13.80	2
安徽	33.90	2.80	133.40	10.10	22.70	3
福建	62.90	0.30	50.70	7.90	6.10	2
江西	27.80	0.40	67.50	7.50	20.50	2
山东	100.70	3.40	209.30	16.30	25.50	3

图 9-14 聚类分析最终结果文件

9.2 判别分析

判别分析与聚类分析不同。判别分析是在已知研究对象分成若干类型（或组别）并已取得各种类型的一批已知样本的观测数据，在此基础上根据某些准则建立判别函数，然后对未知类型的样本进行判别分类。对于聚类分析来说，一批给定样本要划分的类型事先并不知道，正需要通过聚类分析来确定。

正因为如此，判别分析和聚类分析往往联合起来使用，例如判别分析是要求先知道各类总体情况才能判断新样本的归类，当总体分类不清楚时，可先用聚类分析对原来的一批样本进行分类，然后再用判别分析建立判别函数以对新观测进行判别。

9.2.1 基本原理

所谓判别分析，就是要在水平直线上的某个位置划一条分界线，把这条分界线左边的点，都判给 A 类，把分界线右边的点判断给 B 类，同时使误判率最低。从而可以把这条分界线，作为一个判别准则，判断一个或多个个体属于哪一个类别，如图 9-15 所示。

错判率的高低主要由如下两个因素决定。

① 主观因素：分界线的位置要正确，否则会使误判率增大。

② 客观因素：如果两群点均值离开得远一些，当然会有利于判别，一般会使错判率低一些。如果两群点都紧紧地靠在各自的均值附近，也一定是有利于判别的，极端情况是两群点没有交互交叉的情况，此时可以做到错判率为 0。

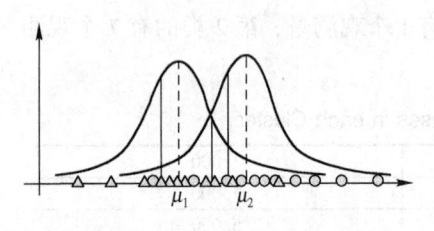

图 9-15 直线上两群点的分类问题

显然，主观因素是完全可控的因素。所讲的判别分析的方法，就是科学地确定分界线的方法；客观因素是完全不可控的因素。

判别分析方法在处理问题时，通常要给出一个衡量新样本与已知组别接近程度的描述指标，即判别函数，同时也指定一种判别规则，用以判定新样本的归属，判别规则可以是统计性的，决定新样本所属类别时用到数理统计的显著检验；也可用确定性的，决定样本归属时，只考虑判别函数值的大小。判别分析就是要从中筛选出能够提供较多信息的变量并建立判别函数，使利用推导出来的判别函数对观测量判别其所属类别时的错判率最小。

判别分析和前面的聚类分析的主要不同点在于在聚类分析中一般人们事先并不知道或不一定要明确应该分成几类，完全根据数据来确定。而在判别分析中，至少有一个已经明确知道类别的"训练样本"，利用这个数据，就可以建立判别准则，并通过预测变量来为未知类别的观测值进行判别了。

指标选择问题在研究实际问题中占有非常重要的地位。一般来说，维度高一些，可以使分界线的分辨率更高一些；但指标也不是越多越好，许多情况下，指标太多了，改变不了分辨率，却大大增加了计算量，如图 9-16 所示。

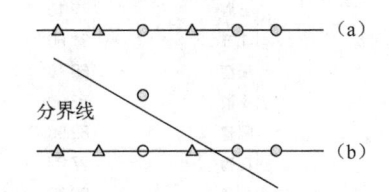

图 9-16 维度高一些有助于判别的示例

9.2.2 常用判别法

判别分析内容很丰富，方法很多。判别分析按判别的组数来区分，有两组判别分析和多组判别分析；按区分不同总体所用的数学模型来分，有线性判别和非线性判别；按判别时所处理的变量方法不同，有逐步判别和序贯判别等。判别分析可以从不同角度提出问题，因此有不同的判别准则，如马氏距离最小准则、Fisher 准则、平均损失最小准则、最小平方准则、最大似然准则、最大概率准则等，按判别准则的不同又提出多种判别方法。本章重点介绍距离判别法、Fisher 判别法、Bayes 判别法和逐步判别法。

1. 距离判别法

其基本思想是首先根据已知分类的数据，分别计算各类的重心即分组（类）的均值，判别准则是对任给的一次观测，若它与第 i 类的重心距离最近，就认为它来自第 i 类。距离判别法对各类（或总体）的分布没有特定的要求。

(1) 两个总体的距离判别法

设有两个总体（或称两类）G_1、G_2，从第一个总体中抽取 n_1 个样品，从第二个总体中抽取 n_2 个样品，每个样品测量 p 个指标，如表 9-11 所示。

今任取一个样品，实测指标值为 $X = (x_1, x_2, \cdots, x_p)^T$，问 X 应判归为哪一类？

首先计算 X 到 G_1、G_2 总体的距离，分别记为 $D(X, G_1)$ 和 $D(X, G_2)$，按距离最近准则判别归类，则可写成：

$$\begin{cases} X \in G_1, \text{当 } D(X, G_1) < D(X, G_2) \\ X \in G_2, \text{当 } D(X, G_1) > D(X, G_2) \\ \text{待判，当 } D(X, G_1) = D(X, G_2) \end{cases}$$

表 9-11 两个总体

(a) G_1 总体

样品\变量	x_1	x_2	$\cdots$	x_p
$x_1^{(1)}$	$x_{11}^{(1)}$	$x_{12}^{(1)}$	$\cdots$	$x_{1p}^{(1)}$
$x_2^{(1)}$	$x_{21}^{(1)}$	$x_{22}^{(1)}$	$\cdots$	$x_{2p}^{(1)}$
$\vdots$	$\vdots$	$\vdots$		$\vdots$
$x_{n_1}^{(1)}$	$x_{n_1 1}^{(1)}$	$x_{n_1 2}^{(1)}$	$\cdots$	$x_{n_1 p}^{(1)}$
均值	$\overline{x}_1^{(1)}$	$\overline{x}_2^{(1)}$	$\cdots$	$\overline{x}_p^{(1)}$

(b) G_2 总体

样品\变量	x_1	x_2	$\cdots$	x_p
$x_1^{(2)}$	$x_{11}^{(2)}$	$x_{12}^{(2)}$	$\cdots$	$x_{1p}^{(2)}$
$x_2^{(2)}$	$x_{21}^{(2)}$	$x_{22}^{(2)}$	$\cdots$	$x_{2p}^{(2)}$
$\vdots$	$\vdots$	$\vdots$		$\vdots$
$x_{n_2}^{(2)}$	$x_{n_2 1}^{(2)}$	$x_{n_2 2}^{(2)}$	$\cdots$	$x_{n_2 p}^{(2)}$
均值	$\overline{x}_1^{(2)}$	$\overline{x}_2^{(2)}$	$\cdots$	$\overline{x}_p^{(2)}$

记 $\overline{X}^{(i)} = (\overline{x}_1^{(i)}, \overline{x}_2^{(i)}, \cdots, \overline{x}_p^{(i)})^T$，$i = 1, 2$。

如果距离定义采用欧氏距离，则可计算出

$$D(X, G_1) = \sqrt{(X - \overline{X}^{(1)})^T (X - \overline{X}^{(1)})} = \sqrt{\sum_{a=1}^{p} (x_a - \overline{x_a^{(1)}})^2}$$

$$D(X, G_2) = \sqrt{(X - \overline{X}^{(2)})^T (X - \overline{X}^{(2)})} = \sqrt{\sum_{a=1}^{p} (x_a - \overline{x_a^{(2)}})^2}$$

然后比较 $D(X, G_1)$ 和 $D(X, G_2)$ 大小，按距离最近准则判别归类。

由于马氏距离在多元统计分析中经常用到，这里针对马氏距离对上述准则做较详细的讨论。设 $\mu^{(1)}, \mu^{(2)}$；$\Sigma^{(1)}, \Sigma^{(2)}$ 分别为 G_1, G_2 的均值向量和协有效期阵。如果距离定义采用马氏距离即

$$D^2(X, G_i) = (X - \mu^{(i)})^T (\Sigma^{(i)})^{-1} (X - \mu^{(i)}), \quad i = 1, 2$$

这时判别准则可分以下两种情况给出：

① 当 $\Sigma^{(1)} = \Sigma^{(2)} = \Sigma$，则判别准则可写成如下形式。

$$\begin{cases} X \in G_1, \text{当 } W(X) > 0 \text{ 即 } D^2(X, G_2) > D^2(X, G_1) \\ X \in G_2, \text{当 } W(X) < 0 \text{ 即 } D^2(X, G_2) < D^2(X, G_1) \\ \text{待判，当 } W(X) = 0 \text{ 即 } D^2(X, G_2) = D^2(X, G_1) \end{cases}$$

当 Σ，$\mu^{(1)}$，$\mu^{(2)}$ 已知时，令 $a = \Sigma^{-1}(\mu^{(1)} - \mu^{(2)}) \triangleq (a_1, a_2, \cdots, a_p)^T$，则

$$W(X) = (X - \overline{\mu})^T a = a^T (X - \overline{\mu}) = (a_1, a_2, \cdots, a_p) \begin{bmatrix} x_1 - \overline{\mu}_1 \\ x_2 - \overline{\mu}_2 \\ \vdots \\ x_p - \overline{\mu}_p \end{bmatrix} = a_1(x_1 - \overline{\mu}_1) + a_2(x_2 - \overline{\mu}_2) + \cdots + a_p(x_p - \overline{\mu}_p)$$

显然，$W(X)$ 是 $x_1, x_2, \cdots, x_p$ 的线性函数，称 $W(X)$ 为线性判别函数，a 为判别系数。

当 Σ，$\mu^{(1)}$，$\mu^{(2)}$ 未知时，可通过样本来估计。设 $X_1^{(i)}, X_2^{(i)}, \cdots, X_{n_i}^{(i)}$ 来自 G_i 的样本，$i = 1, 2$。

$$\hat{\mu}^{(1)} = \frac{1}{n_1} \sum_{i=1}^{n_1} X_i^{(1)} = \overline{X}^{(1)}$$

$$\hat{\mu}^{(2)} = \frac{1}{n_2} \sum_{i=1}^{n_2} X_i^{(2)} = \overline{X}^{(2)}$$

$$\hat{\Sigma} = \frac{1}{n_1 + n_2 - 2}(S_1 + S_2)$$

式中，

$$S_i = \sum_{t=1}^{n_i} (X_t^{(i)} - \overline{X}^{(i)})(X_t^{(i)} - \overline{X}^{(i)})^T$$

$$\overline{X} = \frac{1}{2}(\overline{X}^{(1)} + \overline{X}^{(2)})$$

线性判别函数为

$$W(X) = (X - \overline{X})^T \hat{\Sigma}^{-1}(\overline{X}^{(1)} - \overline{X}^{(2)})$$

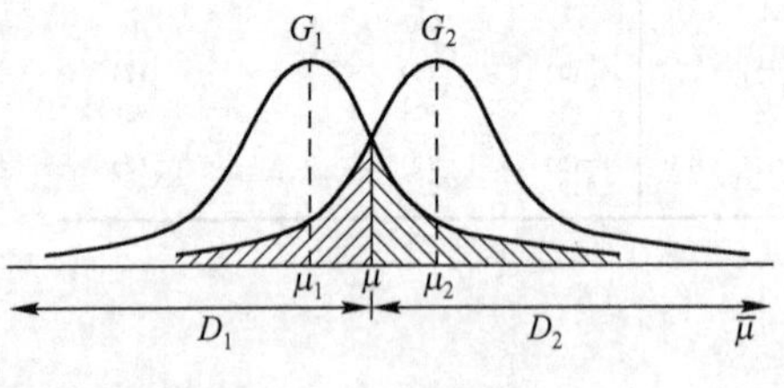

当 $p = 1$ 时，若两个总体的分布分别为 $N(\mu_1, \sigma^2)$ 和 $N(\mu_2, \sigma^2)$，判别函数 $W(X) = \left(X - \left(\frac{\mu_1 + \mu_2}{2}\right)\right)\frac{1}{\sigma^2} \cdot (\mu_1 - \mu_2)$，不妨设 $\mu_1 < \mu_2$，这时 $W(X)$ 的符号取决于 $X > \overline{\mu}$ 或 $X < \overline{\mu}$。当 $X < \overline{\mu}$ 时，判 $X \in G_1$；当 $X > \overline{\mu}$ 时，判 $X \in G_2$。用距离判别所得到的准则是颇为合理的。但从图 9-17 又可以看出，用这个判别法有时也

图 9-17 两个总体分布

会得出错判。如 X 来自 G_1，但却落入 D_2，被判为属 G_2，错判的概率为图 9-17 中阴影的面积，记为 $P(2/1)$，类似地有 $P(1/2)$，显然

$$P(2/1) = P(1/2) = 1 - \Phi\left(\frac{\mu_1 - \mu_2}{2\sigma}\right)$$

当两总体靠得很近（即 $|\mu_1 - \mu_2|$ 小），则无论用何种办法，错判概率都很大，这时做判别分析是没有意义的。因此只有当两个总体的均值有显著差异时，做判别分析才有意义。

② 当 $\Sigma^{(1)} \neq \Sigma^{(2)}$ 时，按距离最近准则，类似有：

$$\begin{cases} X \in G_1, & \text{当 } D(X, G_1) < D(X, G_2) \\ X \in G_2, & \text{当 } D(X, G_1) > D(X, G_2) \\ \text{待判}, & \text{当 } D(X, G_1) = D(X, G_2) \end{cases}$$

仍然用

$$\begin{aligned} W(X) &= D^2(X, G_2) - D^2(X, G_1) \\ &= (X - \mu^{(2)})^T (\Sigma^{(2)})^{-1}(X - \mu^{(2)}) - (X - \mu^{(1)})^T (\Sigma^{(1)})^{-1}(X - \mu^{(1)}) \end{aligned}$$

作为判别函数，它是 X 的二次函数。

(2) 多个总体的距离判别法

类似两个总体的讨论可推广到多个总体。

设有 k 个总体 $G_1, G_2, \cdots, G_k$，它们的均值和协差阵分别为 $\mu^{(i)}, \Sigma^{(i)}, i=1, 2, \cdots, k$，从每个总体 G_i 中抽取 n_i 个样品，$i=1, 2, \cdots, k$，每个样品测 p 个指标，如表9-12所示。今任取一个样品，实测指标值为 $X = (x_1, x_2, \cdots, x_p)^T$，问 X 应判归为哪一类？

表9-12 多个总体

(a) G_1 总体

变量\样品	x_1	x_2	$\cdots$	x_p
$x_1^{(1)}$	$x_{11}^{(1)}$	$x_{12}^{(1)}$	$\cdots$	$x_{1p}^{(1)}$
$x_2^{(1)}$	$x_{21}^{(1)}$	$x_{22}^{(1)}$	$\cdots$	$x_{2p}^{(1)}$
$\vdots$	$\vdots$	$\vdots$		$\vdots$
$x_{n_1}^{(1)}$	$x_{n_11}^{(1)}$	$x_{n_12}^{(1)}$	$\cdots$	$x_{n_1p}^{(1)}$
均值	$\bar{x}_1^{(1)}$	$\bar{x}_2^{(1)}$		$\bar{x}_p^{(1)}$

(b) G_k 总体

变量\样品	x_1	x_2	$\cdots$	x_p
$x_1^{(k)}$	$x_{11}^{(k)}$	$x_{12}^{(k)}$	$\cdots$	$x_{1p}^{(k)}$
$x_2^{(k)}$	$x_{21}^{(k)}$	$x_{22}^{(k)}$	$\cdots$	$x_{2p}^{(k)}$
$\vdots$	$\vdots$	$\vdots$		$\vdots$
$x_{n_2}^{(k)}$	$x_{n_21}^{(k)}$	$x_{n_22}^{(k)}$	$\cdots$	$x_{n_2p}^{(k)}$
均值	$\bar{x}_1^{(k)}$	$\bar{x}_2^{(k)}$		$\bar{x}_p^{(k)}$

记向量 $\overline{X}^{(i)} = (\bar{x}_1^{(i)}, \bar{x}_2^{(i)}, \cdots, \bar{x}_p^{(i)})^T, i=1, 2, \cdots, k$。

① 当 $\Sigma^{(1)} = \Sigma^{(2)} = \cdots = \Sigma^{(k)} = \Sigma$ 时，$D^2(X, G_i) = (X - \mu^{(i)})^T \Sigma^{-1} (X - \mu^{(i)})$，$i=1, 2, \cdots, k$，判别函数为

$$W_{ij}(X) = \frac{1}{2}[D^2(X, G_j) - D^2(X, G_i)]$$

$$= \left[X - \frac{1}{2}(\mu^{(i)} + \mu^{(j)})\right]^T \Sigma^{-1}(\mu^{(i)} - \mu^{(j)}), \quad i, j = 1, 2, \cdots, k$$

相应的判别准则为

$$\begin{cases} X \in G_i, & \text{当 } W_{ij}(X) > 0, \text{对一切 } j \neq i \\ 待判, & \text{若有某一个 } W_{ij}(X) = 0 \end{cases}$$

当 $\mu^{(1)}, \mu^{(2)}, \cdots, \mu^{(k)}, \Sigma$ 未知时可用其估计量代替，设从 G_i 中抽取的样本为 $X_1^{(i)}, X_2^{(i)}, \cdots, X_{n_i}^{(i)}, i=1, 2, \cdots, k$，则 $\hat{\mu}^{(i)}, \hat{\Sigma}$ 的估计分别为

$$\hat{\mu}^{(i)} = \overline{X}^{(i)} = \frac{1}{n_i} \sum_{a=1}^{n_i} X_a^{(i)}, \quad i=1, 2, \cdots, k$$

$$\hat{\Sigma} = \frac{1}{n-k} \sum_{i=1}^{k} S_i$$

式中，$n = n_1 + n_2 + \cdots + n_k$，$S_i = \sum_{a=1}^{n_i}(X_a^{(i)} - \overline{X}^{(i)})(X_a^{(i)} - \overline{X}^{(i)})^T$ 为 G_i 的样本离差阵。

② 当 $\Sigma^{(1)}, \Sigma^{(2)}, \cdots, \Sigma^{(k)}$ 不相等时，判别函数为

$$W_{ij}(X) = (X - \mu^{(j)})^T [V^{(j)}]^{-1}(X - \mu^{(j)}) - (X - \mu^{(i)})^T [V^{(i)}]^{-1}(X - \mu^{(i)})$$

相应的判别准则为

$$\begin{cases} X \in G_i, & \text{当 } W_{ij}(X) > 0, \text{对一切 } j \neq i \\ 待判, & \text{若某一个 } W_{ij}(X) = 0 \end{cases}$$

当 $\mu^{(i)}, \Sigma^{(i)} (i=1, 2, \cdots, k)$ 未知时，可用 $\mu^{(i)}, \Sigma^{(i)}$ 的估计量代替，即

$$\hat{\mu}^{(i)} = \overline{X^{(i)}}$$

$$\hat{\Sigma}^{(i)} = \frac{1}{n_i - 1} S_i, \quad i=1, 2, \cdots, k$$

2. Fisher 判别法

Fisher 判别法又称典则判别，Fisher 判别法是以 Fisher 准则为标准来评选判别函数的。所谓 Fisher 准则，指的是较优的判别函数应该能根据待判对象的 n 个指标最大限度地将它所属的类与其他类区分开来。一般应用中多采用线性判别函数。基本方法是首先假定判别函数（线性函数），然后根据已知信息对判别函数进行训练和学习，根据类间距离最大、类内距离最小的原则确定线性判别函数，从而得到函数关系式中的系数值，最终确定判别函数。经判别函数划分后，同类样品在空间上的分布集中，而不同类之间距离较远，差别明显。

从两个总体中抽取具有 p 个指标的样本观测数据，借助方差分析的思想造一个判别函数或称判别式：$y = c_1 x_1 + c_2 x_2 + \cdots + c_p x_p$，其中系数 $c_1, c_2, \cdots, c_p$ 确定的原则是使两组间的区别最大，而使每个组内部的离差最小。有了判别式后，对于一个新的样本，将它的 p 个指标值代入判别式中求出 y 值，然后与判别临界值（或称分界点后面给出）进行比较，就可以判别它应属于哪一个总体。

假设有两个总体 G_1、G_2，从第一个总体中抽取 n_1 个样品，从第二个总体中抽取 n_2 个样品，每个样品观测 p 个指标，如表 9-10 所示。

假设新建立的判别式为 $y = c_1 x_1 + c_2 x_2 + \cdots + c_p x_p$，今将属于不同两总体的样本观测值代入判别式中去，则得：

$$y_i^{(1)} = c_1 x_{i1}^{(1)} + c_2 x_{i2}^{(1)} + \cdots + c_p x_{ip}^{(1)} \quad (i = 1, 2, \cdots, n_1)$$

$$y_i^{(2)} = c_1 x_{i1}^{(2)} + c_2 x_{i2}^{(2)} + \cdots + c_p x_{ip}^{(2)} \quad (i = 1, 2, \cdots, n_2)$$

对上边两式分别左右相加，再乘以相应的样本个数，则有：

$$\bar{y}^{(1)} = \sum_{k=1}^{p} c_k \bar{x}_k^{(1)} \cdots\cdots 第一组样本的"重心"$$

$$\bar{y}^{(2)} = \sum_{k=1}^{p} c_k \bar{x}_k^{(2)} \cdots\cdots 第二组样本的"重心"$$

为了使判别函数能够很好地区别来自不同总体的样本，自然希望：

① 来自不同总体的两个平均值 $\bar{y}^{(1)}$，$\bar{y}^{(2)}$ 相差越大越好。

② 对于来自第一个总体的 $\bar{y}_i^{(1)}$ ($i = 1, 2, \cdots, n_1$) 要求它们的离差平方和 $\sum_{i=1}^{n_1} (y_i^{(1)} - \bar{y}^{(1)})^2$ 越小越好，同样也要求 $\sum_{i=1}^{n_2} (y_i^{(2)} - y^{(2)})^2$ 越小越好。

由此可有 Fisher 判别法的计算步骤如下。

① 建立判别函数。

求 $I = \dfrac{Q(c_1, c_2, \cdots, c_p)}{F(c_1, c_2, \cdots, c_p)}$ 的最大值点 c_1，c_2，$\cdots$，c_p，根据极值原理，须解方程组

$$\begin{cases} \dfrac{\partial \ln I}{\partial c_1} = 0 \\ \dfrac{\partial \ln I}{\partial c_2} = 0 \\ \quad \vdots \\ \dfrac{\partial \ln I}{\partial c_p} = 0 \end{cases}$$

可得到 $c_1, c_2, \cdots, c_p$，写出判别函数 $y = c_1 x_1 + c_2 x_2 + \cdots + c_p x_p$。

② 计算判别临界值 y_0，然后根据判别准则对新样本判别分类。

③ 检验判别效果（当两个总体协差阵相同且总体服从正态分布）。

$$H_0: Ex_a^{(1)} = \mu_1 = Ex_a^{(2)} = \mu_2 \qquad H_1: \mu_1 \neq \mu_2$$

检验统计量：

$$F = \frac{(n_1+n_2-2)-p+1}{(n_1+n_2-2)p} T^2 \underset{(在H_0成立)}{\sim} F(p, n_1+n_2-p-1)$$

式中，

$$T^2 = (n_1+n_2-2) \cdot \left[\sqrt{\frac{n_1 n_2}{n_1+n_2}} (\overline{X}^{(1)} - \overline{X}^{(2)})^T S^{-1} \sqrt{\frac{n_1 n_2}{n_1+n_2}} (\overline{X}^{(1)} - \overline{X}^{(2)}) \right]$$

$$S = (s_{ij})_{p \times p}, \quad s_{ij} = \sum_{a=1}^{n_1} (x_{ai}^{(1)} - \overline{x}_i^{(1)})(x_{aj}^{(1)} - \overline{x}_j^{(1)}) + \sum_{a=1}^{n_2} (x_{ai}^{(2)} - \overline{x}_i^{(2)})(x_{aj}^{(2)} - \overline{x}_j^{(2)})$$

$$\overline{X}^{(i)} = (\overline{x}_1^{(i)}, \overline{x}_2^{(i)}, \cdots, \overline{x}_p^{(i)})^T$$

给定检验水平 α，查 F 分布表，确定临界值 F_α，若 $F > F_\alpha$，则 H_0 被否定，认为判别有效。否则认为判别无效。

值得指出的是：参与构造判别式的样本个数不宜太少，否则会影响判别式的优良性；其次判别式选用的指标不宜过多，指标过多不仅使用不方便，而且影响预报的稳定性。所以建立判别式之前应仔细挑选出几个对分类特别有关系的指标，要使两类平均值之间的差异尽量大些。

3. Bayes 判别法

Fisher 判别法随着总体个数的增加，建立的判别式也增加，因而计算起来还是比较麻烦的。如果对多个总体的判别考虑的不是建立判别函数式，而是计算新给样本属于各总体的条件概率 $p(i|x)$ ($i=1, 2, \cdots, k$)，再比较这 k 个概率的大小，然后将新样本判归为来自概率最大的总体，这种判别法称为 Bayes 判别法。

Bayes 判别总是假定对所研究的对象已有一定的认识，常用先验概率来描述这种认识。认为所有类别都是空间中的子域，每个观测样本则是空间中的点。根据先验概率认识，利用 Bayes 公式按照一定的准则求出判别函数，分别计算一个样本落入各个子域的概率，找出其中概率最大的一类就是该样本所属的类别。

Bayes 判别法的基本思想总是假定对所研究的对象已有一定的认识，常用先验概率来描述这种认识。

设有 k 个总体 $G_1, G_2, \cdots, G_k$，它们的先验概率分别为 $q_1, q_2, \cdots, q_k$（它们可以由经验给出也可以估出）。各总体的密度函数分别为 $f_1(x), f_2(x), \cdots, f_k(x)$（在离散情形是概率函数），在观测到一个样本 x 的情况下，可用著名的 Bayes 公式计算它来自第 g 总体的后验概率（相对于先验概率来说，将它又称为后验概率）：

$$P(g/x) = \frac{q_g f_g(x)}{\sum_{i=1}^{k} q_i f_i(x)} \qquad (g = 1, 2, \cdots, k)$$

并且当 $P(h/x) = \max_{1 \leq g \leq k} P(g/x)$ 时，则判 x 来自第 h 总体。

有时还可以使用错判损失最小的概念做判别函数。这时把 x 错判归第 h 总体的平均损失定义为

$$E(h/x) = \sum_{g \neq h} \frac{q_g f_g(x)}{\sum_{i=1}^{k} q_i f_i(x)}$$

式中，$L(h/g)$ 称为损失函数，表示本来是第 g 总体的样本错判为第 h 总体的损失。显然上式是对损失函数依概率加权平均或称为错判的平均损失。当 $h = g$ 时，有 $L(h/g) = 0$；当 $h \neq g$ 时，有

$L(h/g) > 0$。建立判别准则为如果 $E(h/x) = \min\limits_{1 \leq g \leq k} E(g/x)$,则判定 x 来自第 h 总体。

原则上说,考虑损失函数更为合理,但是在实际应用中 $L(h/g)$ 不容易确定,因此常常在数学模型中就假设各种错判的损失皆相等,即

$$L(h/g) = \begin{cases} 0, & h = g \\ 1, & h \neq g \end{cases}$$

这样一来,寻找 h 使后验概率最大和使错判的平均损失最小是等价的,即

$$p(h/x) \xrightarrow{h} \max \Leftrightarrow E(h/x) \xrightarrow{h} \min$$

Bayes 判别的特点是利用以往对研究对象的认识,先验概率来辅助判断,以得到更精确的分析结论。它在使误判概率或风险最小的意义上是最佳的,但是 Bayes 需要已知条件概率,而且其决策面往往是超曲面,形状复杂,难以计算和构造。

4. 逐步判别法

前面介绍的判别方法都是用已给的全部变量 $x_1, x_2, \cdots, x_p$ 来建立判别式的,但这些变量在判别式中所起的作用,一般来说是不同的,也就是说各变量在判别式中判别能力不同,有些可能起重要作用,有些可能作用低微,如果将判别能力低微的变量保留在判别式中,不仅会增加计算量,而且会产生干扰影响判别效果,如果将其中重要变量忽略了,这时做出的判别效果也一定不好。逐步判别法则通过引入和剔除变量来建立判别函数,最终生成的判别函数中只包括主要的变量。

逐步判别法的基本思想类似于逐步回归。都是采用"有进有出"的算法,即逐步引入变量,每引入一个"最重要"的变量进入判别式,同时也考虑较早引入判别式的某些变量,如果其判别能力随新引入变量而变为不显著了(例如,其作用被后引入的某几个变量的组合所代替),应及时从判别式中把它剔除去,直到判别式中没有不重要的变量需要剔除,而剩下来的变量也没有重要的变量可引入判别式时,逐步筛选结束。这个筛选过程实质就是做假设检验,通过检验找出显著性变量,剔除不显著变量。

(1) 引入变量的检验统计量

假定计算 l 步,并且变量 $x_1, x_2, \cdots, x_L$ 已选入(L 不一定等于 l),今考察第 $l+1$ 步添加一个新变量 x_r 的判别能力,此时将变量分成两组,第一组为前 L 个已选入的变量,第二组仅有一个变量 x_r,此时 $L+1$ 个变量的组内离差阵和总离差阵仍分别为 E 和 T。含有 L 个因子的判别方程的判别能力通过 wilks 统计量 A_L 表示。

能够得到引入变量的检验统计量:

$$F_{1r} = \frac{1 - A_r}{A_r} \cdot \frac{n - l - k}{k - 1} \sim F(k-1, n-l-k)$$

若 $F_{1r} > F_a(k-1, n-l-k)$,则 x_1 判别能力显著,将判别能力显著的变量中最大的变量(即使 A_r 为最小的变量)作为入选变量记为 x_{l+1}。

(2) 剔除变量的检验统计量

考察对已入选变量 x_r 的判别能力,可以设想已计算了 l 步,并引入了包括 x_r 在内的某 L 个变量(L 不一定等于 l)。今考察拟在第 $l+1$ 步剔除变量 x_r 的判别能力,为方便起见,可以假设 x_r 是在第 l 步引入的,也即前 $l-1$ 步引进了不包括 x_r 在内的 $l-1$ 个变量。因此问题转化为考察第 l 步引入变量 x_r(在其他 $l-1$ 个变量已给定时)的判别能力,此时有

$$A_r = \frac{e_{rr}^{(l-1)}}{t_{rr}^{l-1}}$$

得到剔除变量的检验统计量：

$$F_{2r} = \frac{1-A_r}{A_r} \cdot \frac{n-(L-1)-m}{m-1} \sim F(k-1, n-(L-1)-k)$$

在已入选的所有变量中，找出具有最大 A_r（即最小 F_{2r}）的一个变量进行检验。若 $F_{2r} \leq F_a$，则认为 x_r 判别能力不显著，可把它从判别式中剔除。

(3) 计算步骤

① 计算各总体中各变量的均值和总均值以及 $E = (e_{ij})_{p \times p}$ 和 $T = (t_{ij})_{p \times p}$。

② 规定引入变量和剔除变量的临界值 $F_进$ 和 $F_出$（取临界值 $F_进 \geq F_出 \geq 0$，以保证逐步筛选变量过程必在有限步后停止）在利用计算机计算时，通常临界值的确定不是查分布表，而是根据具体问题，事先给定。

③ 逐步计算。

假设已计算 l 步（包括 $l=0$），在判别式中引入了某 L 个变量，不妨设 $x_1, x_2, \cdots, x_L$，则第 $l+1$ 步计算内容包括计算全部变量的"判别能力"，然后在已入选变量中考虑剔除可能存在的最不显著变量。在逐步计算中，每步都是先考虑剔除，后考虑引入，但开头一般都是先引入，而后才开始有剔除，实际问题中引入后又剔除的情况不多见，而剔除后重新引入的情况更少见。

④ 建立判别式，对样品判别分类。

经过第二步选出重要变量后，可用各种方法建立判别函数和判别准则，这里使用 Bayes 判别法建立判别式，假设共计算 $l+1$ 步，最终选出 L 个变量，设判别式为

$$y_g = l_1 q_g + C_0^{(g)} + \sum_{i=1}^{L} C_i^{(g)} x_i \quad (g = 1, 2, \cdots, k)$$

将每一个样品 $x = (x_1, x_2, \cdots, x_p)^T$（$x$ 可以是一个新样品，也可以是原来 n 个样品之一）分别代入 k 个判别式 y_g 中去。若 $y(h/x) = \max\limits_{1 \leq g \leq k}\{y(g/x)\}$，则 $x \in$ 第 h 总体。

9.2.3 判别效果的检验

无论用哪一种判别方法，去判断样品的归属问题，均不可能永远做出正确的判断，一般总会发生错判。面临所建立的判别函数是否有实际意义，判别效果有无实用价值，准确度如何等问题上，就需用检验分析的方法进行验证。

(1) 总体差异的显著性检验

判别分析中，首先要求假定两类样本来自有显著差异、可区别的总体，两总体的均值应有显著差异。

(2) 判别变量的重要性检验

可以通过其两类样本均值之差来衡量。

$$d_j = \bar{x}_j(A) - \bar{x}_j(B)$$

为消除变量不同量纲的影响，通常在求得判别系数后，可将其标准化后再检验。

(3) 回判法

用所建立的判别函数对两总体的已知样本进行回判，并将判别结果与已知结果对比，计算错判率，当错判率 $<30\%$，认为判别函数有效。

那么如何来计算错判的概率呢？比如只有两个总体 G_1，G_2，要计算错判概率 $P(2|1)$ 和 $P(1|2)$ 就需要知道总体的分布以及判别函数的分布，从数学上是可以对它们进行讨论的，但使用起来总是不太方便。目前已研究出很多种估计错判概率的方法。一种方法是利用建立判别函数的训练样本进行回代，用错判的样本数比上全体样品数作为错判概率的估计。但是经验证明这种方法估计错判概率往往偏低；另外一种改进的方法即将已知类别的样本分成两部份，用

其中一大部分样本（例如85%）的观测数据去建立判别函数和判别准则，用剩余的一小部分样本（15%）的观测数据进行判断，将错判的比例作为错判概率的估计。它的优点是容易计算，又不要求已知总体的分布及判别函数的分布，缺点是在建立判别函数时，未能充分利用全部样本的信息，且样本量较大。

9.2.4 判别分析的 SPSS 应用

【例9-2】 以抽烟与心脏病的关系为切入点，将15位不同程度病情的烟民分为3组（第1组是中度，第2组是轻度，第3组是重度）。检测到的抽烟量、心电图指标、脉搏跳动、收缩压、舒张压如表9-13所示，现有3位新烟民，请对这3组烟民进行判别分析。

表9-13 3组烟民及新烟民健康情况表

编号	组别	抽烟量（支/天）	心电图指标	脉搏（次/分）	收缩压	舒张压
1	1	30	280	70	130	85
2	1	25	260	72	135	80
3	1	35	330	75	140	90
4	1	40	400	78	140	92
5	1	45	410	73	138	85
6	2	20	270	70	130	80
7	2	18	210	68	135	75
8	2	25	280	70	135	75
9	2	25	300	75	140	80
10	2	23	290	72	145	86
11	3	40	410	76	148	88
12	3	45	420	80	145	90
13	3	48	425	82	148	92
14	3	50	450	85	150	95
15	3	55	470	88	160	95
16		25	280	78	140	94
17		30	290	80	152	98
18		45	400	86	150	90

首先使用前15组数据进行分类准确率的检验分析，看判别函数是否可用，错判率是否符合标准。

在数据管理窗口中，单击 Analyze 菜单，选择 Classify→Discriminant 命令，弹出 Discriminant Analysis 对话框，如图9-18所示。

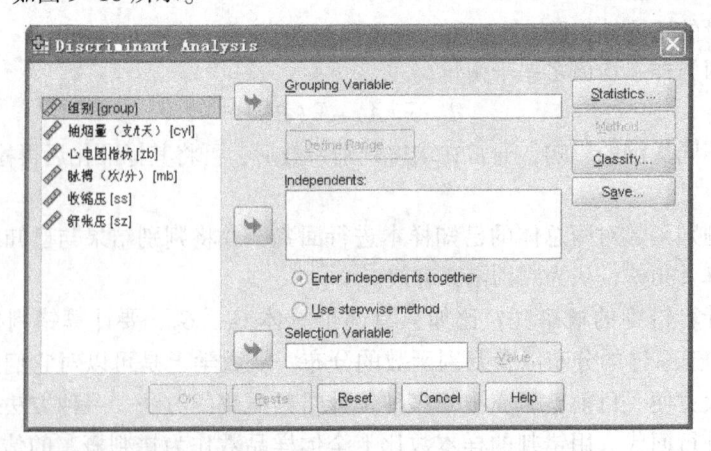

图9-18 Discriminant Analysis 对话框

对话框中各选项的意义如下。

Grouping Variable：对应变量作为分组变量。本例选择 group 变量以后，变量名后面显示一小括号，小括号内有两个问号。单击 Define Range 按钮，打开 Discriminant Analysis：Define 对话框，如图 9-19 所示。

在该对话框中，分别在 Minimum 和 Maximum 文本框中输入数值，作为分组变量取值的下界和上界。本例在 Minimum 文本框中输入 1，Maximum 文本框中输入 3。

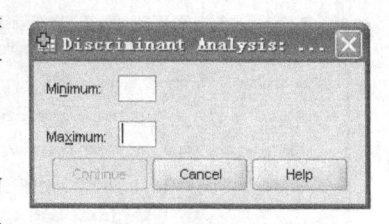

图 9-19　Discriminant Analysis：Define 对话框

Independents：在该列表框中可选择多个独立变量的变量名。本例将除组别之外的其他变量选入该列表框。

　　Enter independents together：默认选项。选择此项，表示 Independents 列表框中列出的所有变量参与判别。

　　Use stepwise method：选择此项，采用逐步判别法进行分析，最后生成的判别函数中将只包含主要的变量。本例选择此项。

　　Selection Variable：可用向右箭头键将变量列表框中选定的某个变量名转移到该列表框中，通过指定该变量的值来进行确定。具体方法当选择完某变量名后，可单击右侧的 Value 按钮（此时该按钮可用，没有选择前该按钮为灰色不可用状态），打开 Discriminant Analysis：Set Value 对话框，在该对话框中，在 Value for Selection 文本框中输入一个数值，则将只对所选择的变量中含有该值的 case 进行分析。

Statistics 按钮：单击该按钮，打开 Discriminant Analysis：Statistics 对话框，如图 9-20 所示。在该对话框中进行选择，确定判别分析统计量的生成和输出。各选项的意义如下。

　　Means：生成独立变量全部和各组的均值和标准离差。

　　Univariate ANOVAs：为每个独立变量作单因素方差分析，检验各组均值是否相等。

　　Box's M：检验各组协方差矩阵是否相等；

Matrices：设置矩阵统计量。

　　Within-groups correlation：显示一个公共组内相关矩阵，该矩阵通过在计算相关矩阵前对各个协方差矩阵求平均得到。

　　Within-groups covariance：显示一个公共组内协方差矩阵。

　　Separate-groups covariance：为每一组显示单独的协方差矩阵。

　　Total covariance：显示来自所有 case 的协方差矩阵，就像它们来自一个单独的样本一样。

Function Coefficients：设置函数系数统计量。

　　Fisher's：显示 Fisher 分类函数系数，该系数可直接用做分类。

　　Unstandardized：显示非标准化判别函数的系数。

本例选择 Means，Univariate ANOVAs，Fisher's，Unstandardized 复选框，以及 Matrices 选项组中的 Within-groups correlation，Within-groups covariance，Separate-groups covariance 和 Total covariance 复选框。

Method 按钮：该按钮只有选择了 Use stepwise method 后才可用。单击该按钮，弹出 Discriminant Analysis：Stepwise Method 对话框，如图 9-21 所示。利用该对话框确定进行逐步判别分析的方法和输入及剔除变量的判别准则。

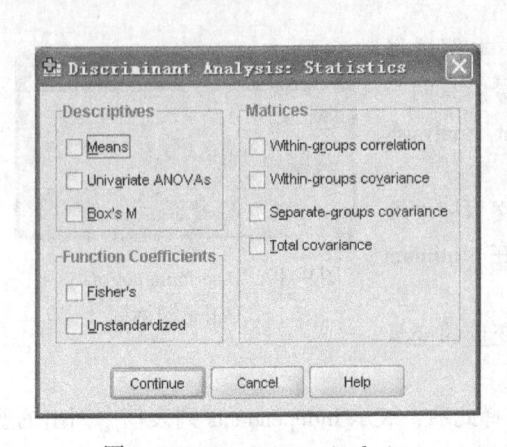

图 9-20　Discriminant Analysis：
　　　　　Statistics 对话框

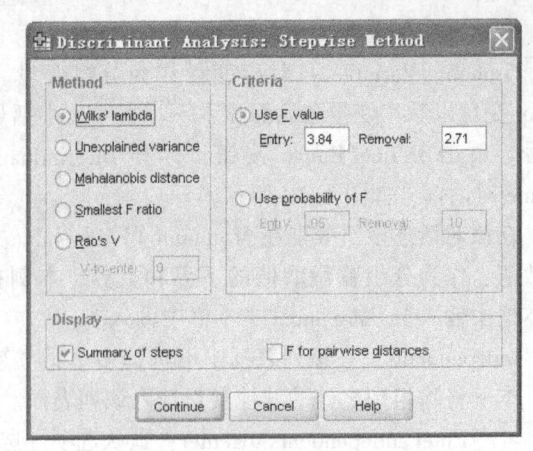

图 9-21　Discriminant Analysis：
　　　　　Stepwise Method 对话框

Wilk's lambda：默认选项。通过降低 Wilk 的 λ 值来选择输入变量，在每一步中将使全部 Wilk λ 值最小的变量作为输入变量。

Unexplained variance：在每一步中将使组间无法解释的方差之和最小的变量作为输入变量。

Mahalanobis distance：用马氏距离来度量独立变量的 case 值偏离总均值的程度。当马氏距离较大时，表示有一个或多个独立变量存在极值。

Smallest F ratio：通过使 F 比（通过计算组间马氏距离可得到）最大化来选择变量。

Rao's V：在每一步将使 Rao 的 V 值的增加量最大化的变量作为输入量。

Criteria：设置进行逐步判别分析时输入和剔除变量的判别准则。

Use F Value：默认选项，使用 F 值进行判别。在 Entry 和 Removal 文本框输入数值，分别作为输入和剔除变量的阈值。要求后者小于前者。

Use probability of F：默认选项，使用 F 值的概率进行判别。在 Entry 和 Removal 文本框输入概率值，分别作为输入和剔除变量的阈值，要求后者小于前者。

Display：设置其他显示选项。

Summary of steps：默认选项，为 Wilk λ 值、λ 值、输入/输出变量、分析变量和没有参与分析的变量生成表，为所有变量输入容限和选择变量的值。同时输出 F 值、显著性水平和最小容限。

F for pairwise distances：显示配对组的 F 比矩阵，以及组间的马氏距离的显著性检验结果。

本例采用默认选项。

Classify 按钮：打开 Discriminant Analysis：Classification 对话框，如图 9-22 所示。利用该对话框进行有关分类的设置。对话框中各选项的意义如下。

Prior Probabilities：确定先验概率的设置方法。

All groups equal：默认选项，选此项表明各组的先验概率相同，其大小等于 1 除以组数。

Compute from group sizes：根据每一组中剔除含有缺失值的 case 后剩下的样本 case 多少的比例来计算先验概率。

Use Covariance Matrix：设置采用协方差矩阵时的选项。

Within-groups：默认选项，选中此项，采用共有的组内协方差矩阵进行 case 分类。

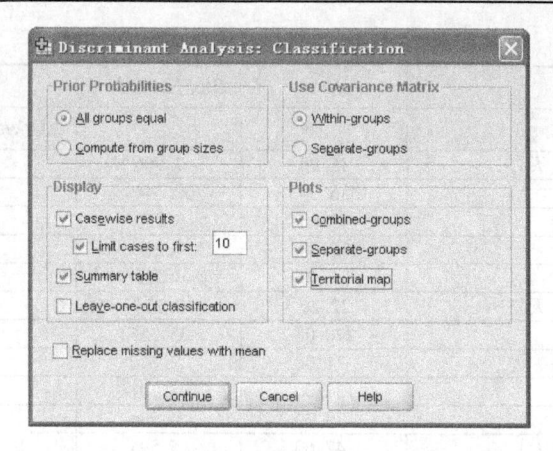

图 9-22　Discriminant Analysis：Classification 对话框

Separate-groups：采用单组协方差矩阵用于 case 分类。

Display：设置显示选项。

Casewise results：选择此项，在后面的 Limit cases to 文本框中输入数值，将 case 数限制在一定的范围内，将显示各 case 的结果。本例设置为 10，输出表只显示前 10 个 case 的结果。

Summary table：在判别分析的基础上，显示所有得到的正确或不正确的指定每组的 case。

Leave-one-out classification：交叉验证的判别分类结果，将分析中的每个 case 根据该 case 以外的所有 case 决定的判别函数进行分类，又称为"U 法"。

Plots：设置有关图形输出的选项。

Combined-groups：创建前两个判别函数值的包含全部组别的散点图。如果只有一个函数，则显示直方图。

Sparate-groups：创建前两个判别函数值的仅包含单个组的散点图。

Terrilorial map：创建分区图，用于根据函数值划分 case 类别。

Replace missing values with mean：在分类中，用均值代替缺失值，对含有缺失值的 case 进行分类。

由于此时还无法验证判别的有效性，因此本例选中 Summary table 复选框，先利用回判法进行判别函数有效性分析。单击 Continue 按钮回到主对话框，再单击 OK 按钮输出分析结果。

表 9-14 列出了有效值（Valid）、剔除值（Exclude）和总和（Total）的个数 N 和百分数（Percent）。

表 9-14　参与分析的 case 处理汇总表（Analysis Case Processing Summary）

Unweighted Cases		N	Percent
Valid		15	83.3
Excluded	Missing or out-of-range group codes	3	16.7
	At least one missing discriminating variable	0	.0
	Both missing or out-of-range group codes and at least one missing discriminating variable	0	.0
	Total	3	16.7
Total		18	100.0

表 9-15 给出了分类统计的结果，包括均值、方差、未加权的权重和加权的权重。从表中可看出，第二组的脉搏为 71 次/分，标准差（Std. Deviation）为 2.646。

表 9-15　分类统计结果（Group Statistics）

组别		Mean	Std. Deviation	Valid N (listwise)	
				Unweighted	Weighted
1	抽烟量（支/t天）	35.00	7.906	5	5.000
	心电图指标	336.00	68.044	5	5.000
	脉搏（次/分）	73.60	3.050	5	5.000
	收缩压	136.60	4.219	5	5.000
	舒张压	86.40	4.722	5	5.000
2	抽烟量（支/t天）	22.20	3.114	5	5.000
	心电图指标	270.00	35.355	5	5.000
	脉搏（次/分）	71.00	2.646	5	5.000
	收缩压	137.00	5.701	5	5.000
	舒张压	79.20	4.550	5	5.000
3	抽烟量（支/t天）	47.60	5.595	5	5.000
	心电图指标	435.00	24.495	5	5.000
	脉搏（次/分）	82.20	4.604	5	5.000
	收缩压	150.20	5.762	5	5.000
	舒张压	92.00	3.082	5	5.000
Total	抽烟量（支/t天）	34.93	12.032	15	15.000
	心电图指标	347.00	82.328	15	15.000
	脉搏（次/分）	75.60	5.938	15	15.000
	收缩压	141.27	8.163	15	15.000
	舒张压	85.87	6.664	15	15.000

表 9-16 给出了单变量方差的分析结果，检验各类中同一变量均值是否相等。从表中可以看出，计算出的 sig. 都远小于置信水平 0.05，说明不同类别中抽烟量、心电图指标、脉搏、收缩压、舒张压的均值都不相等。

表 9-16　单变量方差分析结果（Tests of Equality of Group Means）

	Wilks' Lambda	F	df1	df2	Sig.
抽烟量（支/t天）	.204	23.376	2	12	.000
心电图指标	.273	15.965	2	12	.000
脉搏（次/分）	.304	13.744	2	12	.001
收缩压	.358	10.759	2	12	.002
舒张压	.338	11.764	2	12	.001

表 9-17 给出了合并类内协方差矩阵和相关矩阵，阵中各元素是各类协方差阵或相关阵中对应元素的均值。从表中可以看出，抽烟量和心电图的协方差值（250.000）和相关系数值（0.916）较大，说明这两个变量有较好的相关性，有可能在判别方程中剔除这两个变量中的一个。

表 9-17　合并类内矩阵统计量（Pooled Within-Groups Matrices[a]）

		抽烟量（支/t天）	心电图指标	脉搏（次/分）	收缩压	舒张压
Covariance	抽烟量（支/t天）	34.500	250.000	14.700	17.867	13.483
	心电图指标	250.000	2160.000	108.083	136.417	120.667
	脉搏（次/分）	14.700	108.083	12.500	13.500	10.567
	收缩压	17.867	136.417	13.500	27.833	13.733
	舒张压	13.483	120.667	10.567	13.733	17.500
Correlation	抽烟量（支/t天）	1.000	.916	.708	.577	.549
	心电图指标	.916	1.000	.658	.556	.621
	脉搏（次/分）	.708	.658	1.000	.724	.714
	收缩压	.577	.556	.724	1.000	.622
	舒张压	.549	.621	.714	.622	1.000

a The covariance matrix has 12 degrees of freedom.

表 9-18 给出了各类的协方差矩阵和总协方差矩阵。从表中可以看出，第一组和第三组的抽烟量和心电图的协方差值较大，说明这两个变量有较好的相关性。

表 9-18 协方差矩阵 (Covariance Matrices[a])

组别		抽烟量 (支/t天)	心电图指标	脉搏 (次/分)	收缩压	舒张压
1	抽烟量（支/t天）	62.500	525.000	12.500	20.000	21.250
	心电图指标	525.000	4630.000	138.000	198.000	199.500
	脉搏（次/分）	12.500	138.000	9.300	11.300	11.450
	收缩压	20.000	198.000	11.300	17.800	12.200
	舒张压	21.250	199.500	11.450	12.200	22.300
2	抽烟量（支/t天）	9.700	95.000	6.000	8.250	2.950
	心电图指标	95.000	1250.000	77.500	87.500	92.500
	脉搏（次/分）	6.000	77.500	7.000	8.750	6.500
	收缩压	8.250	87.500	8.750	32.500	17.000
	舒张压	2.950	92.500	6.500	17.000	20.700
3	抽烟量（支/t天）	31.300	130.000	25.600	25.350	16.250
	心电图指标	130.000	600.000	108.750	123.750	70.000
	脉搏（次/分）	25.600	108.750	21.200	20.450	13.750
	收缩压	25.350	123.750	20.450	33.200	12.000
	舒张压	16.250	70.000	13.750	12.000	9.500
Total	抽烟量（支/t天）	144.781	962.286	63.329	75.019	69.633
	心电图指标	962.286	6777.857	434.429	533.357	477.429
	脉搏（次/分）	63.329	434.429	35.257	42.971	34.086
	收缩压	75.019	533.357	42.971	66.638	40.610
	舒张压	69.633	477.429	34.086	40.610	44.410

a. The total covariance matrix has 14 degrees of freedom.

表 9-19 显示了逐步判别中变量进入和剔除的情况。从表中可以看出，第一步纳入的是抽烟量，到第二步纳入的是收缩压，仅有 2 个变量进入方程。Extract F 栏的 Statistic 值是变量均方与误差均方的比值，该值越大，Sig 值越小。

表 9-19 变量进入/剔除情况表 (Variables Entered/Removed[a,b,c,d])

Step	Entered	Wilks' Lambda							
		Statistic	df1	df2	df3	Exact F			
						Statistic	df1	df2	Sig.
1	抽烟量（支/t天）	.204	1	2	12.000	23.376	2	12.000	.000
2	收缩压	.117	2	2	12.000	10.569	4	22.000	.000

At each step, the variable that minimizes the overall Wilks' Lambda is entered.

a. Maximum number of steps is 10.
b. Minimum partial F to enter is 3.84.
c. Maximum partial F to remove is 2.71.
d. F level, tolerance, or VIN insufficient for further computation.

表 9-20 和表 9-21 给出了逐步判别的中间结果输出。其中 Variables in the Analysis 表显示每一步变量进入判别方程的统计情况，Variables Not in the Analysis 表显示每一步变量不在判别方程中的统计情况。根据 Wilk's Lambda 逐步的进行变量选择和 F 检验，每步都使 Variables Not in the Analysis 表中 Wilk's Lambda 取最小值的变量进入判别函数。

表 9-20　分析过程中进入变量情况（Variables in the Analysis）

Step		Tolerance	F to Remove	Wilks' Lambda
1	抽烟量（支/t 天）	1.000	23.376	
2	抽烟量（支/t 天）	.668	11.308	.358
	收缩压	.668	4.089	.204

表 9-21　分析过程中未进入变量情况（Variables Not in the Analysis）

Step		Tolerance	Min. Tolerance	F to Enter	Wilks' Lambda
0	抽烟量（支/t 天）	1.000	1.000	23.376	.204
	心电图指标	1.000	1.000	15.965	.273
	脉搏（次/分）	1.000	1.000	13.744	.304
	收缩压	1.000	1.000	10.759	.358
	舒张压	1.000	1.000	11.764	.338
1	心电图指标	.161	.161	1.536	.160
	脉搏（次/分）	.499	.499	2.275	.144
	收缩压	.668	.668	4.089	.117
	舒张压	.699	.699	.229	.196
2	心电图指标	.160	.155	.711	.103
	脉搏（次/分）	.350	.350	.126	.114
	舒张压	.559	.534	1.073	.096

表 9-22 给出了逐步判别中 Wilks' Lambda 的统计量。Wilks' Lambda 统计量表达为类内离差交叉乘积矩阵行列式与总离差交叉乘积行列式的比值。

表 9-22　Wilks' Lambda 统计量（Wilks' Lambda）

Step	Number of Variables	Lambda	df1	df2	df3	Exact F			
						Statistic	df1	df2	Sig.
1	1	.204	1	2	12	23.376	2	12.000	.000
2	2	.117	2	2	12	10.569	4	22.000	.000

表 9-23 给出了典则判别方程的特征值以及方差贡献。特征根取变量数以及类别数减 1 中的较小值。本例分为 3 类，变量数为 5，因此特征根数为 2，其中第一个特征根为 3.896，能够解释所有变异的 84%。

表 9-23　典则判别方程的特征值及方差贡献表（Eigenvalues）

Function	Eigenvalue	% of Variance	Cumulative %	Canonical Correlation
1	3.896a	84.0	84.0	.892
2	.743a	16.0	100.0	.653

a. First 2 canonical discriminant functions were used in the analysis.

表 9-24 给出了典则判别方程的有效性检验。Wilks' Lambda 统计量表达为类内离差交叉乘积矩阵行列式与总离差交叉乘积行列式的比值。从表中 Sig. 栏可以看出，两个典则判别方程的判别能力都是显著的。

表 9-24　典则判别方程的有效性检验（Wilks' Lambda）

Test of Function(s)	Wilks' Lambda	Chi-square	df	Sig.
1 through 2	.117	24.659	4	.000
2	.574	6.392	1	.011

表9-25给出了两个标准化典则判别方程的系数,依据给出的系数,本例中两个标准化典则判别函数为

$$Y1 = 1.000 \text{抽烟量} + 0.001 \text{收缩压}$$
$$Y1 = -0.706 \text{抽烟量} + 1.224 \text{收缩压}$$

表9-26给出了两个未标准化典则判别方程的系数。依据给出的系数,本例中的判别函数表达式为

$$Y1 = 0.17 \text{抽烟量} + 0.000 \text{收缩压} - 5.964$$
$$Y1 = -0.120 \text{抽烟量} + 0.232 \text{收缩压} - 28.572$$

表9-25 标准化典则判别方程系数
(Standar-dized Canonical Discriminant Function Coefficients)

	Function	
	1	2
抽烟量（支/t天）	1.000	-.706
收缩压	.001	1.224

表9-26 未标准化典则判别方程系数
(Canonical Discriminant Function Coefficients)

	Function	
	1	2
抽烟量（支/t天）	.170	-.120
收缩压	.000	.232
(Constant)	-5.964	-28.572

Unstandardized coefficients.

表9-27给出了Bayes的Fisher线性判别方程的系数。利用表中的数据可直接写出Bayes判别方程,有几类就有几个分类方程。将某个样品代入方程计算其在各类别上的得分,并根据判别分值多少判断其所属类别,比较不同类的判别分值,哪个大就属于哪一类。

表9-27 分类方程系数
(ClassificationFunction Coefficients)

	组 别		
	1	2	3
抽烟量（支/t天）	-2.288	-2.855	-2.120
收缩压	6.376	6.755	6.757
(Constant)	-396.562	-432.098	-458.103

Fisher's linear discriminant functions.

$$Y1 = -2.288 \text{抽烟量} + 6.376 \text{收缩压} - 396.562$$
$$Y2 = -2.855 \text{抽烟量} + 6.755 \text{收缩压} - 432.098$$
$$Y3 = -2.120 \text{抽烟量} + 6.757 \text{收缩压} - 458.103$$

表9-28给出了样本判别分类统计表,根据前面进行判别分析时的设置,只输出前10个样本的判别分类统计。其中,Case Number为case编号；Actual Group表示每个case的实际类别,Highest Group组的Predicted Group表示最大可能所属的预测类,Second Highest Group组的Group表示次最大可能所属的预测类；Discriminant Scores组的Function 1和Function 2表示两个典型判别方程的得分。样本判别分类统计表的上半部分（Original）为全部样本建立判别方程的结果,下半部分[Cross-validated[a]]是交叉验证建立判别方程的结果。

表9-29给出了判别分类结果的统计评价。从表中可以看出,它给出了全部样品建立判别方程的正确分类的样品数、错分样品数和准确率。能够看到未分组的3个case有2个为第二组,1个为第三组。全部case建立判别方程的正确分类结果为该判别函数总体的判别正确率为93.3%,第一组的准确率为80%,第二组的准确率为100%,第三组的准确率为100%。一般情况下,如果准确率低于70%,则认为分类准确率不理想,需要增加样本再重新分类。

表 9-28 样本分类统计表 (Casewise Statistics)

	Case Number	Actual Group	Predicted Group	Highest Group				Second Highest Group			Discriminant Scores	
				P(D>d|G=g)		P(G=g|D=d)	Squared Mahalanobis Distance to Centroid	Group	P(G=g|D=d)	Squared Mahalanobis Distance to Centroid	Function 1	Function 2
				p	df							
Original	1	1	1	.452	2	.966	1.590	2	.033	8.322	-.841	-2.021
	2	1	2(**)	.648	2	.795	.868	1	.204	3.588	-1.691	-.259
	3	1	1	.733	2	.844	.622	3	.080	5.329	.011	-.302
	4	1	1	.684	2	.816	.760	3	.180	3.786	.862	-.903
	5	1	1	.160	2	.807	3.667	3	.192	6.536	1.713	-1.968
	6	2	2	.370	2	.909	1.989	1	.091	6.595	-2.543	-.818
	7	2	2	.774	2	.995	.513	1	.005	11.170	-2.883	.582
	8	2	2	.648	2	.795	.868	1	.204	3.588	-1.691	-.259
	9	2	2	.837	2	.962	.357	1	.037	6.859	-1.691	.901
	10	2	2	.211	2	.998	3.115	1	.002	15.669	-2.030	2.301
Cross-validated(a)	1	1	1	.255	2	.926	2.730	2	.073	7.808		
	2	1	2(**)	.569	2	.972	1.128	1	.028	8.205		
	3	1	1	.621	2	.790	.953	3	.108	4.931		
	4	1	1	.554	2	.771	1.182	3	.223	3.667		
	5	1	3(**)	.042	2	.748	6.318	1	.252	8.499		
	6	2	2	.166	2	.777	3.593	1	.223	6.087		
	7	2	2	.678	2	.993	.776	1	.007	10.700		
	8	2	2	.505	2	.745	1.367	1	.254	3.518		
	9	2	2	.767	2	.946	.530	1	.053	6.289		
	10	2	2	.037	2	.997	6.606	1	.002	18.937		

For the original data, squared Mahalanobis distance is based on canonical functions. For the cross-validated data, squared Mahalanobis distance is based on observations.

** Misclassified case.

a Cross validation is done only for those cases in the analysis. In cross validation, each case is classified by the functions derived from all cases other than that case.

表 9-29 分类结果表（Classification Results[a]）

		组别	Predicted Group Membership			Total
			1	2	3	
Original	Count	1	4	1	0	5
		2	0	5	0	5
		3	0	0	5	5
		Ungrouped cases	0	2	1	3
	%	1	80.0	20.0	.0	100.0
		2	.0	100.0	.0	100.0
		3	.0	.0	100.0	100.0
		Ungrouped cases	.0	66.7	33.3	100.0

a. 93.3% of original grouped cases correctly classified.

通过对错判率的分析，由于本例题的错判率低于阈值 30%，则认为所计算的判别函数有效，可以使用。

因此，使用带有 3 组未分组数据的全部 18 组数据进行判别分析，重新回到 Discriminant Analysis 对话框。单击 Classify 按钮，按照图 9-23 所示进行选择设置后单击 Continue 按钮回到主窗口。

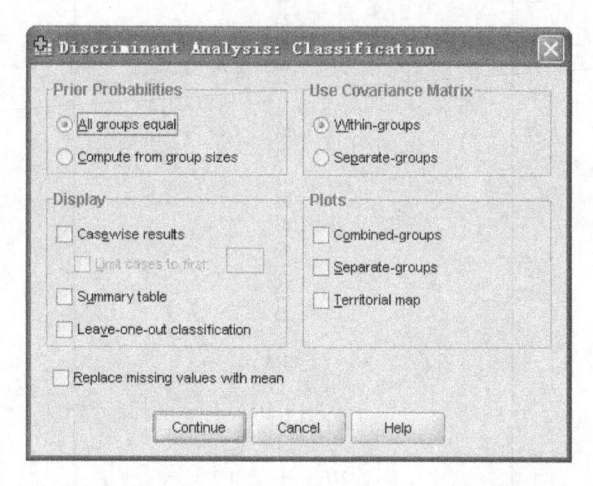

图 9-23 Discriminant Analysis：Classification 对话框

单击主对话框 Save 按钮，打开 Discriminant Analysis：Save 对话框，如图 9-24 所示。对话框中各选项的意义分别如下。

Predicted group membership：保存基于判别后的 case 所属的分组。本例选中此选项。

Discriminant scores：将独立变量的值的非标准化判别系数相乘所得的得分相加并加上常数项，将为每一个 case 保存根据判别函数得到的得分。所有 case 的平均得分为 0，公共组内方差为 1。

Probabilities of group membership：有多少个分类就创建多少个变量。第一个变量包含第一个分类中成员关系的预测概率，第二个变量包含第二个分类中成员关系的预测概率，如此类推。

单击 Conitnue 按钮回到主对话框，再次单击 OK 按钮生成输出结果。发现比原来的输出结果新增了几个图形。

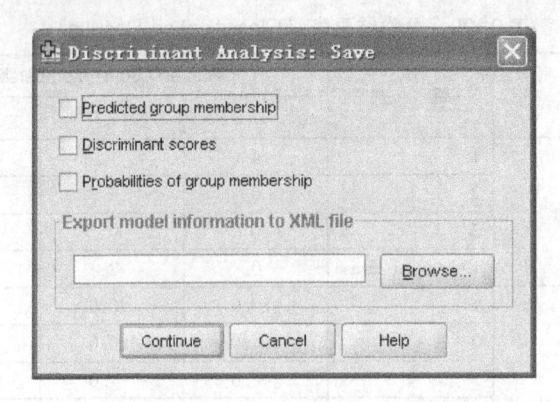

图 9-24　Discriminant Analysis：Save 对话框

图 9-25 给出了根据典则判别方程得分绘制的领域图，其中横坐标为第一典型判别方程的得分，纵坐标为第二典则判别方程的得分。图中将坐标平面分为 3 个区域，每一个区域对应某一类的分布，其中星号表示某一类的均值中心。

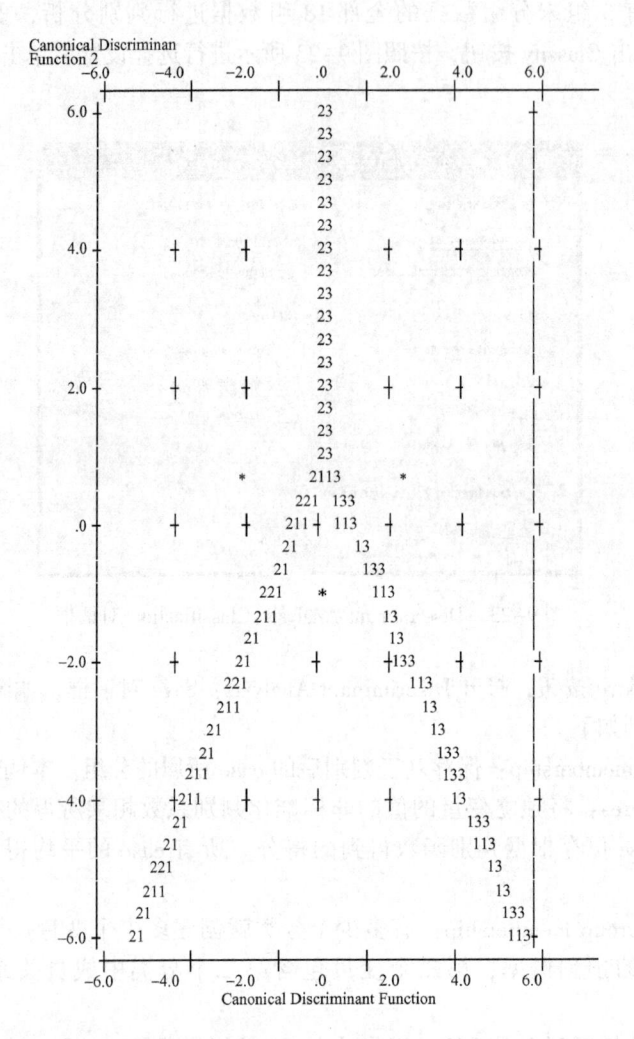

图 9-25　领域图

图 9-26 为第一组的判别得分散点图，其中横坐标为第一典则判别方程得分，纵坐标为第二典则判别方程得分（以样本数据代入典则判别方程得分计算可得）。SPSS 实际上针对每一类给出一个散点图，这里仅以第一类（中度）的判别得分散点图进行说明。

图 9-27 为综合 3 种类别的判别得分散点图，其中横坐标为第一典则判别方程得分，纵坐标为第二典则判别方程得分（以样本数据代入典则判别方程得分计算可得）。从图中可以看出，不同类别在图中有各自的分布区域，这样建立的典则判别方程有较好的判别精度。

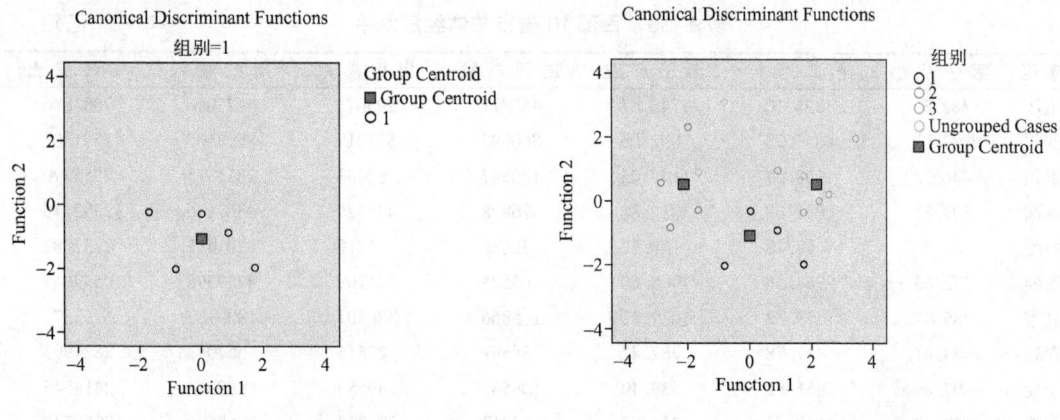

图 9-26　中度的典则判别得分散点图　　图 9-27　三组综合的典则判别得分散点图

图 9-28 给出了判别分析在数据编辑窗口的输出结果。能够看到，在原数据集中，生成了一个新变量，命名为 Dis_1，记录判别方程给出的每一个 case 的判别分类结果，用户可以比较 case 判别分类结果与该 case 实际类别的差异，看二者是否一致或近似一致。

group	cyl	zb	mb	ss	sz	Dis_1
1	30	280	70	130	85	1
1	25	260	72	135	80	2
1	35	330	75	140	90	1
1	40	400	78	140	92	1
1	45	410	73	138	85	1
2	20	270	70	130	80	2
2	18	210	68	120	75	2
2	25	280	70	135	75	2
2	25	300	75	140	80	2
2	23	290	72	145	86	2
3	40	410	76	148	88	3
3	45	420	80	145	90	3
3	48	425	82	148	92	3
3	50	450	85	150	95	3
3	55	470	88	160	95	3
	25	280	78	140	94	2
	30	290	80	152	98	2
	45	400	86	150	90	3

图 9-28　判别分析在数据编辑窗口的输出

9.3　案　　例

案例 9.1　中国西部 10 省市经济情况统计

中国西部地区地处内陆，地域辽阔，环境复杂，资源丰富，民族众多，开发历史悠久，在全国可持续发展的大格局和全国战略目标的构建中占有不可替代的地位和十分重要的意义。但由于自然、历史、社会等原因，西部地区经济发展相对落后，人均国民生产总值仅相当于全国平均水平的三分之二，不到东部地区平均水平的40%，尤其是改革开放以来，西部地区与东、中部地区的发展差距日益扩大，所以迫切需要加快改革开放和现代化建设步伐。东西部经济上的差距是全国人民有目共睹的，但从另一个角度来看，这一差距说明西部地区还存在广阔的发展空间。于是，西部成了经济热点，而西部大开发应首先立足于自身，认清自己的真正位置。因此为了进一步了解西部，就必须对西部的真正经济生活水平一探究竟。西部10省市总体经济水平如表9-30所示。

表9-30　西部10省市总体经济水平　　　　　　　　　　　　单位：亿元

地区	第一产业	第二产业	第三产业	进口总额	出口总额	财政收入	财政支出
重庆	482.39	1892.10	1748.02	450721	293074	4427000	7683886
四川	2032.00	4641.30	3832.00	860596	577217	8508606	17591304
贵州	446.38	1148.27	1147.25	146547	80483	2851375	7953990
云南	837.35	2051.08	1852.88	476828	402529	4867146	11352175
西藏	54.89	98.48	188.82	32636	6710	201412	2753682
陕西	592.63	2964.56	1908.60	467525	221209	4752398	10539665
甘肃	385.97	1279.32	1037.11	165866	386501	1909107	6753372
青海	83.41	417.78	282.42	38591	22616	567083	2821993
宁夏	97.89	451.82	339.49	108567	49584	800312	2418545
新疆	628.72	1647.55	1246.89	1150217	221366	2858600	7951540

数据来源：《中国统计年鉴2008》。

思考题：

（1）借助于SPSS统计软件中的聚类分析方法对西部10省市的有关总体经济水平的8项指标进行分析，使大家对西部的总体经济水平的分类情况有所了解。

（2）为了使分类结果更具有科学性，对数据分别做系统聚类分析及K均值聚类分析。

（3）撰写本案例的分析报告。

案例9.2　湖南省14地区居民生活水平调查

湖南巨源白酒厂有一新产品"白酒"想在湖南上市，考虑到公司现状：生产能力较小，营销实力不强，在湖南没有自己的营销网络。想在湖南选取一个地区作为营销试点地区，以求建立一套行之有效的营销模式，然后扩展到湖南另外部分地区，形成省级品牌。现须根据各地区的经济状况和消费水平选择有一个代表性的地区做试点地区，并初步确定第二步要进入的几个地区。

通过对地区性的各项指标进行全面、科学的筛选，共选用6个有代表性的指标，这6个指标能够较全面地反映一个地区的市场容量、经济水平和消费水平。

Z_1：总人口（万人）；

Z_2：人均国内生产总值（元）；

Z_3：职工年平均工资（元）；

Z_4：平均每人每年现金收入（元）；

Z_5：平均每人每年消费性支出（元）；

Z_6：平均每人每年储蓄（元）。

利用这6个指标对湖南14个地区（自治州）进行聚类分析和判别分析。资料来源于湖南统计年鉴（1999年）。原始数据如表9-31所示。

表 9-31　湖南 14 个地区的原始数据

地区 \ 指标	指标数据	Z1	Z2	Z3	Z4	Z5	Z6
长沙	571.91	9451	6573	8217.3	5706.3	697.7	
株洲	365.65	7169	6119	8077.6	5208.4	602.9	
湘潭	276.18	7229	5714	5697.4	3809.1	454	
衡阳	692.42	4318	4997	7337.5	4911.0	493.7	
邵阳	711.4	3118	4535	6042.9	4127.0	448.6	
岳阳	510.35	5976	5167	7687.1	4511.5	1210.6	
常德	593.32	5110	5151	5179.8	3411.5	515.3	
张家界	153.77	3303	5080	6029.2	4080.2	572.6	
益阳	446.87	4107	3913	5600.3	4395.7	342.9	
郴州	444.76	4718	5750	6571.0	3811.3	298.5	
永州	550.7	4154	4803	6274.0	4566.7	759.3	
怀化	392.13	4238	4950	5834.0	3560.1	1027.3	
娄底	476.62	4501	5129	6641.9	3655.1	1787	
湘西自治州	253.83	2305	5207	3844.0	2611.6	444.4	

思考题：

(1) 选择适当的影响因素，用 SPSS 软件对原始数据进行聚类分析。
(2) 根据聚类分析的结果，将永州的类别设为未知，并对它进行判别分析。
(3) 从分析结果中可以得出什么结论？你对市场的开拓有什么建议？
(4) 撰写本案例的分析报告。

案例 9.3　远东企业新产品的顾客满意度预测

远东企业生产一种新产品，在未正式上市前，将样品寄往 12 个国家的进口代理商，并附意见调查表，要求对该产品进行评估。评估的内容有式样、包装、耐久性三个方面。评估的结果采用 10 分制记分。代理商评估后还要说明是否愿意购买，调查结果如表 9-32 所示，表中的分数，高者表示代理商认为其特性良好，否则为较差。

表 9-32　调查结果

	编号	式样 X1	包装 X2	耐久性 X3
购买者	1	9	8	7
	2	7	6	6
	3	10	7	8
	4	8	4	5
	5	4	9	3
	6	8	6	7
	7	7	5	6
非购买者	1	8	4	4
	2	3	6	6
	3	6	3	3
	4	6	4	5
	5	8	2	2

思考题：

(1) 今有第 13 个国家的进口代理商对该产品的评分，分别是：式样 9 分、包装 5 分、耐久性 4 分。请根据历史数据建立判别函数。
(2) 如果该判别函数可用，请预测该国是否愿意购买该批产品。
(3) 撰写本案例的分析报告。

案例 9.4　我国各省市经济发展水平研究

经济发展有着丰富的内涵，它是在经济增长的基础上，某个国家或地区经济结构、社会结构持续高级化的过程。按经济发展水平，中国一般被分成东、中、西部三个大的区域，并习惯上认为东部经济发展水平高于中部，中部又高于西部。如果不考虑香港特别行政区、澳门特别行政区和台湾省，余下的 31 省区市大体可以结合地理位置因素进行划分，东部主要包括北京、天津、河北、辽宁、上海、江苏、浙江、福建、山东、广东、广西和海南等 12 省区市，中部主要包括山西、内蒙古、吉林、黑龙江、安徽、江西、河南、湖北和湖南9省区，西部主要包括重庆、四川、贵州、云南、西藏、陕西、甘肃、宁夏、青海和新疆等10省区市。本文选取一系列衡量经济发展水平的指标，对除香港、澳门和台湾外的31省、区、市进行聚类分析，从而进行合理的区域划分。一般来说，评价一个国家或地区的经济发展水平可以采用的指标有人均GDP、人均能源消耗、农村人口比重、平均预期寿命、食物支出占消费支出比重、成人扫盲率和新生婴儿死亡率等。根据《中国统计年鉴2007》和《中国2000年人口普查资料》，获得2006年评价各省区市经济发展水平的各项指标如表9-33所示。

表9-33 2006年中国31省、区、市经济发展水平的指标值

地区	人均GDP（元）	人均能源消耗（吨标准煤万元）	农村人口比重	平均预期寿命	食物支出占消费支出比重	成人扫盲率（%）	新生婴儿死亡率（%）
北京	49780.39	3.78	15.67	76.10	0.31	95.53	3.65
天津	4055.23	4.33	24.27	74.91	0.35	95.90	4.04
河北	16901.07	3.20	61.56	72.54	0.34	93.58	17.63
山西	14081.60	4.07	56.99	71.65	0.31	95.58	16.52
内蒙古	19989.49	4.82	51.36	69.87	0.30	90.61	28.29
辽宁	21660.38	3.84	41.01	73.34	0.39	95.8	9.57
吉林	15700.34	8.60	47.03	73.10	0.33	94.79	15.77
黑龙江	16188.60	8.29	46.50	78.37	0.33	95.03	9.01
上海	57114.99	4.99	11.30	78.14	0.36	95.08	4.24
江苏	28668.98	2.65	18.10	73.91	0.36	90.64	11.81
浙江	3161.47	2.73	43.50	74.70	0.33	89.80	10.67
安徽	10063.39	1.18	62.90	71.85	0.42	83.70	27.09
福建	2041.01	1.94	52.00	72.55	0.39	88.69	17.64
江西	10764.07	1.10	61.32	68.95	0.46	90.79	41.88
山东	23716.15	2.92	53.90	73.92	0.32	90.87	14.14
河南	13304.91	1.78	36.53	71.54	0.33	91.38	19.89
湖北	13316.92	1.95	56.20	71.08	0.39	90.17	16.75
湖南	11934.55	1.61	61.29	70.66	0.39	93.48	23.10
广东	28164.74	2.17	37.00	73.27	0.36	94.89	14.36
广西	10232.06	1.22	65.36	71.29	0.42	93.99	24.02
海南	12593.90	1.14	53.90	72.92	0.43	90.50	17.38
重庆	12434.37	1.70	53.30	74.73	0.36	90.30	30.71
四川	10573.89	1.58	65.70	71.20	0.38	87.44	19.81
贵州	6074.00	1.91	72.54	65.86	0.39	81.21	57.06
云南	8937.59	1.53	69.50	65.49	0.12	89.50	59.13
西藏	10356.23	2.60	71.79	64.37	0.50	54.35	37.25
陕西	12111.75	1.73	60.88	70.07	0.35	90.65	28.61
甘肃	8736.38	1.92	68.91	67.47	0.35	77.73	41.11
青海	11107.66	3.65	60.74	66.03	0.36	90.70	38.69
宁夏	11767.55	4.92	57.00	70.17	0.34	54.56	22.17
新疆	14851.93	3.11	62.06	67.41	0.35	33.34	26.63

资料来源：中国统计年鉴2007《中国2000年人口普查资料》。

思考题：

（1）请根据以上数据，结合本章内容，运用SPSS软件，对我国不同地区的经济发展水平进行聚类分析。

（2）根据以上计算过程及计算结果，形成一个案例分析报告。

习 题 9

1. 聚类分析的意义与作用是什么？
2. 现有 8 个企业的基本统计资料如表 9-34 所示，请根据相应的指标对这些企业进行聚类分析。

表 9-34 8 个企业的基本统计资料

企　业	年平均从业人员人数（人）	年末资产总计（千元）	全年工业总产值（现价）（千元）	全年产品销售收入（千元）
A	1680	14640	2211	3300
B	1959	29721	4942	3900
C	683	16841	7968	6080
D	1668	18956	8202	5280
E	1740	15740	2890	3890
F	1874	29851	5013	4020
G	1863	186436	8589	7280
H	994	19357	8965	7790

3. 维尼纶厂生产牵切纱的工艺流程由牵切、粗纺和细纺三道工序组成，设各个工序的不合格率分别用 X,Y,Z 表示。现有 30 家工厂的数据如表 9-35 所示。试对这些工厂进行聚类分析。

表 9-35 30 家工厂的数据

序号	X	Y	Z	序号	X	Y	Z
1	15.58	1.95	1.34	16	17.88	2.52	2.41
2	10.68	1.37	1.27	17	13.38	1.43	1.69
3	15.62	2.93	1.56	18	14.21	8.27	1.5
4	15.78	1.14	1.48	19	16.8	1.41	1.19
5	13.22	1.85	1.4	20	10.81	1.78	2.44
6	16.44	1.32	1.82	21	10.81	1.32	1.35
7	11.4	2.05	0.85	22	17.26	1.31	1.57
8	16.17	1.11	1.4	23	14.92	1.42	1.64
9	14.03	1.47	1.15	24	18.14	2.13	1.64
10	15.67	1.38	1.89	25	18.15	1.2	2.34
11	12.74	1.35	0.87	26	10.31	0.98	0.65
12	11.73	1.33	1.53	27	11.4	1.27	1.19
13	14.84	1.09	1.25	28	12.57	0.87	2.06
14	43.73	1.27	2.47	29	17.61	1.21	1.57
15	15.12	1.78	1.83	30	14.89	1.67	1.01

4. 怎样恰当地读取 SPSS 输出的聚类树状图和冰柱图？
5. 为什么说判别分析的指标（变量）多一些好？说明判别分析的主要思路。
6. 阐述采用距离进行聚类分析方法的基本思路。
7. Bayes 判别多考虑了哪些因素？
8. 如何对判别分析的结果进行有效性检验？
9. 如果习题 3 中维尼纶厂的工序不合格率分成 3 类（不合格率高、不合格率中、不合格率低），现有一家企业的牵切、粗纺和细纺三道工序的数据分别为 10.8，1.5，0.7，试问该企业属于哪一类？

第10章 生存分析

【引例】 现实中的统计。

世纪华联超市连锁有限公司是一家集零售、批发、仓储、物流为一体的大型连锁超市企业集团,公司现拥有直营门店36家,大型卖场13家,加盟店1960余家。

目前,世纪华联超市实行了购物积分卡计划,详细记录了消费者的购买行为信息。如何利用这些丰富的数据,深入了解消费者的购买行为,为公司的营销计划提供科学的决策支持在消费者的购买过程中,有三个问题尤为重要:顾客间隔多长时间购买一次,每次购买什么商品,每次购买的金额是多少。公司首先致力于第一个问题,并把任务交给了数据分析人员。

零售积分卡的数据一般是选择一段观察期,存在数据删失现象,即在观察开始之前顾客可能已经发生购买而数据并未被记录,或者观察期结束后顾客仍然会继续购买而无法观测到,而且某些解释变量是随时间变化的。这种情况下使用传统的OLS、Logistic回归并不合适,只能使用生存分析方法。生存分析方法主要用于涉及一定时间发生和持续长度的时间数据,用以揭示事件发生和发展的规律。与传统的分析方法相比,生存分析主要有两个优点:

① 可以很好地处理删失数据,减少估计误差;
② 可以处理随时间变化的解释变量的作用。

因此,世纪华联公司的数据分析人员认为可以借助生存分析方法来估计顾客间隔购买时间并分析交易特征、季节特征、人口特征等对其的影响。

分析人员使用的数据来源于世纪华联在北京一家分店的116位积分卡客户于2007年6月到2009年2月的39 341条历史购买数据。研究人员首先用Kaplan-Meier非参数方法估计出顾客的间隔购买时间,然后通过Cox比例风险模型分析交易特征、季节特征、人口统计特征对间隔购买时间的影响。

研究发现:顾客平均15天光顾一次商店;每次交易的总额、每次交易购买的商品数越多,间隔购买时间越长;累积退货次数越多,间隔购买时间越短;季节因素对间隔购买时间有显著影响;女性间隔购买时间更短,年龄越大,间隔购买时间越短,月收入在5000~10000元的消费者间隔购买时间更长。同时,利用模型可以根据消费者的购买特点预测顾客下次的购买时间,针对不同客户特点在细分市场上促销,通过短信方式发送促销信息提醒消费者等,以增加顾客的惠顾率。

一般情况下,生存分析希望通过有关的数据解决如下问题:生存状态(生存函数、危险函数、剩余寿命)的估计,不同处理(治疗)或生存方式的比较,因素识别,风险识别,未来状态预断。

生存分析是近20年来发展起来的数理统计新分支,它是根据现代医学、工程学等科学研究中的大量实际问题提出来的,着重对截断数据进行统计分析研究。生存分析涉及数理统计中原有的参数统计和非参数统计的结合,而且还涉及一些较深、较新的概率和其他数学工具。本章将介绍生存分析的具体内容,包括Kaplan-Meier分析方法、Cox回归分析方法及其在SPSS软件中的实现。

10.1 生存分析的基本概念

简单地说,生存分析就是对特定事件发生的时间进行分析和推断。根据研究领域的不同,这一特定事件可以是设备失效、生物体的死亡、疾病的出现、疾病的发展及复发、犯人的假释、失业、离婚、债券违约等。由于这些事件发生的时间(这里统称为生存时间)受随机因素的影响,因此是一个随机变量。用 X 表示生存时间变量,显然它是非负的。在介绍基本函数和参数模型之前先了解一下生存分析中的基本术语。

10.1.1 基本术语

生存分析中常用的术语如下。

失效事件(Failure Event):也称为"死亡"事件或失败事件,表示观察到随访对象出现了所规定的结局,如乳腺癌病人手术后复发、肾移植病人肾功能衰竭、白血病患者化疗后的复发等。失效事件的认定是生存分析的基石,必须绝对准确。

需要特别提醒的是,失效事件应当由研究目的而决定,并非一定是死亡(如研究灯泡寿命),而死亡也并非一定是发生了失效事件(如肺癌患者死于其他疾病)。

截尾(删失)值(Censored Value):有的观察对象终止随访不是由于失效事件发生,而是无法继续随访下去,具体来说常见的原因如下。

① 生存但中途失访:包括拒绝访问、失去联系或中途退出试验。

② 死于其他与研究无关的原因:如肺癌患者死于心机梗塞、自杀或车祸,终止随访时间为死亡时间。

③ 随访截止:随访研究结束时观察对象仍存活。

由于不知道这些观察对象发生失效事件的时间,他们的资料不能提供完全的信息,这些对象的观察值称为截尾值(或删失),常用符号"+"表示。

生存时间(Survival Time):即随访观察持续的时间,按失效事件发生或失访前最后一次的随访时间记录,常用 t 表示。一般情况下,较细的时间单位准确性较高,应尽量以个体为单位采用较细的时间单位来记录。但在许多大型的随访中,不可能做到按个体记录,常见的是按固定的时间段(如一月一次或一年一次)记录有多少人失访、多少人发生失效事件,此时收集到的资料被称为分组生存资料。

生存率(Survival Rate):实际上应当是生存概率,指某个观察对象活过某时刻的概率,常用 $p(X>t)$ 表示。根据不同随访资料的失效事件,生存率可以是缓解率、有效率等。

10.1.2 基本函数

生存时间变量 X 的分布特征可以通过以下三个函数来描述:反映个体存活超过时间 t 的生存函数;反映年龄为 t 的个体在下一个瞬间经历某特定事件的危险率函数;反映在给定时刻某特定事件尚未发生的条件下,该事件发生的平均时间,即 t 时刻的平均剩余寿命。

(1) 生存函数 $S(t)$

$$S(t) = P(X>t) = 1 - P(X \leq t) = 1 - F(t) \tag{10-1}$$

式中, $F(t)$ 为分布函数, $S(t)$ 又称为可靠度函数或可靠度。显然, $S(0)=1, S(\infty)=0$。当 X 的概率密度函数 $f(t)$ 存在时,有

$$S(t) = \int_t^\infty f(u)\,du \tag{10-2}$$

X 的数学期望常记为 μ，方差为 σ^2，中位数为 m。

(2) 危险率函数 $h(t)$

$$h(t) = \lim_{\Delta t \to 0} \frac{1}{\Delta t} P(X \leq t + \Delta t \mid X > t) \tag{10-3}$$

这里假定极限存在，$h(t)$ 又称为损坏函数、失效率函数等。当 X 的概率密度函数 $f(t)$ 存在时，又有

$$h(t) = \frac{f(t)}{1-F(t)} = \frac{f(t)}{S(t)} = -\frac{S'(t)}{S(t)} \tag{10-4}$$

或

$$S(t) = e^{-\int_0^t h(u)d(u)} \tag{10-5}$$

而且满足

$$\int_0^\infty h(u)\,du = \infty$$

(3) 平均剩余寿命 $m(t)$

$$m(t) = E(X - t \mid X > t) = \frac{\int_t^\infty S(u)\,du}{S(t)} \tag{10-6}$$

在实践中往往很注重对性质的研究。一般来说，如果 $h(t)$ 单调上升，就称 X（或 F）具有递增损坏速度（Increasing Failure Rate），简记为IFR；如果 $h(t)$ 单调下降，就称 X（或 F）具有递减损坏速度（Decreasing Failure Rate），简记为 DFR。有时也考虑所谓平均危险率

$$\frac{1}{t}\int_0^t h(u)\,du \tag{10-7}$$

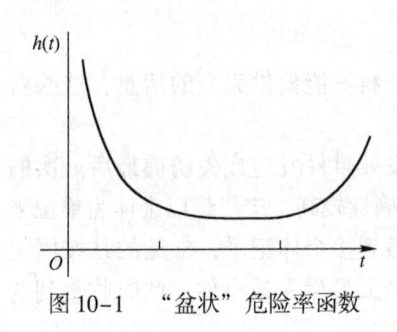

类似地，若式（10-7）递增，则称 X（或 F）具有递增平均损坏速度（Increasing Failure Rate Average），简记为 IFRA；若式（10-7）递减，则称 X（或 F）具有递减平均损坏速度（Decreasing Failure Rate Average），简记为 DFRA。也常分段讨论危险率函数。如图 10-1 所示的"盆状"危险率函数，初始段下降，中间段平坦，末尾段上升。人类的死亡率函数也大体如此。

图 10-1　"盆状"危险率函数

10.1.3　常见的参数模型

虽然生存分析中用的方法大部分是非参数的或半参数的，但参数模型仍占有重要地位。如果被研究总体能纳入参数模型，常会事半功倍。选择理论分布去逼近生存函数是一种技术，同时也是一项科学任务。下面介绍几个常见的参数模型。

(1) 指数分布（参数 $\lambda > 0$）

指数分布是一种应用极其广泛的单参数分布，它最大的特点是具有恒定危险率，即

$$h(t) = \lambda \tag{10-8}$$

它的生存函数为

$$S(t) = -e^{\lambda t}, \quad t \geq 0, \lambda \geq 0 \tag{10-9}$$

危险率为参数的指数分布常用在可靠性分析中，常常假设在很短的时间内，某产品的部件服从指数分布，但很少将指数分布作为人的生存模型。

(2) 线性危险率分布

顾名思义,线性危险率分布就是危险率函数为线性函数的分布,即

$$h(t) = \lambda + \gamma t, \quad t \geq 0 \tag{10-10}$$

它的生存函数为

$$S(t) = e^{-(\lambda t + \gamma t^2)} \tag{10-11}$$

线性危险率分布通常是作为指数分布的一个修正,其适用范围比指数分布稍广,常用于可靠性分析,有时也用在恶性病的晚期分析中。

(3) Weibull 分布(参数 $\lambda > 0$,$\gamma > 0$)

Weibull 分布有着广泛的应用领域,指数分布是其中的一个特例,它的危险率函数为

$$h(t) = \lambda \gamma (\lambda t)^{\gamma - 1} \tag{10-12}$$

它的生存函数为

$$S(t) = \exp(-\lambda t\gamma) \tag{10-13}$$

在生存分析中还经常使用极值分布、广义 Gamma 分布、对数正态分布、Rayleigh 分布、Pareto 分布等。

10.1.4 生存分析的方法分类

生存分析中常用的分析方法有很多,标准分类也众多,按照是否使用参数分为三大类。

参数方法:要求观察的生存时间 t 服从某一特定的分布,采用估计分布中参数的方法获得生存率 $p(X > t)$ 的估计值和曲线。

非参数方法:实际工作中,多数生存时间的分布不符合特定的分布,此时应采用非参数方法。这类方法的检验假设与以往所学的非参数法一样,假设两组或多组的总体生存函数曲线分布相同,而不论总体的分布形式和参数如何。非参数法是随访资料的常用分析方法。

半参数方法:只规定了影响因素和生存状况间的关系,但是没有对时间和风险函数的分布情况加以限定。这种方法主要用于分析生存率的影响因素,属于多因素分析方法,其典型方法是 Cox 比例风险模型。

10.2 寿命表分析

当观察对象数目较多时,常将生存时间按年、月或日进行分组,得出具体若干时间段生存数据的频数表,即寿命表。对于这种分组的生存数据可按寿命表法计算生存率。该方法建立在大数定理的基础上,其基本思想就是将观测区间划分为很多小的时间区间,对每一个区间所估计的概率都用来估计事件发生在不同时间点上的概率。

10.2.1 寿命表分析简介

寿命表创始人格兰特(John Grant)于 1662 年用伦敦几十年人口统计资料完成了《关于死亡表的自然和政治的观察》(简称死亡率表),提出了寿命表概念。在生存分析中,对生存函数的估计是一项重要内容。寿命表方法是其中一种重要的非参数估计方法,它不仅历史悠久,而且在各领域都有广泛的应用。

寿命表法利用构造寿命表的原理来得到观察时间在任一时刻的生存状况。寿命表法全称为由不完整数据样本估计表格式生存模型矩方法。它的原理是由某一个期望观测到的在 $[x,x+1]$ 岁间的死亡个数等于实际死亡个数,即

$$E(D_x) = \sum_{i=1}^{n_x} s_i - r_i q_{x+r_i} = d_x \tag{10-14}$$

式中，n_x 为在 x 岁时进入研究的样本个数，r_i 为第 i 个样本在 x 岁时的进入时间（$0 \leq r_i < 1$）；s_i 为第 i 个样本在 x 岁时的退出时间（$0 \leq s_i \leq 1$）；$s_i - r_i q_{x+r_i}$ 为在 $x+r_i$ 岁进入研究的人再活 $s_i - r_i$ 岁后死亡的概率。在此，$s_i - r_i$ 称为第 i 个样品在 x 岁时的暴露（Expose），即第 i 个样本在 x 岁时面临风险的时间长度，也可以理解为第 i 个样本在 x 岁时仍在观察期的时间长度；d_x 指样本在 $(x, x+1)$ 岁时死亡的个体数量；D_x 指总体在 $(x, x+1)$ 岁间的死亡的个体数量。

又有

$$s_i - r_i q_{x+r_i} \approx (s_i - r_i) q_x \tag{10-15}$$

$$E(D_x) \approx q_x \sum_{i=1}^{n_x} s_i - r_i = d_x \Rightarrow \hat{q}_x = \frac{d_x}{\sum_{i=1}^{n_x}(s_i - r_i)} \tag{10-16}$$

式中，q_x 为在 x 岁存活的人在 $[x, x+1]$ 岁间死亡的概率。

在 SPSS 中，根据上述矩估计原理，可以构建任意时间长度的寿命表。构造方法是给出相互连接但不重叠的固定区间 $I_j = [a_{j-1}, a_j)$，其中 $j = 1, 2, \cdots, k+1$，且 $a_0 = 0, a_{k+1} = \infty$。每个事件及删失数据将落在唯一的区间内。

10.2.2 寿命表分析的 SPSS 操作

江磁电工是一家为涡轮装置生产发动机绕组的公司。绕组是变压器标注的某一电压值相对应的电气线路的一组线匝。在高温下，发动机绕组可能会以不可接受的比率解体。公司决定检查发动机组在 80℃下的失效时间，希望获得以下信息：半数绕组失效的时间、运行超过不同时间的绕组的比例。数据如表 10-1 所示，其中，变量 Result 取 1 值表示死亡，而 0 表示删失。

表 10-1 发动机绕组在 80℃下的失效时间

Num（编号）	Month（研究时间长度）	Result（结果）	Num（编号）	Month（研究时间长度）	Result（结果）	Num（编号）	Month（研究时间长度）	Result（结果）
1	50	1	18	24	1	35	59	1
2	60	1	19	37	1	36	48	1
3	53	1	20	31	1	37	77	0
4	40	1	21	67	1	38	58	1
5	51	1	22	62	1	39	51	1
6	99	0	23	100	0	40	97	0
7	35	1	24	58	1	41	34	1
8	55	1	25	46	1	42	79	1
9	74	1	26	51	1	43	91	0
10	101	0	27	27	1	44	41	1
11	56	1	28	52	1	45	64	1
12	45	1	29	48	1	46	81	0
13	61	1	30	79	0	47	105	0
14	92	0	31	48	1	48	84	0
15	73	0	32	67	1	49	54	1
16	51	1	33	66	1	50	23	1
17	49	1	34	27	1			

1. 操作步骤

打开数据文件后，在菜单栏中选择 Analyze → Survival → Life Tables 命令，即可打开如图 10-2 所示的 Life Tables 对话框。

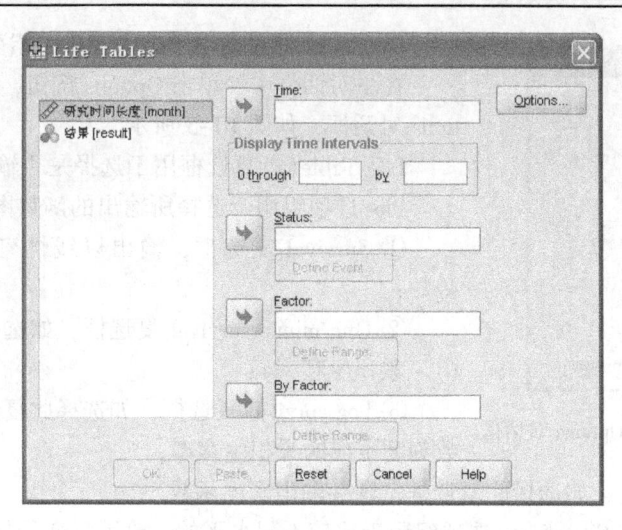

图 10-2　Life Tables 对话框

左侧为源变量列表框，Time 列表框用于从左边的源变量列表内选择生存时间变量，本例选择变量 month。

Display Time Intervals 选项组：设置时间区间的长度及终点。寿命表分析以时间 0 为第一个时间区间的起点。用户在 by 前面的文本框内输入最后一个区间的终点值，在 by 后面的文本框中输入区间的长度。本例设置时间区间的长度为 2，终点为 10。

Status 列表框用于选入状态变量，本例从左边的源变量列表框中选择变量 result。选入状态变量后，Define Event 按钮被激活，单击该按钮，即可打开如图 10-3 所示的 Life Tables：Define Event for Status（寿命表分析：设置状态）对话框。

在 Life Tables：Define Event for Status 对话框中有以下两个单选按钮。

① Single value 单选按钮，在单选按钮后的文本框内设置一个指示事件发生的数值。在输入这个值之后，带有其他值的观测值都被作为截断观测；

② Range of values 单选按钮，在单选按钮后的文本框内设置一个指示事件发生的数据区间。在文本框内输入区间的上下界，观测值不在这个区间内的观测都被作为截断数据。

本例选择 Single value 单选按钮。在后面的文本框内输入数值 1 设置结束后，单击 Continue 按钮确认选择并返回主对话框。

Factor 列表框用于从左边的源变量列表框中选入一阶因素变量。选入变量后，Define Range 按钮被激活，单击此按钮，即可打开 Life tables：Define Range for Factor Variable（寿命表分析：定义因素变量范围）对话框，如图 10-4 所示。对话框中有两个文本框：Minimum 文本框中输入的数值用于设置因素变量的下界；Maximum 文本框中输入的数值用于设置因素变量的上界。设置结束后，单击 Continue 按钮确认选择并返回主对话框。

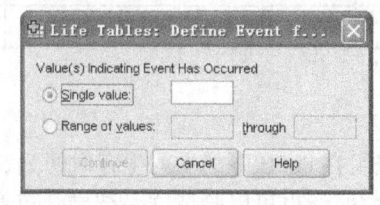

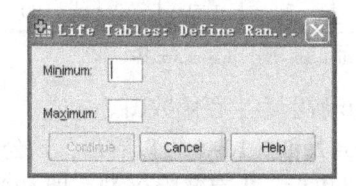

图 10-3　Life Tables：Define Event for Status 对话框

图 10-4　Life Tables：Define Range for Factor Variable 对话框

图 10-5　Life Tables：Options 对话框

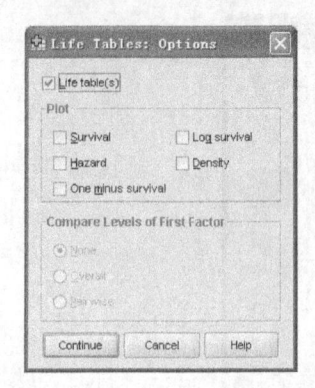

By Factor 列表框用于选入二阶因素变量。

在主对话框中，单击 Options 按钮，打开 Life Tables：Options 对话框，如图 10-5 所示。

Life Table(s) 复选框用于选择是否输出寿命表。

Plot 选项组用于选择所输出的函数图形：

① Survival 复选框，输出以线性刻度生成的累积危险函数；

② One minus survival 复选框，如选择此复选框则会输出（1－累积生存率）；

③ Log survival 复选框，如选择此复选框，则会输出以对数刻度生成的累积生存率；

④ Density 复选框，如选择此复选框，则会输出密度函数。

Compare Levels of First Facto 选项组用于比较不同水平的一阶因素变量的方法：

① None 单选按钮表示不进行子群之间的比较；

② Overall 单选按钮表示同时比较所有水平的一阶因素变量；

③ Pairwise 单选按钮表示配对比较一阶因素变量水平。

本例在 Options 对话框中选择 Survival 复选框。设置结束后，单击 Continue 按钮确认选择并返回主对话框。

所有设置结束后，单击 OK 按钮，执行寿命表分析。

2. 结果解读

执行上述操作之后，在结果输出窗口输出寿命表（Life Table）和生存函数图（Survival Function）。表 10-2 为寿命表。

表 10-2　寿命表（Life Table[a]）

Interval Start Time	Number Entering Interval	Number Withdrawing during Interval	Number Exposed to Risk	Number of Terminal Events	Proportion Terminating	Proportion Surviving	Cumulative Proportion Surviving at End of Interval	Std. Error of Cumulative Proportion Surviving at End of Interval	Probability Density	Std. Error of Probability Density	Hazard Rate	Std. Error of Hazard Rate
0	50	0	50.000	0	.00	1.00	1.00	2.83	.000	.000	.00	.00
20	50	0	50.000	8	.16	.84	.84	2.39	.008	.023	.01	.00
40	42	0	42.000	21	.50	.50	.42	1.20	.021	.060	.03	.01
60	21	4	19.000	8	.42	.58	.24	.70	.009	.025	.03	.01
80	9	6	6.000	0	.00	1.00	.24	.70	.000	.000	.00	.00
100	3	3	1.500	0	.00	1.00	.24	.70	.000	.000	.00	.00

a. The median survival time is 56.19.

图 10-6 所示为生存函数图。

从表 10-2 和图 10-6 可以看出，该公司的发动机绕组在 80°C 下的平均生存时间为 56 个月，在第 60 个月以后，生存率为 0.42，即 42%。从生存函数曲线也可以验证这一结果，随着时间的增加，生存率在下降，到第 60 个月时下降到 42%。

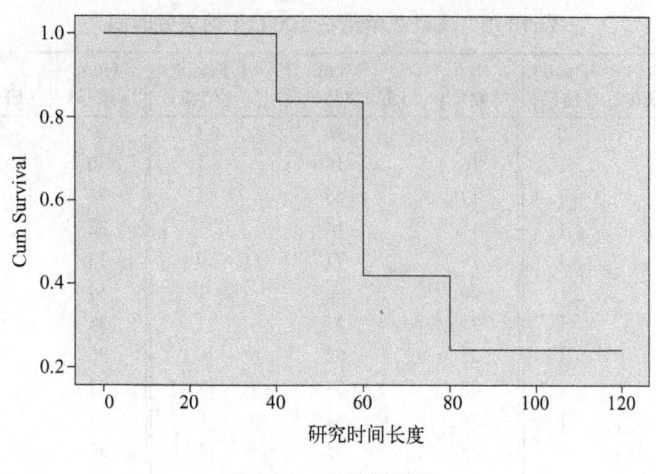

图 10-6 生存函数图

10.3 Kaplan-Meier 分析

Kaplan-Meier 方法是 Kaplan 与 Meier 于 1958 年提出的,由于它有乘积极限的形式,故又称为乘积极限(PL)估计。Kaplan-Meier 在生存分析中的地位与经验分布函数在经典统计中的地位相仿,而且两者有相近的渐近行为。

10.3.1 Kaplan-Meier 分析简介

Kaplan-Meier 分析简介是一种非参数方法,主要用于小样本分组资料的生存函数估计。Kaplan-Meier 模型建立在下面两个基础之上:一是对每一个事件发生的时间点的条件概率所做的估计,二是这些概率的范围,然后使用这两方面的信息来估计每一个时间点的生存率。

在 Kaplan-Meier 分析中,得到的累积生存函数的估计值为

$$\hat{S}(t) = \begin{cases} 1, & t \leq t_1 \\ \prod_{t_i \leq t} \left(1 - \dfrac{d_i}{y_i}\right), & t > t_1 \end{cases} \tag{10-17}$$

$$\hat{\mathrm{Var}}[\hat{S}(t)] = [\hat{S}(t)]^2 \sum_{t_i \leq t} \dfrac{d_i}{y_i - d_i} \tag{10-18}$$

式中,t_i 为第 i 个事件发生的时刻,d_i 为在时刻 t_i 发生事件的个数,y_i 为在时刻 t_i 面临风险的个体数。

生存函数 $S(t)$ 的 p 分位点 x_p 为

$$x_p = \inf\{t : S(t) \leq 1 - p\} \tag{10-19}$$

常用的分位点为四分位点和二分位点。

10.3.2 Kaplan-Meier 分析的 SPSS 操作

下面讲解 Kaplan-Meier 方法的操作及对其结果的解读。

以上文所提到的江磁电工为例,继续研究该绕组在 100 ℃下的失效时间,结果如表 10-3 所示。表中,变量 Result 取 1 表示死亡,取 0 表示删失。该公司想知道两个温度下的生存曲线是否显著不同。

表10-3 发动机绕组在100℃下的失效时间

Num（编号）	Month（研究时间长度）	Result（结果）	Num（编号）	Month（研究时间长度）	Result（结果）	Num（编号）	Month（研究时间长度）	Result（结果）
1	101	0	15	36	1	29	37	1
2	11	1	16	18	1	30	38	1
3	4	1	17	25	1	31	40	1
4	32	1	18	14	1	32	30	1
5	36	1	19	77	0	33	64	0
6	22	1	20	4	1	34	46	1
7	72	1	21	27	1	35	46	1
8	69	1	22	62	0	36	24	1
9	35	1	23	54	1	37	76	1
10	29	1	24	84	0	38	18	1
11	18	1	25	45	1	39	16	1
12	38	1	26	10	1	40	45	1
13	39	1	27	97	0			
14	68	1	28	6	1			

1. 操作步骤

根据表10-1和表10-3建立数据文件，在本案例中，变量"温度条件"中的"0"表示80℃，"1"表示100℃。在数据编辑窗口的主菜单中选择Analyze → Survival → Kaplan-Meier命令，即可打开Kaplan-Meier对话框，如图10-7所示。

与寿命表分析的对话框类似，Kaplan-Meier对话框中的Time列表框用于从左边的源变量列表框中选入一个时间变量。时间变量可以以任何长度为单位，在时间变量中如果存在负数，则分析过程中不考虑此负值。本例选择生存时间变量t作为时间变量进入Time列表框。

Status列表框用于选入一个状态变量。本例选择变量d（status）作为状态变量进入Status文本框。选入变量后Define Event按钮被激活。单击Define Event按钮，即可打开如图10-8所示的Kaplan-Meier：Define Event for Status Variable对话框。

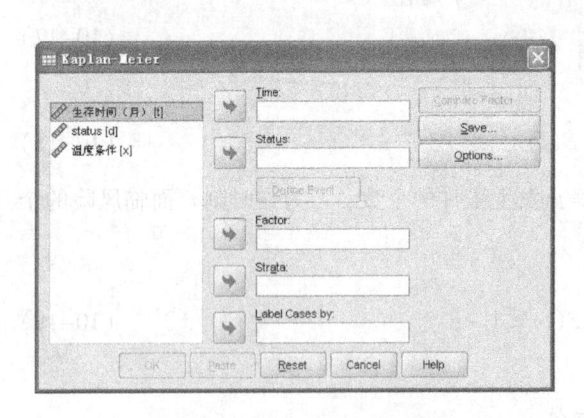

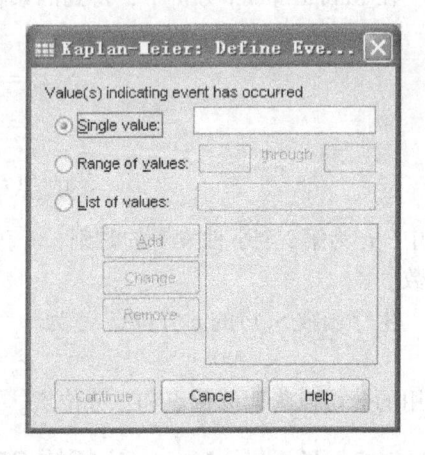

图10-7 Kaplan-Meier对话框

图10-8 Kaplan-Meier：Define Event for Status Variable对话框

- Single value单选按钮用于设置一个指示事件发生的数值。在后面的文本框中输入数值之后，含有设定值的个案看做完全数据，带有其他值的观测都作为截尾数据处理。本例输入数值1表示事件发生。

- Range of values 单选按钮用于设置一个指示事件发生的数值区间。在后面的文本框中输入区间的上下界，观测值不在这个区间的观测都被作为截断观测。
- List of values 单选按钮，如选择此单选按钮，则还要在后面的文本框内设置指示事件发生的值的列表。输入数值后，单击 Add 按钮添加，单击 Change 按钮进行修改，而 Remove 按钮用于删除已经添加的内容。

Factor 列表框用于选入一个分类变量，该变量可以将观测分为几个不相交的观测群。Strata 列表框用于选入一个分层变量。下方的 Label Cases by 列表框用于选入一个变量来标定观测量，SPSS 将以变量标签值列出所有的变量。本例将温度条件变量 x 作为因素变量选入 Factor 列表框。

在 Kaplan-Meier 主对话框上有 Compare Factor、Save、Options 共 3 个扩展按钮。

（1）Compare Factor 按钮

在主对话框中单击 Compare Factor 按钮，即可打开 Kaplan-Meier: Compare Factor Levels 对话框，如图 10-9 所示。

在该对话框中可以设置比较分类变量的统计方法。

Test Statistics 选项组用于选择检验的统计方法：

① Log rank 复选框，对所有的时间赋予相同的权重，来检验生存分布是否相同；

② Breslow 复选框，依据每一个时间点上的危险观测数来赋予每一个时间点不同的权重，然后检验生存分析分布是否相同；

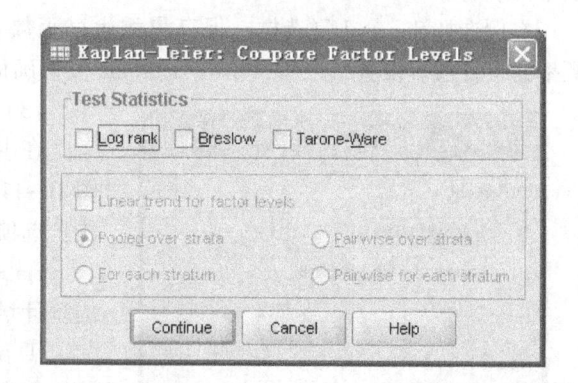

图 10-9　Kaplan-Meier: Compare Factor Levels 对话框

③ Tarone-Ware 复选框，依据每一个时间点上的危险观测数的平方根来赋予每一个时间点不同的权重，然后检验生存分布是否相同。

选择检验统计方法后，下方用于选择比较方法的复选框被激活：

① Linear trend for factor levels 复选框，使用倾向信息来检验生存分布是否相等；

② Pooled over strata 单选按钮，检验生存曲线是否相等时，同时检验所有因素水平；

③ For each stratum 单选按钮，对每一个分层之下比较不同分类水平下的生存时间，用户需要注意，该单选按钮只有在设置分层变量之后才有效；

④ Pairwise over strata 单选按钮，配对比较不同分类水平下的生存时间；

⑤ Pairwise for each stratum 单选按钮，在每一分层之下比较配对的分类水平下的生存时间。

本例选中 Log Rank，Breslow，Tarone-Ware 复选框，同时选择 Pooled over strata 单选按钮检验生存曲线是否相等的同时检验所有因素水平。设置结束后，单击 Continue 按钮确认选择并返回主对话框。

（2）Save 按钮

在主对话框中单击 Save 按钮，即可打开 Kaplan-Meier: Save New Variables（Kaplan-Meier 法：保存新变量）对话框，如图 10-10 所示。

在 Kaplan-Meier: Save New Variables 对话框中有四个复选框，用于选择新变量的保存。

① Survival（生存率）复选框，如选择此复选框，则计算并以"sur_"为变量来保存累积生存概率的估计值；

② Standard error of survival（生存率的标准误差）复选框，如选择此复选框，则以"se_"为变量名保存累积生存概率的估计值的标准误差；

③ Hazard（危险函数）复选框，如选择此复选框则会计算并以"haz_"为变量名保存累积危险概率的估计值；

④ Cumulative events（累计事件）复选框，如选择此复选框，则当事件是由它们的生存时间和状态排序时，使用变量"cul_"来保存事件的累积频率值。

本例选择 Survival 复选框，保存累积生存函数概率的估计值。设置结束后，单击 Continue 按钮确认选择并返回主对话框。

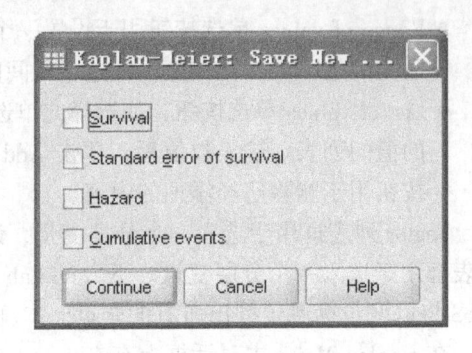

图 10-10 Kaplan-Meier: Save New Variables 对话框

（3）Options 按钮

在主对话框中单击 Options 按钮，即可打开如图 10-11 所示的 Kaplan-Meier: Options（Kaplan-Meier 法：选项）对话框。

Statistics 选项组用于选择在分析过程所需要计算的统计量：

① Survival table(s) 复选框，输出简化的生存表，该生存表中包含生存区间的估计、估计的标准差、事件的累积频率和危险的观测数；

② Mean and median survival 复选框，输出该生存时间的均值和中位数，以及生存时间的标准差和置信区间；

③ Quartiles 复选框，输出生存时间的四分位数，以及它们的标准差。

其中，Survival tales(s) 和 Mean and median survival

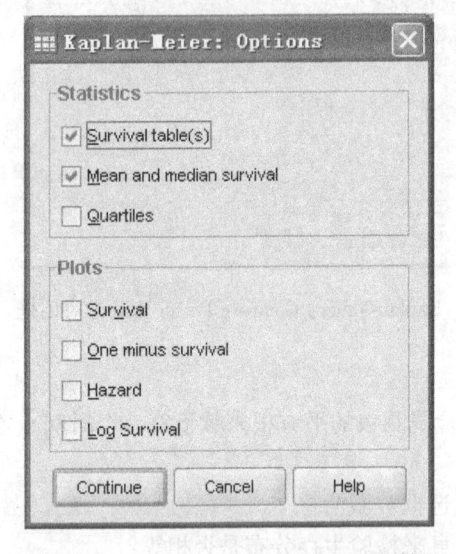

图 10-11 Kaplan-Meier: Options 对话框

复选框为系统默认选项。

Plots 选项组用于设置分析过程中需要输出的图形：

① Survival 复选框，输出以线性刻度生成的累积生存函数；

② One minus survival 复选框，输出（1－累积生存函数）；

③ Hazard 复选框，如选择此复选框，输出以线性刻度生成的累积危险函数；

④ Log survival 复选框，输出以对数刻度生成的累积生存函数。

本例在 Plots 选项组中选中 Survival 复选框。然后单击 Continue 按钮确认并返回主对话框。

所有设置结束后，单击 OK 按钮，执行 Kaplan-Meier 分析。

2. 结果解读

执行上述操作后，在结果输出窗口输出寿命表、生存函数曲线等。

表 10-4 为观测量汇总表，从表中给出了观测个案的综述、完全数据个数及截尾数据个数和百分比。

表 10-4 观测量汇总表（Case Processing Summary）

温度条件	Total N	N of Events	Censored	
			N	Percent
80℃	50	37	13	26.0%
100℃	40	34	6	15.0%
Overall	90	71	19	21.1%

从表 10-4 可以看出，80℃条件下的观察个案总数为 50，其中完全数据为 37 个，截尾数据为 13 个，占 26%。而 100℃条件下的个案总数为 40，完全数据为 34 个，截尾数据为 6 个，占 15%。

表 10-5 为寿命表，分别给出了 80℃温度条件下和 100℃温度条件下绕组的寿命表，包括生存时间 Time 和 Status 等信息。

表 10-5 寿命表（Survival Table）

温度条件		Time	Status	Cumulative Proportion Surviving at the Time		N of Cumulative Events	N of Remaining Cases
				Estimate	Std. Error		
80 度	1	23.000	完全数据	.980	.020	1	49
	2	24.000	完全数据	.960	.028	2	48
	3	27.000	完全数据	.	.	3	47
	4	27.000	完全数据	.920	.038	4	46
	5	31.000	完全数据	.900	.042	5	45
	6	34.000	完全数据	.880	.046	6	44
	7	35.000	完全数据	.860	.049	7	43
	8	37.000	完全数据	.840	.052	8	42
	9	40.000	完全数据	.820	.054	9	41
	10	41.000	完全数据	.800	.057	10	40
	11	45.000	完全数据	.780	.059	11	39
	12	46.000	完全数据	.760	.060	12	38
	13	48.000	完全数据	.	.	13	37
	14	48.000	完全数据	.	.	14	36
	15	48.000	完全数据	.700	.065	15	35
	16	49.000	完全数据	.680	.066	16	34
	17	50.000	完全数据	.660	.067	17	33
	18	51.000	完全数据	.	.	18	32
	19	51.000	完全数据	.	.	19	31
	20	51.000	完全数据	.	.	20	30
	21	51.000	完全数据	.580	.070	21	29
	22	52.000	完全数据	.560	.070	22	28
	23	53.000	完全数据	.540	.070	23	27
	24	54.000	完全数据	.520	.071	24	26
	25	55.000	完全数据	.500	.071	25	25
	26	56.000	完全数据	.480	.071	26	24
	27	58.000	完全数据	.	.	27	23

（续表）

温度条件		Time	Status	Cumulative Proportion Surviving at the Time		N of Cumulative Events	N of Remaining Cases
				Estimate	Std. Error		
80度	28	58.000	完全数据	.440	.070	28	22
	29	59.000	完全数据	.420	.070	29	21
	30	60.000	完全数据	.400	.069	30	20
	31	61.000	完全数据	.380	.069	31	19
	32	62.000	完全数据	.360	.068	32	18
	33	64.000	完全数据	.340	.067	33	17
	34	66.000	完全数据	.320	.066	34	16
	35	67.000	完全数据	.	.	35	15
	36	67.000	完全数据	.280	.063	36	14
	37	73.000	删失数据	.	.	36	13
	38	74.000	完全数据	.258	.062	37	12
	39	77.000	删失数据	.	.	37	11
	40	79.000	删失数据	.	.	37	10
	41	79.000	删失数据	.	.	37	9
	42	81.000	删失数据	.	.	37	8
	43	84.000	删失数据	.	.	37	7
	44	91.000	删失数据	.	.	37	6
	45	92.000	删失数据	.	.	37	5
	46	97.000	删失数据	.	.	37	4
	47	99.000	删失数据	.	.	37	3
	48	100.000	删失数据	.	.	37	2
	49	101.000	删失数据	.	.	37	1
	50	105.000	删失数据	.	.	37	0
100度	1	6.000	完全数据	.975	.025	1	39
	2	10.000	完全数据	.950	.034	2	38
	3	11.000	完全数据	.925	.042	3	37
	4	14.000	完全数据	.900	.047	4	36
	5	16.000	完全数据	.875	.052	5	35
	6	18.000	完全数据	.	.	6	34
	7	18.000	完全数据	.	.	7	33
	8	18.000	完全数据	.800	.063	8	32
	9	22.000	完全数据	.775	.066	9	31
	10	24.000	完全数据	.750	.068	10	30
	11	25.000	完全数据	.725	.071	11	29
	12	27.000	完全数据	.700	.072	12	28
	13	29.000	完全数据	.675	.074	13	27
	14	30.000	完全数据	.650	.075	14	26
	15	32.000	完全数据	.625	.077	15	25
	16	35.000	完全数据	.600	.077	16	24
	17	36.000	完全数据	.	.	17	23
	18	36.000	完全数据	.550	.079	18	22

(续表)

温度条件		Time	Status	Cumulative Proportion Surviving at the Time		N of Cumulative Events	N of Remaining Cases
				Estimate	Std. Error		
100 度	19	37.000	完全数据	.525	.079	19	21
	20	38.000	完全数据	.	.	20	20
	21	38.000	完全数据	.475	.079	21	19
	22	39.000	完全数据	.450	.079	22	18
	23	40.000	完全数据	.425	.078	23	17
	24	45.000	完全数据	.	.	24	16
	25	45.000	完全数据	.375	.077	25	15
	26	46.000	完全数据	.	.	26	14
	27	46.000	完全数据	.325	.074	27	13
	28	47.000	完全数据	.300	.072	28	12
	29	48.000	完全数据	.275	.071	29	11
	30	54.000	完全数据	.250	.068	30	10
	31	62.000	删失数据	.	.	30	9
	32	64.000	删失数据	.	.	30	8
	33	68.000	完全数据	.219	.067	31	7
	34	69.000	完全数据	.188	.064	32	6
	35	72.000	完全数据	.156	.061	33	5
	36	76.000	完全数据	.125	.056	34	4
	37	77.000	删失数据	.	.	34	3
	38	84.000	删失数据	.	.	34	2
	39	97.000	删失数据	.	.	34	1
	40	101.000	删失数据	.	.	34	0

表10-6 为生存时间的平均数、标准误差和95%置信区间。

表10-6 生存时间的平均数和中位数（Means and Medians for Survival Time）

温度条件	Mean[a]				Median			
	Estimate	Std. Error	95% Confidence Interval		Estimate	Std. Error	95% Confidence Interval	
			Lower Bound	Upper Bound			Lower Bound	Upper Bound
80℃	63.712	3.784	56.296	71.128	55.000	3.536	48.070	61.930
100℃	44.781	4.370	36.216	53.346	38.000	2.369	33.357	42.643
Overall	55.620	3.081	49.581	61.660	49.000	1.897	45.281	52.719

a. Estimation is limited to the largest survival time if it is censored.

从表10-6中可以看出，80℃条件下绕组的平均估计生存时间是63.712天，而100℃条件下绕组的平均预期生存时间为44.781天，总的平均预期生存时间是55.620天。而中位生存时间中，80℃条件下绕组为55天，100℃条件下绕组38天。因此，无论是平均生存时间还是中位生存时间，80℃条件下绕组都要比100℃条件下绕组大。

表10-7为两种温度条件下的生存率比较表格。在表10-7中，采取了Log rank、Breslow和Tarone-Ware 3种比较方法给出了两种不同的治疗方法的统计量、自由度和Sig.值比较。

表 10-7 两种温度条件下生存率比较表（Overall Comparisons）

	Chi-Square	df	Sig.
Log Rank (Mantel-Cox)	7.715	1	.005
Breslow (Generalized Wilcoxon)	13.133	1	.000
Tarone-Ware	10.704	1	.001

Test of equality of survival distributions for the different levels of 温度条件。

图 10-12 为生存函数曲线图（Survival Function）。结合寿命表和生存函数曲线图可以看出，80℃生存曲线位置一直高于100℃。从寿命表中可以看出，在80℃条件下，0.9000 的绕组可以运转 31 个月，而在 100℃条件下，0.9000 的绕组只能运转 14 个月。因此可以认为 20℃的变化是导致发动机绕组解体的重要因素。

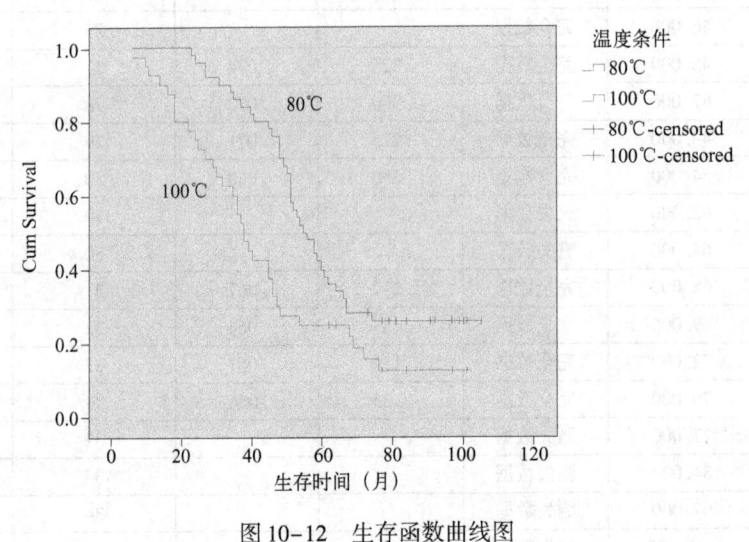

图 10-12 生存函数曲线图

10.4 Cox 回归分析

寿命表分析和 Kaplan-Meier 分析是两种最基本的生存分析方法，只能研究 1~2 个因素对生存时间的影响，当对生存时间的影响因素有多个时就无能为力了。本节将要介绍的 Cox 回归分析方法是一种专门用于生存时间的多变量分析的统计方法。

10.4.1 Cox 回归分析简介

多因素的生存分析方法是 20 世纪 70 年代发展起来的，最初为参数模型，它可以估计出研究因素对风险率的影响及各时点的生存率，但对生存时间分布有一定的要求，要求其服从某一特定的分布类型，如大家熟悉的 Weibull 分布、指数分布等。1972 年，英国统计学家 D. R. Cox 提出了一个半参数模型。与参数模型相比，该模型不能给出各时点的风险率，但对生存时间分布无要求，可估计出各研究因素对风险率的影响，因而应用范围更广。为了纪念 Cox 的贡献，统计学家把它称为 Cox 回归（Cox 比例风险模型）。

如同寿命表分析和 Kaplan-Meier 生存分析一样，Cox 回归是一种存在截断数据情况下的拟合时间-事件模型的一种方法。但是，Cox 回归中可以在模型中包含预测变量（协变量）。例如，想在受教育的层次和工作类别上建立一个雇用时间长度的模型，Cox 回归能正确处理这种情况，而且还给出了每个协变量的相关系数。

Cox 比例风险模型是广义的回归模型，其假设危险率函数是一个带有若干个协变量的随机变量。Cox 回归分析的比例危险率模型为

$$h(t,x) = h_0(t) e^{\beta_1 x_1 + \beta_2 x_2 + \cdots + \beta_m x_m} \tag{10-20}$$

或

$$\ln(h(t,x)/h_0(t)) = \beta_1 x_1 + \beta_2 x_2 + \cdots + \beta_m x_m \tag{10-21}$$

式中，$x_1, x_2, \cdots, x_m$ 是危险因素（Covariates，协变量），可以是定量、定性或等级资料。$h_0(t)$ 是基准危险函数。这个模型可以通过最小二乘法估计参数。

在危险率函数没有分布和图形假设的情况下，上面的模型暗示有两个假设：一是危险率函数与独立协变量之间有一个对数线性关系；二是危险率函数与协变量的对数线性函数之间存在乘积关系。在实际应用中，假定给出独立协变量两组不同的观测值，那么对应的危险率函数的比值与时间无关，而是等于一个常数，该常数为两组协变量线性函数的指数之比。这就是比例危险率模型中"比例"的含义，即

$$\frac{h(t,x_1,x_2,\cdots,x_m)}{h(t,x_1^*,x_2^*,\cdots,x_m^*)} = \frac{\exp(\beta x_1 + \beta x_2 + \cdots + \beta x_m)}{\exp(\beta x_1^* + \beta x_2^* + \cdots + \beta x_m^*)} \tag{10-22}$$

10.4.2 Cox 回归分析的 SPSS 操作

50 例急性淋巴细胞性白血病人，在入院治疗时取得外周血中的细胞数 x_1（千个/mm^3）、淋巴结浸润等级 x_2（分为 0，1，2，3 四个等级）、出院后巩固治疗 x_3（有巩固治疗者为 1，无巩固治疗者为 0）、随访病人的生存时间 t 月，变量 y（生存时间 1 年以内为 0，一年以上为 1），状态变量 d（完全数据为 1，截尾数据为 0）。随访数据如表 10-8 所示，来源于余松林著的《临床随访资料的统计方法》。

下面根据该数据进行 Cox 回归分析。

表 10-8 50 例急性淋巴细胞性白血病人随访资料

x_1	x_2	x_3	t	y	d	x_1	x_2	x_3	t	y	d
2.5	0.0	0.0	3.4	0.0	1.0	4.7	0.0	0.0	11.0	0.0	1.0
1.2	2.0	0.0	3.73	0.0	1.0	6.0	0.0	0.0	11.77	0.0	1.0
173.0	2.0	0.0	3.73	0.0	1.0	128.0	2.0	1.0	11.83	0.0	1.0
3.5	0.0	0.0	3.83	0.0	1.0	3.5	0.0	0.0	11.83	0.0	1.0
119.0	2.0	0.0	4.0	0.0	1.0	35.0	0.0	0.0	11.97	0.0	1.0
39.7	0.0	0.0	4.03	0.0	1.0	62.2	0.0	0.0	13.16	1.0	1.0
10.0	0.0	0.0	4.17	0.0	1.0	2.0	0.0	1.0	14.83	1.0	0.0
62.4	0.0	0.0	4.2	0.0	1.0	10.8	0.0	0.0	15.17	1.0	1.0
502.2	2.0	0.0	4.2	0.0	1.0	8.5	0.0	0.0	18.23	1.0	1.0
2.4	0.0	0.0	5.0	0.0	1.0	21.6	0.0	0.0	18.23	1.0	1.0
4.0	0.0	0.0	5.27	0.0	1.0	2.0	2.0	0.0	19.16	1.0	1.0
34.7	0.0	0.0	5.67	0.0	1.0	2.0	0.0	1.0	20.17	1.0	0.0
14.4	0.0	1.0	7.07	0.0	1.0	2.0	0.0	1.0	20.17	1.0	0.0
28.4	2.0	0.0	7.26	0.0	1.0	3.4	2.0	0.0	20.17	1.0	0.0
2.0	2.0	0.0	7.33	0.0	1.0	4.3	0.0	0.0	20.57	1.0	1.0
0.9	0.0	1.0	7.53	0.0	1.0	5.1	0.0	1.0	21.0	1.0	0.0
40.0	2.0	0.0	7.53	0.0	1.0	244.8	2.0	0.0	21.87	1.0	1.0
30.6	2.0	0.0	7.6	0.0	1.0	2.4	0.0	0.0	23.77	1.0	1.0
6.6	0.0	0.0	7.67	0.0	1.0	4.0	0.0	0.0	26.0	1.0	1.0
5.8	0.0	1.0	7.67	0.0	1.0	1.7	0.0	0.0	28.33	1.0	1.0
21.4	2.0	1.0	8.3	0.0	1.0	5.1	0.0	0.0	31.33	1.0	1.0
6.1	0.0	1.0	8.33	0.0	1.0	1.1	0.0	0.0	37.77	1.0	0.0
2.8	0.0	0.0	8.33	0.0	1.0	32.0	0.0	0.0	66.83	1.0	0.0
2.7	2.0	0.0	8.8	0.0	1.0	12.8	2.0	0.0	73.57	1.0	0.0
2.5	0.0	0.0	9.23	0.0	1.0	1.4	0.0	1.0	124.17	1.0	0.0

打开数据文件，在数据编辑窗口的主菜单栏中选择 Analyze → Survival → Cox Regression 命令，得到如图 10-13 所示的 Cox Regression 对话框。

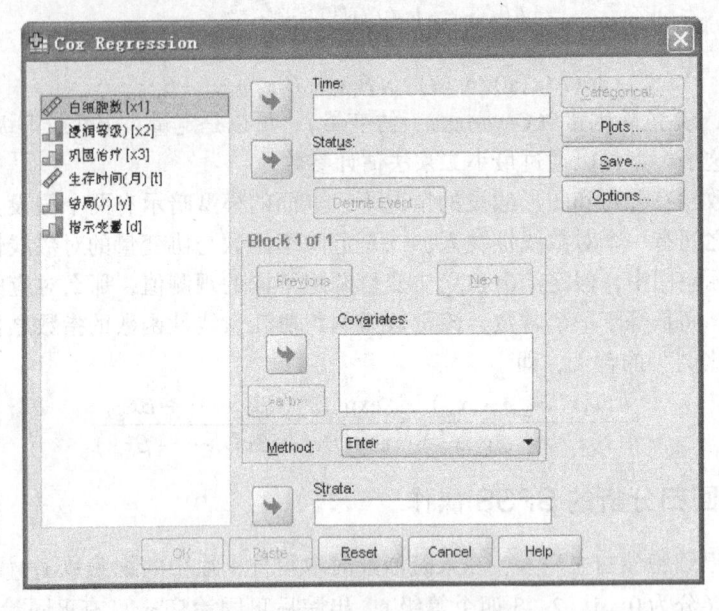

图 10-13 Cox Regression 对话框

该对话框的左侧为源变量列表框，右侧上方 Time 列表框与前面的生存分析对话框一样，该列表框用于选入时间变量，时间变量可以以任何长度为单位。在时间变量中如果存在负数，则分析过程中不考虑此负值。本例选择变量 t 进入 Time 列表框。

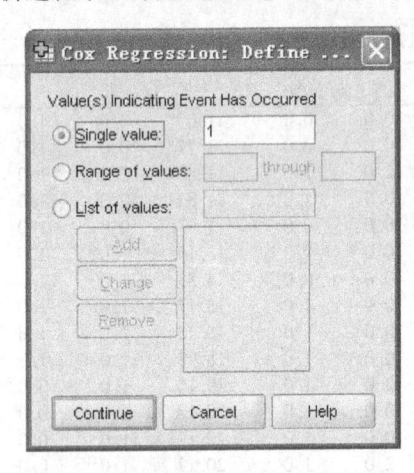

Status 列表框用于从源变量列表框中选入一个状态变量。本例选择变量进入 Status 列表框作为状态变量。选入状态变量后，下方的 Define Event 按钮被激活，单击该按钮，即可打开如图 10-14 所示的 Cox Regression: Define Event for status Variable（Cox 回归分析：定义状态变量的事件）对话框。

在该对话框中的单选按钮如下：

① Single values 单选按钮，在单选按钮后的文本框内设置一个指示事件发生的数值。在输入这个数值之后，带有其他值的观测都被作为截断观测；

② Range of values 单选按钮，在该单选按钮后的文本框内设置一个指示事件发生的数值区间。在文本框内输入区间的上下界，观测值不在这个区间的观测

图 10-14 Cox Regression: Define Event for Status Variable 对话框

都被称为截断观测；

③ List of values 单选按钮，在后面的文本框内设置指示事件发生的值的列表。输入数值后，单击 Add 按钮添加，单击 Change 按钮进行修改，而 Remove 按钮用于删除已经添加的内容。

本例在 Single Value 单选按钮后面的文本框中输入数值 1。

Covariates 列表框用于从左边的源变量列表框内选入协变量。在选入协变量时，用户可

选择多变量的交互作用项（＞a＊b＞）。本例选择变量 x_1, x_2, x_3 作为协变量进入 Covariates 列表框。

在 Method 下拉列表框中选择协变量进入回归方程形式，有如下 7 个选项。

① Enter 选项，如选择此选项，则对变量只检查容忍度，而不检查其他进入标准，然后让所有的变量进入回归方程；

② Forward：Conditional 选项，如选择此项，则采用向前选择的方法来选择协变量，协变量进入回归方程的标准是分值统计量的显著性，删除的标准是条件参数估计的似然率统计量的概率值；

③ Forward：LR 选项，如选择此项，则采用向前选择的方法来选择协变量进入回归方程，协变量进入回归方程的标准是分值统计量的显著性，删除的标准是极大似然偏估计的似然率统计量的概率值；

④ Forward：Wald 选项，如选择此项，则会采用向前选择的方法来选择协变量进入回归方程，协变量进入回归方程的标准是分值统计量的显著性，删除的标准是 Wald 统计量的概率值；

⑤ Backward：Conditional 选项，如选择此项，则采用向后选择的方法来选择协变量，删除协变量的标准是条件参数估计的似然率统计量的概率值；

⑥ Backward：LR 选项，如选择此项，则采用向后选择的方法来选择协变量，删除协变量的标准是极大似然偏估计的似然率统计量的概率值；

⑦ Backward：Wald 选项，如选择此项，则采用后向选择的方法来选择协变量，删除协变量的标准是 Wald 统计量的概率值。

Strata 列表框用于选择分层变量。

在 Cox Regression 对话框中有 4 个扩展按钮。

(1) Categorical 按钮

在 Regression 对话框中单击 Categorical 按钮，即可打开 Cox Regression：Define Categorical Covariates（Cox 回归分析：定义分类变量）对话框，如图 10-15 所示。

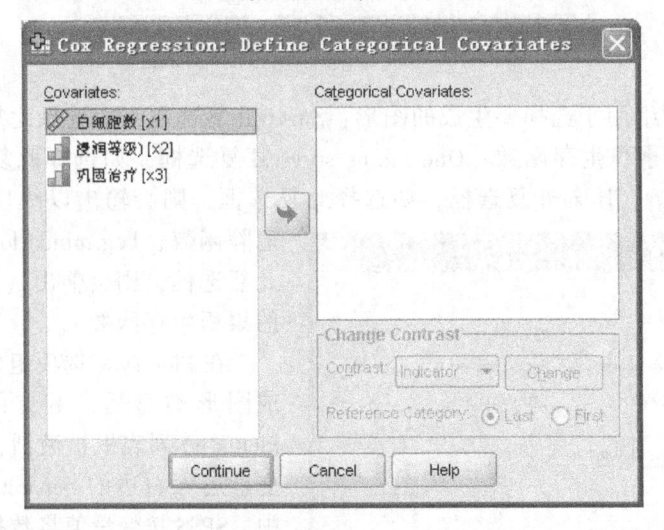

图 10-15 Cox Regression：Define Categorical Covariates 对话框

从左边的 Covariates 列表框中选择分类协变量进入 Categorical Covariates 列表框中，选入协变量后，下方的 Change Contrast 选项组被激活，用于设置对比方法：Indicator 选项用于比较是否具有同类效应；Simple 选项将预测变量的每一类都与参照类进行比较；Difference 选项用于将预测变量的每一类都与其前面各类的平均效应进行比较；Helmert 选项用于将预测变量的每一类都与其后面各类的平均效应进行比较；Repeated 选项用于将预测变量的每一类都与其前面的一类进行比较；Polynomial 选项用于将各类变量的正交多项式进行比较；Deviation 选项，用于将预测变量的每一类都与整个观测比较。

在设置比较方式后，对于 Indicator、Simple 和 Deviation 这 3 项，可以在 Reference Category 选项组内选择是由第一类还是由最后一类作为参照来进行分类。单击 Change 按钮，即确定这些改变。

设置结束后，单击 Continue 按钮确认选择并返回主对话框。

（2）Plots 按钮

在主对话框中单击 Plots 按钮，即可打开 Cox Regression：Plots（Cox 回归分析：图形）对话框，如图 10-16 所示。

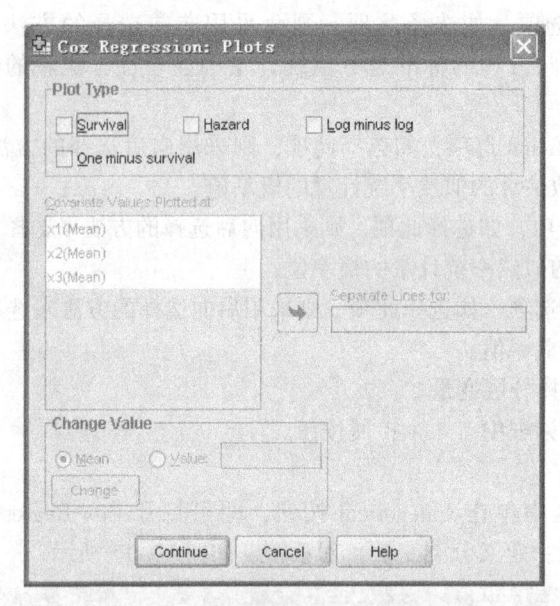

图 10-16　Cox Regression：Plots 对话框

Plot Type 选项组用于选择要生成的图形：Survival 复选框，如选择此复选框，则会输出以线性刻度生成的累积生存函数；One minus survival 复选框，如选择此复选框，则会输出（1 - 累积生存函数）；Hazard 复选框，如选择此复选框，则会输出以线性刻度生成的累积危险函数；Log minus log 复选框，如选择此复选框，则会输出（1 - 对数刻度生成的累积生存函数）。

在 Plot Type 选项组中选择任意一种生成图形类型后，下方的 Covariate Values Plotted at 列表框被激活，从中选择分类协变量进入右边的 Separate Lines for 列表框中，SPSS 按变量值将数据分为两个或多个小的分组，然后再分别对各个小的分组生成图形。

图 10-17　Cox Regression：Save 对话框

选择协变量后，Change Value 选项组被激活，在此选项组中选择以什么样的对比变量和协变量的均值来输出函数图形：Mean 单选按钮表示均值，选择该单选按钮后单击 Change 按钮即可确定；Value 单选按钮后面的文本框用于输入设定相应数值。

本例选择 Survival 复选框输出累积生存函数。设置结束后，单击 Continue 按钮确认选择并返回主对话框。

（3）Save 按钮

在主对话框中单击 Save 按钮，即可打开 Cox Regression：Save（Cox 回归分析：保存）对话框，如图 10-17 所示。

Survival Model Variables 选项组用于选择所要保存的生存函数和诊断：

① Survival function 复选框，以"sur_"为变量名的变量来保存累积生存概率的估计值；

② Standard error of survival function 复选框，以"se_"为变量名的变量来保存累积生存率估计值的标准差；

③ Log minus log survival function 复选框，以"lml_"为变量名的变量来保存经对数转换的生存函数估计值；

④ Hazard function 复选框，以"haz_"为变量名的变量来保存累积危险率的估计值；

⑤ Partial residuals 复选框，以"pr_"为变量名的变量来保存生存时间的偏残差；

⑥ DfBeta（s）复选框，以"dfb_"为变量名的变量来保存 Beta 系数，它是因消除一个观测值而引起的相关系数的变化值，包括常数项的每一项的相关系数都要计算；

⑦ X * Beta 复选框，以"xbe_"为变量名的变量来保存线性预测因素分值，即每个变量中心协变量值与其相应的参数估计值的积之和。

（4）Options 按钮

在主对话框中单击 Options 按钮，即可打开 Cox Regression：Options（Cox 回归分析：设置）对话框，如图 10-18 所示。

Model Statistics 选项组用于选择模型统计量：CI for exp（B）复选框，在后面的文本框内设定相对危险估计值的置信区间，在进行统计时，会输出置信区间，系统默认置信水平为 95%。Correlation of estimates 复选框，如选择此复选框，则会输出回归系数的相关矩阵。

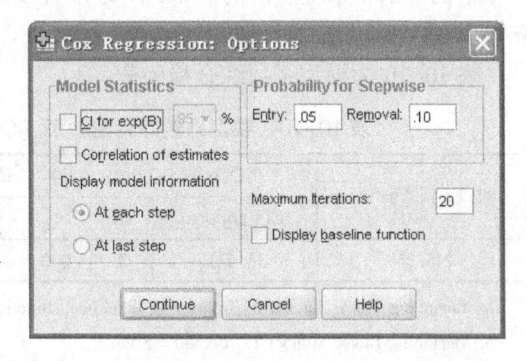

图 10-18 Cox Regression：Options 对话框

Display model information 选项组用于设置需要显示的模型信息，对于现有的模型，Cox 回归输出似然比统计量和卡方统计量。对于模型中的变量，输出估计的参数、它们的标准差和 Wald 统计量。对于不在模型中的变量，输出分值统计量和残差的卡方统计量。在此选项组内有两个单选按钮：At each step 单选按钮，如选择此单选按钮，则会输出每一步过程都的上述所有统计量；At last step 单选按钮，如选择此单选按钮，则仅输出最后回归模型上述所有统计量。

Probability for Stepwise 选项组用于选择逐步分析方法：Entry 文本框用于设置协变量进入模型的阈值，即引入的概率；Removal 文本框用于设置从模型中删除协变量的阈值，即剔除概率。

Maximum Iterations 文本框用于设置最大迭代次数，系统默认为 20 次。

Display baseline function 复选框，如选择此复选框，则会输出基准危险函数，以及协变量均值衡量的生存函数和危险函数。如果还设置了一个分层变量，则会对每一分层输出一个系统计量表。

本例选择 CI for exp（B）复选框、Correlation of estimates 复选框和 Display model information 复选框。然后单击 Continue 按钮确认选择并返回主对话框。所有设置结束后，单击 OK 按钮，执行 Cox 回归分析。

2. 结果解读

执行上述操作，在结果输出窗口中输出的结果如下。

表 10-9 为观测量汇总表。

表 10-9 观测量汇总表（Case Processing Summary）

		N	Percent
Cases available in analysis	Event[a]	45	90.0%
	Censored	5	10.0%
	Total	50	100.0%
Cases dropped	Cases with missing values	0	.0%
	Cases with negative time	0	.0%
	Censored cases before the earliest event in a stratum	0	.0%
	Total	0	.0%
Total		50	100.0%

a. Dependent Variable：生存时间（月）。

从表 10-9 中可以看出，一共有 50 个数据，完全数据为 45 个，截尾数据为 5 个，占 10%。截尾数据不用于计算回归系数，但用于计算危险率。

本例中采用系统默认的 Enter 作为检验方式，对变量只检查容忍度，而不检查其他进入标准，所有的变量进入回归方程。

表 10-10 为模型系数综合检验表。

表 10-10 模型系数综合检验表（Omnibus Tests of Model Coefficients[a,b]）

−2 Log Likelihood	Overall（score）			Change From Previous Step			Change From Previous Block		
	Chi-square	df	Sig.	Chi-square	df	Sig.	Chi-square	df	Sig.
245.259	33.621	3	.000	31.393	3	.000	31.393	3	.000

a. Beginning Block Number 0, initial Log Likelihood function：−2 Log likelihood：276.652。
b. Beginning Block Number 1. Method = Enter.

可以看出，初始的 −2 对数似然值为 276.652，引入变量进行分层后为 245.259。Change From Previous Step 和 Change From Previous Block 都显示了分层变量的作用，显著性水平为 0.000，小于 0.05，说明分层变量的作用是显著的。其分值统计量的显著性为 0.000，表明此时回归结果是可信的。在最后一步迭代中，变化的显著性为 0.000，可以不继续进行迭代过程了。

表 10-11 为引入方程的变量。

表 10-11 引入方程的变量（Variables in the Equation）

	B	SE	Wald	df	Sig.	Exp（B）	95.0% CI for Exp（B）	
							Lower	Upper
x1	.001	.002	.360	1	.548	1.001	.997	1.005
x2	.454	.206	4.846	1	.028	1.574	1.051	2.358
x3	−1.886	.377	25.050	1	.000	.152	.072	.317

根据表 10-11 可以得到引入协变量后的回归方程为

$$h(t,x) = h_0(t) e^{0.001x_1 + 0.454x_2 - 1.886x_3} \quad (P < 0.01)$$

可以看出，在引入协变量 x_1，x_2，x_3 后，从回归方程中系数 β 的符号来看，出院后巩固治疗 x_3 的回归方程系数 $\beta_3 = -1.886$，x_3 为保护因素，缩小了危险度，其相对危险度为 0.152 倍，即降低了 84.8%。

表 10-12 为相关系数矩阵。

x_1 与 x_2 存在负相关关系，x_2 与 x_3 也存在负相关关系，而 x_1 与 x_3 之间存在的正相关关系。也就是说，浸润等级越高，细胞数越少；有巩固治疗的，细胞数越多。

表 10-13 为协变量平均值。

表 10-12 相关系数矩阵（Correlation Matrix of Regression Coefficients）

	x1	x2
x2	-.415	
x3	.012	-.224

表 10-13 协变量平均值（Covariate Means）

	Mean
x1	34.504
x2	.600
x3	.500

图 10-19 为所有患者在协变量平均水平下的生存函数图。

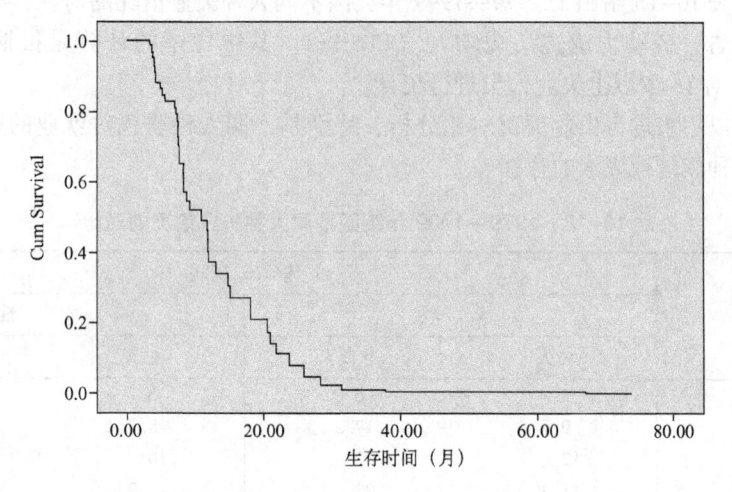

图 10-19 协变量平均水平下的生存函数图（Survival Function at mean of covariates）

从图 10-19 中可以看出，生存率一直呈下降趋势，在第 30 个月的时候下降到 0.1 左右，然后保持平稳状态，到 73.57 个月时，生存率下降为 0.000。

从 Cox 回归分析的结果来看，浸润等级和出院后有无巩固治疗对外周血中的细胞数都存在影响，其中，浸润等级与之呈负相关关系，而有无巩固治疗则与之成正相关关系。淋巴浸润等级每增加一个等级，其相对危险度为 1.57 倍；而出院后巩固治疗则缩小了危险度，其相对危险度为 0.152 倍，即巩固治疗的危险度降低了 84.8%。

10.5 案 例

案例 10.1 某医科大学胃癌治疗研究

胃癌是影响全国居民健康的主要恶性肿瘤，寻找合适的治疗方法是胃癌防治的重要内容。福建医科大学卫生统计研究中心的一研究员对胃癌的治疗方法进行了研究。该研究员将 25 例胃癌病人随机用甲（单纯化疗）、乙（化疗加放疗）两种疗法进行治疗，观察终点为复发或转移，从缓解出院日开始随访，随访时间如表10-14所示，试比较两种治疗方法的效果有无差别。某医生采用两独立样本的 T 检验进行分析，得 $t=2.555$，$P=0.020$，差异有统计学意义，故认为两种治疗方法的效果有差别，且甲方法好于乙方法。

表10-14 25例胃癌患者随访资料结果

治疗方法	生存时间（天）											
甲疗法	12	14	56	225	356	456	465$^+$	982$^+$	1856	2458	2560$^+$	3276$^+$
乙疗法	14	20	28	85	90	199	210	240$^+$	542	680	1230	1880$^+$	1980$^+$

注："+"表示删失值。

思考题：（1）该医生的统计分析是否正确？为什么？
（2）应该使用哪种统计分析方法？
（3）请撰写案例分析报告。

案例10.2 英国失业情况分析

白人和非白人种失业情况对比。Leslie（2001）对1960—1999年英国非白人种社团失业状况进行了分析。表10-15给出了1979—1999年英国不同人种失业情况的对比，来自于《劳动力综述》的年度报告：劳动力综述历史增刊（LFSHS）。其中比率的计算是按照国际劳工组织（ILO）的定义，对16岁以上失业人员进行统计。

这些数据可以用来进行失业情况对比分析，特别是不同人种肤色对就业的影响等，以检查在就业中是否有种族歧视因素的存在。

表10-15 1979—1999年英国不同人种失业情况的对比

年份	失业率（%）			
	男性		女性	
	白人	非白人	白人	非白人
1979	4.4	6.0	5.7	10.8
1981	9.7	17.2	8.7	15.8
1983	12	22	10	19
1984	11.3	22	11.2	21
1985	11.0	22	10.4	19
1986	11.1	21	10.2	20
1987	10.7	18	9.9	16
1988	8.6	14	8.2	13
1989	6.9	13	6.7	11
1990	6.7	11	6.3	11
1991	8.7	16	6.9	13
1992	11.0	20	7.0	14
1993	11.7	24	7.2	18
1994	10.6	25	6.9	
1995	9.4	20	6.3	17
1996	9.1	19	5.9	15
1997	7.6	16	5.4	14
1998	6.3	14.1	4.9	12.6
1999	6.4	13.3	4.7	12.8

思考题：根据上述资料撰写案例分析报告。

案例 10.3 某移动通信公司客户流失分析

美国哈佛商业杂志发表的一项研究报告指出，公司只要降低5%的顾客流失率，就能增加25%~85%的利润。20/80定律表明20%的顾客为企业创造了80%的价值，这20%的顾客被称为高赢利顾客。

企业为了有效地保留客户，有必要建立有效的客户流失模型，快速、准确地了解客户的流失情况，如每个客户流失的概率有多大，某个客户流失的原因是什么，谁是潜在的流失客户等，并据此有针对性地制定营销策略，采取行动让客户满意，留住客户，将最好的客户留住更长的时间，以提升客户存在期的价值，最终达到减少客户流失的目的。

表10-16是某移动通信公司部分客户数据。其中，变量tenure、income、ed、age、gender、custcat、churn的含义分别为服务时间（月）、收入（千元）、教育程度（1—高中以下，2—高中，3—大专，4—本科，5—硕士及以上学历）、年龄、性别（0—男，1—女）、客户分类(1—基本服务，2—电子服务，3—增值服务，4—全套服务)、最后一个月内流失（0—否，1—是）。

表10-16 大连移动通信公司客户数据

tenure	income	ed	age	gender	custcat	churn	tenure	income	ed	age	gender	custcat	churn
13	64	4	44	0	1	1	1	33	2	21	1	3	0
11	136	5	33	0	4	1	42	37	2	40	1	4	0
68	116	1	52	1	3	0	25	31	1	33	0	3	0
33	33	2	33	1	1	1	9	17	2	21	1	1	0
23	30	1	30	0	3	0	13	19	4	33	1	2	0
41	78	2	39	1	3	0	56	36	1	37	1	2	0
45	19	2	22	1	2	0	71	155	1	53	0	4	0
38	76	2	35	0	4	0	35	140	2	50	1	3	0
45	166	4	59	0	3	0	11	55	5	27	0	2	0
68	72	1	41	0	2	0	60	163	3	46	0	4	0
5	125	4	33	1	1	1	20	52	4	35	0	2	1
7	80	2	35	1	3	0	54	211	4	60	0	4	0
41	37	2	38	1	1	0	44	186	2	57	0	3	0
57	115	4	54	1	4	1	11	39	1	41	1	3	1
9	25	1	46	1	1	0	72	22	2	57	0	2	0
29	75	5	38	0	2	0	10	30	1	41	0	2	0
60	162	2	57	0	3	0	15	29	2	28	1	3	0
34	49	2	48	0	2	0	27	23	2	28	0	1	0
1	20	1	24	0	1	0	9	62	4	36	0	4	1
26	77	4	29	0	4	0	64	76	4	43	1	3	0
6	16	3	30	1	4	0	65	74	4	41	0	2	0
68	120	1	52	0	4	0	49	63	4	51	0	2	0
53	101	5	33	1	4	0	47	36	4	41	0	4	1
55	67	1	48	1	1	1	9	33	2	34	1	1	1
14	36	1	43	0	3	0	5	29	2	36	1	3	1

思考题：根据上述资料撰写案例分析报告，并给某移动通信公司提供营销建议。

习 题 10

1. 某制药有限公司正在开发一种用于治疗慢性关节炎疼痛的消炎药必得康。公司对该药的生效时间及其与现存药物阿司匹林之间的比较很感兴趣。公司希望该药的生效时间越短越好。

表 10-17 是必得康和阿司匹林的治疗结果数据，其中变量 age，gender，health，treat，dosage，status，time 的含义分别为年龄、性别（0—男，1—女）、健康状况（1—差，2——般，3—好）、治疗方法（0—必得康，1—阿司匹林）、剂量（0—低，1—高）、治疗结果（0—截尾值，1—生效数据）、生效时间。试用生存分析方法比较二者的治疗效果。

表 10-17 两种药物的治疗结果数据

age	gender	health	treat	dosage	status	time	age	gender	health	treat	dosage	status	time
54	0	2	0	1	1	1.2	65	0	2	0	0	1	5.6
54	0	1	0	1	1	4	40	1	2	1	0	0	11.2
64	0	3	0	1	1	7.4	58	0	2	1	0	0	3.1
63	0	3	1	1	1	7.3	37	1	3	1	1	1	0.9
43	0	3	1	1	0	7.4	69	0	2	1	1	0	7.7
67	1	1	0	1	1	0.6	38	1	1	1	0	1	2.2
45	1	2	0	0	1	1.9	53	1	1	0	1	1	1.3
49	1	3	1	0	1	2.7	63	0	3	1	0	1	1.3
59	1	3	0	0	1	1.1	52	1	0	0	0	0	5.7
56	0	1	1	0	1	1.3	37	1	3	0	0	1	6.2
49	1	1	0	0	0	7.8	53	1	3	0	0	1	2.4
60	0	2	0	0	0	3.1	51	1	3	0	0	1	1.7
51	0	3	0	0	1	3.6	32	1	3	0	0	1	2.5
56	1	2	1	0	1	7.2	40	0	3	0	1	1	1.8
63	1	2	0	0	1	7.1	54	0	2	1	0	0	6.6
52	0	3	1	0	1	7.5	37	1	1	1	0	0	0.8
41	1	3	0	0	1	2.6	42	1	3	0	1	1	7.8
51	1	3	1	1	1	10	59	0	1	1	0	1	1
50	0	2	0	0	0	2.6	42	0	3	1	1	1	0.9
30	0	3	1	0	1	1.4	66	0	1	1	1	0	6.7
46	1	3	1	0	1	2.8	60	0	2	1	0	1	8.7
53	1	1	0	0	1	4.1	57	0	3	1	1	0	6.1
55	1	3	1	0	0	6.8	59	0	1	0	0	1	1.3
61	1	3	0	1	1	1.6	34	1	2	1	1	1	1.5
50	1	1	0	0	1	3	54	1	1	1	0	0	3.6

2. 50 例急性淋巴细胞性白血病人出院后的生存时间如表 10-18 所示，其中分组 1 表示出院后继续巩固治疗（25 例），分组 2 为没有继续巩固治疗（25 例）。试分析出院后巩固治疗的效果。

表 10-18 50 例急性淋巴细胞性白血病患者随访资料结果

分组	生存时间											
1	102	112	112	115	120	121	125	126	126	150	158	171	218
	220	226	228	230	250	277	330	353	359	395	445	713+	
2	212	226	230	249	250	264	355	355	455	547	547	575+	605+
	605+	605+	617	630	656	780	850	940	113	2005	2207	3725+	

3. 表 10-19 是一组 80 位肺癌患者生存时间的数据。该数据来自《SAS/STAT guide for personal computers》。各指标及量化如表 10-20，试用 Cox 回归模型辨认预测因素。

表 10-19　肺癌患者数据

therapy	cell	time	status	kps	diagtime	age	prior	therapy	cell	time	status	kps	diagtime	age	prior
1	1	72	0	60	7	69	0	1	2	54	0	70	1	67	0
1	1	126	0	60	9	63	1	1	2	392	0	40	4	68	0
1	1	82	0	40	10	69	1	1	2	122	0	80	28	53	0
1	1	100	1	70	6	70	0	1	2	7	0	50	7	72	0
1	1	144	0	30	4	63	0	1	2	10	0	40	23	67	1
1	1	411	0	70	5	64	1	1	3	8	0	20	19	61	1
1	1	118	0	70	11	65	1	1	3	117	0	80	2	38	0
1	1	110	0	80	29	68	0	1	3	162	0	80	5	64	0
1	1	42	0	60	4	81	0	1	3	92	0	70	10	60	0
1	1	25	1	80	9	52	1	1	3	132	0	80	5	50	0
1	1	228	0	60	3	38	0	1	3	3	0	30	3	43	0
1	1	10	0	20	5	49	0	1	3	35	0	40	6	62	0
1	1	314	0	50	18	43	0	1	3	12	0	50	4	63	1
1	1	8	0	40	58	63	1	1	3	95	0	80	4	34	0
1	1	11	0	70	11	48	1	1	4	177	0	50	16	66	1
1	2	30	0	60	3	61	0	1	4	553	0	70	2	47	0
1	2	54	0	80	4	63	1	1	4	260	0	80	5	45	0
1	2	97	1	60	5	67	0	1	4	180	1	90	2	62	0
1	2	117	0	80	3	46	0	1	4	103	0	80	5	38	0
1	2	22	0	60	4	68	0	1	4	162	0	80	5	62	0
1	2	18	0	20	15	42	0	1	4	278	0	60	12	63	0
1	2	31	0	75	3	65	0	1	4	200	0	80	12	41	1
1	2	384	0	60	9	42	0	1	4	143	0	90	8	60	0
1	2	13	0	60	4	56	0	1	4	250	0	70	8	53	1
1	2	153	0	60	14	63	0	1	4	216	0	50	15	52	0
1	2	16	0	30	4	53	1	1	4	12	0	40	12	68	1
1	2	56	0	80	12	43	1	1	4	156	0	70	2	66	0
1	2	139	0	80	2	64	0	1	4	105	0	80	11	66	0
1	2	52	0	70	2	55	0	1	4	100	0	60	13	37	1
1	2	4	0	40	2	35	0	2	1	999	0	90	12	54	1
1	2	123	1	40	3	55	1	2	1	231	1	50	8	52	1
1	2	59	0	30	2	65	0	2	1	111	0	70	3	62	0
1	2	151	0	50	12	69	0	2	1	389	0	90	2	62	0
1	2	21	0	40	2	55	1	2	1	357	0	70	13	58	0
1	2	20	0	30	5	65	0	2	1	1	0	50	7	35	0
1	2	287	0	60	25	66	1	2	1	283	0	90	2	51	0
1	2	18	0	30	4	60	0	2	1	112	0	80	6	60	0
1	2	27	0	60	8	62	0	2	1	242	0	50	1	70	0
1	2	63	0	50	11	48	0	2	1	1	0	20	21	65	1
1	2	51	0	60	1	67	0	2	1	33	0	30	6	64	0

表 10-20　变量及其量化值

变　量	含　义	量　化　值	
therapy	治疗方案	1 标准方法	2 实验方法
cell	肺癌细胞组织	1 鳞癌 3 腺癌	2 小细胞肺癌 4 大细胞肺癌
time	生存时间		
status	病人状态	0 死亡	1 删失数据
kps	判断标准	≤30 30～60 >60	住院治疗 住院和家庭治疗 家庭治疗
diagtime	诊断到治疗的时间		
age	年龄		
prior	治疗前的处理	0 经过处理	1 未经过处理

第 11 章　主成分分析与因子分析

【引例】 现实中的统计。

某省统计局的工作模式在过去的 20 年中发生了翻天覆地的变化，1986 年大学毕业后一直在统计局人口与就业统计处工作的王祥亲历了这一过程。20 世纪 70、80 年代，统计局的统计工作全部通过手工记录的方式逐级汇报。由于人工处理的误差较大，往往给统计工作带来不必要的失误，数据的挖掘和分析更是纸上谈兵；

20 世纪 90 年代，随着计算机的不断普及，统计局引入了计算机应用系统，并组织工作人员培训。

数据的无纸化办公给烦琐的统计工作带来了很大的便捷，无论是数据的查看还是统计都变得异常方便了。例如，可以通过计算机直接调出并查看全省历年的经济情况和人口变化规律等指标。但随着工作的不断深入，王祥发现单变量的数据变化并不能提供更有价值的信息，尤其是在分析生育率等数据的时候，这种弊端显得尤其明显。通过学习他意识到，生育率指标应该和整个社会的经济、文化、医疗水平以及政府制定的计划生育政策等息息相关，但信息孤岛、数据流通不畅等现象，导致其他部门的统计数据、信息无法获取。

影响某一指标的影响因素往往有很多，并不利于问题的分析，如何保留原始变量中的大部分信息呢？如何将所有相关的影响因素聚类，从而从不同的角度对指标进行分析呢？这些一直在王祥的脑袋里打转。

本章将介绍因子分析与主成分分析方法及 SPSS 应用，通过本章的学习，上述问题将会迎刃而解。

11.1　因 子 分 析

在实际问题中，有可能会因为变量之间存在一定的相关性，而出现信息重叠。因此，用较少的变量来代替原来较多的变量，并且这种替代可以反映原来多个变量的大部分信息，这是一种"降维"的思想。

因子分析（Factor Analysis）作为多元统计分析技术的一个分支，用于处理多变量问题，是一种降维、简化数据的技术。它以众多变量之间的内部依赖关系为研究对象，探求各个变量的观测数据中的基本结构，并寻求依靠少数几个假想变量来表示基本的数据结构。这些假想变量既能包含原来众多的变量所代表的信息，又能解释这些变量之间的相互依存关系，因此被称为基础变量，即因子。最初始的变量是可观测的显在变量，而因子一般是不可观测的潜在变量。由于因子分析依赖并反映原始的变量信息，所以，原始变量的选择很重要。例如，在学校的评估工作中，评估者可以通过一系列指标构成的一个评价指标体系，评价某个学校各个方面的优劣，进而才有依据对全部参与评估的学校进行排名。学校的环境、硬件设施和师资力量是客观存在的、抽象的影响因素，都不便于直接测量，只能通过其他的具体指标进行间接反映。因子分析则正是这种可以通过显在变量测评潜在变量，通过具体指标测评抽象因子的统计分析方法。

因子分析的应用主要有以下两个方面：

第一，寻求基本结构（Summarization）。在多元统计分析中，经常碰到观测变量很多而且变量之间又存在着较强的相关关系的情形，这不仅给问题的分析和描述带来一定困难，而且在使用某些统计方法时会出现问题。例如，某服装店为了了解其市场竞争能力进行消费者调查，通过定性研究设计了20个有关服装店及服务的调查项目，这20个项目可能反映了服装的质量、价格、店面环境和服务等四个基本方面，因此，通过因子分析能找出反映数据本质特征的四个因子并分析原来20个观测变量和它们之间的关系。

第二，数据化简（Data Reduction）。在得到了观测变量的基本结构之后，可以利用原始观测变量的信息得到因子的因子得分，然后，以因子代替原始变量，以因子得分代替变量观测值进行其他的统计分析，也可以利用因子得分对样本进行分类和综合评价。但是，如果原始变量本质上都独立，那么降维就有可能失败，因为很难把多个独立的变量用少数综合的变量概括，数据越相关，降维效果就越好。

11.1.1　因子分析的理论与方法

1. 因子分析的数学模型

因子分析中的公共因子是不可直接观测但又客观存在的共同影响因素，每一个变量都可以表示成公共因子的线性函数与特殊因子之和，即

$$X_i = a_{i1}F_1 + a_{i2}F_2 + \cdots + a_{im}F_m + \varepsilon_i, \qquad i = 1, 2, \cdots, p \tag{11-1}$$

式中，$F_1, F_2, \cdots, F_m$ 称为公共因子，ε_i 称为 X_i 的特殊因子。该模型可用矩阵表示为

$$X = AF + \varepsilon \tag{11-2}$$

这里，

$$X = \begin{bmatrix} X_1 \\ X_2 \\ \vdots \\ X_P \end{bmatrix}, \quad A = \begin{bmatrix} a_{11} & a_{12} & \cdots & a_{1m} \\ a_{21} & a_{22} & \cdots & a_{2m} \\ \vdots & \vdots & & \vdots \\ a_{p1} & a_{p2} & \cdots & a_{pm} \end{bmatrix}, \quad F = \begin{bmatrix} F_1 \\ F_2 \\ \vdots \\ F_m \end{bmatrix}, \quad \varepsilon = \begin{bmatrix} \varepsilon_1 \\ \varepsilon_2 \\ \vdots \\ \varepsilon_p \end{bmatrix}$$

且满足：

① $m \leq p$；

② $\mathrm{Cov}(F, \varepsilon) = 0$，即公共因子与特殊因子是不相关的；

③ $D_F = D(F) = \begin{bmatrix} 1 & & & 0 \\ & 1 & & \\ & & \ddots & \\ 0 & & & 1 \end{bmatrix} = I_m$，即各个公共因子不相关，且方差为1；

④ $D_\varepsilon = D(\varepsilon) = \begin{bmatrix} \sigma_1^2 & & & 0 \\ & \sigma_2^2 & & \\ & & \ddots & \\ 0 & & & \sigma_p^2 \end{bmatrix}$，即各个特殊因子不相关，方差不要求相等。

模型中矩阵 A 称为因子负载矩阵，a_{ij} 称为因子负载，是第 i 个变量在第 j 个因子上的负荷。如果把变量 X_i 看成 m 维空间中的一个点，则 a_{ij} 表示它在坐标轴 F_j 上的投影。

2. 因子分析的有关概念

（1）因子负载

因子负载是因子分析模型中最重要的一个统计量，是联系观测变量和公共因子之间的桥梁。

当公共因子之间完全不相关时，很容易证明因子负载 a_{ij} 等于第 i 个变量和第 j 个因子之间的相关系数。很多时候，往往假设公共因子之间是彼此正交的（Orthogonal），即不相关。因此，因子负载在将观测变量由因子线性表示的同时，体现了因子和变量之间的相关程度，a_{ij} 的绝对值越大，则公共因子与变量 X_i 关系越密切。

因子负载还可以用来估计观测变量之间的相关系数，当公共因子之间彼此不相关时，由因子分析模型很容易推导出变量 X_i 和 X_j 之间的相关系数为

$$r_{ij} = a_{i1}a_{j1} + a_{i2}a_{j2} + \cdots + a_{im}a_{jm} \tag{11-3}$$

即任何两个观测变量之间的相关系数等于对应的因子负载乘积之和。

变量之间的相关系数可以用来判断因子解是否合适。将从观测数据计算出的相关系数和从模型导出的变量的相关系数进行比较，如果差别很小，则可以说模型很好的拟合了观测数据，因子解是合适的。

(2) 公共因子方差

公共因子方差（Communality）又称共同度，是指观测变量的方差中由公共因子决定的比例。这个指标的意义在于说明用公共因子替代观测变量后，原来每个变量的信息被保留的程度。

观测变量的方差由两部分组成，即公共因子方差和特殊因子方差。特殊因子方差是所有不可预知的因素对观测变量方差的影响，公共因子方差是变量方差中能被公共因子所解释的部分，公共因子方差越大，变量能够被因子说明的程度越高。

变量 X_i 的公共因子方差记为 h_i^2。当公共因子之间彼此正交时，公共因子方差等于和该变量有关的因子负载的平方和，用公式表示为

$$h_i^2 = a_{i1}^2 + a_{i2}^2 + \cdots + a_{im}^2 \tag{11-4}$$

(3) 因子的贡献

用因子所能够解释的总方差来衡量的每个公共因子对变量的解释能力，通常称为该因子的贡献（Contributions），记为 V_j。它等于和该因子有关的因子负载的平方和，即

$$V_j = \sum_{i=1}^{p} a_{ij}^2 \tag{11-5}$$

所有公共因子的总贡献为

$$V = \sum_{j=1}^{m} V_j \tag{11-6}$$

实际中，相对指标更为常用，即每个因子所解释的方差占所有变量总方差的比例。因为，相对指标能够体现公共因子的相对重要程度。如果观测变量个数为 p，则 V_j/p 表示第 j 个因子所能解释的方差的比例，V/p 表示所有公共因子累计解释的方差比例。

(4) 因子旋转

如果一个变量在多个公共因子上有较大的负荷，或者多个变量在同一个公共因子上有较大的负荷，则说明该因子对多个变量都有较明显的影响作用。出现这种情况的因子模型反而很难对因子的实际背景进行合理的解释。这时可以通过因子旋转，使每个变量仅在一个公共因子上有较大的负载，而在其余的公共因子上的负载较小，即让同一个因子在各个变量上的负载尽可能的向靠近 1 和靠近 0 的两极分离。

因子旋转的方式分为两种，正交旋转和斜交旋转。正交旋转是使因子轴之间仍然保持 90°角，因子之间仍旧是不相关的，因子结构（因子和变量之间的相关关系）和因子模式（因子负载矩阵）是等同的，并没有加以区分；斜交旋转中因子之间的夹角可以是任意的，因子负载不再等于因子和变量之间的相关系数，因子结构和因子模式之间是有区别的。

令 S 表示因子结构矩阵，B 表示旋转后的因子负载矩阵，则因子结构和因子模式之间有下面的关系：

$$S = BW \tag{11-7}$$

式中，W 表示斜交因子之间的相关系数矩阵。

因为通常非专业统计人员难以根据特征根、特征向量求得的因子负载矩阵直接看出公共因子的含义，而且得到的结果也并不直观，所以通过因子旋转可以突出每个公共因子与在其负载较大的那些变量的联系，进一步对该公共因子的含义给予实际并具体的解释。

（5）解释因子

在得到因子解之后，便希望给每个因子一个有意义的解释。解释因子主要是借助于因子负载矩阵，找出在某个因子上有显著负载的变量，根据这些变量的意义给因子一个合适的名称，所以，具有较高负载的变量对因子名称的影响较大。

实际中，一般认为绝对值大于 0.3 的因子负载就是显著的。因为，因子负载是观测变量和因子之间的相关系数，与某一因子有关的负载的平方和表示了该因子所能解释的变量的总方差。而对于 0.3 的负载而言，该因子能够解释变量的方差不足 10%。因子负载的显著性与样本规模、观测变量的数量以及公共因子的次序均有关，样本规模增大或观测变量数量增多，则可以使因子负载的显著性提高。从第一个因子到最后一个因子，因子负载的显著性逐渐降低，即对于排在后面的因子，要求较大的因子负载才能被接受，因为对于越后面的因子，由特殊因子所解释的误差方差越大。

通过对因子负载矩阵的重新排序，使在同一因子上有较高负载的变量排在一起，在变量数量较大的情况下，可以帮助研究者方便地识别出每一个因子上重要的负载。

（6）因子得分

在因子分析模型中，观测变量是由因子的线性组合表示的，因子负载则是该线性组合的权数。而求因子得分的过程正好相反，它是通过观测变量的线性组合来表示因子，并依据该因子对应的每个变量的具体数值进行测度。因子得分是观测变量的加权平均，是因子分析的最终体现。当因子负载矩阵确定以后，因子得分便可以确定。

求因子得分涉及用观测变量来描述因子，在因子分析模型 $X = AF + \varepsilon$ 中，如果不考虑特殊因子的影响，当 $m = p$ 且 A 可逆时，可以非常方便地从每个样本的指标取值 X 计算出其在因子 F 上的相应取值：$F = A^{-1}X$，即该样本在因子 F 上的得分情况。

但是，因子分析模型在实际应用中要求 $m < p$，因此，不能精确计算出因子的得分情况，只能对因子得分进行估计。

3. 因子分析的步骤

因子分析通常包括以下 4 个步骤：

① 计算所有变量的相关系数矩阵。相关系数矩阵是因子分析直接要用的数据。
② 提取因子。在这一步确定因子的个数和求因子解的方法。
③ 进行因子旋转。这一步的目的是通过坐标变换使因子解的实际意义更容易解释。
④ 计算因子得分。

11.1.2 SPSS 软件应用

下面将利用表 11-1 中的原始数据，通过因子分析方法解决本章开篇提到的案例中的问题，以便更好地理论联系实际。变量的实际意义如下：

X_1——Multi-parity（%）； X_2——Contraception（%）；

X_3—J. school& above（%）； X_4—Average income（元）；
X_5—Urban（%）。

表 11-1 原始数据

Id	X_1	X_2	X_3	X_4	X_5	Id	X_1	X_2	X_3	X_4	X_5
1	0.94	89.89	64.51	3577.0	73.08	16	9.04	88.76	39.71	880.0	15.52
2	2.58	92.32	55.41	2981.0	68.65	17	12.02	87.28	38.76	1248.0	28.91
3	13.46	90.71	38.2	1148.0	19.08	18	11.15	89.13	36.33	976.0	18.23
4	12.46	90.04	45.12	1124.0	27.68	19	22.46	87.72	38.38	1845.0	36.77
5	8.94	90.46	41.83	1080.0	36.12	20	24.34	84.86	31.07	798.0	15.1
6	2.8	90.17	50.64	2011.0	50.86	21	33.21	83.79	39.44	1193.0	24.05
7	8.91	91.43	46.32	1383.0	42.65	22	4.78	90.57	31.26	903.0	20.25
8	8.82	90.78	47.33	1628.0	47.17	23	21.56	86.0	22.38	654.0	18.93
9	0.8	91.47	62.36	4822.0	66.23	24	14.09	80.96	21.49	956.0	14.72
10	5.94	90.31	40.85	1696.0	21.24	25	32.31	87.6	7.7	865.0	12.59
11	2.6	92.42	35.14	1717.0	32.81	26	11.18	89.71	41.01	930.0	21.49
12	7.07	87.97	29.51	933.0	17.9	27	13.8	86.33	29.69	938.0	22.04
13	14.44	88.71	29.04	1313.0	21.36	28	25.34	81.56	31.3	1100.0	27.35
14	15.24	89.43	31.05	943.0	20.4	29	20.84	81.45	34.59	1024.0	25.72
15	3.16	91.21	37.85	1372.0	27.34	30	39.6	64.9	38.47	1374.0	31.91

注：原数据中第三个个案的多孩率和第五个个案中的综合节育率为缺失值，用样本平均值代替。

使用 SPSS 进行因子分析的具体操作步骤及输出结果如下。

第一步，添加分析变量。

在 SPSS 窗口中选择菜单项 Analyze→Data Reduction→Factor 命令，打开 Factor Analysis 对话框，如图 11-1 所示，将原始变量 x1~x5 移入 Variables 列表框中。

如果不想使用全部样本进行分析，且数据文件中存在一个选择变量，可将该选择变量移入 Selection Variable 列表框中，并单击其下方的 Value 按钮，在弹出的窗口中输入一个筛选值，这样，只有选择变量的值等于输入的筛选值的观测才能参与因子分析。

第二步，描述性统计设置。

单击 Descriptives 按钮，弹出 Factor Analysis: Descriptives 对话框，如图 11-2 所示。该对话框共有两个选项组，用于设置输出的结果。

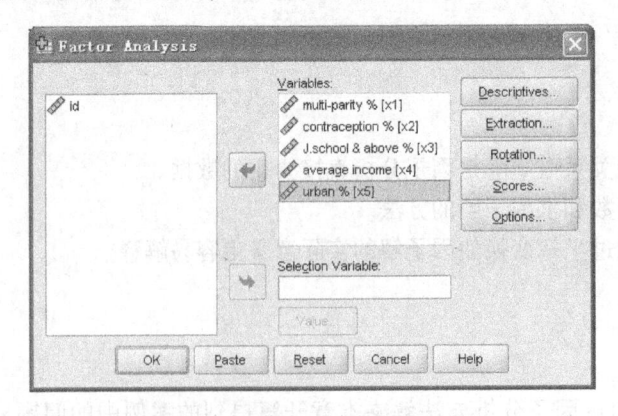

图 11-1 Factor Analysis 对话框

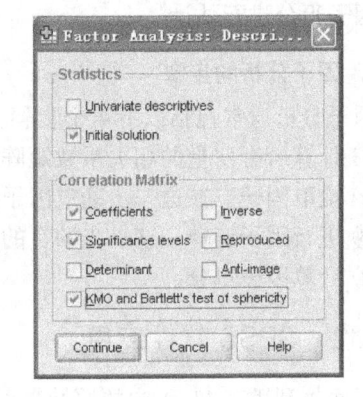

图 11-2 Factor Analysis: Descriptives 对话框

在 Statistics 选项组中，Univariate descriptives 表示输出原始变量的基本描述统计量；Initial solution 表示输出因子分析的初始解，包括相关系数矩阵的全部 p 个特征根、方差贡献率以及累计贡献率。

这里选中 Initial solution 复选框。

在输出窗口中显示的有关结果如表 11-2 所示。

表 11-2 变量共同度（Communalities）

	Initial	Extraction
multi-parity %	1.000	.887
contraception %	1.000	.913
J. school & above %	1.000	.860
average income	1.000	.878
urban %	1.000	.931

Extraction Method: Principal Component Analysis.

表 11-2 给出了 5 个原始变量的变量共同度。变量共同度反映每个变量对提取出的所有公共因子的依赖程度。从表 11-2 看来，所有的变量共同度都在 85% 以上，说明提取的因子已经包含了原始变量的大部分信息，因子提取的效果比较理想。

Correlation Matrix 选项组，用于指定输出衡量原始变量之间相关性的统计量和统计表。如前所述，因子分析的目的是从众多的原始变量中综合出少数具有代表性的因子，这里就有一个潜在的前提，即原始变量之间应该具有较强的相关性，否则因子分析就失去了必要性。Correlation Matrix 选项组中各选项的含义如下。

Coefficients：给出原始变量之间的简单相关系数矩阵。

Significance levels：给出每个相关系数的显著性检验，检验的原假设是相关系数等于 0。

Determinant：给出相关系数矩阵的行列式。

Inverse：给出相关系数矩阵的逆矩阵。

Reproduced：再生相关阵，此项给出因子分析后的相关阵，还给出残差，即原始相关与再生相关之间的差值。

Anti-image：给出反映像相关矩阵，如果原始变量之间具有较强的相关性，则反映像相关矩阵对角线上元素的值接近于 1，其他元素绝对值均较小。

KMO and Bartlett's test of sphericity：给出 KMO 检验和 Bartlett 球形检验。KMO 统计量的取值在 0 和 1 之间，KMO 值越接近于 0 表明原始变量相关性越弱，越接近于 1 表明原始变量相关性越强。通常认为 KMO 的度量标准是：0.9 以上表示非常适合进行因子分析，0.8 以上表示比较适合，0.7 表示一般，0.6 表示不太适合，0.5 以下表示极不适合。Bartlett 球形检验的原假设是：原始变量的相关系数矩阵是单位阵，即主对角线元素为 1，其他元素均为 0。

在本例中，选中 Coefficients，Significance levels 和 KMO and Bartlett's test of sphericity 这 3 个复选框。结果如表 11-3 和表 11-4 所示。

表 11-3 中给出了各个变量之间的相关系数及其显著性检验的 p 值。

表 11-3 的上半部分是原始变量的相关系数矩阵。可以看到，矩阵中存在许多比较高的相关系数。表 11-3 的下半部分是相关系数显著性检验的 p 值，其中存在大量的小于 0.05 的值，这些都说明原始变量之间存在着较强的相关性，具有进行因子分析的必要性。

表 11-4 给出了 KMO 检验统计量与 Bartlett 球形检验的结果。

表11-3 相关系数矩阵及相关显著性检验（Correlation Matrix）

		multi-parity %	contraception %	J. school & above %	Average income	urban %
Correlation	multi-parity %	1.000	-.761	-.542	-.453	-.453
	contraception %	-.761	1.000	.293	.253	.245
	J. school & above %	-.542	.293	1.000	.771	.849
	average income	-.453	.253	.771	1.000	.878
	urban %	-.453	.245	.849	.878	1.000
Sig.（1-tailed）	multi-parity %		.000	.001	.006	.006
	contraception %	.000		.058	.089	.096
	J. school & above %	.001	.058		.000	.000
	average income	.006	.089	.000		.000
	urban %	.006	.096	.000	.000	

表11-4 KMO 检验与 Bartlett 球形检验（KMO and Bartlett's Test）

Kaiser-Meyer-Olkin Measure of Sampling Adequacy		.713
Bartlett's Test of Sphericity	Approx. Chi-Square	106.776
	df	10
	Sig	.000

从表11-4中可以看出，KMO 统计量等于 0.713，Bartlett 球形检验的 p 值为 0.000，这些也都说明本案例中的数据比较适合进行因子分析。

第三步，因子提取设置。

单击 Extraction 按钮，弹出 Factor Analysis：Extraction 子对话框，如图11-3所示，设置有关因子提取的选项。

在 Method 下拉列表框中选择因子提取的方法，SPSS 提供了7种提取方法。

Principal components（主成分法）：把给定的一组（比如 k 个）相关变量通过线性变换转换成另一组不相关的变量，这些新的变量按照方差递减的顺序排列，并保持总方差不变。

Unweighted least squares（普通最小二乘法）：通过使根据因子模型计算出的相关系数和

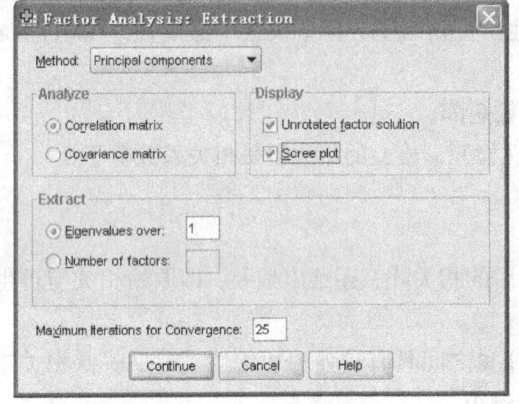

图11-3 Factor Analysis：Extraction 对话框

观测到的相关系数之间的离差平方和达到最小来求因子解。

Genenralized least squares（广义最小二乘法）：采用与 Unweighted least squares 同样的原则，所不同的是在迭代过程中，每次用特殊因子方差的倒数调整相关系数矩阵，给特殊因子方差大的变量的相关系数更大的权数。

Maximum likelihood（最大似然法）：求解因子解的方法和广义最小二乘法类似，希望因子解能最好地拟合观测数据变量之间的相关关系。假设样本来源于多维正态总体，通过构造样本的似然函数（其中因子负载为未知参数）使似然函数达到极大，求得因子解。求解过程中相关系数也是用特殊因子方差倒数加权。最大似然估计的原理很简单，但实际求解非常复杂。

Principal axis factoring（主轴因子法）：采用了类似主成分的方法求因子解，所不同的是用公共因子方差来代替相关系数矩阵主对角线上的元素1，这个新的矩阵称为调整相关系数矩阵（Adjusted Correlation Matrix），通过解调整相关系数矩阵的特征方程求得因子解。

Alpha factoring（α 因子提取法）：认为因子分析中包括的变量是来自潜在变量空间中的一个样本，这些变量是通过给定的总体观测到的，因子解应该使提取的公共因子和假设存在的公共因子有最大的相关。

Image analysis（映像分析法）：把一个变量分解为两部分，一部分为变量的公共部分，可以由除该变量之外的其他观测变量的线性组合预测，称为该变量的映像（Image），另一部分为该变量的特有部分，不能被其他变量的线性组合预测，称为变量的反像（Antiimage）。映像分析法同时考虑样本空间和变量空间，映像的平方相当于公共因子方差，反像的平方相当于特殊因子方差，最终采用和主成分法类似的过程求得因子解。

一般来说，各种求因子解的方法所产生的变量的公共因子方差差别不大。当公共因子方差为 1 时，主成分法和其他 6 种方法的实质是一样的，当公共因子方差较低时，其差别就会比较明显。

主成分法从解释变量的方差出发，假设每个变量的方差能够被完全解释，相关系数矩阵主对角线上的元素和其他元素同样重要，甚至更重要。而其他方法是从解释变量之间的相关关系出发，假设观测变量之间的相关能完全被公共因子解释，变量的方差不一定能完全被公共因子解释，而不能被解释的方差只影响相关系数矩阵主对角线上的元素。因此它们只要求因子解能够拟合相关系数矩阵主对角线以外的元素，通过调整主对角线上的元素，使因子解能够最大可能地"再现"观测变量之间的相关关系。所以如果提取相同数目的因子，主成分法能够解释更多的方差。然而随着变量个数的增加，相关系数矩阵主对角线上的每个元素占元素总数的比例下降，主对角线上元素的重要程度降低，差异变得不再明显。只有当样本量很大时，最大似然法求得的解比其他解的精度才有明显提高。

可以依据进行因子分析的目的和对变量方差的了解程度决定选择使用哪种方法。如果是要以最少的因子最大程度地解释原始数据中的方差，或者已明确特殊因子和误差带来的方差很小，适合用主成分法。如果是为了确定数据结构但并不了解变量方差的情况，适合用另外的 6 种方法。而大多数情况下，这几种方法得到的结果很接近。

一般选择默认选项 Principal components，即主成分法。

在 Analyze 选项组中指定用于提取因子的分析矩阵，分别为相关系数矩阵（Correlation matrix）和协方差矩阵（Covariance matrix）。如果选择相关系数矩阵，则表示首先对原始数据进行标准化，然后再进行因子分析；如果选择协方差矩阵，则表示直接对原始数据进行因子分析。

这里选中默认的相关系数矩阵单选按钮。

在 Display 选项组中指定与因子提取有关的输出项。

Unrotated factor solution 表示输出旋转前的因子方差贡献表和旋转前的因子负载矩阵；

Scree plot 表示输出因子碎石图。因子碎石图其实就是样本协差阵的特征根按大小顺序排列的折线图，可以用来帮助确定提取多少个因子。典型的碎石图会有一个明显的拐点，拐点之前是较大特征根连接形成的陡峭曲线，拐点之后是较小特征根连接形成的平缓曲线，一般选择拐点之前的特征根数目为提取因子的数目。

本例将 Unrotated factor solutions 和 Scree Plot 两个选项都选中。

在 Extract 选项组中指定因子提取的数目，有两种设置方法：第一种是在 Eigenvalues over 后的文本框中设置提取的因子对应的特征根的范围，系统默认值为 1；第二种设置方法是直接在 Number of factors 后的文本框中输入要求提取的公共因子数目。

本例保持默认选项。输出窗口中的显示结果如表 11-5、表 11-6 及图 11-4 所示。

表 11-5 给出了因子分析各个阶段的特征根与方差贡献率。

表 11-5 特征根与方差贡献率表（Total Variance Explained）

Component	Initial Eigenvalues			Extraction Sums of Squared Loadings			Rotation Sums of Squared Loadings		
	Total	% of Variance	Cumulative %	Total	% of Variance	Cumulative %	Total	% of Variance	Cumulative %
1	3.250	65.006	65.006	3.250	65.006	65.006	2.683	53.661	53.661
2	1.220	24.396	89.401	1.220	24.396	89.401	1.787	35.740	89.401
3	.250	4.993	94.394						
4	.181	3.620	98.014						
5	.099	1.986	100.000						

Extraction Method: Principal Component Analysis.

其中，Initial Eigenvalues 栏给出初始的样本相关系数矩阵或协差阵特征根，用于确定哪些因子应该被提取，共有3项：Total 列为各个因子对应的特征根，本例中共有两个因子对应的特征根大于1，因此应该提取相应的两个公共因子；% of Variance 列为各个因子的方差贡献率；Cumulative % 列为各个因子的累积方差贡献率。

表 11-6 旋转前的因子负载矩阵
（Component Matrix^a）

	Component	
	1	2
J. school & above %	.892	.255
urban %	.891	.370
average income	.870	.347
multi-parity %	-.762	.554
contraception %	.568	-.768

Extraction Method: Principal Component Analysis.
a. 2 components extracted.

表 11-6 给出了旋转前的因子负载矩阵，根据该表可以写出每个原始变量的因子表达式

$X_1 = -0.762F_1 + 0.554F_2$
$X_2 = 0.568F_1 - 0.768F_2$
$X_3 = 0.892F_1 + 0.225F_2$
$X_4 = 0.870F_1 + 0.347F_2$
$X_5 = 0.891F_1 + 0.370F_2$

从表 11-6 可以看出，不同原始变量在每个因子的负载没有明显的差别。为了便于对因子命名，还需要对因子进行旋转。

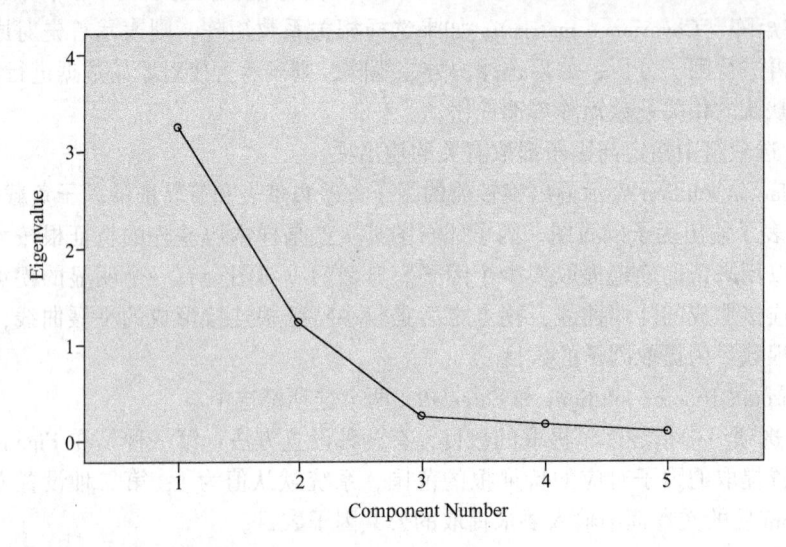

图 11-4 因子碎石图

图 11-4 给出了因子的碎石图。图中横坐标为因子的序号,纵坐标为相应的特征根值。从图中可以看到,第 2 个因子以前的特征根普遍较高,连接成了陡峭的折线,而第 2 个因子之后的特征根普遍较低,连接成了平缓的折线,这进一步说明提取两个因子是比较适当的。

第四步,因子旋转设置。

单击 Rotation 按钮,弹出 Factor Analysis:Rotation 对话框,如图 11-5 所示,设置有关因子旋转的选项。

Method 选项组用于设置因子旋转的方法,可供选择的方法如下。

Varimax(方差最大旋转法):是从简化因子负载矩阵的每一列出发,使和每个因子有关的负载平方的方差最大。当只有少数几个变量在某个因子上有较高的负载时,对因子的解释是最简单的,和某个因子有关的负载平方的方差最大时,因子具有最大的可解释性。

Direct Oblimin(直接斜交旋转法):须在 Delta 文本框输入一个"Delta"值,该值应该在 0 ~ -1 之间,是因子映像自相关的范围。0 值产生最高相关因子,大负数产生的斜交旋转的结果与正交旋转的结果接近。

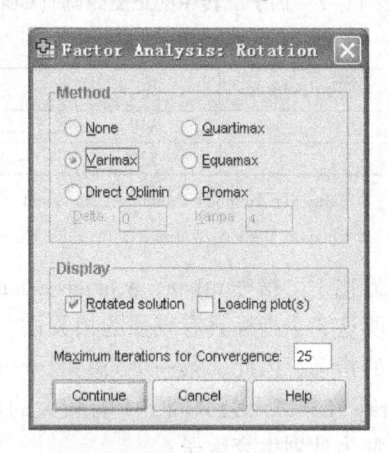

图 11-5 Factor Analysis:Rotation 对话框

Quartmax(四次方最大正交旋转法):是从简化因子负载矩阵的行出发,通过旋转因子,使每个变量只在一个因子上有较高的负载,在其他的因子上尽可能低的负载。如果每个变量只在一个因子上有非零的负载,这时变量的因子解释是最简单的。四次方最大正交旋转法通过使因子负载矩阵中每一行因子负载平方的方差达到最大来求得因子解。它的一个缺点是产生的最后解中往往有一个综合因子,大部分变量在该因子上都有较高的负载,该方法强调了对变量解释的简洁性,牺牲了对因子解释的简洁性。

Equamax(平均正交旋转法):是把四次方最大正交旋转法和方差最大旋转法结合起来,取其因子解的加权平均作为简化准则。

Promax(斜交旋转法):这种方法可以允许因子之间相关,其处理速度比直接斜交旋转法快,适合样本数量较大的情况。

如果选择 None 单选按钮,则不进行旋转。

大部分的统计软件都提供多种旋转方法供使用者选择,但是目前还没有一个准则能帮助使用者选定一种特定的旋转技术,没有可以令人信服的理由能够说某种旋转方法优于其他方法。因此,选择旋转的方法主要是根据研究问题的需要。

现实中很少有完全不相关的变量,所以理论上,斜交旋转优于正交旋转,但是斜交旋转中因子之间的斜交程度受使用者定义的参数的影响。因此,斜交旋转的优越性被大大削弱了,正交旋转应用更为广泛。

如果不确定应该使用哪种旋转方法,可以直接用软件默认的方法。

Display 选项组用于设置与因子旋转有关的输出项。

Rotation solution 表示输出旋转后的因子方差贡献表和旋转后的因子负载矩阵;

Loading plot(s)表示输出旋转后的因子负载散点图,旋转后因子散点图是以因子为坐标轴,以旋转后的因子负载为坐标的散点图,从该散点图中可以直观地观察因子负载在各因子上的分布状况。

本案例在 Method 选项栏中选中 Varimax（方差最大旋转）单选按钮，并选中 Display 选项栏中的 Rotation solution 复选框。

输出结果如表 11-7 和表 11-8 所示。

表 11-7 给出了使用正交旋转法对因子负载矩阵进行旋转时使用的正交矩阵 Γ。若用 A 表示旋转前的因子负载矩阵，用 B 表示旋转后的因子负载矩阵，则有 $B = A\Gamma$。

表 11-7 因子旋转中的正交矩阵（Component Transformation Matrix）

Component	1	2
1	.849	.529
2	.529	-.849

Extraction Method: Principal Component Analysis.
Rotation Method: Varimax with Kaiser Normalization.

表 11-8 给出了旋转后的因子负载矩阵，从表中可以看出，经过旋转后的负载系数已经明显的两极分化了。指标 urban、average income 和 J. school & above 在第一个公共因子上有较大的负载，说明这 3 个指标具有较强的相关性，可以归为一类。而且这 3 个指标都是反映社会经济发展水平的指标，因此，第一个公共因子可以解释为经济发展水平因子。指标 contraception 和 multi-parity 在第二个公共因子上有较大的负载，且是和计划生育有关的指标，则第二个公共因子可以解释为计划生育因子。

第五步，因子得分设置。

单击 Scores 按钮，弹出 Factor Analysis：Factor Scores 对话框，如图 11-6 所示，设置有关因子得分的选项。

表 11-8 旋转后的因子负载矩阵（Rotated Component Matrix[a]）

	Component	
	1	2
urban %	.952	.157
average income	.922	.166
J. school & above %	.892	.255
contraception %	.076	.953
multi-parity %	-.354	-.873

Extraction Method: Principal Component Analysis.
Rotation Method: Varimax with Kaiser Normalization.
a. Rotation converged in 3 iterations.

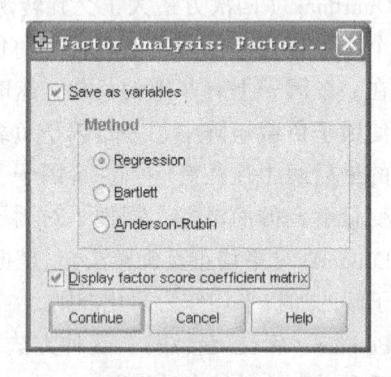

图 11-6 Factor Analysis：Factor Scores 对话框

选中 Save as variables 复选框，表示将因子得分作为新变量保存在数据文件中，提取了几个因子则会在数据文件中保存几个因子得分变量，变量名为"facm_n"，其中，m 表示第 m 个因子，n 表示进行第 n 次因子分析的结果。选中 Display factor score coefficient matrix 复选框，这样在结果输出窗口中会给出因子得分系数矩阵。因子得分系数矩阵如表 11-9 所示。

表 11-9 给出了因子得分系数矩阵，根据表中的因子得分系数和原始变量的标准化值就可以计算各个因子的得分。本案例中旋转后的因子得分表达式可以写成

表 11-9 因子得分系数矩阵（Component Score Coefficient Matrix）

	Component	
	1	2
multi-parity %	.041	-.510
contraception %	-.185	.627
J. school & above %	.343	-.032
average income	.378	-.100
urban %	.393	-.113

Extraction Method: Principal Component Analysis.
Rotation Method: Varimax with Kaiser Normalization.

$$F_1 = 0.041X_1 - 0.185X_2 + 0.343X_3 + 0.3378X_4 + 0.393X_5$$
$$F_2 = -0.510X_1 + 0.627X_2 - 0.032X_3 - 0.100X_4 - 0.113X_5$$

因子得分如表 11-10 所示。

表 11-10 因子得分

Id	FAC1_1	FAC2_1	Id	FAC1_1	FAC2_1
1	2.59470	0.29548	16	-0.59815	0.52048
2	1.88821	0.62112	17	-0.08435	0.06434
3	-0.49341	0.47594	18	-0.59687	0.43722
4	-0.07107	0.37147	19	0.37363	-0.53249
5	-0.01269	0.55498	20	-0.70198	-0.67735
6	0.98289	0.60139	21	0.00308	-1.38202
7	0.37261	0.57916	22	-0.80565	0.93780
8	0.63730	0.44579	23	-0.97955	-0.38836
9	2.83557	0.40324	24	-0.83624	-0.60543
10	-0.14817	0.72628	25	-1.49137	-0.68293
11	-0.11654	1.07755	26	-0.41840	0.47342
12	-0.80231	0.53352	27	-0.61051	-0.03014
13	-0.56779	0.18239	28	-0.15355	-1.23555
14	-0.70902	0.26887	29	-0.14180	-1.01007
15	-0.26942	0.97540	30	0.92086	-4.00152

这里有两点值得注意：一，由于是以相关系数矩阵为出发点进行因子分析，所以因子得分表达式中的各个变量 $X_1 \sim X_5$ 应该是经过标准化变换后的标准变量，均值为0，标准差为1；二，由于因子负载矩阵经过了旋转，所以，因子得分不是利用初始的因子负载矩阵，而是利用旋转后的因子负载矩阵计算得到的。

第六步，缺失值及因子负载矩阵设置。

单击 Options 按钮，弹出 Factor Analysis：Options 子对话框，如图 11-7 所示，设置对缺失值的处理方法和因子负载矩阵的显示方法。

Missing Values 选项组用于设置对缺失值的处理方法。

Exclude cases listwise 表示如果某个观测的所有分析变量中只要有一个带有缺失值，则这个观测就不参与分析；

Exclude cases pairwise 表示在计算两个变量的协方差或相关系数时，只把这两个变量中带有缺失值的观测删除，即如果一个观测在正在进行相关系数计算的变量中没有缺失值，则即使其他变量中有缺失值，也不影响它参与计算；

Replace with mean 表示如果某变量存在缺失值，则用该变量的均值代替缺失值。

Coefficient Display Format 选项组用于设置因子负载矩阵的显示方式。

Sorted by size 表示因子负载矩阵按照因子负载的大小顺序排列，使同一因子上具有较大负载的变量排在一起，便于观察；

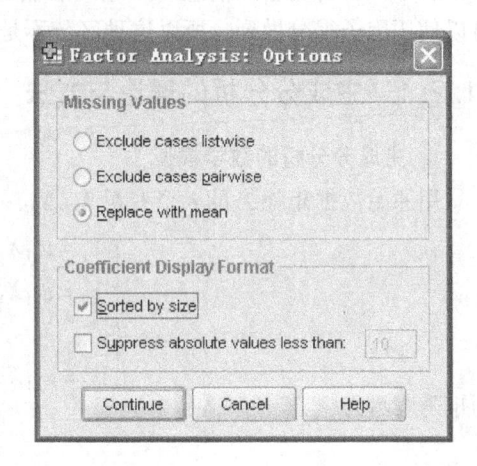

图 11-7 Factor Analysis：Options 对话框

表11-11 因子得分的协差阵（Component Score Covariance Matrix）

Component	1	2
1	1.000	.000
2	.000	1.000

Extraction Method: Principal Component Analysis.
Rotation Method: Varimax with Kaiser Normalization.

Suppress absolute values less than 表示不显示绝对值太小的因子负载，如果提取的因子很多，则该选项可以突出负载较大的变量，便于观察。

本例选中 Replace with mean 和 Sorted by size 选项。表11-11 给出了因子得分的协差阵。根据因子分析的数学模型，因子得分的协差阵应该是单位阵，而表11-11 恰恰验证了这个结论。

11.2 主成分分析

主成分分析是由 Hotelling 于 1933 年首先提出的，其思想是希望通过线性组合的方式从多个具有一定相关性的变量中尽可能快地提取信息。当一个线性组合不能提取更多的信息时，再考虑用第二个线性组合继续这个快速提取的过程，直到所提取的信息与原指标相差不多时为止。一般来说，主成分分析的优点是通过较少的主成分得到较多的信息量。因此，通过主成分分析既可以降低数据"维数"，又保留了原数据的大部分信息。

主成分分析与因子分析的主要区别在于主成分分析是用各个变量的线性组合表示主成分而并非用因子表示变量，而且并不需要类似于各个因子之间不相关等的假设条件。但是，二者之所以可以放在一起比较，说明二者之间又有一定的联系，例如，都需要对指标进行正向化和标准化，都需要判断相关系数矩阵变量间的相关性，进而求出特征值和特征向量。

相比主成分分析，因子分析可以使用旋转技术帮助解释因子，在解释方面更加有优势。大致说来，当需要寻找潜在的因子，并对这些因子进行解释的时候，更加倾向于使用因子分析，并且借助旋转技术帮助更好解释。而如果想把现有的变量变成少数几个新的变量（新的变量几乎带有原来所有变量的信息）来进入后续的分析，则可以使用主成分分析。当然，这中情况也可以使用因子得分做到，所以这种区分不是绝对的。

11.2.1 主成分分析的理论与方法

1. 主成分分析的数学模型

用原始数据矩阵 X 的 p 个变量 $X_1, X_2, \cdots, X_p$ 作线性组合如下：

$$\begin{cases} Y_1 = u_{11}X_1 + u_{12}X_2 + \cdots + u_{1p}X_p \\ Y_2 = u_{21}X_1 + u_{22}X_2 + \cdots + u_{2p}X_p \\ \vdots \\ Y_m = u_{m1}X_1 + u_{m2}X_2 + \cdots + u_{mp}X_p \end{cases} \tag{11-8}$$

用矩阵表示为

$$Y = UX \tag{11-9}$$

式中，

$$Y = \begin{bmatrix} Y_1 \\ Y_2 \\ \vdots \\ Y_m \end{bmatrix}, \quad U = \begin{bmatrix} u_{11} & u_{12} & \cdots & u_{1p} \\ u_{21} & a_{22} & \cdots & a_{2p} \\ \vdots & \vdots & \vdots & \vdots \\ a_{m1} & u_{m2} & \cdots & a_{mp} \end{bmatrix}, \quad X = \begin{bmatrix} X_1 \\ X_2 \\ \vdots \\ X_p \end{bmatrix}$$

且满足：

① 矩阵 U 的每一行都是单位行向量，即

$$u_{i1}^2 + u_{i2}^2 + \cdots + u_{ip}^2 = 1, \quad i = 1, 2, \cdots, m \tag{11-10}$$

② Y_i 与 $Y_j (i \neq j, i, j = 1, 2, \cdots, m)$ 之间不相关。

③ Y_1 是 X_1, X_2, $\cdots$, X_p 的一切线性组合（系数满足条件1）中方差最大的，Y_2 是与 Y_1 不相关的 $X_1, X_2, \cdots, X_p$ 一切线性组合中方差最大的；$\cdots$；Y_m 是与 $Y_1, Y_2, \cdots, Y_{m-1}$ 都不相关的 X_1, $X_2, \cdots, X_p$ 的一切线性组合中方差最大的。

2. 主成分分析的几何意义

为了便于理解和直接观察，首先从二维变量入手，介绍主成分分析的几何意义，如图 11-8 所示。

二维空间中的变量由横坐标和纵坐标表示，因此，每一个观测值都有相应于这两个坐标轴的坐标值。如果这些数据形成一个椭圆形状的点阵（这在变量的二维正态的假定下是可能的），那么这个椭圆有一个长轴和一个短轴。在短轴方向上，数据变化很少。在极端情况下，短轴如果退化成一点，那只有在长轴的方向上才能解释这一点的变化。这样，由二维到一维的降维就自然完成了。

当坐标轴和椭圆的长、短轴平行，那么代表长轴的变量就描述了数据的主要变化，而代表短轴的变量就描述了数据的次要变化。但是，实际上，坐标轴通常不和椭圆的长、短轴平行。因此，需要寻找椭圆的长、短轴，并进行变换，使新变量和椭圆的长、短轴平行。如果长轴变量代表了数据包含的大部分信息，就用该变量代替原先的两个变量，舍去次要的一维，降维就完成了。椭圆的长、短轴相差的越大，降维也越有道理。

对于多维变量的情况和二维变量的类似，也有高维的椭球，只不过无法直观看见罢了。

首先，把高维椭球的主轴找出来，再用代表大多数数据信息的最长的几个轴作为新变量。这样，主成分分析就基本上完成了。正如二维椭圆有两个主轴，三维椭球有三个主轴一样，有几个变量，就有几个主成分。

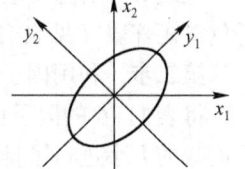

图 11-8 主成分分析的几何意义

3. 主成分分析的作用

概括起来说，主成分分析主要是作为一种探索性的技术。在分析者进行多元数据分析之前，用主成分分析来对原始数据进行处理，有个大致的了解是非常必要的，其作用主要体现在以下五个方面。

① 主成分分析能降低所研究的数据空间的维数。即用研究 m 维的 Y 空间代替 p 维的 X 空间（$m < p$），而低维的 Y 空间代替高维的 X 空间所损失的信息很少。即使只有一个主成分 Y_1（即 $m = 1$）时，这个 Y_1 仍是使用全部 X 变量（p 个）得到的。例如，要计算 Y_1 的均值也得使用全部 X 的均值。在所选的前 m 个主成分中，如果某个 X_i 的系数全部近似于零的话，就可以把这个 X_i 删除，这也是一种删除多余变量的方法。

② 有时可通过因子负载 a_{ij} 的结论，弄清 X 变量间的某些关系。

③ 主成分分析可以作为多维数据的一种图形表示方法。当维数大于3时便不能画出几何图形，而多元统计研究的问题大都多于3个变量，要把研究的问题用图形表示出来是不可能的。然而，经过主成分分析后，可以选取前两个主成分或其中某两个主成分，根据主成分的得分，画出 m 个样本在二维平面上的分布情况。由图形可以直观地看出各样本在主成分中的地位，进而还可以对样本进行分类处理，可以由图形发现远离大多数样本点的离群点。

④ 可以由主成分分析法构造回归模型，即把各主成分作为新的自变量代替原来的自变量 X 做回归分析。

⑤ 用主成分分析筛选回归变量。回归变量的选择有着重要的实际意义，为了使模型本身易于做结构分析、控制和预报，就要从原始变量所构成的子集合中选择最佳变量，构成最佳变量集合，而通过使用主成分分析可以用较少的计算量来筛选变量，获得选择最佳变量子集合的效果。

4. 主成分分析的求解步骤

① 指标数据的标准化（SPSS 软件自动执行）；
② 指标之间的相关关系判定；
③ 确定主成分个数 m；
④ 确定主成分 Y_i 的表达式；
⑤ 为主成分 Y_i 命名。

11.2.2　SPSS 软件应用

下面将依靠因子分析的部分结果，继续使用主成分分析方法，通过 SPSS 软件的使用来解决本章开篇的案例中所提到的问题。因为 SPSS 软件并没有把主成分分析作为一个单独的方法，而是嵌入到因子分析当中，所以，以下步骤将借助于因子分析方法的分析过程进行处理。主成分分析使用的原始数据与表 11-1 一致，不再赘述。

使用 SPSS 进行主成分分析的具体操作步骤及输出结果如下。

第一步，利用 SPSS 进行因子分析。

将原始数据输入 SPSS 数据编辑窗口。在 SPSS 窗口中选择菜单 Analyze→Data Reduction→Factor 命令，调出因子分析主对话框，将变量 $x_1 \sim x_5$ 移入 Variables 框中，其他均保持系统默认选项，单击 OK 按钮，执行因子分析过程（详细过程参见 11.1.2 节中的操作步骤）。

主成分分析主要应用因子分析所得到的特征根与方差贡献率表（见表 11-5）和旋转前的因子负载矩阵表（见表 11-6）。

第二步，利用因子分析结果进行主成分分析。

将表 11-6 的因子负载矩阵中的数据输入 SPSS 数据编辑窗口（注意变量的顺序，该表按因子负载的大小进行了排序），两个变量分别命名为 a_1 和 a_2。

选择菜单 Transform→Compute 命令，调出 Compute Variable 对话框，如图 11-9 所示。在对话框中输入等式"$t_1 = a_1 / SQRT(3.250)$"，此处的 3.250 为第一个因子所对应的特征根。

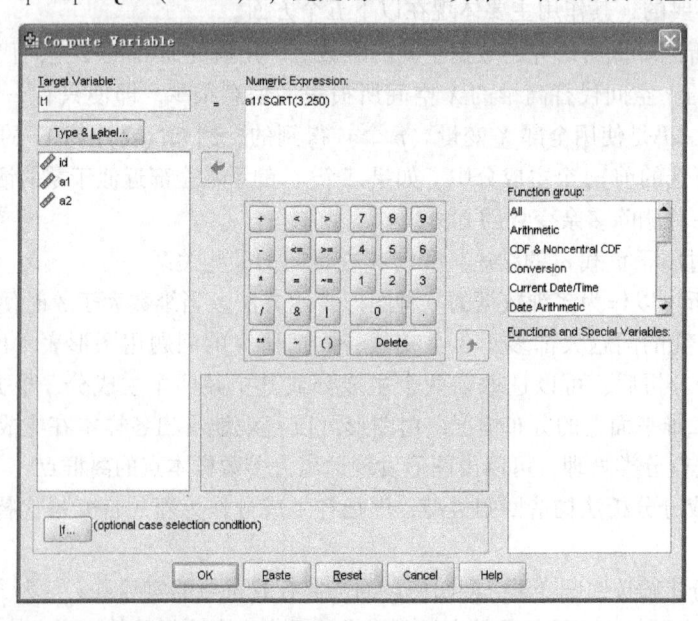

图 11-9　Compute Variable 对话框

单击 OK 按钮，即可在数据编辑窗口中得到以 t_1 为变量名的第一特征向量。

如果提取的因子个数较多，则以此类推，再次调出 Compute Variable 对话框。在对话框中输入等式"$t_2 = a_2/\text{SQRT}(1.220)$"，单击 OK 按钮，得到以 t_2 为变量名的第二特征向量。

这样就可以得到如表 11-12 所示的特征向量矩阵。

表 11-12 特征向量矩阵

Id	a_1	a_2	t_1	t_2
1	-0.762	0.554	-0.423	0.502
2	0.568	-0.768	0.315	-0.695
3	0.892	0.255	0.495	0.231
4	0.870	0.347	0.483	0.314
5	0.891	0.370	0.494	0.335

根据表 11-12 的特征向量矩阵可以得到主成分的表达式

$$Y_1 = -0.423X_1 + 0.315X_2 + 0.495X_3 + 0.483X_4 + 0.494X_5$$
$$Y_2 = 0.502X_1 - 0.695X_2 + 0.231X_3 + 0.314X_4 + 0.335X_5$$

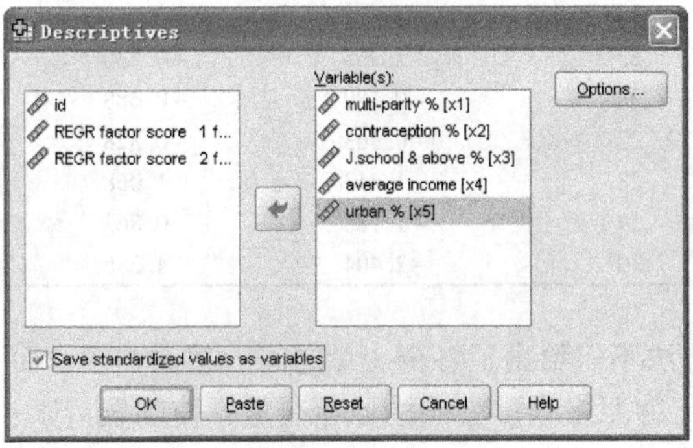

第三步，计算主成分。

在计算主成分之前首先需要对原始变量 $x_1 \sim x_5$ 进行标准化，得到 5 个变量名分别为 $Zx_1 \sim Zx_5$ 的标准化变量。

选择菜单 Analyze → Descriptive Statistics → Descriptives 命令，打开 Descriptives 对话框，如图 11-10 所示。把将要标准化得数据移入 Variable(s) 列表框中，选中 Save standardized values as variables 复选框，单击 OK 按钮，则在数据文件中出现了以在原变量前加字母 Z 为变量名的标准化变量，如表 11-13 所示。

图 11-10 Descriptives 对话框

表 11-13 标准化后的变量

Id	Zx_1	Zx_2	Zx_3	Zx_4	Zx_5	Id	Zx_1	Zx_2	Zx_3	Zx_4	Zx_5
1	-1.245	0.430	2.305	2.381	2.633	16	-0.440	0.218	0.157	-0.634	-0.902
2	-1.082	0.886	1.517	1.715	2.361	17	-0.143	-0.060	0.075	-0.223	-0.080
3	0.000	0.584	0.027	-0.334	-0.683	18	-0.230	0.288	-0.135	-0.527	-0.735
4	-0.100	0.458	0.626	-0.361	-0.155	19	0.894	0.023	0.042	0.445	0.403
5	-0.450	0.537	0.341	-0.410	0.363	20	1.081	-0.514	-0.591	-0.726	-0.928
6	-1.060	0.483	1.104	0.630	1.268	21	1.963	-0.715	0.134	-0.284	-0.378
7	-0.453	0.719	0.730	-0.072	0.764	22	-0.863	0.558	-0.574	-0.608	-0.611
8	-0.461	0.597	0.817	0.202	1.042	23	0.805	-0.300	-1.343	-0.887	-0.692
9	-1.259	0.727	2.118	3.773	2.212	24	0.062	-1.246	-1.420	-0.549	-0.951
10	-0.748	0.509	0.256	0.278	-0.551	25	1.873	0.000	-2.614	-0.651	-1.082
11	-1.080	0.905	-0.238	0.302	0.160	26	-0.227	0.396	0.270	-0.578	-0.535
12	-0.635	0.070	-0.726	-0.575	-0.756	27	0.034	-0.238	-0.710	-0.569	-0.501
13	0.097	0.209	-0.766	-0.150	-0.543	28	1.181	-1.133	-0.571	-0.388	-0.175
14	0.177	0.344	-0.592	-0.564	-0.602	29	0.733	-1.154	-0.286	-0.473	-0.275
15	-1.024	0.678	-0.004	-0.084	-0.176	30	2.598	-4.261	0.050	-0.082	0.105

再次使用 Compute 命令，调出 Compute Variable 对话框，分别在对话框中输入等式：

$$y_1 = -0.423 * Zx_1 + 0.315 * Zx_2 + 0.495 * Zx_3 + 0.483 * Zx_4 + 0.494 * Zx_5$$

$$y_2 = 0.502 * Zx_1 - 0.695 * Zx_2 + 0.231 * Zx_3 + 0.314 * Zx_4 + 0.335 * Zx_5$$

就可以计算得到两个主成分，如表 11-14 所示。

表 11-14 主成分表

Id	y_1	y_2	Id	y_1	y_2
1	-0.419	-0.837	16	-0.419	-0.837
2	-0.068	-0.110	17	-0.068	-0.110
3	-0.497	-0.758	18	-0.497	-0.758
4	0.064	0.718	19	0.064	0.718
5	-1.720	0.225	20	-1.720	0.225
6	-1.313	1.297	21	-1.313	1.297
7	-0.339	-1.349	22	-0.339	-1.349
8	-1.870	-0.208	23	-1.870	-0.208
9	-1.857	0.078	24	-1.857	0.078
10	-2.935	-0.230	25	-2.935	-0.230
11	-0.189	-0.688	26	-0.189	-0.688
12	-0.963	-0.328	27	-0.963	-0.328
13	-1.413	1.068	28	-1.413	1.068
14	-1.180	0.863	29	-1.180	0.863
15	-2.404	4.286	30	-2.404	4.286

通过分析可以看出，因子分析与主成分分析方法不但给出了各个变量之间的相关程度，而且简化了数据结构，利用较少的因子和主成分来代替原来众多繁杂的原始变量，使问题清晰、明确。更重要的是，通过因子分析与主成分分析方法所得到的因子得分和主成分，还可以被当做变量应用到其他的统计分析当中。

11.3 案 例

因子分析与主成分分析的应用范围很广，只要符合其分析条件，这种方法可以应用在很多领域。本章中仅举众多方面中的 3 个实例。

案例 11.1 我国沿海 10 个省市的经济状况分析

为了了解我国沿海 10 个省市的经济状况，在该地区的经济状况主要指标体系中选取了 8 个指标进行统计分析，涉及的指标包括：辽宁、山东、河北、天津、江苏、上海、浙江、福建、广东和广西 10 个省（市）的 GDP、人均 GDP、第一产业总值、第二产业总值、第三产业总值、固定资产投资、进出口总额和地方财政收入。如果使用原始数据对沿海 10 个省市的经济发展情况进行衡量，不但使问题烦琐，而且也不便于分析这几个指标对于其他相关指标的影响。

在沿海 10 个省市经济状况的主要指标体系中选取了 8 个指标，如表 11-15 所示。

X_1——GDP（亿元）； X_2——人均 GDP（元）；

X_3——第一产业总产值（亿元）； X_4——第二产业总产值（亿元）；

X_5——第三产业总产值（亿元）； X_6——固定资产投资（亿元）；

X_7——进出口总额（亿美元）； X_8——地方财政收入（万元）。

表 11-15 沿海 10 个省市经济数据

地区	X_1	X_2	X_3	X_4	X_5	X_6	X_7	X_8
辽宁	11023.49	31259	1133.40	5853.10	4036.99	7435.2	594.7	10826948
山东	25965.91	33083	2509.14	14776.53	8680.24	12537.7	1225.0	16753980
河北	13709.50	23239	1804.72	7241.80	4662.98	6884.7	255.3	7891198
天津	5050.40	55473	110.19	2892.53	2047.68	2353.1	715.2	5404390
江苏	25741.15	39112	1816.24	14306.40	9618.52	12268.1	3495.6	22377276
上海	12188.85	72536	101.84	5678.51	6408.50	4420.4	2829.1	20744792
浙江	18780.44	42214	986.02	10148.45	7645.96	8420.4	1768.3	16494981
福建	9249.13	30123	1002.11	4549.42	3697.60	4287.8	744.6	6994577
广东	31084.40	37588	1695.57	15939.10	13449.73	9294.3	6340.7	27858007
广西	5955.65	14966	1241.35	2425.29	2289.00	2939.7	92.7	4188265

数据来源：《中国统计年鉴 2008》中 2007 年的统计数据。

思考题：
(1) 本案例中可以提取几个公共因子？哪几个指标可以归为一类？
(2) 提取出来的公共因子是否可以覆盖原始数据的大部分信息？
(3) 如果想利用提取出的公共因子做回归分析，该如何进行？
(4) 撰写本案例的分析报告。

案例 11.2　我国各地区农村居民家庭消费性支出分析

农村的生活水平历来是国家及各地政府相当重视的问题。了解农村真实的消费水平，有利于国家宏观调控城乡建设、投资等措施的出台，进而实行相应的政策，达到缩小城乡差距的目的。为了统计 2007 年我国各地区农村居民家庭平均每人全年消费性支出，下面选取了 8 个指标，分别是（原始数据如表 11-16 所示）：

X_1—食品； X_2—衣着；

X_3—居住； X_4—家庭设备及服务；

X_5—交通和通信； X_6—文教娱乐及服务；

X_7—医疗保健； X_8—其他商品及服务。

表 11-16　我国各地区农村居民家庭消费性支出　　　　　　（单位：元）

地区	X_1	X_2	X_3	X_4	X_5	X_6	X_7	X_8
北京	2085.82	513.44	1018.42	340.15	778.52	870.12	629.56	111.73
天津	1283.97	286.33	674.81	126.74	400.11	312.07	306.19	64.30
河北	781.35	185.59	606.57	140.42	318.19	243.30	188.06	56.90
山西	820.57	260.84	385.18	120.85	268.75	370.97	170.85	62.08
内蒙古	827.27	227.70	433.12	117.64	375.58	423.75	281.46	74.62
辽宁	1015.07	277.97	487.80	141.97	361.77	362.78	265.01	108.05
吉林	920.63	227.96	360.90	120.55	337.46	339.77	311.37	87.89
黑龙江	912.36	254.01	589.93	104.99	335.28	312.32	272.49	69.98
上海	3078.26	475.51	2096.44	451.40	883.71	857.47	571.06	249.04
江苏	1529.05	251.16	709.00	228.51	543.97	642.52	263.85	134.41
浙江	2220.80	404.67	1478.26	338.72	782.98	750.69	452.44	142.23
安徽	826.95	166.05	456.65	144.21	258.29	283.17	177.04	52.88
福建	1527.59	235.61	544.25	184.19	465.40	356.26	174.12	105.20

(续表)

地区	X_1	X_2	X_3	X_4	X_5	X_6	X_7	X_8
江西	902.54	147.25	443.37	121.51	277.15	252.78	167.71	61.08
山东	1068.82	222.03	681.97	195.92	422.36	424.89	230.84	70.99
河南	701.81	189.26	563.64	136.36	269.46	212.36	173.19	62.26
湖北	800.52	165.98	395.82	165.19	281.12	284.13	178.77	97.13
湖南	1070.54	161.75	493.52	152.29	278.78	293.89	219.95	86.88
广东	1676.01	162.32	690.83	163.47	443.24	254.94	199.31	128.06
广西	851.53	86.83	493.47	112.23	245.97	172.45	149.01	47.70
海南	901.27	86.26	233.24	93.26	248.08	223.98	95.55	73.23
重庆	712.18	136.34	230.61	137.87	208.69	195.97	168.57	39.06
四川	800.10	156.59	339.26	142.09	241.49	177.19	174.75	52.51
贵州	437.81	99.44	317.24	70.89	154.52	147.31	79.31	32.32
云南	618.96	112.51	539.42	106.84	216.67	181.73	167.92	38.23
西藏	575.58	225.49	386.47	129.08	156.57	65.39	50.00	68.73
陕西	692.62	161.03	509.13	106.80	254.74	304.54	222.51	55.70
甘肃	439.16	112.20	289.51	91.39	186.17	208.90	149.82	29.33
青海	520.61	187.45	356.23	115.28	292.10	135.13	229.28	47.12
宁夏	621.64	184.26	435.46	109.27	265.76	192.00	239.40	68.13
新疆	591.82	211.69	418.61	86.56	234.70	166.27	210.69	45.25

数据来源：www.stats.gov.cn。

思考题：

(1) 本案例中的数据覆盖了农村居民家庭消费性支出的哪几个方面？
(2) 根据分析结果推断各个省份农村居民家庭生活的状况。
(3) 撰写本案例的分析报告。

案例11.3 某超市内影响咖啡销量的因素分析

某大型超市为了确定影响咖啡销量的因素，决定在一段特定时间内对店内的 5 种咖啡的销量进行统计。特用 23 种属性来描述这 5 种咖啡，如表 11-17 所示，而参与调查的顾客则针对每个属性，依据个人喜好来判断是否会因为某一属性而选择某种咖啡。

表 11-17 咖啡销量统计表

属性 \ 品牌	A	B	C	D	E
1	82	78	12	16	76
2	96	9	0	3	119
3	72	111	30	13	20
4	101	30	1	0	1
5	66	24	14	7	9
6	6	6	137	93	3
7	47	33	14	15	65
8	1	11	78	99	15
9	16	9	69	55	10
10	60	7	1	2	107
11	137	35	6	4	47
12	49	10	7	17	26
13	3	2	144	92	0
14	24	44	9	5	9
15	96	23	2	3	73
16	27	21	4	4	25

数据来源：虚拟数据。

思考题：
(1) 影响咖啡销量的主要因素有哪些？
(2) 如果想改善某一种咖啡的销量，应该从哪些方面入手？
(3) 撰写本案例的分析报告。

习 题 11

1. 简述因子分析的基本思想。
2. 为什么要对初始因子分析结果进行旋转？
3. 简述主成分分析的基本思想。
4. 一般根据什么确定主成分的提取数量？
5. 案例分析题一：表是某医院近三年的门诊人次 X_1、出院人数 X_2、病床利用率 X_3、病床周转次数 X_4、平均住院天数 X_5、治愈好转率 X_6、病死率 X_7、诊断符合率 X_8 和抢救成功率 X_9 等 9 个指标的统计（如表 11-18 所示）。试采用因子分析方法探讨综合评价指标。

表 11-18 某医院近三年医疗工作质量指标数据

年 月	X_1(万)	X_2(人)	X_3(%)	X_4(次)	X_5(天)	X_6(%)	X_7(%)	X_8(%)	X_9(%)
1-01	4.34	389	99.06	1.23	25.46	93.15	3.56	97.51	61.66
1-02	3.45	271	88.28	0.85	23.55	94.31	2.44	97.94	73.33
1-03	4.38	385	103.97	1.21	26.54	92.53	4.02	98.48	76.79
1-04	4.18	377	99.48	1.19	26.89	93.86	2.92	99.41	63.16
1-05	4.32	378	102.01	1.19	27.63	93.18	1.99	99.71	80.00
1-06	4.13	349	97.55	1.10	27.34	90.63	4.38	99.03	63.16
1-07	4.57	361	91.66	1.14	24.89	90.60	2.73	99.69	73.53
1-08	4.31	209	62.18	0.52	31.74	91.67	3.65	99.48	61.11
1-09	4.06	425	83.27	0.93	26.56	93.81	3.09	99.48	70.73
1-10	4.43	458	92.39	0.95	24.26	91.12	4.21	99.76	79.07
1-11	4.13	496	95.43	1.03	28.75	93.43	3.50	99.10	80.49
1-12	4.10	514	92.99	1.07	26.31	93.24	4.22	100.00	78.95
2-1	4.11	490	80.90	0.97	26.90	93.68	4.97	99.77	80.53
2-2	3.53	344	79.66	0.68	31.87	94.77	3.59	100.00	81.97
2-3	4.16	508	90.98	1.01	29.43	95.75	2.77	98.72	62.86
2-4	4.17	545	92.98	1.08	26.92	94.89	3.14	99.41	82.35
2-5	4.16	507	95.10	1.01	25.82	94.41	2.80	99.35	60.61
2-6	4.86	540	93.17	1.07	27.59	93.47	2.77	99.80	70.21
2-7	5.06	552	84.38	1.10	27.56	95.15	3.10	98.63	69.23
2-8	4.03	453	72.69	0.90	26.03	91.94	4.50	99.05	60.42
2-9	4.15	529	86.53	1.05	22.40	91.52	3.84	98.58	68.42
2-10	3.94	515	91.01	1.02	25.44	94.88	2.56	99.36	73.91
2-11	4.12	552	89.14	1.10	25.70	92.65	3.87	95.52	66.67
2-12	4.42	597	90.18	1.18	26.94	93.03	3.76	99.28	73.81
3-1	3.05	437	78.81	0.87	23.05	94.46	4.03	96.22	87.10
3-2	3.94	477	87.34	0.95	26.78	91.78	4.57	94.28	87.34
3-3	4.14	638	88.57	1.27	26.53	95.16	1.67	94.50	91.67
3-4	3.87	583	89.82	1.16	22.66	93.43	3.55	94.49	89.07
3-5	4.08	552	90.19	1.10	22.53	90.36	3.47	97.88	87.14
3-6	4.14	551	90.81	1.09	23.06	91.65	2.47	97.72	87.13
3-7	4.04	574	91.36	1.14	26.65	93.74	1.61	98.20	93.02
3-8	3.93	515	76.87	1.02	23.88	93.82	3.09	95.46	88.37
3-9	3.90	555	80.58	1.10	23.08	94.38	2.06	96.82	91.79
3-10	3.62	554	97.21	1.10	22.50	92.43	3.22	97.16	87.77
3-11	3.75	586	90.31	1.12	23.73	92.47	2.07	97.14	93.89
3-12	3.77	627	86.47	1.24	23.22	91.17	3.40	98.98	89.80

6. 案例分析题二：表 11-19 是 25 个顾客根据自己的偏好对卡迪拉克 ELDORADO X_1、雪佛龙 CHEVETTE X_2、福特 FAIRMONT X_3、本田 ACCORD X_4、林肯 CONTINEN X_5、普利茅斯 GRANFURY X_6、庞体阿克 FIREBIRD X_7、大众 DASHER X_8 和沃尔沃 DL X_9 等 9 种车型进行打分的统计。打分范围在 0~9.9 之间，9.9 表示最高程度的偏好。试采用主成分分析方法对顾客的偏好进行分析。

表 11-19 顾客偏好统计数据

编号	X_1	X_2	X_3	X_4	X_5	X_6	X_7	X_8	X_9
v1	8	0	2	5	7	7	0	4	9
v2	0	0	0	9	0	0	1	8	9
v3	0	5	2	5	0	0	0	5	8
v4	7	1	4	6	8	6	7	8	9
v5	9	2	0	8	9	0	8	6	9
v6	9	0	0	9	9	0	9	9	9
v7	0	0	6	7	0	0	5	6	8
v8	4	4	7	6	5	4	6	5	9
v9	9	2	1	0	9	3	1	0	0
v10	1	3	5	9	2	4	3	8	9
v11	2	4	0	6	2	1	2	8	9
v12	4	5	2	9	3	0	0	7	9
v13	0	1	1	9	0	1	1	7	9
v14	5	0	4	9	4	1	2	7	9
v15	0	4	4	5	0	0	0	9	8
v16	8	3	3	2	9	0	6	5	7
v17	9	0	5	9	9	3	9	3	9
v18	7	0	3	9	6	3	5	7	8
v19	1	3	0	8	2	3	8	7	9
v20	0	5	6	9	0	4	2	8	9
v21	9	1	4	7	9	5	6	9	1
v22	3	5	8	5	1	8	5	5	9
v23	8	6	6	0	9	7	9	0	0
v24	0	9	5	7	0	0	0	0	0
v25	9	8	5	8	9	0	7	0	0

参 考 文 献

[1] 李贤平. 概率论基础[M]. 北京:高等教育出版社,1997.
[2] 陈兰祥,蒋凤瑛. 应用概率论[M]. 上海:同济大学出版社,1999.
[3] 盛骤,谢世千,潘承毅. 概率论与数理统计[M]. 北京:高等教育出版社,2001.
[4] 茆诗松,程依明,濮晓龙. 概率论与数理统计教程[M]. 北京:高等教育出版社,2004.
[5] 李景元. 现代企业质量管理员现场管理运作实务[M]. 北京:中国经济出版社,2004.
[7] 肖淑芳,李慧云. 管理统计学基础[M]. 北京:北京理工大学出版社,2002.
[8] 袁卫,庞皓,曾五一,贾俊平. 统计学[M]. 第2版. 北京:高等教育出版社,2005.
[9] 贾俊平,何晓群,金勇进. 统计学[M]. 第3版. 北京:中国人民大学出版社,2007.
[10] 朱洪文,王淑杰,郑桂荣. 统计学原理[M]. 修订版. 哈尔滨:哈尔滨工业大学出版社,2004.
[11] 汪新宇,杨仲山,肖于波,马宝珠. 统计学[M]. 北京:中国经济出版社,2007.
[12] 黄良文,朱建平. 统计学[M]. 第2版. 北京:中国统计出版社,2008.
[13] 游士兵,余艳琴. 统计学[M]. 武汉:武汉大学出版社,2001.
[14] 刘春英. 应用统计[M]. 北京:清华大学出版社,2006.
[15] 宋廷山,尉雪波,吴风庆. 应用统计学——以Excel为分析工具[M]. 成都:西南财经大学出版社,2006.
[16] 高祥宝,董寒青. 数据分析与SPSS应用[M]. 北京:清华大学出版社,2007.
[17] 薛薇. 统计分析与SPSS的应用[M]. 北京:中国人民大学出版社,2008.
[18] 周玉敏,邓维斌. SPSS 16.0与统计数据分析[M]. 成都:西南财经大学出版社,2009.
[19] 宋志刚,谢蕾蕾,何旭洪. SPSS 16实用教程[M]. 北京:人民邮电出版社,2008.
[20] 张伟,高凯萍. 统计学[M]. 北京:经济科学出版社,2007.
[21] 张小雯,宋廷山,金玉国. 统计学[M]. 北京:中国统计出版社,2007.
[22] 郭志刚. 社会统计分析方法——SPSS软件应用[M]. 北京:中国人民大学出版社,2009.
[23] 何宁,吴黎兵,滕冲. 统计分析系统SAS与SPSS[M]. 北京:机械工业出版社,2008.
[24] (美)David Freedman等. 统计学[M]. 魏宗舒,等译. 北京:中国统计出版社,1997.
[25] 耿修林,张琳. 管理统计[M]. 北京:科学出版社,2003.
[26] 何晓群. 实用回归分析[M]. 北京:高等教育出版社,2008.
[27] Samprit Chatterjee, Alis. Hadi, Bertram Price. 例解回归分析[M]. 郑明,徐勤丰,等译. 北京:中国统计出版社,2004.
[28] 丁国盛,李涛. SPSS统计教程:从研究设计到数据分析[M]. 北京:机械工业出版社,2006.
[29] 余建英,何旭宏. 数据统计分析与SPSS应用[M]. 北京:人民邮电出版社,2003.
[30] 宇传华. SPSS与统计分析[M]. 北京:电子工业出版社,2007.
[31] 韩非,王伟. 生存分析[M]. 北京:中国人民大学出版社,2004.
[32] 张文彤. 世界优秀统计工具SPSS 11统计分析教程(高级篇)[M]. 北京:北京希望电子出版社,2002.
[33] 李志辉,罗平. SPSS for Windows统计分析教程[M]. 第2版. 北京:电子工业出版社,2005.
[34] 罗应婷,杨钰娟. SPSS统计分析从基础到实践[M]. 第2版. 北京:电子工业出版社,2010.
[35] 蔡建琼,于惠芳,朱志洪等. SPSS统计分析实例精选[M]. 北京:清华大学出版社,2006.
[36] 马庆国. 管理统计:数据获取、统计原理、SPSS工具与应用研究[M]. 北京:科学出版社,2002.

[37] 胡培,王建琼. 管理统计学[M]. 北京:高等教育出版社,2007.
[38] 李金林,赵中秋. 管理统计学[M]. 北京:清华大学出版社,2006.
[39] 刘大海,李宁,晁阳. SPSS 15.0 统计分析从入门到精通[M]. 北京:清华大学出版社,2008.
[40] 黎子良,郑祖康. 生存分析[M]. 杭州:浙江科学技术出版社,1993.
[41] 陈家鼎. 生存分析与可靠性[M]. 北京:北京大学出版社,2005.
[42] 罗家洪,薛茜. 医学统计学(案例版)[M]. 北京:科学出版社. 2008.
[43] 孙海双. 临床统计方法及 SPSS 应用[M]. 北京:科学出版社. 2009.
[44] 王燕,赵高,等. 生存分析在顾客间隔购买时间研究中的应用[J]. 中国管理科学. 2006,14(10):39-42.
[45] 朱建平,殷瑞飞. SPSS 在统计分析中的应用[M]. 北京:清华大学出版社,2002.
[46] 卢纹岱. SPSS for Windows 统计分析[M]. 第3版. 北京:电子工业出版社,2009.
[47] 黎子良,郑祖康. 生存分析[M]. 杭州:浙江科学技术出版社,1993.